中/国/教/师/书/坊
总顾问：顾明远

今天可以这样做校长

Jintian Keyi Zheyang Zuo Xiaozhang

李志刚 著

河海大学出版社
HOHAI UNIVERSITY PRESS

·南京·

图书在版编目（CIP）数据

今天可以这样做校长/李志刚著. — 南京：河海大学出版社，2021.11
ISBN 978-7-5630-7230-9

Ⅰ.①今… Ⅱ.①李… Ⅲ.①中学－校长－学校管理
Ⅳ.① G637.1

中国版本图书馆 CIP 数据核字 (2021) 第 214302 号

书　　名	今天可以这样做校长
书　　号	ISBN 978-7-5630-7230-9
责任编辑	龚　俊
特约编辑	梁顺弟　许金凤
特约校对	丁寿萍　卞月眉
装帧设计	星爵文化
出版发行	河海大学出版社
地　　址	南京市西康路1号（邮编：210098）
网　　址	http://www.hhup.com
电　　话	025-83737852（总编室）
	025-83722833（营销部）
经　　销	江苏省新华发行集团有限公司
印　　刷	江苏凤凰数码印务有限公司
开　　本	718 毫米 × 1000 毫米　1/16
印　　张	20.25
字　　数	378 千字
版　　次	2021 年 11 月第 1 版
印　　次	2021 年 11 月第 1 次印刷
定　　价	68.00 元

序

怎样做一名好校长？答案众说纷纭。

传统媒体上，每天、每周、每月都有专家、校长的大作问世，有很多精品值得我们思索。打开手机，新媒体上大家推荐、点赞的观点每时每刻都在自由传播。在这样一个信息爆炸、思想爆发的时代里，我们看到了太多的理论和案例，这种片段式、灵感式的经验丰富了我们的视界，但如果我们想要集合这些特定场合下的经验来管理学校是明显不够的。所以我整理了这本小书，把我在即墨28中17年校长工作中的思考和担任齐鲁名校长领航工作室主持人3年来的实践，通过"双周计划"和"精品活动"两个版块呈现出来，不敢说是做一名好校长的方案，但可以揣摩如何管理一所大校一所名校的实践过程。

我担任校长已经22年。在我看来，做一名好校长需要点石成金的灵感，更需要愚公移山的平淡。因为校长的工作不仅要处理好一些关键时刻关键事情，更多的时候是安排好一年365天；不仅要面对某个人的某种情景，更要考虑全体师生全天候的学习生活。所以校长要做到"居高临下"。"居高"是校长要有高度，有战略家的眼光、教育家的思想、艺术家的头脑。校长是学校工作的领导者、决策者和组织者，要站在全局的高度，理顺和协调各方面关系，综合运用相关领导艺术，率领教职工实现教育教学目标。"临下"是说重落实重细节，全方位多角度全面解决问题。这是一个创新、开拓、奋进不止的"自由创造"过程，校长决不能墨守成规，死搬教条，而要用各种办法"凝心、凝情、凝威、凝力"，把自己心中的教育理想转变为一项项实实在在的工作并能取得预期的效果，这是校长工作的基本要求。

我自2004年开始担任即墨28中校长。当时学校已建校37年，政府投资近亿元的新校也刚刚启用，全校72个班级，硬件设施全市第一，但各项考核数据还不是第一。上级交给我的任务便是要带领这所"崭新的老校"迈上新的高度，创造它应有的辉煌。任务很光荣但也非常艰巨，而且让我措手不及。因为在此之前我是28中竞争对手的校长。从1999年到2004年我在即墨实验学校担任校长，按照"一年创校誉，二年创牌子，三年成规模，四年达省规，五年出经验，六年成名校"的规划，从零开始将这所"公办民助"改制学校建设成青岛市十面红旗单位、省规范化学校。实验学校从建校时300人到我离任时3000名师生，一直都是以28中为竞争对象。28中有老牌学校的底蕴与骄傲，实验学校则凭着初生牛犊的朝气与闯劲，两强相争只有经历过的人才能体会到其中的酸甜苦辣。可以说，实验学校的荣誉都是从28中这所老校手上竞争过来的。当我在实验学校一步步将目标实现完成超越，早早把干部教师安排到位正准备鼓足干劲乘势而上，将各种优势变成绝对的差距时，2004年8月份一纸调令让我调任28中校长。如何与新同事们一起让这所老牌学校成为山东省乃至全国名校，这是给我的全新命题。

目标越远大，越需要一步一个印迹。所以在即墨28中，我一方面以"和谐互助"课堂改革为抓手分阶段协调推动各项工作开展，一方面运用"双周计划"把学校每项工作写到纸面上，便于同志们一项项落实推进。十多年过去，即墨28中从一所县市品牌学校成长为全国课改知名学校。省教育厅领导评价："山东有两个课改典型，西有茌平杜郎口，东有即墨28中。""和谐互助"教学策略先后获得山东省基础教育教学成果一等奖，2015年作为青岛市唯一成果入选"首届全国教育创新成果博览会"。学校先后召开山东省教学示范校现场会、山东省第三届校长质量建设现场会、全国高效课堂改革创新成果现场会、第一届第二届全国三大课改名校"江苏洋思中学、山东杜郎口中学、即墨28中"论剑高效课堂改革现场会，影响中国2019走进即墨28中现场会等大型现场会40多场次。每次现场会学校不仅展示课堂，更向与会人员展示学校德育、管理、后勤等各方面工作，得到与会人员高度评价。学校教师每学年应邀外出送课200多节次，"和谐互助"被全国近400所学校复制引进并取得良好效果。在推动学校高位发展的同时，我个人也先后获得青岛市拔尖人才、山东省特级教师、齐鲁名校长、青岛初中唯一齐鲁名校长领航工作室主持人、全国十佳现代校长等多项荣誉，应邀在全国各地教育论坛作报告400多场次，深受各位专家、同行们的肯定。2014年受国务院侨务办公室指派赴马来西亚讲学8天，得到当地教育部门和华文学校好评。先后得到周济、袁贵仁两任教育部长接见，我倍受鼓舞。

在带领即墨28中创建"和谐教育"品牌的过程中，我清晰地感受到：教育不缺雄韬伟略的战略家，缺少的是精益求精的实干家；不缺各种理论、各类管理制度，缺少的是对现有理论认真的实践者、对现有规章制度不折不扣的执行者。学校人多、事杂，管理不缺主意，关键是缺整合主意成为最好实施的办法。校长要做的就是敢起步，善跨步，能跑步，不乱步，把每学期每学年看似轮回的工作形成规范流程，在规范的基础上不断提升标准，在不断的积累中终有一天会完成最终的升华化茧成蝶。由于2020年疫情防控从突发事件演变成常态工作，所以我抽取疫情防控前一个学期和防控常态化后的一个学期，组成全学年17个双周计划，加上2020年寒暑假工作计划，将28中近3年来每个时段的工作真实清晰地呈现给大家。这其中两个学期间、几个双周计划中、各处室的具体安排里肯定有重复工作。之所以在编辑过程中全部保留下来，主要基于两点考虑。一是学校工作本身就是周而复始的，三个年级的教育是延续的，就是为了再现真实的工作。二是还想通过同一项工作的前后对比、相同工作在三个级部的不同操作，可以看出不断推进、不断细化的过程。虽然校长的治校理念各有不同，各学校的实际情况也存在差异，但学校创建品牌的轨迹、落实工作的办法是相通的。即墨28中的样本可以供大家参照。

在近年来赴全国各地讲课、交流的过程我还发现一种现象：两所各方面相似的学校在经过几年发展后，结果差距极大。一所还是老样子基本没有变化，而另一所已向前跨越了一大步。细究两所学校的工作貌似没有太大的差别，都是一群合格的教师，每年干着类似的工作。原因在哪里？在我看来是因为一所学校只是在不断地简单重复一年前的工作，但另一所学校在相同的工作里既有踏踏实实地每个细节抓落实，又有细节处的创新。要知道同样是在高位运行中发展，这时候每前进一小步都是质的蜕变，都是别人想象不到的大跨步，最终会完成"百尺竿头更进一步"的壮举，成为同行公认的领军人物。所以校长的另一项任务就在于敢创新、善创新，用创新引领学校不断向前。基于此考虑，我在双周计划日常工作之外梳理了28中18个精品活动样本，包含教学组织、质量分析、学生活动、大型庆典等诸多方面。这些活动很多学校都会组织，但我的原则是每年都要不一样，每年都要有创新。比如毕业典礼、开学典礼，我们从最开始的各种感想、讲话，改进到加入颁奖、节目，再到设计不同的篇章，最后调整为与学校"和谐互助""五步十环"课堂流程一致形成五大篇章，现在每年都对其中的环节进行创新。收进本书中的样本都是在多年实践中不断更新改进的最新结果，期望能给大家带来借鉴参考。

时代在发展，教育在变革，"关起门来办学校"早已成为过去时。今天的校长还需要对外多方联络为学校发展创造良好环境。在带领28中创办全国名校的过程中，我得到了各级领导、专家和社会各界朋友的大力支持。特别是青岛信九洲市政园林工程有限公司总经理王德伟先生,持续多年热情帮助学校,真诚关心师生学习生活,多次协调解决外部棘手难题,更在创建全国文明校园、申报国家级教学成果奖等重点工作上鼎力相助。正是有王德伟先生这样的热心朋友,28中才能走上发展的快车道。在此,我代表本人和即墨28中全体师生,一并对长期以来关心支持学校的各级领导、各界朋友表示最衷心的感谢!

  由于水平和时间有限,书中肯定有不当之处,全都作为样本供有兴趣的朋友审读。诚挚地欢迎大家多提意见共同交流,让我们的校园更加美丽,让我们的教育更加美好!

  是为序。

青岛市即墨区第二十八中学书记兼校长:李志刚

目录

上篇
2019—2020 学年第一学期

第一章 快乐校园 筑梦二八新起点 / 003
- 1—2 周（9月2日—9月15日）/ 003
- 附1：即墨28中庆祝新中国70周年暨2019年开学典礼、教师节大会样本 / 018
- 3—4 周（9月16日—9月30日）/ 025
- 附2：即墨28中升旗仪式样本 / 038

第二章 青春校园 德智一体助成长 / 042
- 5—7 周（10月1日—10月20日）/ 042
- 附3：即墨28中"红领巾心向党、争做新时代好队员"初中建队仪式样本 / 053
- 8—9 周（10月21日—11月3日）/ 057
- 附4：即墨28中学生学法指导样本 / 066

第三章 活力校园 互助课堂更精彩 / 072
- 10—11 周（11月4日—11月17日）/ 072
- 附5：即墨28中集体备课活动样本 / 082
- 12—13 周（11月18日—12月1日）/ 083
- 附6：即墨28中"和谐互助"听、评课活动样本 / 093

第四章 幸福校园 小习惯养成大品格 / 097

- 14—15 周（12月2日—12月15日）/ 097
- 附7：即墨28中学校教学质量分析会样本 / 107
- 16—17 周（12月16日—12月29日）/ 108
- 附8：即墨28中"感动二八"校园人物学生评选活动样本 / 118

第五章 温馨校园 爱心智慧启未来 / 126

- 18—20 周（12月30日—1月18日）/ 126
- 2020年寒假前工作安排 / 137
- 2020年寒假中工作安排 / 141
- 2020年寒假返校期间工作安排 / 153
- 附9：即墨28中"感动二八"校园人物教师评选活动样本 / 156

下篇
2020—2021 学年第二学期

第六章 文明校园 雷锋精神届届传 / 165

- 1—2 周（3月1日—3月14日）/ 165
- 附10：即墨28中2021年学雷锋活动方案样本 / 178
- 3—4 周（3月15日—3月28日）/ 183
- 附11：即墨28中班级协调会活动样本 / 195

第七章 阳光校园 我的青春不一 young / 197

- 5—6 周（3月29日—4月11日）/ 197
- 附12：即墨28中学雷锋活动总结表彰样本 / 210
- 7—8 周（4月12日—4月25日）/ 214
- 附13：即墨28中为雷锋像佩戴红领巾仪式样本 / 225

第八章 魅力校园 追求永不止步 / 227

- 9—11 周（4月26日—5月16日）/ 227
- 附14：即墨28中级部阶段性检测质量分析会样本 / 239
- 12—13 周（5月17日—5月30日）/ 240
- 附15：青岛即墨28中"和谐德育"暨"和谐教学"全国现场会活动样本 / 251

第九章 感恩校园 毕业季感恩季 / 255

- 14—15 周（5月31日—6月13日）/ 255
- 附16：即墨28中2019年毕业典礼活动样本 / 266
- 16—18 周（6月14日—7月4日）/ 272
- 附17：即墨28中"和谐互助"教学资源库建设活动样本 / 286

第十章 卓越校园 和谐互助铸辉煌 / 288

- 2020年暑假前工作安排 / 288
- 2020年暑假中工作安排 / 294
- 2020年暑假返校期间工作安排 / 305
- 附18：即墨28中期末家长会活动样本 / 308

上篇　2019—2020 学年第一学期

第一章 / 快乐校园 筑梦二八新起点

1—2周（9月2日—9月15日）工作安排

工作重点：

1.学习习近平总书记重要讲话精神，坚持立德树人，回归教育初心。
2.落实开学"安全教育课""安全教育周""安全教育月"制度。
3.做好期初教学常规工作，上好开学第一课；收齐暑假各类活动资料，汇总、评比、存档。

一、党建工作（王友森）

1.理论学习：组织全体党员认真学好教育常态化制度化第48—50批学习材料：
(1)习近平总书记在《"不忘初心、牢记使命"主题教育工作会议上的讲话》等12个材料。
(2)中共中央政治局召开的会议精神。
(3)《人民日报》头版社论。
(4)近期省委、市委、区委相关会议精神和领导讲话精神。
(5)学习即教体发[2019]24号文《中共青岛市即墨区教育和体育局党组关于加强学校党建工作的实施意见》。（王友森、党支部书记、党小组长）
2.党总支和各党支部、各党小组召开学期初会议，对假期党建工作进行总结，研究本学期工作，整理好相关档案材料进行存档。（周娟、王友森、党小组长）
3.各党支部、各学习组对前期"学习强国"工作进行阶段性总结，分析成绩，总结经验，查找不足。及时督促成绩落后的党员加强学习，确保每名党员每天达到学习要求，确保我校学习成绩。（王友森、党支部书记、党小组长）
4.在党总支班子成员集中集体学习的基础上，召开各党支部会，集体学习《中

共山东省委关于落实全面从严治党主体责任的意见（试行）》。（王友森、党支部书记）

二、级部工作（孙义智、华军、曲素云）

（一）初一级部（曲素云）

1.安全与师德工作（陈伟、周连瑶）

(1)加强教师师德修养，引导教师严格遵守区教体局《十项规定》。①严禁搞有偿家教；②严禁向学生推荐《目录》外的教辅资料；③严禁体罚或变相体罚学生、心罚学生。（曲素云、陈伟、周连瑶、全体教师）

(2)对新调入教师进行集中师德培训，使其迅速熟悉学校各项制度管理规定，较快较好地适应新环境，顺利开展新学年工作。（曲素云、陈伟、周连瑶、新调入教师）

(3)加强教师出勤和办公秩序的检查，每天的出勤检查结果及时公示，每双周教师会时汇总通报，计入教师考核。（曲素云、陈伟、周连瑶、管理干部、全体教师）

(4)严格控制学生早晨和中午到校时间，与家长协调，控制好学生离家时间，禁止学生早到校。（曲素云、陈伟、周连瑶、管理干部、班主任）

(5)加强下午放学清校管理，控制好学生的回家时间，杜绝放学后在校外逗留，班主任负责与家长协调。级部及时检查公示，督促落实。（陈伟、周连瑶、管理干部、班主任）

(6)统计中午在校配餐午休的学生名单，加强中午午休学生的管理，确保学生的安全。9月9日开始配餐，第一周开始集中午休，12:30在相应教室集合报到，级部每天检查公示，对于频繁违纪的学生取消在校午休资格。（周连瑶、级部长、班主任）

2.德育工作（周连瑶）

(1)进行为期三天的军训，做好学生常规教育，组织学习《中学生守则》《中学生日常行为规范》和28中常规要求，养成良好的行为习惯（级部管理干部）

(2)组织学生学唱响国歌，喊响口号。（级部管理干部）

(3)发放常规管理明白纸，班主任抓好落实，级部干部搞好检查指导评比。召开校值日学生培训会（第二周周三阳光体育活动时间，地点：报告厅）。（级部管理干部）

(4)抓好各项常规的布置和检查，在路队管理、环境卫生、课间秩序、文明礼仪、上放路队等各个方面加强管理，使全体学生在短时间内步入正轨。周一上午11点军训结束，下午2点进行路队实际演练。（级部管理干部）

(5)认真抓好校服的分配与调换工作，确保不出问题。（级部管理干部）

(6)第二周周二以"迈好初中第一步"为主题召开班会，上交班会课教案及照片。

（级部管理干部）

(7)周五安全演练通报本周来学生路队、常规管理、卫生管理、安全教育、教学常规管理等情况，总结不足、提出目标。（陈伟、周连瑶）

3. 教学工作（陈伟）

(1)召开备课组长会。时间：8月29日下午2:30。地点：级部会议室。内容：明确备课组长的责任；研究各备课组的集体备课及教学常规工作；制定具体计划和达成的目标；研究新调入教师的师徒帮扶措施；规范集体备课流程，加强集备仪式感和实效性。备课组长主持流程：

①教师交流近段时间自己的教学反思以及学情反馈；②中心发言人使用PPT，以说课的形式就下周的教学内容进行具体的教学分析；③1到2名教师补充发言；④备课组长点评补充并提出要求。（曲素云、陈伟、管理干部、备课组长）

(2)召开班主任会。时间：

①8月29日下午4:00，地点：级部会议室。内容：布置新生报到和第一周工作注意事项，发放明白纸，提出明确要求；②周五第7节，地点：级部会议室。内容：总结第一周工作，对第二周工作提出要求；搭配班主任师徒结对；优秀班主任介绍开学新初一班级管理方法。（曲素云、陈伟、管理干部、班主任）

(3)军训期间做好教学准备工作：

①合理安排所有任课老师与任教班级学生见面，并对新学期学科学习提出基本要求；②安排每个学科进行一次集体备课，全体教师认真备课，上好第一节课，级部加强检查。（曲素云、陈伟、全体教师）

(4)召开新岗教师座谈会。时间：第二周周三第8节。地点：级部会议室。（曲素云、陈伟、相关教师）

(5)召开全体教师会。时间：第二周周五第8节。地点：级部会议室。汇总通报每周的教师出勤、课堂常规、作业和听评课等情况，对下周工作做出布置和要求。（曲素云、陈伟、全体教师）

(6)开展"守规、感恩、志学"教育季第一阶段"守规"习惯养成活动，通过级部集体集会、主题班会、级部广播会等引导学生迈好初中生活第一步：

①抓好学生入校、入楼、入教室秩序教育；班主任和任课教师要依据班级管理和学科特点分解细化指导；②加强对课堂常规、室外课带队的检查通报，每天抽查公示至少两次，检查结果及时在级部公示栏和班主任微信圈公示，并在班主任微信群共享优秀班级的做法。每周五演练时间通报表扬，督促学生养成良好的听讲习惯。（曲素云、陈伟、级部干部、班主任、全体教师）

(7)第二周开展优秀教师开学第一课展示活动,备课组推选教学骨干教师精心备课,级部干部、组内教师推门听课,在集备时总结反馈听评课情况。

(8)对课前候课、课堂常规、作业批阅讲评、备课等的检查进行周通报。对存在问题的老师进行约谈、督促整改,并在学科集备会和全体教师会上进行通报。(曲素云、陈伟、周连瑶、级部干部、班主任、全体教师)

(9)第二周开始分批开展新初一学法指导讲座活动,和谐互助师友培训,由备课组长从课堂听讲、作业复习、心理应对、在家学习方法等问题进行培训,电子稿汇总后,分批次发到班级群,便于家长配合指导,让学生及时适应初中学习生活。(曲素云、陈伟、备课组长、班主任)

⑽布置好中秋假期安全和学习相关事宜,保证学生安全充实度过假期。(陈伟、备课组长)

⑾每周四下午召开级部管理工作会,反思个人分管工作,对级部上周行梳理,对下周工作提出要求。(曲素云、陈伟)

(二)初二级部(华军)

1.安全与师德工作(李武军)

(1)加强教师师德教育。

①严格要求老师们尊重学生,不能体罚和变相体罚学生;②开学初,快速进入工作状态,用勤勉、认真的工作态度带动学生,让学生尽快调整;③遵守学校考勤制度,不早退,不迟到;④遵守教学常规要求,不带手机进教室,不坐着上课,使用普通话等。(华军、李武军、全体教师)

(2)开学初,所有教师尤其是新接班的班主任和任课教师要尽快熟悉班级和学生,要积极主动与学生和家长进行沟通,特别是在家长群里,要每天及时反馈学生学习状态,尤其要树立正面典型,用自己的专业素养和认真负责的态度,赢得学生和家长的信任。(华军、李武军、全体教师)

(3)班主任做好学生上放学交通安全、上下楼梯、课间纪律、集会的管理、教室门窗关锁、爱护水电设施等安全教育。(李武军、管理干部、班主任)

(4)梳理学生信息,落实每一位学籍在册学生的去向。每天严查学生出勤,请假学生名单及请假事由上报主任室,并及时和家长联系落实。(李武军、管理干部、班主任)

(5)排查级部安全隐患,及时上报总务处并利用班会、晚放时间对学生进行校园安全和交通安全教育。(李武军、管理干部、班主任)

2.德育工作(李武军)

(1)落实各班假期活动情况，根据假期明细安排逐项落实并对各班上报材料进行评比量化，做好材料的整理存档工作。（李武军、管理干部、班主任）

(2)召开学生会干部、各班班长会、卫生委员会议，布置新学期任务，提出要求，明确分工，确定责任。（李武军，管理干部，班主任、学生会）

(3)加强对课间秩序的检查，坚决杜绝学生在教室内、走廊内打闹、跑跳，以免发生碰撞。班主任要加强教育，勤靠班，级部管理干部分楼层负责加强巡视。（李武军，级部长，班主任、学生会）

(4)加强学生午托管理，严格午托纪律。（李武军、管理干部、班主任、学生会）

(5)抓好各项常规的布置和检查，在路队管理、环境卫生、课间秩序、仪容仪表、文明礼仪等各个方面加强管理，尤其要严抓学生穿戴、学生发型，使全体学生在短时间内步入正轨。（李武军、管理干部、班主任、学生会）

(6)分配好卫生区，争取在第一周周五前，将室外卫生区内的杂草、硬化路面上的沙土、垃圾等全部清理干净；彻底整理楼内卫生，清理蜘蛛网和浮尘、所有瓷砖墙壁和楼梯扶手等擦干净，教室、楼梯和走廊地面无口香糖、无污渍；教室内务达标。评选"教室内务优胜班""室外卫生优胜班"和"自行车排放优胜班"各12个。（管理干部、班主任）

(7)召开主题班会：为迎接新学期的到来，激发学生学习热情，第一周周二各班利用时间开展"新学期，扬帆起航"主题班会，要求：黑板上有标题，用课件，有主持人，多环节设计，不能班主任一言堂，全体学生参与，级部检查评比；引领学生学习雷锋精神，更有效的师友互助，达到高效课堂。（李武军、管理干部、班主任）

(8)主题墙报：为表达对教师的感恩之情和对祖国热爱之情，各班利用教室外走廊墙壁办一期以"我爱我的祖国"和"师恩难忘·感恩季"为主题的手抄报展，第一周周五完成。（李武军、管理干部、班主任、学生会）

3. 教学工作（李武军）

(1)召开备课组长会。时间：8月31日上午8:30，地点：集备室。会议内容：分析各学科教师情况；制定各学科集备、教研措施；对本学期各学科教学工作提出具体要求。对新学期集备、课件、教案、试卷、作业、听课、课堂常规等教学常规提出要求，便于组长在第一次集备时对老师进行培训和分工。参加人员：在本级部任课的教研组长、备课组长及级部管理干部。（华军、李武军、教研组长、备课组长、级部干部）

(2)各学科集中召开第一次集备会。时间：9月1日全天，各学科1小时，具体时间安排级部另行通知。集备任务：

①备课组长进行新学期教学常规培训和教学任务分配；②新学期集备任务的分配，主讲人：备课组长；③对第一周教学任务进行集备；④学科分工的干部对新学期的集备和教学常规提出要求和希望。（华军、李武军、级部干部、所有教师）

(3)召开班主任会。时间8月31日上午9:30，地点：集备室。内容：请老班主任介绍经验。主题：①传达新学期级部在班级管理方面的工作措施和评价要求；②下发"工作明白纸"，筹备安排学生返校工作安排及开学一二周工作重点；③新接班班主任和跟班上的班主任分别介绍如何开展班级管理工作，使所有的班主任取长补短，顺利开展工作；④开学初让学生迅速转变进入学习状态的方法与措施。发言人：宋秋玲、唐凤蓉、徐艳、孙吉民；第一周和第二周五下午第7节，会议内容：总结开学初各项工作进度和完成情况，对下一阶段工作提出要求。（华军、李武军、级部干部、班主任）

(4)做好学生返校工作。①清点学生，落实出勤；②组织清理卫生、整理内务；③8:30—17:30，A.假期作业情况反馈 B.各学科教师进入班级与学生见面，对新学期学期提出要求；④各学科集备；⑤组织安排好"假期学习质量检测"，检测学科：语文、数学、英语、地理、生物。⑥全体教师监考。（华军、李武军、级部管理干部、所有教师）

(5)召开全体非班主任教师会，第一周周五下午阳光活动时间。地点：级部会议室。内容：①总结开学一周教学工作，反馈课堂常规、教学常规检查情况；②对下一阶段工作提出要求；③请成绩优异的教师做经验介绍。政治——蓝雪蕙、英语——栾晓华。（华军、李武军、全体非班主任教师）

(6)召开班级协调会。第2周：1班和35班；班主任提前定好时间，告知级部和任课教师，班主任和任课教师要做好本学科班级分析报告，地点在本班教室。级部干部根据分工参加，无课班主任参加。（华军、李武军、级部干部、相关的班主任）

(7)抓好各项教学常规的检查和反馈力度。对教师候课、上课、集备、作业批改、出勤等各方面加以规范、不定时抽查，及时公示、反馈。力争让全体师生在最短时间内适应初二的教学节奏，全力融入工作和学习生活中。（华军、李武军、级部干部、备课组长）

(8)加强早晨和中午到校后学生各项常规检查，要求学生做到快、静、学；对每天的课堂常规、课间秩序、室外课带队安排专人进行不定时抽查，尤其是学生上课期间的出勤情况，杜绝旷课现象的发生，强化、细化学生请假的手续，落实每一个学生的去向，确保学生的安全，每天的检查结果及时反馈公示，计入班级量化。干部楼层分工，另行安排。（华军、李武军、级部干部、级部长）

(9)第二周周三下午第四节召开地理、生物教师座谈会，周四下午第四节召开微机教师座谈会。结合2019年会考成绩和备考情况，分析原因，寻找对策，制定最合理的教学计划。（华军、李武军、级部干部、会考学科教师）

⑩干部做好开学两周的集备、听评课和教师谈话工作。结合接班后的成绩，对每个学科后3名的教师跟踪听课、评课、谈话，帮助老师设立具体的教学目标和复习计划，并监督实施。（华军、李武军、级部干部）

⑪每周四下午第四节，召开级部管理干部会，总结梳理一周工作，对下一阶段工作作出具体布置。级部管理干部挂科及分工另行安排。（华军、李武军、级部干部）

（三）初三级部（孙义智）

1. 安全与师德工作（江平、孙仕正、万健）

(1)教师办公秩序管理，严格出勤，根据上级要求，上班时间严禁微商等网上购物活动、严禁教师带手机进课堂、在上课期间接打电话、发信息。（孙义智、江平、孙仕正、万健）

(2)校园行车安全管理，出入校园控制好安全车速，车让学生先行，禁止教师自行车、电动车、机动车辆乱停放。（孙义智、江平、孙仕正、万健）

(3)学生安全教育管理，学生安全管理无小事，班主任要时刻绷紧这根弦。加强防溺水、交通、饮食等安全教育。（孙义智、江平、孙仕正、万健、级部长、班主任）

(4)建立班级安全记录本，班主任要做好班级安全管理日志，包括学生旷课、请假等学生管理信息记录，级部不定期抽查安全记录本，并量化。（孙义智、江平、管理干部、班主任）

(5)严禁学生带手机进校园,发现一例处分一例并扣班级量化积分0.5分。（孙仕正、万健、级部长、班主任）

2. 德育工作（孙仕正、万健）

(1)学生出勤管理，从开学第一天开始，各班要严格强调好学生日常出勤，严格履行请假手续，杜绝个别学生上课不进教室现象，做好家校沟通。（孙仕正、万健、级部长、班主任）

(2)学生常规管理，班主任要强调好路队、跑操、自行车排放、室内外卫生等常规工作，级部量化。第一周评选自行车排放优胜班。（孙仕正、万健、级部长、班主任、体育老师）

(3)学生午托管理，严格午托纪律，做到分餐、就餐、午休安全有序。要求：值日干部要全程在岗并关注饭菜质量、提前通知午托班主任、通报学生出勤等事项，出现问题要及时反馈。（孙义智、江平、孙仕正、万健、级部长、班主任、午托班主任）

(4)第一周周二召开学生会全体成员会议，布置学生自主管理分工等事项。（孙仕正、万健、级部长、班主任）

(5)做好暑假收尾工作，根据假期工作安排，收取各类活动材料，并对各班上报材料进行评比量化，做好材料的整理存档工作。（孙仕正、万健、级部长、班主任）

(6)周五安全逃生演练，主要内容：安全与纪律教育、通报课堂常规、课间秩序。主讲人：江平、孙仕正。（孙义智、江平、孙仕正、万健）

3. 教学工作（江平）

(1)召开班级协调会。第二周25班，班主任提前安排，并通知任课教师和级部。级部管理干部全体参加。（孙义智、江平、级部管理干部、班主任、相关教师）

(2)召开班主任会。

①8月31日上午9:30，地点：7班教室。主题：开学初让学生迅速转变进入学习状态的方法与措施。发言人：周珍芝、张清波；②对9月1日学生报到当天的工作做出安排和具体要求；③对开学第一周的重点工作做出明确要求；④第一周周五下午第七节，总结梳理第一周的工作，对第二周的工作提出要求。（孙义智、江平、孙仕正、万健、级部长、班主任）

(3)召开备课组长会。时间：8月31日上午8:00；地点：级部集备室（204室）。主题：对新学期集备、课件、教案、试卷、作业、听课、课堂常规等教学常规提出要求，便于组长在第一次集备时对老师进行培训和分工；制定培优和学困生辅导计划，对优秀学生和学困生进行辅导。（孙义智、江平、备课组长）

(4)9月1号组织好各学科的第一次集备。（孙义智、江平、备课组长、全体教师）
①各备课组长对第一学期的集备任务进行详细分工；②集备第一周教学内容；③分管级部干部对学期的集备和教学常规提出具体要求。

(5)召开教师会。第一周周五第八节。总结、通报一个周课堂常规、办公秩序、出勤的检查情况；对下一周的工作提出要求。（孙义智、江平、级部管理干部、全体教师）

(6)分别召开优秀学生和边缘学生座谈会，做好这两部分学生的思想工作。全面了解中考形势，努力拼搏，赢在中考。（孙义智、江平、级部管理干部）

(7)加强学生学习常规的检查，包括早晨、中午到校后的自主学习、体育课带队（特别是带回）、课堂出勤（任课教师第一责任人）、听讲效果、课间纪律等环节的检查尤其是学生上课期间的出勤情况，杜绝旷课现象的发生，强化、细化学生请假的手续，落实每一个学生的去向，确保学生的安全，每天的检查结果及时反馈公示，计入班级量化。（孙义智、江平、级部管理干部、全体教师）

(8)严抓各项教学常规、加强对集备、候课、作业、听课等环节的检查,每天两次检查通报,集中出问题的老师和班级,及时想办法整改。加大教师出勤的检查力度,每周抽查反馈,计入考核。(孙义智、江平、级部管理干部、全体教师)

(9)级部管理干部根据分工做好开学两周的集备、听评课和教师谈话工作。全面进班级听课,帮助老师设立具体的教学目标和复习计划,并监督实施。(孙义智、江平、级部管理干部)

⑽第二周周二召开全体学生电视会:①总结会考和期末诊断性测试,结合19年的中考情况,树立榜样和目标;②点评开学一周以来的学习和常规情况,提出具体的要求。(孙义智、江平、级部管理干部、班主任)

⑾梳理暑假家访工作,汇总家访情况,对暑假家访中存在问题需要再沟通的学生级部管理干部和班主任一起进行二次或三次家访。(孙义智、江平、孙仕正、万健、级部管理干部、班主任)

⑿每周四下午第四节,召开级部管理干部会,总结梳理一周工作,对下一阶段工作作出具体布置。级部管理干部挂科及分工另行安排。(孙义智、江平、孙仕正、万健、级部管理干部、班主任)

(四)博学楼教学区(李军风、解斌斌)

1. 安全与师德工作(李军风、解斌斌)

(1)加强学生早晨、中午到校后的自主学习、课堂出勤、课间纪律等环节检查,杜绝旷课现象,强化学生请假手续,落实每一个学生去向,检查结果及时反馈、量化。(邱若德,李军风,解斌斌,级部长)

(2)加强教师出勤检查,每周抽查反馈,计入考核。(邱若德,李军风,解斌斌,级部长)

2. 德育工作(解斌斌)

(1)返校当天组织学生清理博学楼内教室以及走廊、楼梯卫生,彻底清除卫生死角,做到干净无杂物。(解斌斌、级部长、班主任)

(2)加强课间秩序管理,严禁在厕所、大厅、楼梯附近聚集逗留,级部干部分层巡查、每天通报结果,计入考核。(解斌斌、级部长)

(3)重新划分自行车摆放区域,做到三个级部分不同区域摆放,进楼门路线不交叉。(解斌斌、级部长)

(4)对博学楼三个级部学生上放学路线合理规划,做到学生进楼安静、快速、有序。(解斌斌、级部长)

(5)统计好博学楼新初一各班午托就餐学生人数,进一步加强午托就餐学生的纪

律和秩序管理，午餐后迅速入静。（解斌斌、级部长、班主任、学生会）

(6)结合假期工作安排,督促完成各种相关工作。（邱若德,李军风,解斌斌,级部长）

(7)为迎接新学期及教师节的到来，激发学生的学习热情和对教师的感恩之情，各班利用教室外走廊墙壁办一期以"新学期，扬帆起航"和"9月感恩季"为主题的手抄报展，第二周周二完成。（邱若德、李军风、解斌斌、级部长）

3. 教学工作（李军风）

(1)召开班主任会。时间8月31号下午2:00，地点：9.29班教室。主题：开学初让学生迅速转变进入学习状态的方法与措施。发言人：王磊丽、江朝霞。（邱若德、李军风、解斌斌、班主任）

(2)加强对集备、候课、作业、听课等环节的检查，每天两次检查通报，集中出问题的老师和班级，及时进行想办法整改。级部管理干部对成绩较弱教师进行分工指导、督促。加强推门听课，及时评课。平时加强对教师个人听课、备课、作业批改等教学常规的检查、指导。发挥教师师傅的指导作用，加强对新教师的直接指导。（邱若德、李军风、解斌斌、级部长）

(3)召开主题班会。时间：第二周周二第八节。地点：各级部各班教室。班主任要充分准备，力争让学生能在短时间内适应学习生活，级部检查公示量化。（邱若德、李军风、解斌斌、级部长）

(4)每周四下午第四节，召开级部管理干部会，总结梳理一周工作，对下一周工作具体布置。（邱若德、李军风、级部管理干部）

三、处室工作（孙义智、周娟、王友森、曲素云、华军）

(一) 政教处（团委/少先队）：

1. 严格期初安全教育和管理。（全体干部、班主任、校值日师生）

从严要求,严格执行"一岗双责"工作制度,明确安全工作责任制,强化细节管理,严格实行"一票否决"制，杜绝学校安全责任事故发生，创建"平安和谐校园"。

(1)学校与各级部处室层层签订安全责任书，排查整改各种安全隐患，上交政教处存档。

(2)严格值班管理。每天当值干部教师要提前上岗，做到不空岗，督查指导学生上放学自动列队各行其道，各级部学生会干部戴好值日袖标站位值日，展示我校学生安全有序上放学亮点。

(3)各级部各班级落实开学第一课"安全教育课"、第一周"安全教育周"、开学第一月"安全教育月"制度；第一周周五课间操时间举行全校消防防震应急疏散演练，请各有关人员及时到位值日。班主任给所有学生家长发送上放学交通安全提示信息，严禁学生早到校，更不能在校外买吃零食逗留玩耍打闹，防止发生人身伤害事故。根据安全责任书内容，班主任、教师、各处室开展好安全教育，明确上放学路队纪律，强调上放学交通安全，持续加强防溺水教育，开展好周五逃生演练。

(4)完善安全档案。各级部收集整理暑假家校联系短信、记录，安全小组联系短信、督查记录，第2周周二前交政教处存档。

2. 突出重点抓好期初常规习惯管理。（潘宁、万健、级部干部、全体班主任、相关教师）

(1)突出重点项目督检，及时反馈通报。第一二周量化突出抓好三项督查：一是开学初出勤管理，未到、迟到学生第一时间通知班主任、家长，严格履行请假手续；二是自行车排放量化，第一天就严格标准，及时反馈加大量化，以最快速度整出成效；三是室内外卫生检查，严格标准，以崭新面貌迎接新学期到来。

(2)抓好周一升旗各项准备工作。政教处协调级部抓好旗手护旗班、军乐队管乐队质量。各级部持续抓好升旗仪式纪律、精神风貌、国歌口号检查力度，每周通报纳入量化。

(3)政教处结合新学期的德育工作重点，制定本学期"和谐互助之声"广播站栏目设计，提高播放质量。

3. 认真做好初一新生军训工作。时间：9月2日—9月4日。9月2日上午8:30举行开训仪式。9月4日下午15:30举行会操表演。(华军、潘宁、级部主任、级部干部)

(1)确保安全前提下，初一级部全体干部、班主任、老师，博学楼相关干部、老师要周密协调安排学生军训各项事宜，做好准备工作，抓好每一细节管理，并适时对学生进行校规校纪教育。

(2)各班要及时拍摄军训中的亮点成长花絮，举行学生军训日记和军训感悟比赛，及时张贴报道。军训结束后，级部、各班将军训总结、图片等材料一并交政教处存档。

4. 开展期初主题教育活动。（潘宁、级部管理干部、班主任、学生会）

(1) 做好暑假工作总结。各班认真总结暑假工作，收齐并上交暑假规定的各种征文、作品。

(2)结合新生入校、抗战胜利、教师节开展主题教育活动。初一组织学生参观学校，了解校史、校情，增强爱校的自豪感，初一办一期纪念抗战手抄报。初二举行"抗日战争胜利"绘画、征文比赛；初三举行"将信心献给老师"活动，办一期以新学期"庆祝教师节"为主题手抄报。

(3)组织学生参加上级举办活动。以上比赛活动材料级评比结果第2周周四前报政教处存档、量化。

5.伙房、配餐（周娟、华军）

(1)伙房：①开学前召开员工安全卫生培训会议，明确各自分工职责，做到规范操作，认真彻底全面干净清理卫生，将器具清洗消毒，做好各种食材准备工作。②排查各种用电用气设备隐患，确保能安全使用。③各级部返校放学前统计好在伙房就餐学生数并上报伙房，同时教育师生做到文明就餐有秩序。④初一原则上全部配餐，初二、初三特殊情况可提出申请，经过批准到伙房就餐。（高永利）

(2)配餐：①与配餐公司对接，提前确定中午午餐人数，确保解决学生中午在校就餐问题。②发放关于午餐的致家长一封信，让学生家长签字。③级部与班级安排好管理人员，并做出详细安排记录，确保中午学生午饭及午休安全、纪律。（级部管理干部）

（二）教务处（教科室）：

1.全体教师要认真学习《山东省义务教育条例》和《山东省教育厅关于大力开展师德教育禁止中小学教师从事有偿家教的通知》精神，切实履行《2019年教师职业道德行为承诺书》《自觉抵制有偿补课责任书》，进一步抓好规范办学。建立学校、教师、家长、学生四位一体的师德建设监督网络，设立举报电话88598990，畅通监督渠道，严肃查处在职教师有偿补课、在校外培训机构兼职等违规行为。（周娟、挂级部校长、邱若德、级部主任）

2.全体教师要转变教育理念，认真备好、上好开学第一节课，提高课堂教学效率，给学生留下一个美好深刻的印象，激发学生新学期学习热情。具体做到：

(1)提前进教室，做好上课的一切准备工作；规范课堂常规，努力创设民主和谐的课堂氛围；讲课要突出学生主体地位，关注学生的学习状态；准时下课不拖堂；不体罚或变相体罚学生。

(2)全体干部要通力协作，深入级部、办公室、班级，加大对教学常规、办公秩序、教师出勤的检查力度，确保教学工作马上走上正轨。

(3)挂级部校长、级部主任、挂科干部要深入课堂听课；挂科干部必须参加开学两周的集体备课，级部主任参加所有学科的集体备课。干部听课总节数不少于4—6节。

(4)级部在周一（9月2日）上午第二节到教务处李健处汇报班级出勤情况，对缺勤人员要注明原因。

(5)第二周周三（9月11日）下午放学前由李健老师将干部的听课笔记收齐。（周娟、邱若德、蔡紫燕、级部主任）

3.认真抓好集体备课，各级部于9月2日上午上报本级部各学科集备时间，便于教务处统一协调。本学期备课组在每次集备时要对中心发言人进行点评，全体成员要积极参加讨论，力争碰撞出"和谐互助"的智慧火花。备课组教师既要用新的"和谐互助"教学模板备课，做到资源共享，形成统一课件，又要根据所教班级学生实际情况进行修改，寻找最佳教学方法，形成个人风格。教务处要组织级部主任和各挂科干部加强对集体备课的检查与指导，挂科干部必须参加所挂学科的集体备课，尤其是初三中考学科和初二会考学科，级部主任要及时对本级部各学科集备情况进行总结反馈。教务处将每周对集体备课情况进行检查考核。（邱若德、蔡紫燕、级部主任、挂科干部）

4.做好校级"和谐互助"示范课的准备。初三从第3周开始举行"和谐互助"课堂教学示范课听课、评课活动。每个学科各推荐一名优秀教师出课。已经出过校级公开课或外出送过课的教师一律不再安排出课。出课名单提前报教务处审批。级部主任要组织认真、反复试讲，同备课组教师都要参与听课活动，挂科干部或教研组长评课，确保具有示范性。具体时间各组自定，级部统一协调。并提前报教务处通知全校。其他教师至少听三节以上示范课。教务处和级部点名。（周娟、邱若德、蔡紫燕、级部主任）

5.收齐、审阅各类计划：①教研组计划。②备课组集备方案。③教师个人教学计划。三类计划务必于第一周周五之前上交。身兼多职的教师必须写教研组计划、集体备课方案，可不写教师个人教学计划。邱若德主任负责批阅教研组计划；级部主任负责批阅集备方案和教师个人教学计划，并打出分数、评出一、二、三等。三类计划批阅完后于第二周周四前上报教务处李健老师处存档。（邱若德、蔡紫燕、级部主任）

6.丰富完善"和谐互助"评价。开学第一周完成各班各学科师友评价表，规范张贴在"和谐互助专栏"中，学校进行检查通报。（邱若德、蔡紫燕、级部主任）

7.各级部要切实抓好新调入教师和年轻教师的培训工作。各级部于第一周周三之前上报新老教师师友结对名单。第一周周四下午第四节举行新教师拜师结对仪式。地点：致学楼二楼党员活动室。（周娟、邱若德、蔡紫燕、级部主任）

8.印发大集团集备计划，组织好第一次大集备活动。（周娟、邱若德、蔡紫燕、陈伟）

9.及时、准确无误地发放好各年级课本、作业本。（邱若德、蔡紫燕、王毓清、周凯、相关级部长）

10.做好近期学校和教师课题研究管理、培训工作。（王友森、王品）

（三）总务处：

1.根据初一学生分班人数提前各班桌椅,逐一核实配齐,确保学生及时正常使用。(董胜利、许立新、王崇浩)

2.按要求配齐并发放班级卫生工具,各班级安排学生按时到致学楼领取,特别注意配合初一新班主任工作。(董胜利、许立新、王崇浩、周凯)

3.检查各楼水、电、暖设施,发现问题及时处理。(董胜利、王崇浩、许立新、周凯)

4.根据教师调整办公室后情况发放办公用品,按要求调整好办公桌椅。教师办公室插排、交换机已固定,未经允许禁止私自拆装。如有特殊情况需调整,请联系孙仕正主任,学校安排调整。(董胜利、许立新、王崇浩)

5.逐楼检修走廊饮水机,做好饮用水管理和检测工作,做好饮水机消毒、排放滞留水、更换滤芯、办理管理人员健康证及末端水检测工作。(董胜利、王崇浩、周凯)

6.做好初一新生军训服务工作。(董胜利、许立新、王崇浩、周凯)

7.总结检查总务假期工作情况,布置新学期工作,提出具体要求。(孙义智、董胜利及总务处人员)

8.总务工作人员巡视各教学区、办公区,查漏补缺,进一步配齐教师教学办公所需物品及班级所需物品。(董胜利、总务人员)

9.总务、政教处、教务处协调,严格按照上级文件要求,做好校园垃圾分类工作:
(1)采购增设分类垃圾箱。
(2)做好校园宣传和发动工作。
(3)发出倡议,行动起来,严格分类,逐步推进。
(4)设立分类管理台账,设置分类指导员。
(5)做好垃圾分类工作动态信息撰写与上报。(孙义智、华军、董胜利、潘宁)

10.对假期维修工程、物品采购手续进行梳理、入账、归档,并报请相关科室对项目进行初步验收。(孙义智、董胜利、孙仕正、周凯)

(四)办公室、工会:

1.及时印刷、发放学期初各类红头文件和工作计划。(王友森、华玉冈、张平)

2.按照上级《关于规范使用公务用车管理平台有关事宜的通知》要求,使用管理好公务用车管理平台。(王友森、华玉冈、宫相荣)

3.对各级部每周评选教师好人好事并制作光荣榜宣传工作进行督查,及时在干部群和办公会上通报。(王友森、华玉冈、张平)。

4.做好教师办公室办公秩序和卫生检查工作,除对每个办公室打分评比外,再对三个级部博学楼进行总体排名。(王友森、级部主任、王品)

四、艺体工作（王友森、邱若德）

（一）体育、美术：（邱若德）

1. 第一周周三上午第三节在党员活动室室召开教练员会议，总结假期学生训练情况。（邱若德、周连瑶、柳先锋）

2. 以级部为单位，利用两周时间组织体质检测，对假期作业的一个检测，积极准备迎接区体育抽测。（周连瑶、备课组长、体育教师）

3. 各级部备课组认真制订好本学期的教学计划和集备方案，第二周周二前上交周连瑶主任处。（周连瑶、柳先锋、备课组长）

4. 加强校体育队的梯队建设，第二周开始从新初一选拔队员充实到校队。（周连瑶、柳先锋、各级部体育备课组长、教练员）

5. 继续加强初三体育升学运动员选拔，第二周开始从初二、初三级部前1000名进行选拔。（邱若德、周连瑶、柳先锋、教练员）

6. 各级部集体备课，写好本学期美术教学计划，研究教学，上好美术课程。（邱若德、万健、王天磊）

7. 初一级部举办新生手工制作比赛，评比结果纳入班级量化管理。（万健、王天磊、备课组长）

（二）音乐（王友森）

1. 第1周周三上午第一节在德育活动室召开音乐学科会议，布置本学期工作，制定好教研组、备课组计划，加强课堂教学，保证教学质量。（王友森、潘宁、于峰燕、王卫英、仇国英、杨燕妮）

2. 做好9月份教体局组织的"我和我的祖国"大合唱比赛的训练及参赛工作，争取优异成绩。（王友森、潘宁、于峰燕）

3. 安排好升旗仪式主持和国歌指挥，加强管乐团、军乐团演奏训练，确保升旗仪式的有序进行。（于峰燕、黄伟、张帆、王璇、仇国英、雍雷娜）

五、其他工作（周娟）

1. 做好庆祝第35个教师节暨2019级新生开学典礼大会工作。相关要求见《具体分工》。（相关干部）

2. 严格落实排查整改商业广告、商业活动进校园的通知，各级部处室、音体美微教研组长、任课教师都要参与排查并签字确认结果，今后进校园必须是公益活动

并形成备案审查制度。（全体干部、全体教职工）

3. 做好校园环境卫生的清理整治，做好教室、食堂等人群聚集场所通风换气和预防性消毒工作。做好晨检及因病缺课上报工作，确保传染病疫情早发现、早报告、早处置。广泛宣传普及卫生防病知识和健康生活方式。（周娟、华军、全体师生）

4. 做好2019年年度考核评选工作。（孙义智、相关干部）

5. 操场正处于最后的维修、整理、初步验收阶段，初一军训暂不使用操场。期间其他级部学生也不准进入操场。（孙义智、曲素云、华军）

附1：即墨28中庆祝新中国70周年暨2019年开学典礼、教师节大会样本

序幕：视频《我爱你，中国》《我的中国心》《长大后我就成了你》《二八欢迎你》。（16:00开始循环播放。）

迎宾节目（16:15开始）：女生独唱《梨花又开放》、舞蹈《旗帜颂》、健美操表演。（侧屏显示"和谐二八"）

女　各位来宾，在大会开始之前，请欣赏几个学校艺术社团的节目。首先是女生独唱《梨花又开放》，这个节目在即墨区艺术节上获得一等奖。

男　梨花开放迎春风，金秋送爽结硕果。为庆祝中华人民共和国成立70周年，学校舞蹈队创编了舞蹈《旗帜颂》，请大家欣赏。

女　在山东省比赛中，我校健美操队获得一等奖，让我们一睹他们的青春风采。

男　尊敬的各位来宾、各位家长朋友；（LED出现校园风景至切换镜头）

女　亲爱的老师、同学们，大家

合　下午好！

男　和谐二八启新程，互助品牌展新篇。2019年9月，在庆祝伟大祖国70华诞之际，我们迎来了第35个教师节，迎来了2 100多名初一新同学。（LED呈现热烈庆祝中华人民共和国建国70周年的字样，然后出现天安门、长江、长城等图片）

女　此刻我们全校师生欢聚一堂，在这里隆重举行"和谐二八"——即墨28中庆祝新中国70周年暨2019年开学典礼、教师节大会。（LED准备切换来宾、家长镜头）

男　今天参加典礼的有（名单略）。

女 参加典礼的还有全校师生和全体初一新生家长。（LED切换来宾、家长镜头）让我们用热烈的掌声欢迎他们！（LED转场，升旗手准备）

男 "和谐互助"是我们28中独创的教改品牌享誉全国。今天的大会将采用"和谐师友""和谐教师""和谐团队""和谐校园""和谐祖国"这五个篇章，共十个环节的流程，从另一个角度为大家展示"和谐互助"的魅力。

（侧屏显示"和谐互助 开启未来"）

女 下面我宣布"和谐二八"——即墨28中庆祝新中国70周年暨2019年开学典礼、教师节大会现在开始！（起伴奏激昂音乐，LED出现鲜花背景，然后出字幕：和谐二八 即墨28中庆祝新中国70周年暨2019年开学典礼、教师节大会，节目《开学献词》准备。）

男 祖国在我心中，无论何时，无论何地，爱国是永恒的人生信念！请看台区全体师生、嘉宾起立（停顿2秒），请舞台区师生和家长起立，向后转（停顿2秒）。升国旗，唱国歌！（LED出现中国地图，升旗仪式开始，国歌伴奏带要提前准备好。）

女 请坐下！

第一篇章 和谐师友

（侧屏显示"和谐师友"）

男 （LED出现字幕 第一篇章 和谐师友）开学了，你准备好了吗？面对新的师傅、新的学友你做好准备了吗？（节目《开学献词》上场）下面有请和谐互助师友代表，发出他们面向初中时光的宣言！

节目：《开学献词》（播放节目音乐，节目中LED转场，节目结束LED出字幕"我们开学啦"。）

女 （LED转场）感谢师友代表的精彩朗诵，你们的豪情代表了全体同学对初中生活的美好向往。下面请初二初三同学起立！让我们用最诚挚的呐喊欢迎初一新同学！（初二、初三同学起立，欢呼两遍"欢迎欢迎，热烈欢迎"，举手热烈鼓掌。LED出字幕：热烈欢迎初一新同学！）

请初一同学起立，回礼！（初一学生行队礼，高喊"富强、民主、文明、和谐、自由、平等、公正、法治、爱国、敬业、诚信、友善"！LED出字幕：富强 民主 文明 和谐 自由 平等 公正 法治 爱国 敬业 诚信 友善，一共三行，每行8个字，不要标点符号。）

男 谢谢同学们，请坐。（LED转场，引领颁奖嘉宾，中考会考优胜生28人，礼仪学生28人，导引教师2人准备）正是因为一批批师傅和学友互帮互学互助，才成就了二八学子的优秀，才续写了28中五十余年发展的精彩篇章。

女 2019年中考，我校84名参加自招的同学成绩优异，全部被录取，三所自招学校的前十名几乎都被我校包揽。柳省先老师的8班重点高中升学人数为40人，全班录取率80%。九年级6班的张语墨同学以749.5的成绩荣获全区第一名！我校进入全区前十名（含并列）有10人，前20名有18人，前30名有26人。初二会考，全市A等级是15%，28中是31.4%。在学习和生活中，和谐互助的小师傅们发挥了榜样引领作用，他们是当之无愧的佼佼者！（上台音乐起，LED出字幕：光荣榜和谐互助中会考卓越生）有请颁奖嘉宾为他们颁奖！（颁奖音乐起，LED出字幕和谐互助中考卓越生：18人名单，和谐互助会考卓越生：10人名单。28人的名单用一屏显示，合影时转场用百合花）

中考优胜学生：（名单略）

会考优胜学生：（名单略）

男 感谢颁奖嘉宾，祝贺小师傅们，你们是28中的骄傲，28中因为你们而自豪。（背景音乐《长大后，我就成了你》一直到播放视频结束，LED出初三初二教师合影）中考会考的优异成绩是全体师友们刻苦努力的结果，是"和谐互助"教改的成果，更是一大批28中教师敬业奉献的结晶。

（LED出现字幕 第二篇章 和谐教师）

第二篇章 和谐教师

（侧屏显示"和谐教师"）

（继续背景音乐《长大后，我就成了你》，到播放视频结束。）

女 迎朝日，送晚霞，年复一年，日复一日，我们的老师耕耘在和谐互助的课堂上，从不说累，从不喊苦，奉献的是自己的今天，托起的是学生的明天。

男 三尺讲台存日月，一只粉笔写春秋。老师们，家人、亲人、还有许许多多人都看到了你们的付出，都记在了心坎上。

视频播放《说句心里话》

女 （播放《老师，我想你》的音乐一直到鼓掌结束）最朴实的语言说出了老师的辛苦，说出了理解和尊重，骄傲和自豪！同学们，在第35个教师节来临之际，让我们把最美好的祝愿献给亲爱的老师们！（LED出字幕：热烈祝贺第35个教师节！）全体同学起立！祝贺我们的老师们！（学生高喊两遍"祝贺祝贺，热烈祝贺"！手举到头顶热烈鼓掌）

（引领颁奖嘉宾，和谐互助优秀教师和优秀教育工作者30人，礼仪学生27人，导引教师2人准备。）

男 谢谢同学们，请坐！（LED出贺卡，再出内容：亲爱的老师，你们用自己的青春，给了我们搏击蓝天的翅膀；你们用自己的汗水，给了我们弄潮激浪的力量；你们用自己的热情，点燃了我们蓬勃青春的火光！）同学们的努力上进是对老师最大的激励，激励着28教师团队的卓越追求。下面请和谐互助优秀教师代表上台领奖。（上场音乐，LED出字幕：光荣榜　即墨二十八中和谐互助优秀教师、即墨二十八中优秀教育工作者名单）请颁奖嘉宾为他们颁奖。（颁奖音乐，LED出和谐互助优秀教师、优秀教育工作者名单，合影时转场用鲜花开放镜头）

女 （LED出字幕：和而共谐　助而互进，用红旗做背景。）感谢颁奖嘉宾，祝贺优秀教师们！在推广和谐互助教学改革走向全国的十多年时间里，我们全校师生用智慧闪耀育人的理想，用实力累积出二十八中团队的高度。

第三篇章　和谐团队

（侧屏显示"和谐团队"）

男 全校400余名教职工用"和谐互助"实现着教育情怀，而这当中的113名班主任无疑是和谐互助坚强的中流砥柱。

女 班主任的一天，是在忙碌和充实中渡过的，天天如此，年年如此。让我们走近班主任的生活。

视频《班主任的一天》

男 （LED出升旗仪式发奖照片）只要你过得比我好，这是每一位老师的期望。28中的老师，当他走上讲台时，他就忘记了他自己身体的不舒服，忘记了孩子还在教室外等着他送上小学，忘记了生活中的困难与烦恼。他的心里只有学生，只有课堂！二十八中"和谐互助"的硕果得益于各个备课组的凝心聚力，各位老师的无私奉献、拼搏争先。

视频《卓越二八》（第六个亮点时，颁奖嘉宾，中考会考优胜备课组、基础年级优秀备课组代表、中考会考优胜班的班主任共28人准备，礼仪学生28人、导引教师2人准备。）

女 我骄傲，我是二八人！在教书育人的事业里，追求卓越的力量始终澎湃激昂！

男 下面有请和谐互助中考会考优秀备课组、基础年级优秀备课组、中考会考优胜班级代表上台领奖。（上场音乐，LED出字幕：光荣榜　和谐互助中会考优秀备课组、和谐互助基础年级优秀备课组、和谐互助中会考优胜班）请颁奖嘉宾为他们颁奖。（颁奖音乐，LED出和谐互助优秀备课组名单、中会考优胜班班主任名单，合影时用草原做背景）

女　感谢颁奖嘉宾，祝贺获奖的团队，祝贺老师们！

男　和谐的力量来自于每一个28中人的坚持和努力，优良校风在28中一届又一届师友当中传承并发扬光大！同学们，在这个难忘的日子里，让我们共同许下青春的誓言吧！（上场音乐）

领誓学生上台：请全体同学起立，请校旗（军乐起，四名学生抬校旗上台），请大家举起右拳，跟我一起宣读誓词。（LED转场，然后播放誓词的字幕）

我们以青春的名义宣誓：
不忘父母期盼，铭记恩师教诲；
传承雷锋校魂，发扬互助精神；
践行时代使命，实现和谐人生！
今天我以二十八中为荣，明天二十八中以我为骄傲！
今天我以二十八中为荣，明天二十八中以我为骄傲！

——宣誓人：28中全体学生

女　同学们，请坐！相信同学们一定会用实际行动践行自己的誓言，努力到无能为力，拼搏到感动自己！

（LED出字幕　第四篇章　和谐校园）

第四篇章　和谐校园

（侧屏显示"和谐校园"）

男　（LED出字幕：和谐校园，出外来参观照片、全国现场会照片）做为二十八中的老师，一直有一种事业的自豪感和工作的幸福感，因为在这所学校里，我们有100多位老师到全国各地送课，我们的"和谐互助"走向全国。（王卫英引领李校长。）

女　（LED转场彩带）和谐互助的神奇魅力广传华夏大地，成绩的取得在于全体教师倾情付出，更离不开我们"和谐互助"改革的领头人——李志刚校长！让我们掌声欢迎李校长致词。（上场音乐，李校长特写镜头、现场情况、LED转场互相穿插）

男　感谢李校长，"和谐互助 卓越二八"（LED出字幕：和谐互助 卓越二八）

将是我们二八人继续前进的动力和誓言！

女　和谐学校、和谐家庭，构建和谐社会。初一的家长朋友们，怀着对学校的期待、对孩子成才的期盼，参加了今天的开学典礼。（LED心形图案转场）孩子们对爸爸妈妈也充满了热爱和感激。他们写了一封感恩信，要郑重地交给爸爸妈妈们，请爸爸妈妈相信"谁言寸草心，报得三春晖"！

男　请初一同学、家长起立，请同学们面向父母，敬礼！请大声说出你们的誓言！（学生高喊两遍，LED出现字幕　勤奋努力，永不言弃！）礼毕！请家长接受孩子的感恩信，拥抱孩子们，互相说说心里话！（音乐《you raise me up》高潮，LED转场水墨画，两句歌词后音乐渐弱。）父母对子女的爱是世界上最无私、最真挚的爱，爱比天高，爱比海深。父母是孩子们最坚实的后盾和最强劲的动力！

女　谢谢家长，谢谢同学们！请坐！（音乐停，LED转场。71名获奖家长、颁奖嘉宾，36名礼仪学生、导引教师2人准备。）在二十八中52年的发展历程中，得到了学生家长和社会各界的大力支持。你们的理解和帮助，让二十八中和谐互助的道路越走越宽、越走越美。

男　（LED出字幕：家校携手　共育英才）今年教师节各班级向学校推荐了678名家长为"尊师重教先进个人"，学校向"尊师重教先进个人"的家长表示衷心的感谢和崇高的敬意！在升旗仪式上将专门安排颁奖。在今天的庆祝大会上，请家长代表接受学校的谢意！首先请初二级部家长代表上台领奖！（上场音乐，LED出字幕：衷心感谢家长的理解）请颁奖嘉宾为他们颁奖。（颁奖音乐，LED继续保留字幕）

女　感谢颁奖嘉宾！有请初三级部家长代表上台领奖！（上场音乐，LED出字幕：衷心感谢家长的支持）请颁奖嘉宾为他们颁奖。（颁奖音乐，LED继续保留字幕）

男　谢谢颁奖嘉宾，谢谢二十八中所有的朋友们！祝贺所有的获奖师生！初一级部的家长朋友，今后的三年时光里，学校的发展也离不开你们的鼎力相助！期待您的合作与鼓励！（LED转场。17名师德楷模、颁奖嘉宾，17名礼仪学生、导引教师2人准备。）

女　和谐互助引领着二十八中每一届师友的成长，家长们感受温暖，老师们体验幸福。在拼搏奋进中，老教师们也是"老骥伏枥，志在千里"！我们学校有45名教师的教龄在30年以上。他们当中，有多年奋战在毕业班岗位上的，有至今仍然担任班主任、备课组长的，有工作量一点也不亚于年轻人的。

男　老教师，有风骨立德行！三十年树木，三十年风雨，成就数十万栋梁！下面有请17名获得"师德楷模"的老教师上台领奖！（上场音乐，LED出字幕：和谐互助师德楷模）请颁奖嘉宾为他们颁奖！（颁奖音乐，LED继续出字幕：和谐互助师

德楷模 名单略）

第五篇章 和谐祖国

（侧屏显示"和谐祖国"）

（LED 出现字幕 第五篇章 和谐祖国）

女 （大型音诗舞《中国少年说》上场。）我们 28 中的师生，心中有梦想，胸中有国家。LED 出字幕：天下兴亡，我的责任；学校兴衰，我的责任！）李校长曾经说过：天下兴亡，我的责任；学校兴衰，我的责任！只要我们全校师生拿出"天生我才必有用"的信心，拿出"铁杵成针滴水石穿"的毅力，拿出"直挂云帆济沧海"的勇气，28 中这所全国名校的校徽会更加辉煌闪亮，28 中和谐互助前进的步伐会更加强健有力。

大型音诗舞《中国少年说》

节目结束后舞蹈演员后撤，留在舞台上定型。（此节目时，合唱演员准备。）

男 （LED 出现华表、鸽子飞的画面）今年是新中国成立 70 周年，让我们用歌声把对祖国的热爱传递到五湖四海，传递到世界的每一个地方！

全体师生合唱《歌唱祖国》，挥舞国旗。（LED 出现画面和歌词）

女 （LED 转场）愿我们伟大的祖国永远昌盛，愿我们二八学子成为建功立业的国家栋梁！

尾声：

男 老师们、同学们，即墨 28 中庆祝新中国 70 周年暨 2019 年开学典礼、教师节大会已接近尾声，让我们共同祝愿我们伟大的祖国繁荣昌盛，祝愿各位来宾、家长朋友、老师们身体健康，工作顺利，万事如意！

女 祝同学们和谐互助，共同进步，风华少年，奋勇向前！

男 （LED 出现即墨 28 中庆祝新中国 70 周年暨 2019 年开学典礼、教师节大会字幕一直到家长退场）即墨 28 中庆祝新中国 70 周年暨 2019 年开学典礼、教师节大会

合 到此结束！

女 请同学们原地不动，让我们和着音乐的节拍，一起鼓掌欢送各位嘉宾和家长朋友。（LED 呈现背景图片《长江》《黄河》等，循环播放歌曲《我和我的祖国》。）

3—4周（9月16日—9月29日）工作安排

工作重点：

1.组织党员干部参加党纪法规和德廉知识学习测试。
2.严抓预防校园欺凌专题教育。
3.举行"和谐互助"课堂教学校级示范课听课、评课活动。
4.加强"和谐互助"教学策略研究，搞好"和谐互助"系列讲座。

一、党建工作（王友森）

1.理论学习：组织全体党员认真学好教育常态化制度化第51—54批学习材料。
(1)习近平总书记在《求是》第15期发表的文章《牢记初心使命，推进自我革命》等9个材料。
(2)学习《中国共产党机构编制工作条例》。（王友森、党支部书记、党小组长）
2.以教师节为契机，各党支部举行好主题党日"不忘教育初心，牢记教育使命"教育活动，整理好相关档案材料进行存档。（周娟、王友森）
3.各党支部、各学习组做好对新调入教师进行"学习强国"注册并入群工作。对前期"学习强国"工作进行阶段性总结，及时督促成绩落后的党员加强学习，确保每名党员每天达到学习要求，确保我校学习成绩。（王友森、党支部书记、党小组长）
4.全体党员干部和教职工要认真学习《关于进一步强化中秋国庆期间纪律作风建设的通知》精神，严格执行，不触红线，不出现任何违规违纪问题。（周娟、王友森、各级部处室主任）
5.按照教体局下发的《关于组织开展"党风廉政建设教育月"活动的通知》精神，以"五个一"活动为载体，组织好我校党员干部和全体教职工的教育活动。（王友森、党小组长、各级部处室主任）

二、级部工作(孙义智、曲素云、华军)

(一)初一级部(曲素云)

1. 安全与师德工作(陈伟、周连瑶)

(1)严禁体罚和变相体罚学生,提倡鼓励为主;作业量合理适中;所有老师在家长微信群中言论要适当,不得收抢红包;不在家长群中滥发信息,不得在群内公布学生分数,以表扬班内每个学生的进步为主,和家长建立信任关系。(曲素云、陈伟、全体教师)

(2)教育学生注意上放学交通安全,教育学生遵守红绿灯,严禁横穿马路,确保学生安全。(周连瑶、林彬、级部长、班主任)

(3)加强对学生上下楼梯安全以及课间秩序的管理,养成良好行为习惯。(周连瑶、林彬、级部长、班主任)

(4)根据体检结果,排查特殊体质学生,做好档案管理。(周连瑶、林彬、级部长、班主任)

2. 德育工作(周连瑶)

(1)整顿好教室内务,级部将班级书包橱使用、雷锋书橱、讲台卫生、桌椅整齐、地面卫生等情况加强检查,按照教室内务达标要求,落实各班达标情况,进行量化评比出12个优胜班级。(周连瑶、林彬、级部长、班主任)

(2)加强微机课、体育课课前五分钟安静有序的带队,级部每天监督评比。(周连瑶、林彬、级部长、班主任)

(3)第三周开始级部进行大课间广播操培训。(周连瑶、林彬、级部长、班主任、体育老师)

(4)加强青岛市安全教育平台应用管理。组织学生完成规定安全教育任务,组织学生完成好重点安全教育活动。各项数据纳入班级常规。(周连瑶、林彬、级部长、班主任)

(5)提高学生入校、进楼速度、整理室外卫生以及自行车的排放速度及质量,第三周进行自行车排放评比,评选12个自行车排放优胜班。(周连瑶、林彬、级部长、班主任)

(6)组织初一级部运动会(9月30日)各班自己准备入场式。(周连瑶、林彬、级部长、班主任)

(7)周五安全演练通报本周来学生路队、值日生管理、安全教育总结、对于不认真的学生和班级进行点名通报(周连瑶)和学习常规总结(陈伟)。

(8)布置班级文化墙工作,以班级口号、班级目标、我爱祖国、我爱二八、垃圾分类为主题,第三周指定的模板示范班先完成,第四周其他班级学习参观模板班后完成,第四周周五级部进行评比。(陈伟、周连瑶、级部管理干部、班主任)

3. 教学工作(陈伟)

(1)级部干部学科分工:语文——陈伟、数学——曲素云、英语——孙吉超、政治——周连瑶、历史——林忠奇、地理——王存星、生物——林彬。

(2)继续进行学法指导讲座活动,第三周周一历史,周二地理、政治。第四周班会课时间进行学法交流主题班会。(曲素云、陈伟、备课组长、班主任)

(3)第三周组织地理、生物学科,第四周组织历史、英语学科备课组长"和谐互助"展示课,同组教师全程参与听、评课,其他无课教师参与听评课。(曲素云、陈伟、备课组长)

(4)新教师系列教学业务培训"如何听好一堂课""如何备好一节课",主讲人:姜岩。时间:第三周周二下午第四节。地点:级部集备室。(曲素云、陈伟、姜岩)

(5)召开新岗教师工作反思会,每双周三下午阳光体育活动时间。内容:①汇报双周听课学习情况;②总结自己的进步和不足以及下一步的工作打算;③查评新教师一、二周纸质教案,通报反馈听、评课情况。(曲素云、陈伟、林忠奇)

(6)加强体育课、微机课管理,每节课任课教师清点人数,确保学生出勤,级部干部对学生来回带队秩序加强检查通报,每周汇总公示。(陈伟、周连瑶、林彬、级部管理干部、班主任)

(7)加强学生学习常规检查和反馈,干部分楼层进行巡视督促。楼层分工:1楼林忠奇;2楼周连瑶;3楼孙吉超;4楼林彬。(曲素云、陈伟、周连瑶、级部管理干部、全体教师)

(8)级部干部分工对新岗教师进行指导、督促。加强推门听课、及时评课,加强对教师个人听课、备课、作业批改等教学常规的检查、指导。发挥教师师傅的指导作用,加强对新教师的直接指导。(曲素云、陈伟、周连瑶、级部管理干部、备课组长)

(二)初二级部(华军)

1. 安全与师德工作(李武军、于海潮)

(1)加强教师师德教育,廉洁自律。引导教师遵守区教体局《十项规定》。①严禁搞有偿家教;②严禁向学生推荐《目录》外的教辅材料;③严禁体罚或变相体罚学生、心罚学生;④严禁收受家长和学生赠送的礼品、礼金等。(华军、李武军、全体教师)

(2)加强教师出勤和办公秩序的检查,每次检查结果及时公示,计入教师考核。(华军、李武军、全体教师)

(3)清查安全教育不放松。每班设立安全教育记录本，每天记录，做到天天强调、日日抓，特别是防溺水、交通安全、饮食安全、网络安全等。（华军、李武军、于海潮、级部长、班主任）

(4)加强学生出勤与请假管理，做好每日、每节出勤登记，落实每一个学生的去向，做到责任分明。（华军、李武军、于海潮、级部长、班主任、全体教师）

2. 德育工作（于海潮）

(1)常规管理常抓不懈，在路队、卫生区、课间秩序、仪容仪表、文明礼仪等方面继续加强管理，严禁手机、电话手表等电子设备进校园。（华军、李武军、于海潮、级部长、班主任）

(2)做好特殊学生情况登记，班主任做好学生谈话和家校沟通，并做好相关记录。对极特殊学生，级部干部分工包人包班负责。（华军、李武军、于海潮、级部长、班主任）

(3)开展组织"我爱我的祖国"主题班会，进一步加深学生对国家的热爱，通过班会大声说出对祖国的爱，时间：第4周周二下午阳光体育活动时间。（华军、李武军、于海潮、级部管理干部、班主任）

(4)加强学生自主管理，全面铺开学生会各部委工作。（华军、李武军、于海潮、级部长、戴小珊、学生会干部）

(5)加强课间秩序的管理，班主任及时靠班，级部干部带领学生会干部分楼层进行巡查，及时公示检查结果，评选课间纪律优胜班。（华军、李武军、于海潮、级部长、班主任）

3. 教学工作（李武军）

(1)级部干部挂科分工：华军——物理、生物，李武军——英语、地理、政治，于海潮——数学，唐绪诚——语文，刁晓辉——历史，宋成平——音体美微、地校课程。

(2)开展新学期班级挑战活动，各班根据情况选取挑战班级并到挑战班级宣读挑战书，被挑战班级要到挑战班级宣读应战书，全班学生要在挑战书和应战书上签字，挑战书和应战书粘贴在教室门外班牌下方，两侧要有八字挑战宣言。第三周周四下午放学前完成，学生会学习部负责检查落实。（华军、李武军、于海潮、唐绪诚、学生会学习部）

(3)加快学生早晨和中午进楼速度，利用好进楼前的两遍哨音提醒，加快校值日和整理卫生的效率；加强进楼后的秩序管理，落实入楼即静，落座即学的要求，不断检查、督促整改，让学生养成高效率学习节奏。（华军、李武军、于海潮、唐绪诚、学生会学习部）

(4)物理学法讲座,第3周周二中午1:40—2:00,主讲人:王秀梅。负责联系人:唐绪诚。楼内秩序检查人:于海潮、宋成平。(华军、李武军、唐绪诚、班主任)

(5)强化教师出勤、课前候课、课堂常规、听评课、作业批阅讲评的检查,对存在问题的老师进行约谈、督促整改,并在学科集备会和全体教师会上进行通报,计入教师考核。(华军、李武军、级部管理干部、全体教师)

(6)筹备10月8日的阶段性测试。(华军、李武军、级部管理干部、备课组长、班主任、全体教师)

(7)分批次召开后20%学生座谈会。(华军、李武军、于海潮、班主任)

(三)初三级部(孙义智)

1.安全与师德工作(江平、孙仕正、万健、孙平智)

(1)严禁老师携带手机进教室,不得坐着讲课;不得在办公室做与教学无关的事情,如上网购物,打游戏等。(孙义智、江平、全体教师)

(2)要求老师在微信群,特别是家长群中的言论要适当,不收抢红包,不在家长群公布学生成绩。(孙义智、江平、全体教师)

(3)不接受家长的宴请和礼品,不搞有偿家教,发现违规教师严肃处理。(孙义智、江平、全体老师)

(4)教师车辆要停到停车场,严禁老师将车辆停放在教学区和环校路,政教处通报量化。(孙仕正、万健、孙平智、全体初三老师)

(5)班主任要详细摸排学生中的不安全因素,发现问题及时跟级部反映,及时消除隐患。(孙仕正、万健、孙平智、班主任)

(6)任课老师要掌握好课堂出勤,出现旷课学生要及时通报给班主任,不允许不管不问。(孙义智、江平、孙仕正、万健、孙平智、全体老师)

(7)严禁早到校。级部严查,计入班级量化考核。(孙义智、江平、孙仕正、万健、孙平智、级部管理干部)

2.德育工作(孙仕正、万健、孙平智)

(1)做好校园欺凌的预防工作,加强学生管理。(孙仕正、万健、孙平智班主任)

(2)做好学生入校进楼速度,落实好三遍哨后楼前清、走廊静,级部量化。(孙仕正、班主任)

(3)下周开始课间沿环校路进行跑操体能训练,要求各班提高跑操质量,班主任跟班,学生会严格量化标准。(孙仕正、万健、孙平智、班主任)

(4)做好学生着装校服入校,严禁学生带手机进教室、加强不进教室学生的管理,纳入班级量化。(孙仕正、万健、孙平智、班主任)

(5)做好室外体育课带队纪律管理，纳入量化。（孙仕正、班主任）

(6)做好学生交通等安全工作，强调严禁横穿马路，做好课堂安全记录，级部不定时抽查班级安全记录本，纳入量化。（孙仕正、万健、孙平智、班主任）

(7)利用课间操时间彻底清理卫生死角。（孙仕正、万健、孙平智、班主任）

(8)周五的演练时间，通报每周每班的课堂常规和课间秩序等检查落实情况。主讲人：孙仕正。（江平、孙仕正、万健、孙平智、班主任）

3.教学工作（江平）

(1)级部干部挂科分工：语文——孙义智、数学——万健、英语——江平、物理——江平、化学——孙平智、历史——李颖、政治——孙仕正。

(2)第三周周二下午阳光体育活动时间举行召开新调入教师座谈会。汇报听课学习情况，听取级部和备课组对其备、上、批、辅、改等教学方面的点评和要求，做好下阶段打算。地点：集备室。（孙义智、江平、级部管理干部、新调入教师）

(3)新接班班主任分层次召开小型家长会（重点边缘生和后20%学生）。会议时间和地点提前告知级部和北传达室，提前制作好邀请函。会议室、培优教室、集备室均可使用。（孙义智、江平、级部管理干部、班主任）

(4)抓好教学常规：

①抓好课堂常规的检查，做到每天至少两次通报，汇总后每周五教师会和班主任会进行汇总通报，对于检查中出现问题次数多的老师和班级，及时进行约谈，干部分工包干整改；②抓好教师出勤，严格教师出勤考评手续，及时公示，计入教师个人量化考核；③抓好集备，继续加强对集备的检查，完善集备流程，力求务实高效、智慧共享。（孙义智、江平、级部管理干部）

(5)干部包干继续加强对成绩薄弱班级、新调入教师、第一次上初三教师的进班级、进课堂听课、评课和督促指导的力度。周四级部管理干部会时间进行交流、反思，总结经验。（孙义智、江平、级部管理干部、备课组长）

(6)加强早晨和中午学生自主学习的管理，及时推广优秀经验做法。每天检查公示，检查结果计入班级量化考核。（孙义智、江平、级部管理干部）

(7)加强对学优生的辅导力度。确保学生的出勤、纪律和学习效果。对辅导内容作出明确规定；定期对学生进行问卷调查，了解辅导效果；对辅导教师进行工作量和效果的考核。（孙义智、江平、级部管理干部、备课组长、辅导教师）

(8)第三周分批次召开后20%学生座谈会。（孙义智、江平、孙仕正、万健、孙平智、级部管理干部）

(四)博学楼教学区（邱若德）

1.加强教师师德修养，严格遵守即墨教体局《十项规定》。及时发现教师中的好人好事、及时编发表扬信，树立榜样，倡导老师们爱岗敬业、爱校如家。（邱若德、李军凤、解斌斌、谭泽彬、全体教师）

2.学生的出勤和办公秩序的检查，每天出勤结果及时公示，计入教师考核。（李军凤、解斌斌、谭泽彬、级部长、班主任）

3.第三周开展一次教学区安全隐患大排查，重点对博学楼内外门窗、水电、线路、设施设备等进行安全检查，发现问题及时整改。（李军凤、解斌斌、谭泽彬、级部长、班主任）

4.博学楼初一各班抓紧考察选拔班干部并将名单于第三周周二前上交主任室，各班要考虑安排午托配餐、水电管理干部。做好中午午休的管理，定点定位，每天检查学生出勤，及时上报落实反馈，确保学生在校午休安全。（李军凤、解斌斌、谭泽彬、级部长、班主任）

5.加强路队管理，做好上放学路队的分流，安排干部定点分区域进行路队管理，加强进楼速度管理，入楼即静，及时通报量化。（李军凤、解斌斌、谭泽彬、级部长、班主任）

6.加强楼层巡视，干部分楼层，尤其是初二、初三厕所区域的秩序，及时发现问题，解决问题。（解斌斌、谭泽彬、级部长）

7.第三周开始初一校值日生每天进行常规检查量化，打分并公示。（解斌斌、谭泽彬、级部长、班主任）

8.加强学生中午配餐管理，尤其加强对初一生活委员的培训，实现学生自主管理。（解斌斌、谭泽彬、级部长、班主任）

9.对新教师的听课、备课、上课情况检查，做到双周内听完一轮课，集中点评交流，让新教师尽快适应。（邱若德、李军凤、解斌斌、级部长）

10.抓好教学常规：加强各时间段自主学习的质量，尤其是初一同学争取进教室两分钟进入学习状态，每天两次通报各班情况量化评比。（邱若德、李军凤、解斌斌、级部长）

三、处室工作（孙义智、周娟、王友森、华军、曲素云）

（一）政教处（团委、少先队）：

1.抓好预防校园欺凌专题教育。若发生欺凌事件，第一发现人立即制止，保护好学生，同时立即通知班主任、级部、政教处；若涉及校外人员要立即报警，保护好学生正当权益；同时做好学生心理疏导和教育，全力协调家长，避免事态发酵扩大。各级部要梳理各类特殊学生名单建立档案，积极关注学生动态，争取第一时间常握相关情况，抓好预防干预。各班主任要积极关注相关学生，了解学生情况动态，高度重视各种欺凌苗头，能做到早发现早干预。（全体干部、班主任、教师、学生）

2.继续抓好防溺水、交通安全教育工作，严防安全事故发生。（全体干部、班主任、教师、学生）

(1)各级部班主任要坚持做好每天放学前5分钟防溺水、交通安全教育，安全员做好每天安全教育记录，第4周周三前上交安全记录本，级部检查评分量化。

(2)要使全体师生熟知交通安全注意事项、防溺水"六不一会"内容（不私自下水游泳；不擅自与他人结伴游泳；不在无家长或老师带队的情况下游泳；不到不熟悉的水域游泳；不到无安全设施、无救护人员的水域游泳；不熟悉水性的学生不擅自下水施救；学会科学合理的应急、求助、报警方法）。

(3)各班主任要加强学生上放学交通安全教育管理，教育学生做到七不：不横穿公路、不闯红灯、不骑机动车不行机动车道、不并排骑车、不骑车带人、不骑飞车、不撒把骑车，严防发生交通安全事故。

3.做好校园安全保卫工作。学校传达室对来访人员进校和学生出校做好登记工作，做到任何外来人员进校必须登记；任何学生出校必须有班主任请假条。政教处安排校园保安和教师组建平安志愿者队伍，每日佩戴袖标做好校园及周边治安巡逻活动。（全体干部、班主任、教师、学生）

4.加强物业保安、保洁、绿化人员业务管理，政教处制定管理制度及要求，在级部对物业人员的业务实行学生打分制，要特别注重对各楼厕所、博学楼楼梯、走廊及卫生区域绿化进行量化管理。（华军、潘宁、管理干部）

5.各级部、班级要进一步加强学生不早到校教育管理及路队管理。班主任要切实联系到每一位家长，共同教育学生不早离家，不早到校，不准在路上逗留，以防发生事故，教育学生按照《即墨28中路队管理要求》进出校园。各班主任教育学生，告知家长在上放学时段接送学生，不将车辆停放在校北公路教研室至东十字路口；校东公路北十字路口至南丁字路口区域内，为同学营造安全有序通道。政教处牵头初二级部落实好"红帽子"行动的检查力度，保证路队质量有更大提高。（华军、潘宁、管理干部、班主任、学生）

6.各级部继续加强对上下楼梯防踩踏安全的检查量化。根据最新课程表安排好各楼层值班教师、学生，确保学生上下楼梯不越中心黄线、有序靠右行。大型集会活动和上下午放学时各级部一楼东西厅南北门及博学楼相关门厅务必打开，同时合

理分流学生。政教处不定时抽查各级部上放学时上下楼梯值日情况。（华军、潘宁、管理干部）

7.进行第二次安全隐患排查。各级部以班级安全委员为基础，建立学生安全隐患巡逻小组，第3周巡查班内、楼内公共设施、安全设施情况，级部统一收齐后交政教处统一维修整改。（华军、潘宁、管理干部）

8.严格各值班室管理，各级部值班室直接责任人为各挂级部干部，致学楼为政教处，值班室内禁放一切杂物，整理好值班室内卫生、物品，多营造温馨环境。政教处第三周周五进行检查通报。（华军、潘宁、德育干部）

9.严格常规管理，重点抓好亮点工作。（华军、潘宁、级部干部、班主任、有关教师）

(1)做好班级班牌更换检查、核收工作，各级部安排专人负责，第三周再次检查核实班牌内容，充实学生照片。如有问题及时报政教处。

(2)严格抓好午托学生管理。各级部定地点、定时间、定管理人员，及时与配餐公司对接反馈餐食建议；定午休规定，在班级看护教师基础上，级部安排专人定时巡查，确保学生午托秩序与安全；管理好餐后、午休后卫生，禁止使用一次性餐具。

(3)严格整理室内外环境卫生。根据当前气候条件，各级部对卫生区内落叶、杂物、垃圾严格清理，保持高标准室外环境。严格整顿好教室内务，级部将班级书包橱使用、雷锋书橱、讲台卫生、桌椅整齐、地面卫生等情况加强检查，各级部按照教室内务达标要求，落实各班达标情况，政教处进行抽查通报。第三周周五前各评选出10个内务标兵班。

(4)发挥学生自主管理能力，提前定点定人，各级部按要求抓好值日生培训，特别是校内各点争取只用学生，严格标准抓好路队管理。

(5)选拔训练新一批护旗手、校园广播站成员，落实名单、严格训练提升整体水平。

(6)做好每周五课间操综合逃生演练工作。

10.因操场建设暂未完工不开放使用，第三周开始对各级部大课间活动进行调整安排：初三级部绕学校环校路进行跑操训练；初二级部在指定区域进行走操训练；初一级部在指定区域内进行《中学生广播体操》学习；各级部按照学校要求定点、定员、定标准，博学楼与三个级部做好沟通协调、共同配合，保质保量将大课间开展好。政教处做好检查协调工作。（华军、潘宁、管理干部、班主任）

11.第三、四周全校开展"校园卫生环境整治评比周"活动，各级部、班级将所辖内的室内室外卫生进行集中清理打扫，特别是对于卫生死角区域要进行突击清理整顿，第四周周五各级部评选"卫生评比先进班"，第五周升旗仪式进行颁奖。（华

军、潘宁、管理干部、班主任）

12.继续开展主题教育系列活动。（华军、潘宁、管理干部、班主任）

(1)在初一级部开展"垃圾分类 文明你我"手抄报比赛活动；组织学生参加2019—2020年度头脑奥林匹克竞赛活动，自愿报名，具体要求见通知。

(2)在初二级部开展"垃圾分类 文明你我"征文比赛，600字左右。

(3)各级部班级文化墙要求统一安排有明确"垃圾分类 文明你我"主题的板块内容。第四周周二前各级部备齐，政教务验收。

13.筹备10月份在我校举行"青岛市少先队建队仪式"现场会相关工作。（华军、潘宁、万健）

14.做好往届毕业生"智慧团建"团关系转接工作。（潘宁、万健、王丽丽）

15.伙房与配餐（周娟、华军）

(1)伙房：①迎接省文明校园复查相关布置。②核实早餐午餐就餐教师名单，改善早餐午餐菜品花样。（高永利）

(2)配餐：①对配餐公司对接保证工作人员着制服，出入登记。②对饭菜口味进行第一次学生调查，反馈给配餐公司。（管理干部）

（二）教务处（教科室）：

1.加强"和谐互助"教学策略的学习和推广：

(1)举行各类"和谐互助"课堂教学校级示范课听课、评课活动，听课1节，评课1节。地点：报告厅。时间：9月16日（周一）下午第一节，数学，出课：于琳琳；9月18日（周三）下午第二节，英语，出课：姜洁。挂科干部和教研组长全面负责，出课教师提前试讲修改，确保出课具有示范性。级部主任负责选派听课教师，负责听课出勤点名。教务处负责报告厅上课的所有准备工作，如课桌凳、黑板、多媒体、音响等；要做好照相、文字记录与存档、宣传工作。（周娟、蔡紫燕、挂科干部、级部主任）

(2)做好对新教师的培训工作，组织好"和谐互助"系列讲座：①和谐互助五步十环节的设计与应用。主讲人：李武军。时间：9月17（周二）下午第2节。②和谐互助师友激励与评价。主讲人：江平。时间：9月19日（周四）下午第2节。以上地点都在致学楼二楼党员活动室。今年新调入的教师、通济实验学校、德馨珑湖中学的教师和2018年新参加讲座的干部都要及时全程参加，提前调课。其他老师尽可能参加。教务处要检查新教师的出勤情况。（周娟、蔡紫燕、级部主任）

(3)继续加强对"和谐互助"集体备课的检查与指导，教务处要会同级部每周进行全面的检查，及时公示。各科集备必须在主讲人课件基础上形成修改后的通案，便于教师使用；集备必须备好"和谐互助"课堂模式，五步要确保，十环可以根据课堂情况调整。每周集体备课后要整理优质教学课件，备课组长每月一汇总，报送教务处检查存档。挂级部校长、级部主任、挂级部干部要按照分工积极参加本级部所承包备课组的集体备课，级部主任全面负责。兼课的干部必须每次参加所在备课组的集体备课（外出开会除外），要准时、全程参与，要带头教出一流成绩。（周娟、蔡紫燕、级部主任）

(4)初二初三级部于本双周完成各学科新师友的划分，级部主任逐班检查，教务处抽查。（蔡紫燕、级部主任、备课组长、班主任）

2.加强干部、教师活动的布置和落实（挂级部校长、级部主任）：

(1)各级部备课组长会：①交流开学两周的集备经验，纠正不规范的备课流程；②阶段性检测的时间、内容、形式；③反馈教学方面存在的问题，特别是边缘生和班级后20%学生，商量对策，及时布置进行反馈；④落实"和谐互助"教学策略师友划分。

(2)各级部班主任例会：①反馈各班教学常规的检查情况及班级量化评比情况。②级部工作布置与点评。③布置节假日家访。④优秀班主任经验介绍：初一，第三周主题"如何培养学生学习习惯"，主讲人于秀娟；第四周主题"如何和家长进行有效的沟通"，主讲人谭婷婷；初二，新接班班主任汇报自己接班后的工作进度和情况；初三，第3周"如何发挥家长的作用"，发言人周珍芝、江朝霞，第4周主题"怎样抓好后进生的转化和边缘生的培养"，发言人吴海燕、张秀芹。

(3)各级部教师例会：①师德要求的落实情况和教学常规检查、出勤检查通报。②级部工作布置与点评。③布置节假日家访。④优秀教师经验介绍。

(4)各级部干部例会：(1)反馈级部干部对分管学科参与集备和听课情况；(2)对级部常规管理工作进行细化分工，落实个人分管工作；(3)干部自述分管工作的进展情况；(4)优化周五演练的流程。

(5)初二初三级部班级协调会：要求班主任定时间，级部主任负责调课，级部干部和班级教师参加。教学例会反馈情况，修订学校班级协调会流程。

3.大力开展教师听课学习活动。特别是新教师和青年教师、成绩暂时落后教师，要积极主动听老教师和骨干教师的课，多向有经验的教师取经学习，进一步提高我校的整体教学水平。老教师也要多听成绩优秀的年轻教师的课，取长补短。第四周末级部检查教师的听课笔记，将检查结果报教务处。（周娟、邱若德、蔡紫燕、级部主任）

4.严格落实学校教学要求（周娟、蔡紫燕、级部主任）：

(1)合理布置国庆节作业，认真抓好作业教学：①作业设置针对性强，数量适中。②及时批阅、讲评、纠错。③抓好作业完成率、正确率和书写水平。④严禁教师用微信布置作业，严禁让学生及家长代批作业。

(2)加强对室外课、专用室上课班级的管理，规范带队秩序。要求这些班级必须在上课铃前5分钟，统一列队带到上课地点，要做到快、静、齐。不得打上课铃后才从班级向外带出，以免影响其他班级上课。下课后往回带队，必须带到各自教室门口才能解散。如遇放学，可将队伍带到自己级部教学楼西解散。各级部要在上下课几个节点上切实加强检查，结果纳入周考核。

5.教育集团工作：印发教育集团集备计划的红头文，及时下发至集团各校。（周娟、蔡紫燕、陈伟、学科带头人）

（三）总务处：

1.检查各楼饮水机，更换饮水机滤芯，做好青岛市学校直饮水机抽样检测工作。（董胜利、王崇浩、维修人员）

2.各班核实教室物品，填写班级物品设施登记表，请于9月30号前交到保管室。（许立新、周凯、王崇浩）。

3.网上填报"内部控制建设督导评价工作填报系统"，包括自评及上传佐证材料，同时上报自评得分表纸质件。（董胜利、万初俊、周公法、周凯）

4.检查各楼水电暖设施，发现问题及时处理，保证正常使用。（王崇浩、许立新）

5.对新调入教师办公桌椅统一贴号，建立固定资产卡片。（许立新、周凯）

6.完成午休班主任、住宿教师的宿舍调整，根据教师宿舍管理规定做好教师宿舍卫生、安全情况统计。（孙义智、董胜利、王崇浩、许立新）

7.做好教学设备采购的验收工作，按规定做好固定资产登记工作。（孙义智、董胜利、万初俊、周凯）

8.各级部补充上报班级物品缺损情况，总务处及时进行整修。（董胜利、王崇浩、德育干部）

9.多媒体投影仪温控部件出现故障除了使用寿命原因外，另一个原因是关闭投影仪电源后，很多班级特别是下午放学投影仪没有散热就直接切断电源导致温度过高而烧毁。因此各班需安排专人负责，规范使用，珍爱使用。总务处、级部安排检查量化。（董胜利、孙仕正）

10.加大"垃圾分类"知识宣传，按要求采购增设分类垃圾桶，建立"垃圾分类"台账等档案。（董胜利、级部干部）

11.安装伙房排烟管道净化器、滤油池。（孙义智、董胜利）

(四)办公室、工会:

1.组织好上级为庆祝中华人民共和国成立70周年举行的即墨区教职工"我和我的祖国"大合唱比赛,力争优异成绩。(王友森、潘宁、于峰燕)

2.做好2019年度教职工年度考核工作。(孙义智、张平)

3.做好教师办公室办公秩序和卫生检查工作,除对每个办公室打分评比外,再对三个级部和博学楼进行总体排名。(王友森、级部主任、王品)

四、艺体工作(王友森、邱若德)

(一)体育、美术(邱若德)

1.加强体育常规教育,强化体育上下课带队秩序,规范课堂教学,确保师生安全,保持操场卫生干净。(邱若德、周连瑶、柳先锋、体育教师)

2.筹备初一级部运动会(9月30日)。假期结束第一周周五举行初二运动会,第二周周五举行初三运动会。(邱若德、周连瑶、柳先锋、班主任、体育教师)

3.认真组织并指导学生参加《中共青岛市即墨区纪委机关、区委宣传部关于开展廉政书画作品征集活动》争取优异成绩。为庆祝新中国成立七十周年,精心指导学生参加即墨区"童心向党"绘画比赛。(万健、王天磊、辅导老师)

4.组织美术教师积极参与"即墨区教师书画作品展",要求:中国画和书法创作。组织美术教师参加"青岛市法治书法、摄影作品征集活动",不少于五幅。(邱若德、万健、王天磊、美术教师)

(二)音乐(王友森)

1.做好区2019年中小学生艺术节班级合唱展演活动排练和比赛工作(王友森、潘宁、于峰燕、辅导教师)

2.做好学生艺术测评、艺术教育自评填报、上传工作。(于峰燕、备课组长)

五、其他工作(周娟)

1.做好迎接2019—2020学年第一学期期初督导调研各项准备工作。(周娟、邱若德、蔡紫燕、相关干部)

2.筹备校团委第四届代表大会换届选举工作。(华军、潘宁、万健)

3.组织研究、讨论修订学校教职工考核和绩效工资发放方案。(周娟、相关干部)

4.做好2019年山东省文明单位复查工作。(华军、相关干部)

5. 做好国庆节的假期安全工作。放假安排：10月1日（周二）—10月7日（周一），10月8日（周二）正式上课。9月29日（周日）上周二的课，10月12日（周六）上周五的课。全体师生安全第一，度过文明祥和的国庆节。（周娟、华军、全校师生）

6. 开展庆祝新中国成立70周年"我和我的祖国"主题演讲比赛活动。要求：9月16日前初一、初二级部各选拔推荐4名学生个人项目、4—8人的集体项目，于9月17日下午在报告厅参加学校的选拔赛，推荐名单于9月17日11:00前确定好。（曲素云、陈伟、李武军、李永妮、于峰燕）

7. 根据环保相关部门要求，经与多部门研究，学校校园每周末由环卫进行雾炮喷洒，周一至周五每天进行两次硬化地面冲刷，具体时间：早晨6:20以前，中午12:10—13:20。要求老师自觉按规定车位停车，教育学生不要围观，避免影响水车喷洒与安全事故。（孙义智、华军）

附2：即墨28中升旗仪式样本

为更好地遵守《中华人民共和国国旗法》，全面实施国家《关于施行严格中小学升降国旗制度的通知》，严格学校升降国旗制度，使全校师生通过升国旗仪式受到深刻的爱国主义教育，进一步打造学校德育管理亮点，根据学校工作实际及发展要求，特对学校升旗仪式工作程序及要求做下列规定，望各级部、处室及各班级认真遵照执行。

升旗要求：

举行升旗仪式时，在校全体师生参加，整齐列队，面向国旗，安静有序，肃立致敬。护旗班提前在大厅站好，领奖学生均提前在升旗台西侧站好。全校师生7:20开始集合，7:30升旗。

升旗程序：
主持人："稍息、立正、向前看齐、向前看！升旗仪式现在开始！"

一、出旗

主持人:"进行第一项:出旗!"

1.军乐奏乐,旗手(3人)、护旗手(含指挥共4人)、护旗班齐步走带出后踏步、正步分列至升旗台东西两侧(旗手和护旗手正步走上升旗台挂旗,护旗班齐步分列)。

2.军乐停,由护旗指挥统一口令指挥护旗班立定、向左向右转,并自动调节好队伍前后左右距离后,立定站好,目视国旗,准备升旗。

二、升国旗、奏国歌

主持人:"进行第二项:升国旗,奏国歌!"

1.管乐奏乐、旗手升旗。

2.国歌前奏结束时主持人:"敬礼!"全体师生根据站位向左或向右转,护旗班同学及初一级部同学向国旗敬礼,其他师生行注目礼,国歌结束时,主持人"礼毕!",全体师生自动恢复立正状态。

三、唱国歌

主持人:"进行第三项:唱国歌!"

音乐老师指挥,管乐奏乐或播放国歌伴奏曲,全体师生高唱国歌。

四、国旗下讲话

主持人:"进行第四项:请某某某讲话,大家欢迎!"

国旗下讲话人由学校安排和各级部、处室及班级推荐(优秀干部、教师学生及家长等优秀代表),要求三分钟内用普通话脱稿完成。

五、颁奖

主持人:"进行第五项:请校级领导公布上周颁奖名单。"

1.介绍护旗班。

2.介绍上周获奖教师,介绍上周获奖学生、班级。

3.公布上周量化管理成绩并颁发"和谐互助红旗班"流动红旗：
 第一次获得流动红旗的班级：由级部长颁发流动红旗。
 连续两次获得流动红旗的班级：由挂级部干部颁发流动红旗。
 连续三次获得流动红旗的班级：由级部主任颁发流动红旗。
 连续四次以上获得流动红旗的班级：由挂级部副校长颁发流动红旗。
 要求颁奖的领导和干部必须双手为学生发奖并予以勉励，政教处和相关级部干部负责提前培训好颁奖礼仪学生并统一指挥上下场。

六、呼号

主持人："进行第六项：让我们一起喊响我们的口号！"
全校师生高呼社会主义核心价值观。

七、升旗仪式结束

主持人："升旗仪式到此结束！"
1.军乐奏乐，护旗班和旗手及各班在指挥的统一口令"向左向右转、齐步走！"指挥下按顺序带回。
2.军乐结束后，播放学雷锋歌曲，直至各班级带回教室。

八、准备工作流程

1.周二下午5:00前，级部通知下周一护旗班到政教处领服装；下午第四节初一挂级部干部负责培训初一新升旗手。
2.周三下午5:00前，将护旗班介绍发送到政教处（注：一定要注明班训和班级曾获得的荣誉）。政教处与宣读颁奖副校长对接，确定颁奖项目。
3.周四上午11:00前教务处将获奖教师表彰名单、奖品，级部将拟表彰的班级名单、奖状和学生名单，音体美教研组长将表彰学生名单、奖品报给政教处。（注：奖状和奖品要盖好学校奖章）下午5:00前，级部通知国旗下讲话人员到政教处进行第一次试讲。
4.周五上午11:00前，各挂级部干部将流动红旗情况报给政教处。下午2:00前，政教处将流程、项目报副校长处审查、确定，反馈回级部。下午4:30，级部长、班主任组织护旗班训练；级部长通知并组织所有领奖班级和学生、国旗下讲话学生到国旗台西侧集合，按照顺序点名，确保不拖拉、不缺席。

政教处培训领奖学生上场顺序、站位，通知学生周一到校时间；讲话学生进行第二次试讲；礼仪学生分好奖状、奖品和流动红旗；初一新升旗手培训。

下午5:10前，教务处通知领奖教师时间、着装、站位；政教处通知颁奖干部、教师（颁奖项目、与何人颁奖）做好准备。

5.周一

上午11:00前政教处通知下周一升旗仪式的护旗班和国旗下讲话学生所在的级部，负责于下午收回当周护旗班服装。

6.其他

(1)旗手、护旗班要由各级部推选"和谐互助"优秀班级及"和谐互助"优秀师友代表轮流担任，并经过严格训练后方可执行升降旗任务。

(2)每日傍晚清校前，由旗手和护旗班负责按《国旗法》第十六条规定降旗。每日升降旗（不举行仪式）时，凡经过现场的师生员工都应面对国旗，自觉肃立，待国旗升降完毕时，方可自由行动。

(3)各级部和班级要结合每周升降国旗仪式，积极开展丰富多彩的教育活动，深入进行爱国主义和革命传统教育。同时，各相关负责人要不断总结经验，使此项活动的执行持之以恒，取得良好教育效果。

(4)各项工作责任人分工：

工作总责任人：德育副校长。

具体责任分工：

护旗班、升旗手选拔训练及量化考核：挂级部干部、相关班主任。

级部学生队伍组织及秩序：挂级部副校长、级部长、班主任。

颁奖干部组织：政教处。

领奖教师组织：教务处、政教处、级部负责人。

领奖学生组织及训练：政教处、相关级部、处室负责干部。

教师队伍管理与组织：级部主任、各处室负责人。

管乐团、军乐团组织训练：社团辅导教师。

主持指挥：音乐组教师。

国旗下讲话：政教处、挂级部干部。

第二章 / 青春校园 德智一体助成长

5—7周（10月1日—10月20日）工作安排

工作重点：

1.组织好党员理论学习、德廉知识学习测试拓展延伸工作。
2.做好国庆节假期安全教育工作。
3.继续举行各科校级示范课。
4.组织好阶段性测试。

一、党建工作（王友森）

1.理论学习：组织全体党员认真学好教育常态化制度化第55—56批学习材料：
(1)习近平总书记对"记者再走长征路"主题采访活动作出重要指示强调"牢记党的初心和使命、牢记党的性质和宗旨、走好新时代的长征路"讲话精神等6个材料。
(2)中共中央政治局召开的会议精神和中共中央政治局常委的讲话精神。
(3)中央、省委、市委、区委"不忘初心、牢记使命"主题教育第一批总结暨第二批部署会议精神传达提纲》。
(4)《中共青岛市即墨区教育和体育局党组关于在全区教育体育系统开展"不忘初心、牢记使命"主题教育的实施意见》。（王友森、党支部书记、党小组长）
2.认真按照《中共青岛市即墨区教育和体育局党组关于在全区教育体育系统开展"不忘初心、牢记使命"主题教育的实施意见》，扎实开展好我校"不忘初心、牢记使命"主题教育工作，并及时完成各项工作任务。（王友森、党小组长）
3.继续组织开展好"党风廉政建设教育月"活动，特别要进一步加强国庆期间纪律作风建设，严守纪律，不触红线，不出现任何违规违纪问题。（王友森、各级

部处室主任）

二、级部工作：（孙义智、华军、曲素云）

（一）初一级部（曲素云）

1. 安全与师德工作（曲素云、陈伟、周连瑶）

(1)加强师德师风教育，杜绝节日腐败，严禁有偿家教，不发表消极言论，确保假期安全。严禁教师手机进课堂，加强教师办公室秩序及卫生的检查，及时在教师群及教师会反馈。（曲素云、陈伟、周连瑶、全体教师）

(2)签订国庆节安全保证书，建立"三位一体"互助小组，安排组长、负责教师，督促检查学生国庆期间的学习完成情况及其他活动，各班利用微信群给家长发三次温馨短信。（第一天、第三天、第六天），让学生在保证安全的基础上，劳逸结合，过得愉快，学得充实。（曲素云、陈伟、周连瑶、林斌、级部管理干部、班主任、相关教师）

(3)加强中午午休期间学生安全管理。严格请假手续，班主任将中午请假学生名单报级部，午托无故不在，级部要及时通知班主任，由班主任通知给家长，避免出现管理漏洞。（周连瑶、林彬、级部长、班主任）

(4)加强安全教育，根据节气变化，继续加强学生早到校问题的教育和上放学行路安全教育。（周连瑶、林彬、级部长、班主任）

2. 德育工作（周连瑶）

(1)开展和组织好国庆节系列活动，并及时上交各种活动资料。（周连瑶、林彬、级部长、班主任）

(2)实行新作息时间后，教育学生不要早到校，不要在学校周边逗留。（周连瑶、林彬、级部长、班主任、体育老师）

(3)加强午休期间教学楼安全管理，修订午餐休息方案。（周连瑶、林彬、级部长、班主任）

(4)加强课间秩序管理，级部加强巡视，学生值日生站位执勤，严查违纪学生，通报扣分。（周连瑶、林彬、级部长、班主任）

(5)组织班主任开展好安全教育平台学期授课任务，抓好学生安全平台作业完成。（周连瑶、林彬、级部长、班主任）

(6)周五安全演练：通报本周课堂纪律情况，对学生和班级进行点名通报，主讲人：林彬；月考表彰主讲人：陈伟。

3. 教学工作（陈伟）

(1)开展"写好硬笔字,最美作业本"活动,利用语文课、英语课、美术课教师指导、午自习十分钟随笔练习、阳光体育活动等时间,提升学生汉字和英文认真书写的意识,第七周评比优秀书写个人以及最美书写优胜班,在升旗仪式颁奖表彰,后期将此活动保证时效化和持续化,避免形式化。(曲素云、陈伟、班主任)

(2)协调安排好国庆节后阶段性测试考务和后续阅卷、质量分析工作。第7周周一至周四各学科集体备课时间进行教师个人教学成绩分析,第7周周五下午第7节班级质量分析会。(曲素云、陈伟、备课组长)

(3)各班结合阶段性检测,召开成绩分析主题班会,时间:第7周周二下午第八节;周五大课间演练时间对检测优胜班级和学生个人进行表彰,表扬先进,激励后进,掀起迎接期中阶段性测试的学习热潮。(曲素云、陈伟、林忠奇)

(4)新教师系列教学业务培训"如何上好复习课和试卷讲评课"主讲人—杨海英时间:第6周周四下午阳光体育活动时间。地点:级部集备室。(曲素云、陈伟、杨海英)

(5)新岗教师成绩分析会,第7周周四下午阳光体育活动时间。内容:
①分析新教师阶段性检测成绩;②反馈新教师听备课出勤情况;③布置下阶段工作要求。(曲素云、陈伟、林忠奇)

(6)继续抓好"早朗读、午静学"秩序,从班主任靠班、零抬头率、早朗读质量、午静学秩序等方面综合考评,纳入班级量化,第七周评选自主学习优胜班级。(曲素云、陈伟、周连瑶、级部管理干部、全体教师)

(7)第七周对各备课组作业和听课进行检查。以备课组为单位,把作业和听课本交给学科分工管理干部,周五把检查结果汇总后报交给林忠奇老师、高峻岩老师存档。检查结果计入教师个人量化考核。(曲素云、陈伟、周连瑶、级部管理干部、备课组长)

(二)初二级部(华军)

1.安全与师德工作(李武军、于海潮)

(1)严禁教师携带手机进教室上课,不能坐着讲课;不在办公室做与教学无关的事情,课堂常规检查实名通报,计入教师个人考核。(华军、李武军、全体教师)

(2)教育所有教师遵守学校班级微信群管理规定,教师在家长微信群中言论要适当,不得收抢红包;不在家长群中滥发信息,不得在群内公布学生成绩,不让家长代批作业等。(华军、李武军、全体教师)

(3)做好国庆假期安全监督工作,每两天发送一次安全提醒,各班三位一体小组每天汇报本组学生安全情况,班主任汇总后报级部分管干部。1—7班李武军;8—14班于海潮;15—21班宋成平;22—28班唐绪诚;29—35班刁晓辉。

（华军、李武军、于海潮、宋成平、唐绪诚、刁晓辉、班主任）

2.德育工作（于海潮）

(1)组织全体学生参与庆祝国庆的相关活动：①观看阅兵仪式，写观后感；②开展学雷锋公益活动，号召学生走进社区、服务社会，通过实际行动表达爱国情怀。（华军、李武军、于海潮、班主任、全体学生）

(2)全面开展学生自主管理。学习部、环保部、路队管理部、安全部、宣传部、车辆管理部等部门开展工作。（华军、李武军、于海潮、级部长、学生会干部）

(3)常规管理常抓不懈，重点加强对教室内务、学生着装、文明礼仪的检查。要求：统一秋季校服，拉上拉链。学生会文明礼仪部专项检查评比。（华军、李武军、于海潮、级部长、班主任、文明礼仪部）

(4)规范课间操走操动作，第6周周四进行走操观摩，第7周周三走操比赛。学生会体育部负责打分评比。（华军、李武军、于海潮、宋成平、班主任、体育部）

(5)细化中午配餐和午休管理，学生会配餐部组织专人每天检查评比。（华军、李武军、于海潮、班主任、配餐部）

(6)召开预防校园欺凌主题班会，结合具体事例开展教育，杜绝类似情况发生。（华军、李武军、于海潮、班主任）

(7)每周五演练时间，通报每周每班的课堂常规和课间秩序等检查落实情况。主讲人：于海潮。（华军、李武军、于海潮、宋成平、班主任、体育部）

3.教学工作（李武军）

(1)做好国庆节及后期节假日家访工作。干部、班主任和任课教师结合班级学生实际情况安排好家访日程，对于近期思想或学习波动较大的学生进行重点家访，尤其是国庆节之后，结合阶段性测试情况，进行专项家访。（华军、李武军、级部管理干部、全体教师）

(2)组织好10月8日和9日的阶段性测试。监考、阅卷按照中考标准要求，确保公平公正。（华军、李武军、于海潮、唐绪诚、全体师生）

(3)做好阶段性测试后各类型的成绩分析工作，看差距、找原因、调整教学、管理策略。（华军、李武军、级部管理干部、全体教师）

(4)进一步落实"入楼即静，落座即学"要求，评选高效学习优胜班。学习部和纪检部协助。（华军、李武军、于海潮、唐绪诚、学生会学习部）

(5)学法指导：10月14日前，结合阶段性测试中各学科集中反映出的问题，各备课组长整理初二学科的学法的指导内容，级部统一打印后发给班主任。10月18日前由班主任利用班会时间带领学生具体学习。落实人：唐绪诚。（华军、李武军、

唐绪诚、班主任、备课组长）

(6)各班主任尤其是新接班的班主任，分层次召开小型家长会。会议时间和地点提前告知级部和北传达室，提前制作好邀请函。级部会议室、集备室不集备时可用。（华军、李武军、唐绪诚、班主任）

(7)开展语数英备课组长或骨干教师的和谐互助示范课活动。10月14日下午第一节朱妮妮；10月15日下午第一节栾晓华；10月17日下午第一节周瑜瑜。同学科老师必须听课。落实人：语文——唐绪诚、数学——于海潮、英语——李武军。（华军、李武军、级部管理干部、备课组长）

(8)结合阶段性测试的成绩，对挑战成功的班级进行表彰和量化积分，进一步激发学生的学习动力。（华军、李武军、唐绪诚、全体教师）

(9)分批次筹备召开学生大会。（华军、李武军、级部管理干部、班主任）

(10)筹备并组织好10月12日的级部运动会。（华军、李武军、级部管理干部、班主任、全体教师）

（三）初三级部（孙义智）

1.安全与师德工作（江平、孙仕正）

(1)签订国庆节安全保证书，国庆假期班主任要发送至少两次安全提醒信息并通过三位一体小组上报学生安全、学习等情况。（孙仕正、万健、孙平智、级部长、班主任）

(2)加强中午午托学生的安全管理。严格请假手续，午托班主任将午托请假学生名单报班主任群并掌握学生去向。（孙仕正、万健、孙平智、级部长、班主任）

(3)加强安全教育，完善安全教育记录本，特别强调上放学交通教育，不骑快车、不骑飞车，不骑电动车，不骑摩托车，严格遵守交通规则。（孙仕正、万健、孙平智、级部长、班主任）

(4)利用全体教师会，对教师进行专题师德教育，加强教师师德修养，尤其是有偿家教和教辅材料、体罚学生等问题，严肃强调，坚决杜绝。（孙义智、江平、孙仕正、万健、孙平智、全体老师）。

2.德育工作（孙仕正、万健）

(1)继续做好校园欺凌的预防工作，加强学生管理。（孙仕正、万健、孙平智、级部长、班主任）

(2)下周开始每天公示课间跑操量化成绩，并纳入周量化。（孙仕正、万健、孙平智、级部长、班主任）

(3)班主任强调严禁校服借给校外闲杂人员，一经发现按上限量化扣分。（孙仕正、

万健、孙平智、班主任）

(4)下周每天通报量化路队情况，请班主任做好强调。（孙仕正、万健、孙平智、级部长、班主任）

(5)严禁在教学区拍球、溜车、追逐打闹。（孙仕正、万健、孙平智、班主任）

3. 教学工作（江平）

(1)组织好10月8日（周二）的阶段性测试，10月11日上午放学前各备课组完成阅卷。（孙义智、江平、级部管理干部、全体教师）

(2)第七周对各备课组、班级和教师阶段性检测成绩进行质量分析。级部管理干部分工对成绩薄弱教师和退步大教师进行约谈、对成绩薄弱和退步大班级及时跟踪听课，及时评课，找问题，想措施，及时解决问题，全面提高教学成绩。具体分工：语文——孙义智、数学——万健、历史、政治——李颖；化学——孙平智，英语、物理——江平（孙义智、江平、级部管理干部、全体教师）

(3)第七周对各备课组作业和听课进行检查。周二：数学，检查人：万健。周三英语、化学，检查人：孙平智。周四：语文、物理，检查人：李颖。各备课组以备课组为单位，把作业和备课本交给负责的级部管理干部，级部管理干部周五把检查结果汇总后报交给李颖老师。吴菲菲老师存档。检查结果计入教师个人量化考核。（孙义智、江平、万健、孙平智、李颖、吴菲菲、全体教师）

(4)严抓教师出勤、办公秩序和卫生。

①严格教师请假手续：病假必须有病历证明。不打招呼不请假的按照旷工处理；②对办公秩序加强检查和督促，严禁办公期间做与工作无关的事情；③每周至少清查一次办公室卫生，评选办公秩序优胜办公室。（孙义智、江平、级部管理干部、全体教师）

(5)国庆假期（孙义智、江平、级部管理干部、全体教师）

①各班要充分发挥安全、学习、学雷锋的"三位一体"合作小组的作用。根据分工，班主任每天发安全和学习提示短信，让学生度过一个安全、充实、愉快的假期。

②干部、班主任、教师，多种角度、多种方式、分层次家访，了解学生在家学习情况，加强家校联系，形成教育合力，将学生教育工作落到实处，提升满意度。

(6)级部管理干部分工承包班级后五名学生。参与这五名学生的常规和学习管理。跟进这五名学生的成绩变化。每周四级部管理干部会议，汇报本周对所承包班级的五名学生的谈话跟进情况。分享经验，反思不足。具体分工：1/2/8/34/35/36 江平；3/4/5/6/7 孙仕正；9/10/11/12/13/25 万健；14/15/16/18/19 孙平智；17/20/21/22/23 李颖；24/26/27/28 王元斌；29/30/31/32/33 李庆礼。

（四）博学楼教学区（邱若德）

1. 加强中午午休期间的学生安全管理。严格请假手续，班主任将中午请假学生名单报级部。午托无故不在，由班主任通知给家长，避免出现管理漏洞。（解斌斌、谭泽彬、级部长、班主任）

2. 加强教室内务的检查，发放检查标准，各班认真落实，规范教室内的雷锋书橱、卫生工具摆放，规范三表一框。（李军风、解斌斌、谭泽彬、级部长、班主任）

3. 走廊直饮水机以及热水机的卫生情况作为单项检查，落实到班级，进行量化。（李军风、解斌斌、谭泽彬、级部长、班主任）

4. 加强早到校的管理，教育学生不要早到校，不要在学校周边小卖部聚集逗留。（李军风、解斌斌、谭泽彬、级部长、班主任）

5. 干部继续对部分成绩弱和年轻教师协同备课组长进行听课、评课及谈话交流、帮助其查找原因，改进教学。要求成绩弱的老师和年轻教师每周至少要听组内成绩优秀教师的5节课，听课本每周三交到主任室。（李军风、解斌斌、谭泽彬、级部长）

三、处室工作（孙义智、周娟、王友森、华军、曲素云）

（一）政教处（团委/少先队）：

1. 抓好国庆假期期间学生安全，班主任要通过学生网络安全小组每天汇报反馈学生安全信息；通过群内发微信等形式告知家长关注学生国庆假期各项安全。（全体干部、班主任、教师）

2. 继续做好外来人员入校管理。校园门卫安保人员严格出入问询登记制度。全校教职员工要自觉、主动配合门卫安保人员的工作。来访人员须由本校相关人员亲自接入，严禁闲杂人员进入教学楼。来访者未经本校人员确认，门卫不予登记，禁止其入校。（全体干部、班主任、教师）

3. 抓好白天、夜间值班，特别是国庆期间，各带班干部和值班教师必须在规定时间到岗，带班干部做好值班记录，政教处每天不定时检查值班情况，国庆节后汇总值班通报。（全体干部、班主任、教师）

4. 组织班主任开展好安全教育平台学期授课任务，抓好学生安全平台作业完成，班主任要落实到人，按时完成平台要求。（华军、潘宁、级部干部、班主任）

5. 各级部继续抓好常规卫生和路队管理，有室外卫生区的班级要准备蛇皮袋子装落叶；各级部在统计好《班级学生上放学路队统计表》的基础上严格要求学生按照统计路线上放学，不准随意乱走！再次强调学生不要早到校。本周开始加强自行车管理，加大检查力度，严格量化标准，第六周各级部评比"自行车摆放优胜班"，升旗仪式颁奖。（华军、潘宁、级部干部、班主任）

6.做好新一批升旗手、礼仪学生、校园广播站选拔训练及管理工作。级部和班主任协助做好学生、家长工作，积极配合学校亮点工作开展。政教处做好统计：旗手训练每人次加0.2分，缺勤每人次扣0.4分，参加升旗及活动，每人次加0.5分，队长每月另加1分；礼仪、广播站人员每月量化加2分，队长另加1分；除极特殊情况严禁中途退出，退出必须经政教处批准，并每人次扣除当月量化3分。（潘宁、级部干部、班主任、刘玉涵）

7.(1)组织开展"我们的节日·重阳""五个一"活动：陪老人、长辈吃一顿饭；陪父母、长辈散一次步；为父母、长辈诵或写一首诗词；为父母、长辈洗一次头；和家长照一张全家福。初一初二每班交1份"五个一"系列活动照片，级部收齐电子稿第六周周三前交政教处存档；初三举行重阳节手抄报比赛，每班上交2份优秀作品，第六周周五前上交政教处存档。（华军、潘宁、级部干部、班主任）

(2)根据即文明办[2019]26号文（见附件）通知要求认真开展相关活动，初一初二10月7日11:00前把各自的活动总结（文字材料、主题活动图片或视频、媒体宣传普及优秀传统文化的样报图片、电视截屏、网络截图等）和带有"我们的节日·重阳节"背景字样的主题活动图片汇总上报。（曲素云、周连瑶、于海潮）

8.组织好10月11日青岛市初中少先队建队仪式现场会。初一级部各班要利用音乐课和中午时间学习演唱《中国少年先锋队队歌》；初二级部各班要利用音乐课和中午时间学习演唱《中国共青团团歌》。（华军、潘宁、万健、相关干部、班主任）

9.按照局团委《关于做好2019下半年团员发展通知》要求，选拔确定新一批入团积极分子（年龄必须年满14周岁；初二每班报3名；初三每班报4名）并组织上好团课。（潘宁、万健、逄雪、戴小珊）

10.组织好区"时代新人说—我和祖国共成长"中学生主题演讲比赛活动。（潘宁、刘玉涵）

11.伙房与配餐工作：（周娟、华军）

(1)伙房：保证中午就餐学生及时用餐；根据上级通知精神，完成我校食堂"明厨亮灶"改造工作。（高永利）(2)配餐：①摸清调整作息时间后配餐学生名单，及时上报。②加强对配餐秩序的管理力度，要有巡视和评比。（级部管理干部）

（二）教务处（教科室）：

1.认真学习、落实新的初中教学考核文件和调研规则，按最新要求提前布置各项工作，确保考核成绩。（周娟、蔡紫燕、级部主任）

2.完善"三定一聘"协议并存档；完善文化课教师考核方案。（周娟、蔡紫燕、级部主任）

3.组织好阶段性单元测试；做好考后数据分析，为下阶段教学打好基础。（蔡紫燕、级部主任）

4.组织好各类教学例会。（挂级部校长、级部主任、相关干部教师）

(1)召开好班级协调会。初三3班、4班，初二5班、6班。落实人：李颖、唐绪诚。

(2)召开班主任会。①考务布置；②反馈上周和国庆节期间的班级工作情况；③布置节假日家访工作；④班级成绩分析；⑤优秀班主任经验介绍：初一成绩分析主题班会，主讲人常丽梅；初二、初三怎样抓好边缘生和后30%后进生转化策略、如何做好阶段性测试成绩的数据分析。

(3)召开备课组长会。分析各备课组阶段性检测成绩；交流分享各备课组好的做法；规范集备、出题；教师师徒帮扶的流程和要求；商讨后30%学生的辅导策略。

(4)召开教师会。①师德教育；②反馈教学常规和出勤检查情况；③布置家访工作；④考务布置；⑤第7周阶段性测试成绩分析。

(5)级部干部协调会。①布置国庆节假期中工作；②布置节假日家访工作的分工落实；③级部干部汇报分管工作的进展情况，细化分工，落实工作；④分析成绩，对成绩薄弱的教师和班级分班分学科进行帮扶。（级部主任、班主任）

5.继续推进"和谐互助"教学策略开展。（周娟、蔡紫燕、挂科干部、级部主任）

(1)下发教研组长、备课组长、班主任职责，明确要求。

(2)继续举行各类"和谐互助"课堂教学校级示范课听课、评课活动，听课1节，评课1节。地点：报告厅。时间待定。级部主任、挂科干部全面负责，出课教师提前试讲修改，确保出课具有示范性。级部主任负责选派听课教师，负责听课出勤点名。教务处负责报告厅上课的所有准备工作，如课桌凳、黑板、多媒体、音响等；做好照相、文字记录与存档、宣传工作。

(3)无校级示范课级部协调时间组织各学科上一节示范课。

6.做好对"和谐互助"各种讲座新参与人员的培训工作。时间、地点由各组自行安排。培训完后学校统一组织试讲，逐一过关。（周娟、邱若德、蔡紫燕、讲座人员）

7.筹备各级部分层次学生大会。（周娟、蔡紫燕、级部主任）

8.按照上级规定完成学生微信选书活动。（蔡紫燕、陈伟）

9.各级部组织一次各科作业量检查，并将检查结果报教务处，级部主任签字。（周娟、蔡紫燕、级部主任）

10.认真设置好国庆节假期作业，合理布置预习、巩固作业，以阅读、探究、实践作业为主要内容。作业分为必做题和选做题。要控制好作业量，各备课组长于9月28日将电子稿上报主任室审查。（周娟、蔡紫燕、级部主任、班主任、备课组长）

（三）总务处：

1. 做好垃圾分类设施的采购和制作，并认真做好垃圾分类台账上报工作。（孙义智、华军、董胜利、潘宁）

2. 做好校舍隐患排查工作，进行自查、整改、上报，迎接局基建办检查。（孙义智、华军、董胜利、潘宁）

3. 检修教学楼供暖管道，保证正常开启。（董胜利、王崇浩）

4. 各班完成班级物品设施登记表。（许立新、班主任）

5. 检查宿舍用电安全及卫生情况，并将检查结果进行通报。（孙义智、华军、董胜利、潘宁、王崇浩）

6. 学生非正常使用导致桌椅面断裂、破损的，按破坏程度收取成本费用并由政教处扣除班级相应积分。正常使用、开焊的经确认非故意损坏的免费维修或进行更换。（许立新、德育干部、班主任）

（四）办公室、工会（王友森）

1. 做好庆祝新中国成立70周年氛围营造工作。（王友森、董胜利、级部主任）

2. 加强各级部教师光荣榜制作指导，及时督查、通报。（王友森、华玉冈、张平）。

3. 强化教师办公室办公秩序和卫生检查。（王友森、级部主任、王品）

四、艺体工作（王友森、邱若德）

（一）体育、美术（邱若德）

1. 修改体育考核方案。（邱若德、周连瑶、柳先锋、体育教师）

2. 组织初一级部运动会（9月30日）。筹备举行初二、三级部运动会（10月11日、10月18日）。（邱若德、江平、李武军、周连瑶、柳先锋、班主任、体育教师）

3. 教研活动：研究制定上报体育过程管理方案。（邱若德、周连瑶、柳先锋、体育教师）

4. 为加强我校文化建设，以庆祝新中国成立70周年为主题，初一、初二级部组织开展书法、绘画作品大赛。（万健、王天磊、备课组长）

（二）音乐（王友森）

1. 第7周周一上午召开音乐教研组活动。重点总结前两周工作；研究讨论音乐中考辅导计划和方案。（王友森、潘宁、于峰燕、全体音乐教师）

2.做好区第29届中小学生艺术节班级戏曲朗诵比赛的排练和准备工作。（于峰燕、仇国英、王卫英）

3.初一初二级部利用音乐课分别学唱《中国少年先锋队队歌》（两段都唱）和《中国共青团团歌》。（于峰燕、备课组长、音乐教师）

五、其他工作（周娟）

1.严禁教师直接或变相向学生推荐教辅材料，违者按上级规定严肃处理。（周娟、全体教师）

2.做好外来参观学习接待工作。（周娟、邱若德）

(1)组织干部工作流程：负责向级部下发、汇总学习安排表，并报教务处审阅、打印。→将打印好的学习安排表提前发放到相关领导、处室和级部。→提前通知做报告人员，安排好音响、整理好卫生。→提前培训形象大使，及时组织形象大使到指定地点，合理分工。→提前10分钟到学校门口迎接外来参观学习者，发放参观学习证。→组织形象大使按参观路线带领外来参观学习人员参观学校教育教学成果，并全程陪同解说，重要展区重点解说。→提前到位，组织好各项活动，并全程指挥。→组织外来参观学习者填写参观学习反馈意见表，回收上交教务处，参观学习证一并收回上交。

(2)组织干部注意事项：①组织干部要着装整洁，态度热情，不失礼节。②解说时要讲普通话，做到主动、热情，和外来参观人员要有互动，不能随意接打手机。参观人员每超过30人要增加2名形象大使参加解说，学生解说时要佩戴绶带，做到声音洪亮，充满活力，富有朝气。

(3)组织干部要用自己积极的工作态度为外来参观学习者提供全方位服务，确保每个环节无疏漏，展现我校干部教师的美好形象。

3.各口修改通过新的绩效工资发放方案，10.15上报教体局和人社局；文化课——周娟、蔡紫燕，音乐——王友森、潘宁，体育——邱若德、周连瑶，美术——邱若德、万健，微机——孙义智、孙仕正，前后勤——孙义智。

4.做好国庆节的假期安全工作，放假安排，10月1日（周二）—10月7日（周一），10月8日（周二）正式上课。9月29日（周日）上周二的课，10月12日（周六）上周五的课。全体师生安全第一，渡过文明祥和的国庆节。10月8日作息时间进行调整，上午不变，下午13:10开校门，13:30上课，17:00放学。教务处负责上下课信号的调整，政教处负责值日上岗时间的安排。（周娟、华军、全校师生）

附3：即墨28中"红领巾心向党、争做新时代好队员"初中建队仪式样本

序幕：视频播放《二八欢迎你》。（9:00开始循环播放。）

女 仪式开始前，请各位领导、嘉宾欣赏我校红领巾社团的节目，首先请欣赏舞蹈《旗帜颂》。

男 请欣赏我校获2019年山东省健美操大赛一等奖的健美操表演。

主持人上场：

男 尊敬的各位领导、各位来宾，

女 亲爱的辅导员老师、队员们，大家

合 上午好！（敬礼）

男 和谐二八启新程，互助品牌展新篇。在庆祝中华人民共和国成立70周年和中国少年先锋队建队70周年之际，二十八中迎来了2100多名初一新队员。

女 此刻我们在这里欢聚一堂，汇同分会场的42个中队现场，吹响集结号角，高举星星火炬旗帜，隆重举行：青岛市"红领巾心向党、争做新时代好队员"初中建队仪式现场会！

男 参加今天建队仪式的领导嘉宾有：（名单略）

女 参加仪式的还有来自各区市及即墨区各中学的辅导员叔叔阿姨以及二十八中初一级部全体干部、辅导员老师和初一全体少先队员们！让我们用热烈的掌声欢迎各位的到来！

男 下面我宣布：青岛市"红领巾心向党 争做新时代好队员"初中建队仪式现在开始！（军乐团奏开场音乐《欢乐颂》）

和谐红领巾之星星火炬

（大屏显示"和谐红领巾之星星火炬旗帜"）

女 请全体起立！（报数）

活动进行第一项，出旗！（停顿）少先队员和辅导员，敬礼！

（军乐团奏《出旗曲》，大屏出队旗、少先队员敬礼背景画面，旗手护旗手执旗出场至指定位置）

男　礼毕！（停顿）活动进行第二项，唱队歌！

（指挥：上场，敬队礼。音乐播放《中国少年先锋队队歌》，大屏出歌词背景，队歌两段都要唱，指挥下场时要敬队礼。）

男　请坐！

和谐红领巾之动感中队

（大屏显示"和谐红领巾之动感中队"）

女　马子洋，我有一个问题，我一直以为读初中了我们就是大人了，红领巾和少先队不是小学生专属的吗？

男　你这个问题，我也有过，我还专门去查过《队章》，还真不是那样，队章中明确规定，6—14周岁少年儿童都是少先队员。所以说，少先队员不是小学生的专属，不过初中少先队组织和小学还是不一样的，今天学校大队部不就给我们组织建队仪式了吗，我们还是先一起感受一下吧。

女　好的，没问题。活动进行第三项，请即墨28中大队辅导员潘宁老师宣读初一年级中队成立决定。

男　让我们掌声祝贺新成立的中队。活动进行第四项，为新建中队授中队旗。下面让我们有请1至21中队代表上台（停顿），请副校长＊＊＊阿姨，嘉宾＊＊阿姨为他们授中队旗。（21名代表上台站一排礼仪执旗跟上，起背景音乐）

女　下面请22至42中队代表上台（停顿），请副校长＊＊＊叔叔，嘉宾＊＊＊阿姨为他们授中队旗。（21名代表上台站一排礼仪执旗跟上，起背景音乐）

男　祝贺各中队。辅导员老师是我们亲密的伙伴和朋友，为我们指引成长的方向，在我们中队成立的同时，学校也专门为我们聘请了中队辅导员老师，活动进行第五项，为新建中队聘请中队辅导员。请＊＊副校长宣读新聘请辅导员名单。（大屏出示辅导员名单）

谢谢＊＊，下面有请各中队辅导员上台（音乐起）首先请少先队员代表为辅导员老师们献上我们少先队最珍贵的礼物——红领巾。（双手托红领巾上台，为辅导员佩戴红领巾）

谢谢队员们。接下来，有请青岛市总辅导员＊＊＊阿姨、即墨团区委副书记＊＊阿姨为中队辅导员颁发聘书。

女　感谢两位领导和辅导员老师。少先队是共青团的预备队，全体少先队员要认真听从辅导员的教导，勤奋学习，互助发展，为早日成为一名光荣的共青团员做好准备。

和谐红领巾之代代相传

（大屏显示"和谐红领巾之代代相传"）

男 我们从小就知道，"红领巾是红旗的一角，是革命先烈用鲜血染成的"。

女 是啊，小时候对这句话不甚理解，今年9月1日在开学第一课上看到先烈们在狱中绣红旗的故事，突然就觉得更深刻地理解了五星红旗的意义，也感受到了红领巾的这份光荣与责任。

男 是的，今天我们的辅导员**老师和队员们要带我们回顾少先队的光荣历史，就让我们一起重温吧。

（音乐起，老师上场，大屏出示课堂课件）

男 （开始下场时就说）感谢**老师和队员们。看看当年的少年儿童团，再看看我们今天的生活，我们真是特别幸运又特别幸福。那么，当下的我们，可以为祖国做点什么呢？我们的使命又是什么呢？

女 那就让我们一起来看看发生在我们二十八中的红领巾故事吧。或许这里就有我们要找寻的答案。（访谈节目：讲述发生在二八校园的红领巾故事。大屏出示相关图片和背景）

和谐红领巾之梦想+心愿

（大屏显示"和谐红领巾之梦想+心愿"）

男 一代人有一代人的使命，一代人有一代人的担当。听完大家的讲述，我似乎更理解这句话了：实现中华民族的伟大复兴需要一代又一代人接续奋斗。

女 是啊，前段时间在网络上有这样一组图片，看了之后令人动容，当漂在海滩上的这名叙利亚儿童那小小的身躯带给全世界人民无比震撼的时候，（大屏展示一组图片：叙利亚难民儿童等）我只想说：我们不是生活在一个和平的年代，我们只是有幸成长在了一个和平强大的国家。

男 说的太对了！我们成长在一个和平的国家，更是成长在一个每一个人都可以有梦，敢于追梦的新时代！我们带着红领巾的梦想走进28中，每一名少先队员都对自己的初中生活充满着憧憬，对未来有着美好的期待。为此，学校团委、大队部专门启动了"梦想+微心愿"活动，征集队员们的成长梦想和心愿。

女 下面有请青岛团市委学少部长、市少工委副主任**叔叔和少先队员代表***上台，共同为我们开启"梦想+心愿箱"。（上场音乐）

男 请42个中队的少先队员代表将心愿卡依次放进心愿箱。（42名中队长从舞台两侧上场依次同时放入心愿卡，向前走直接下场。起背景音乐）

女 马子洋，我想知道你的心愿卡上都写了什么呢？

男 我呀，我的心愿是：能在28中成长和学习的这几年，通过自己的刻苦努力，扎实学习，做好每一件小事，能以优秀的成绩考取理想的高中，也能以优异的表现早日加入中国共产主义青年团！

女 太棒了，真心给你的心愿点赞。你有一个梦想，我有一个梦想，大家把梦想汇集起来，就是我们二八学子的成长梦、青春梦！学校团委、大队部将把队员们的梦想归类整理，根据大家共同的成长愿望组织开展丰富多彩的活动，让每一名队员都能在二八校园茁壮成长，做勤于追梦、勇于圆梦的时代新人。

男 是的，我们每一名队员也要听党话，跟党走，把个人成长的梦想同党的要求，祖国的发展结合起来。70年来，党和国家领导人一直关心少先队员的成长，在全国第七次少代会上，习近平爷爷谆谆教导我们要"从小学习做人，从小学习立志，从小学习创造"……（大屏转场，出示视频）

和谐红领巾之铿锵誓言
（大屏显示"和谐红领巾之铿锵誓言"）

女 习爷爷的话语将一直激励我们健康成长，胸前鲜艳的红领巾，这是英雄先烈鲜血的凝聚；光荣的少先队，是我们健康成长的摇篮。今天，我们在二十八中集结，就让我们在星星火炬旗帜下，再次重温入队时的誓言。下面进行第六项，重温入队誓词。请大队长发言并领誓。少先队员代表上台，音乐起，宣誓时大屏出誓词内容）

（领誓同学）请全体起立！

宣誓：请举起右拳，跟我宣誓！

我是中国少年先锋队队员。我在队旗下宣誓：我热爱中国共产党，热爱祖国，热爱人民，好好学习，好好锻炼，准备着：为共产主义事业贡献力量！

宣誓人：（每个人说出自己的名字）

（放下右拳）

女 活动进行第七项，呼号，请校大队辅导员 ** 老师领呼。

（老师上台，敬队礼，举起右拳，全体队员跟着手势同时举起右拳）

"准备着，为共产主义事业而奋斗！"

全体队员回答：时刻准备着！（师下场，呼号结束，学生继续站立。）

男 活动进行第八项：退旗。

少先队员和辅导员，敬礼！（军乐团奏《退旗曲》）

礼毕。请坐！

女 尊敬的各位领导来宾，亲爱的老师、队员们，青岛市"红领巾心向党、争做新时代好队员"初中少先队建队仪式现场会到此结束。祝愿各位领导嘉宾身体健康、万事如意!

男 祝队员们学习进步、勇攀高峰!

下面,请队员代表原地不动,合着音乐的节拍,掌声欢送各位领导和嘉宾。

(音乐起《生长吧!》)

8—9周(10月21日—11月2日)工作安排

工作重点:

1.开展好"不忘初心、牢记使命"主题教育工作。
2.加强交通安全专题教育工作。
3.组织好期中诊断性测试的复习工作。
4.做好群众满意度测评工作。

一、党建工作(王友森)

1.理论学习:组织全体党员认真学好"不忘初心、牢记使命"学习材料;

(1)习近平总书记近期讲话精神材料。

(2)《习近平关于"不忘初心、牢记使命"论述摘编》《习近平关于"不忘初心、牢记使命"重要论述选编》等论著。(王友森、党支部书记、党小组长)

2.认真扎实开展好"不忘初心、牢记使命"主题教育工作:

(1)读原著、学原文、悟原理:全体党员要通过集体学习和个人自学等方式认真学习,在理论学习上不断进步,并做好学习笔记。

(2)扎实开展好"不忘初心、牢记使命"主题教育学习教育、调查研究、检视问题、整改落实有关工作。

(3)在开展"不忘初心、牢记使命"主题党日的基础上,扎实做好"进行一次民意访查""开展一次志愿服务"等活动,切实做到为广大师生办实事、办好事。

(4)组织全体党员认真学习《青岛市即墨区"不忘初心、牢记使命"主题教育应

知应会问答》，并通过口头问答、闭卷考试等方式确保学习效果。（王友森、党支部书记、党小组长）

3.各党支部、党小组召开一次会议，总结前阶段工作，部署下一阶段工作，并做好会议记录。（王友森、党支部书记、党小组长）

二、级部工作（孙义智、华军、曲素云、邱若德）

（一）初一级部（曲素云）

1.安全与师德工作（曲素云、陈伟、周连瑶）

(1)加强教师出勤，杜绝迟到、早退、旷工现象，加强教师车辆管理，自觉遵守给学生树立榜样力量。（曲素云、陈伟、周连瑶、全体教师）

(2)加强校内午休就餐学生管理。严格管理学生纪律，把中午管理纳入班级管理，对于违纪学生重扣分。（曲素云、陈伟、周连瑶、林斌、级部管理干部、班主任、相关教师）

(3)加强班级用电安全管理，严禁学生插拔设备电源！节约用电，课间及时关闭投影仪和照明等用电设备。（周连瑶、林彬、级部长、班主任）

(4)检查各班供暖设备，提前准备提前上报。（周连瑶、林彬、级部长、班主任）

2.德育工作（周连瑶）

(1)做好级部秋季安全管理工作，严防校园欺凌现象发生。定于第9周周二下午第四节开级部广播会议。（周连瑶、林彬、级部长、班主任）

(2)高标准提升校园环境卫生。落叶持续增多情况安排一次全面大清理，特别是绿化带、花坛内落叶、蜘蛛网、路沿石子、楼前楼后墙根处堆积尘土、小草等，各班准备好大垃圾袋便于运送节约时间。（周连瑶、林彬、级部长、班主任、体育老师）

(3)加强下午放学清校管理，通过微信告知家长，控制好学生出勤管理，杜绝中午晚上在学校附近小卖店逗留聚集。（周连瑶、林彬、级部长、班主任）

(4)加强课间操楼内安全管理，级部安排学生会专门检查量化课间操楼内滞留学生。（周连瑶、林彬、级部长、班主任）

(5)建立课间操检查制度，督促提高广播操质量。（周连瑶、林彬、级部长、班主任）

(6)体育老师利用体育课进行广播操培训，第九周周三进行广播操比赛，请各班重视，认真组织学生练习。（周连瑶、林彬、级部长、班主任、体育老师）

3.教学工作（陈伟）

(1)根据前阶段集备情况，利用各科集备时间进一步规范集备流程，提高集备效率；结合成绩质量分析，分享成绩优秀教师的经验做法，成绩薄弱教师自述存在问题，切实提高每位教师的成绩。（曲素云、陈伟、林彬、备课组长）

(2)根据阶段检测成绩，干部、备课组长、骨干教师对成绩弱教师、年轻教师听课、评课及谈话交流，帮助其查找原因，改进教学，及时解决问题。级部干部会和备课组长会上反馈工作落实进度和交流帮扶情况，第9周周五全体教师会统一反馈。（曲素云、陈伟、林彬、备课组长）

(3)进行"写好硬笔字，最美作业本"阶段性总结活动，第九周进行古诗汉字和英语单词书写评比，时间第9周周三下午阳光体育活动，地点：报告厅，评选优秀学生作品和优胜班级进行表彰。（曲素云、陈伟、林彬、林忠奇、班主任）

(4)召开阶段性检测优秀生会，时间第8周周二下午第四节，地点报告厅。（曲素云、陈伟、林彬）

(5)抓好课堂常规，加强对班主任靠班、教师候课和课堂常规的检查通报，进一步督促、规范和纠正教师手机进课堂、坐着讲课等不规范教学行为，及时在工作群和全体教师会上反馈。（曲素云、陈伟、周连瑶、林彬、班主任）

(6)汇总好班主任、教师电话家访、入户家访工作情况反馈，收取电话沟通反馈表和电话截图，级部干部分工：林忠奇1—7班、周连瑶8—14班、林彬15—21班，孙吉超22—28班、王存星29—35班、陈伟36—42班。（曲素云、陈伟、周连瑶、林彬、级部长）

(7)筹备好期中诊断性测试考务工作，培训学生网上阅卷答题卡填涂，迎接期中诊断性测试。（陈伟、林彬）

(二)初二级部（华军）

1.安全与师德工作（李武军、于海潮）

(1)加强教师师德教育，廉洁自律。引导教师遵守区教体局《十项规定》。（华军、李武军、全体教师）

(2)加强教师办公秩序和教室、办公室用电的检查，检查结果及时公示，计入本机和教师考核。（华军、李武军、全体教师）

(3)加强安全教育，完善安全教育记录本，每天记录，强调防溺水、交通安全。（华军、李武军、于海潮、级部长、班主任）

(4)加强学生出勤与请假管理，任课老师是学生课堂出勤的第一责任人，级部落实经常性请假的学生信息，确保有多名联系人，能及时监管到。（华军、李武军、于海潮、级部长、班主任、全体教师）

2.德育工作（于海潮）

(1)做好校园欺凌的预防工作，加强学生管理。（于海潮、级部长、班主任）

(2)做好学生着装校服入校，严禁学生带手机进教室、加强不进教室学生的管理，纳入班级量化。（于海潮、级部长、班主任、文明礼仪部和纪检部）

(3)周五的演练时间，通报每周每班的课堂常规和课间秩序等检查落实情况。主讲人：于海潮。表彰后30%学生过关测试优胜个人或班级。（于海潮、级部管理干部、班主任）

(4)做好室外微机课和体育课带队纪律管理，纳入量化。（于海潮、级部长、班主任、纪检部）

(5)加强课间秩序的管理，班主任及时靠班，级部干部带领学生会干部分楼层进行巡查，及时公示检查结果，评选课间纪律优胜班。（于海潮、级部长、班主任）

(6)做好学生入校进楼速度，落实好二遍哨后楼前清、走廊静，级部量化。（于海潮、级部长、班主任、学生会学习部）

(7)及时清理室外卫生区的落叶，花坛内的枯枝和其他垃圾，级部检查量化。（于海潮、级部长、班主任）

3. 教学工作（李武军）

(1)结合阶段性测试结果，级部表彰挑战成功的班级。并继续开展班级挑战活动。第八周周四下午放学前完成，期中阶段性测试结果再评选挑战成功的班级。（华军、李武军、于海潮、唐绪诚、学生会学习部）

(2)加快学生早晨和中午进楼速度，利用好进楼前的两遍哨音提醒，加快校值日和整理卫生的效率；加强进楼后的秩序管理，落实入楼即静，落座即学的要求，不断检查、督促整改，让学生养成高效率的学习节奏。（华军、李武军、于海潮、唐绪诚、学生会学习部）

(3)强化集备出勤和集备质量。按照学校统一部署，进一步细化后30%学生的辅导措施。从第8周开始进行后30%学生的包干、过关辅导，评选优胜个人、班级和教师。（华军、李武军、于海潮、唐绪诚、全体教师）

(4)抓好课堂常规检查，做到每天至少两次通报，每月评选12个课堂常规优胜班。（华军、李武军、级部管理干部、全体教师）

(5)强化教师出勤、听评课、作业批阅讲评的检查，对存在问题的老师进行约谈、督促整改，并在学科集备会和全体教师会上进行通报，计入教师考核。（华军、李武军、级部管理干部、全体教师）

(6)第八周周二下午第一节举行召开新调入教师和新岗教师座谈会。个人汇报近段时间教学和听课等学习情况，进一步明确级部对其教学方面的点评和要求，做好

下阶段打算。地点：集备室。（华军、李武军、级部管理干部、备课组长、相关教师）

(7)各学科开展教学成绩优秀教师复习示范课活动。各学科利用集备时间听评课。备课组长组织骨干教师进行磨课指导，确保出示高质量的复习示范课。出课人安排：语文——朱妮妮、数学——胡建凤、英语——唐凤蓉、物理——王秀梅、历史——江永清、地理——王孝丽、生物——王秋美。（华军、李武军、于海潮、全体教师）

（三）初三级部（孙义智）

1.安全与师德工作（江平、孙仕正）

(1)严肃教师办公纪律，规范老师上网行为。（孙义智、江平、孙仕正、全体老师）

(2)规范教师校园行车，注意行车安全，禁止乱停车辆。（孙义智、江平、孙仕正）

(3)规范管理级部教师微信工作群，杜绝发布、谈论与级部教学无关的信息。（孙义智、江平、孙仕正）

(4)下班后，办公室最晚走的老师要关闭饮水机、计算机等用电设备电源，学校检查量化。（江平、孙仕正、全体老师）

2.德育工作（孙仕正、万健）

(1)约谈第二批学生家长，严防校内外安全。（孙仕正、万健、级部长、班主任）

(2)严格学生出勤管理，严禁学生化妆、带手机入校。（孙仕正、万健、级部长、班主任）

(3)打造课间跑操亮点，规范量化标准。（孙仕正、万健、孙平智、级部长、班主任）

(4)各班认真填写每周安全记录本，时刻提醒各类安全问题。（孙仕正、万健、级部长、班主任）

(5)严禁在厕所聚集，班主任强调好，级部量化。（孙仕正、万健、孙平智、级部长、班主任）

(6)加强学生防校园欺凌教育，级部、班级做好特殊学生管理与监控外，级部干部加强课间秩序管理与巡视。（江平、孙仕正、万健、孙平智、级部长、班主任）

(7)晚放后，各班要关闭各类电器电源，学校检查量化。（孙仕正、万健、孙平智、班主任）

(8)严格午托请假制度，午托班主任是出勤第一责任人，缺勤要及时上报班主任和级部。（孙仕正、万健、孙平智、班主任、午托班主任）

3.教学工作（江平）

(1)结合阶段性测试成绩：

①对成绩薄弱和退步大的教师进行约谈，找问题，想办法，解决问题；②对各班的弱势学科和成绩薄弱、退步大的教师进行听课。听课后及时评课，找问题，找措施。

级部干部分工：语文——孙义智，数学、思品——万健，英语、物理——江平，化学——孙平智，历史——李颖。（孙义智、江平、级部管理干部）

(2)各班根据阶段性检测成绩，及时召开分层家长会，会议时间和地点提前告知级部和政教处。体育楼会议室、培优教室、集备室（不集备时可用）。（孙义智、江平、孙仕正、万健、孙平智、级部管理干部、班主任）

(3)严抓后30%学生成绩。（孙义智、江平、级部管理干部、全体教师）

①各班建立后30%微信小群。任课教师进群每天抽查；②各学科统一提纲、统一测试。测试成绩计入班级和教师量化考核成绩；③级部管理干部分工进群，督促通报。具体分工：1—6江平、7—11孙仕正，12—16李颖，17—21孙平智，22—26万健，2—31王元斌，32—36李庆礼；④利用周五演练时间对成绩优秀和进步大班级、学生进行表扬。周五教师会通报成绩。

(4)第八周召开分层学生会议。第八周周二阳光体育活动时间在报告厅召开部分学生会议，做好学生思想动员工作。全力以赴迎接期中阶段性检测。（孙义智、江平、级部管理干部、班主任）

(5)根据艺体生报名情况，做好艺体生选拔工作。利用中午和音美课时间对艺体学生进行辅导。（孙义智、江平、万健、柳先锋、王天磊、于峰燕、班主任）

(6)根据升级和阶段性检测成绩，各班确立挑战班级。根据级部安排，选出专人到挑战班级下战书。各班挑战书统一张贴。期中阶段性检测成绩优秀、进步、挑战成功的班级各加相应的量化考核分数。（孙义智、江平、级部管理干部）

（四）博学楼教学区（邱若德）

1.开展文明礼仪教育。级部规定课间级部干部、学生会定时检查量化。对于见到老师主动问好同学进行表扬，对于有不文明不礼貌行为的学生记名进行通报批评。（李军风、解斌斌、谭泽彬、级部长、班主任）

2.加强课间楼层分工巡视，教育学生不得在教学楼内跑跳打闹、大声喧哗，尤其是博学楼西厅各楼层的秩序，防止出现安全事故。（李军风、解斌斌、谭泽彬、级部长、班主任）

3.班主任强调学生每天上室外课和放学后要锁好门及时关闭电子设备，管理好自己的物品，不准任何人带手机等贵重物品进学校。不准早到校，不要在校外逗留，级部下午放学后10分钟清教室，15分钟清楼，严格清楼时间，级部进行量化。（李军风、解斌斌、谭泽彬、级部长、班主任）

4.加强中午校内配餐学生以及在学校餐厅就餐同学的出勤管理，严格请假手续，班主任上午在群里一定告知值班干部请假的学生，否则作为缺勤扣除班级量化。（李

军风、解斌斌、谭泽彬、级部长、班主任）

5.高标准提升校园环境卫生。落叶持续增多情况安排一次全面大清理，特别是绿化带、花坛内落叶、蜘蛛网、路沿石子、楼前楼后墙根处堆积尘土、小草等。（李军风、解斌斌、谭泽彬、级部长、班主任）

6.联系总务处，提前准备防滑垫，预防冬日下雪后出现安全隐患。（李军风、解斌斌、谭泽彬、级部长）

7.开展班级高效课堂检查评比活动，严查课堂秩序、提高课堂效率，全体教师配合班级活动规范各自的课堂要求，让全体学生都能投入到课堂学习中去。加强早晨和中午学生入校后的自主学习，加强对早晨、中午到校后检查力度，从进楼速度、班主任靠班、学习质量等方面综合考评，评选自主学习优胜班级。（李军风、解斌斌、谭泽彬、级部长、全体教师）

8.对各级部备课组的阶段性检测成绩进行质量分析，干部对部分成绩弱和新教师进行约谈、跟踪听课、及时评课及谈话交流，帮助其查找原因，想措施，及时解决问题。要求成绩弱的老师和新教师每周至少要听组内成绩优秀教师的5节课，听课本第9周周四交到主任室。（李军风、解斌斌、谭泽彬、级部长、全体教师）

三、处室工作（孙义智、周娟、王友森、华军、曲素云）

（一）政教处（团委/少先队）（华军）

1.加强学生安全管理，第8周周二班会课，举行一次交通安全专题片收看活动，教育学生随时注意交通安全，严禁学生随意横穿马路，特别强调全体学生一律在十字路口斑马线按交通信号或值日老师指挥下过马路，各班安全委员做好记录。（相关干部、班主任）

2.开展一次拒乘违规车辆教育宣传活动，通过校园广播加强宣传，各班主任通过班会和安全教育5分钟时间对学生强调拒乘三轮、四轮代步车、黑车等其他违规车辆的问题，通过班级群、家长一封信等形式告知家长；组织全体学生签订《自觉拒乘代步车及其他违规车辆承诺书》，并要求学生、家长分别签字。承诺书要全部回收、存档、上交政教处备查。（相关干部、班主任）

3.卫生常抓不懈，高标准整理好校园环境卫生。（华军、潘宁、级部干部、班主任）

(1)天凉落叶增多，各级部根据自实际情况安排一次全面大清理，特别是操场周边、绿化带、花坛内落叶、白色垃圾、路沿石、楼前楼后墙根处堆积尘土、小草，级部干部、值日生严格标准加大量化力度，及时反馈到责任班级。各班落实好配发的大蛇皮袋的高效利用，节约运送时间并循环使用。第8周周三下午第三节政教处进行第一次检查，周五下午第三节第二次检查并通报量化，通报班级月量化扣除3分。

(2)各级部制定好教室内务标准和分工并严格落实，特别是地面、窗台、讲桌、走廊、饮水机等。

4.继续组织班主任落实安全教育平台学期授课任务，抓好学生安全平台作业完成，班主任要通过微信及时强调，按时完成平台要求，各级部做好督促汇总。（华军、潘宁、刁晓辉、级部干部、班主任）

5.各级部继续抓好路队、自行车管理。本周开始加强自行车管理，加大检查力度，严格量化标准，第八周各级部评比"自行车摆放优胜班"第九周升旗仪式颁奖。（华军、潘宁、级部干部、班主任）

6.各级部分批次、反复针对各类特殊学生开展谈心交流，做好记录存档，开展重点学生家访活动，争取转化育人实效。（华军、潘宁、级部干部、班主任）

7.组织入团积极分子上好团课，做好团前教育材料积累。（潘宁、王丽丽）

8.伙房与配餐（周娟、华军）

(1)伙房：贯彻落实青岛市中小学（幼儿园）贯彻落实省整治食品安全问题联合行动推进会会议纪要》及区联合下发的《在"不忘初心、牢记使命"主题教育中整治食品安全问题联合行动方案》，认真开展工作自查，做好迎检准备。（高永利）

(2)配餐：①与配餐公司对接，要求所有工作人员必须着工作装，提高安全意识，持证上岗，确保不出安全问题。②反馈前阶段出现问题，提高配餐质量。（管理干部）

（二）教务处（教科室）（周娟）

1.认真按照《区教育和体育局关于切实提升群众对教育体育工作满意度工作方案的通知》要求：做好家校沟通，开通家校一键通；至少举办一次家长面对面活动，至少组织一次"十个一项目"进家庭活动；深入开展"万名教师访万家"活动，对全体学生进行的入户家访或电话家访要实现100%全覆盖，不漏掉1名学生。（周娟、蔡紫燕、级部主任、全体教师）

2.期中诊断性测试时间初定于第10周周二周三（11月5—6日），各备课组要提前做好计划，完成教学进度，搞好复习，确保轻负担、高效率。（周娟、邱若德、蔡紫燕、级部主任、备课组长）

3.组织好各类教学例会。（挂级部校长、级部主任、相关干部教师）

(1)召开班级协调会。具体时间班主任确定后，通知级部和任课教师，包班干部全程参与，所有无课的班主任参加；

(2)召开备课组长会，第8周周二上午第3节，地点：集备室。内容：迎接期中阶段性测试的复习措施；后30%辅导措施；教学常规检查通报，反馈教学方面存在的问题，商量对策，及时整改。

(3)召开班主任例会。每周五下午第7节，第8周主题：如何发挥家长的作用；如何抓好期中阶段检测。第9周主题：分层激励，做好后30%学生思想动员。

(4)召开教师例会。每周五下午阳光体育活动时间，内容：师德教育——严禁有偿家教；通报教学常规检查情况；通报后30%学生辅导措施和帮扶情况，对帮扶辅导到位的教师予以表彰，选取优秀的教师介绍经验。

(5)召开级部管理干部会。总结经验，反思不足。对上周工作进行梳理，对下周工作进行布置。

4.各备课组继续组织单项比赛活动，利用周一升旗时间颁奖。（周娟、邱若德、蔡紫燕、级部主任）

5.组织初二学生参加青岛市第二届"我为家乡推介"微视频大赛；组织初一学生参加青岛市第五届中学生海洋知识竞赛。具体要求见通知。（蔡紫燕、刁晓辉、林忠奇、相关班主任、教师）

6.集团下发考试进度，为统一检测做好准备。（周娟、蔡紫燕、级部主任）

（三）总务处（孙义智）

1.根据上级学校安全隐患排查反馈情况进行整改，确保整改到位，杜绝一切安全事故。（孙义智、华军、董胜利、德育干部）

2.检查维修更换所有教学楼及博学楼楼梯及走廊照明灯管，确保晚放学生照明安全。（董胜利、孙仕正、王崇浩）

3.进一步全面检修教学楼各楼层供暖设施，确保热力公司正常试压。（董胜利、王崇浩、许立新）

4.做好环卫清洁车的联络工作，保障垃圾屋内树叶等垃圾能够及时拉走，清理干净。（董胜利、王崇浩）

5.检查核实各班级物品登记表登记物品，做到物账相符。（许立新及班主任）

6.根据上级要求建立健全垃圾分类台账及各项活动材料，确保顺利通过垃圾分类检查工作。（孙义智、华军、蔡紫燕、潘宁、董胜利）

（四）办公室、工会（王友森）

按照上级通知精神，协助有关部门，做好免费为教职工车辆安装ETC工作。（王友森、级部处室主任、华玉冈）

四、艺体工作（王友森、邱若德）

（一）体育、美术（邱若德）

1.上报省平台体育检测数据。（邱若德、周连瑶、柳先锋、体育教师）

2.落实体育老师考核中的各种数据，如实上报并进行公示。（邱若德、周连瑶、柳先锋、体育教师）

3.制定美术辅导计划、做好美术辅导相关工作。（邱若德、万健、王天磊、美术教师）

4.完成美术素质测评手册的制作，学生人手一份，制定好填报的相关事项。（邱若德、万健、王天磊、美术教师）

（二）音乐（王友森）

1.第九周周一上午召开音乐教研组活动。重点总结前两周工作；研究讨论音乐中考辅导计划和方案。（王友森、潘宁、于峰燕、全体音乐教师）

2.做好中小学生艺术评定手册的印制和准备填报工作。（于峰燕、备课组长）

五、其他工作（周娟）

1.认真组织好山东省教育厅安排的10月21—25日为期五天的外来参观学习活动，相关干部要积极主动协调好各项工作，力求以最优面貌展示我校"和谐互助"教学策略和德智一体的德育活动。（华军、邱若德）

2.做实、做细、做满2020年学校预算，校级干部根与分管的各口干部认真研究做好各口的采购、维修预算，填写《预算表》，交学校汇总，总支会研究，上报学校预算。（孙义智、校级干部、董胜利、万初俊）

附4：即墨28中学生学法指导样本
——学习过程"八环节"要求细则

一、课前预习

预习，是指在老师讲课之前自己有目的、有针对性地自学新课的一项自主活动。

通过预习，能够初步理解、掌握新知识，明确自己难以理解的知识点，为听好新课找准切入点，以便全面、系统地掌握新知识。

1. 预习的意义：课前预习有不可替代的作用。

(1)可养成良好的读书、学习习惯，提高自学能力，终生受益。

(2)可提高听课效率，增强听课的针对性，搬掉学习过程中的"拦路虎"。

(3)可增强学习的自主性、自觉性、主动性。

2. 预习的方法：

(1)通读教材，初步了解新知识。

(2)对已忘记而涉及到的旧知识重新温习。

(3)把弄不懂的知识作出标记，增强听课的针对性。

(4)适当做一些课后练习题，检测预习效果。

二、认真听课

专心听课是学好科学文化知识最关键、最重要的环节。它可提高学习效率，深刻理解精奥旨义；可疏通学习环节，消灭学习疑点；可开发人的非智力因素，激发人的潜能。

1. 带着求知欲听课。求知欲是学习不断进步的源泉和动力。应有不掌握此知识誓不罢休的精神，听好每一节课。

2. 带着问题听课。将课前预习中不明白的问题带到听课中去，坚决把疑难问题彻底弄懂、理清。

3. 带着饱满的热情和良好的精神状态听课。要集中精力，专心致志，摒弃一切杂念，使自己进入最佳听课状态。思维活动要与老师的讲解、启导同步、和谐、共鸣。

4. 带着清晰的思路听课。注意老师讲课的思路和老师叙述问题的步骤、逻辑、分析、方法。要注意学习老师如何科学的分析、思考和解决问题，使自己的科学思维能力不断提高，对知识的领会、理解、掌握、应用达到更高的境界。

5. 带着求知的兴趣听课。要做学习的主人，积极参与教学过程。要认真思考老师提出的问题，勤于动脑、动口、动手，做到眼到、口到、心到、手到，积极发问，质疑问难，大胆发言，勇于实践。"遇事多问几个为什么。"

6. 带着培养良好习惯的态度听课。要养成记笔记的习惯，这是听课中的重要环节。课堂笔记是教师所讲重点、难点知识的实录资料，也是今后进行温习巩固知识的重要参考。做笔记要边听边记，可记在本上，也可记在书上。要有重点、有针对性的记录。

当听和记发生矛盾时,以听为主,下课后再补笔记。

7.带着求同存异的方法听课。注意各学科的特点,及时调整听课方法。一般来说,语文、英语等文科惯于知识的积累、梳理和总结,要充分调动各种感官争取将教师当堂所传授知识读好、背好、记录好;而数、理、化等理科侧重点在知识规律、概念法则的逻辑思维,要在深刻理解的基础上掌握各知识点内涵、外延及相互间的本质联系,争取形成知识的系统网络。

三、及时复习

及时复习是同遗忘作斗争的最佳途径。心理发展的规律表明,对学习的新知识,复习的越早、次数越多,遗忘的就越少。因此,复习要特别注意"及时"、"反复"两点,复习的主要任务就是在复习过程中达到对知识的深入理解和全面掌握,并在理解和掌握的过程中提高实际应用的技能技巧,进而使知识融会贯通、举一反三。通过及时、反复的复习,促使知识系统化、条理化,并形成新的技能,达到开阔思路、拓展知识领域、进一步向新知识高峰登攀的目的。

1.尝试回忆。在大脑皮层的"屏幕"上重现教师的教学过程(就象"放电影"),通过这种方式试着思考:(1)这节课学习了哪些知识;(2)哪些已经掌握了,哪些还有疑问。这样可以及时检查听课效果,初步形成知识提纲,找出听讲不足的原因,及时改进预习和听讲方法。及时反复地"尝试回忆"是提高记忆力、减少遗忘的重要途径。

2.认真读书,勾画重点。教科书知识的载体,是学习的依据。读书时可用彩笔把书上重点语句勾划标出,并在书的空白处写下简要体会、高度概括课文内容的语言,以及有利于记忆、带提示性的语句,以便以后再看时能迅速抓住要点,回忆起关键内容。

3.整理听课笔记,使其条理化,系统化。课堂笔记的内容要不断修改、充实。要注意补抄遗漏的地方,要注意解决笔记中的"疑问",要充实自己在复习时的心得体会。

4.复习时要注意方法的运用。通过眼、口、手、脑并用,思、读、写结合,尝试熟练,提高学习技能。

四、独立作业

做作业，不仅可以检查自己的学习的效果，而且也能巩固当天所学知识，加深对知识理解和应用，形成技能技巧，促进智力的发展和能力的提高。

1. 先看书，后作业；看书是复习，作业是巩固。只有先弄懂课本所讲的基础知识、基本原理、法则，才能顺利完成作业，一气呵成，减少作业中的错误。

2. 认真审题。要逐字逐句阅读，看准、分清、理正，严格按照题目的要求审视、思考，若遇到较复杂问题，可把读题、审题过程画成简图。

3. 作业态度要认真。推理要严谨、言之有理、言必有据，准确、熟练应用所学过的基础知识，如定律、定义、定理、公式，力求能举一反三，一题多解，一题多想，一题多变，比较归类。

4. 作业要独立完成，严禁抄袭，切实达到做作业的目的。只有经过自己动脑、动手，才能促使自己对知识消化、理解，才能形成技能，才能锻炼思维能力和实践能力，才能养成良好的学习习惯。

5. 作业经老师批改后，要认真改正错误。要建立自己的"错题本"，经常翻阅力争不犯重复的错误。既是知识的积累，又是了解自己学习"软肋"的好办法。

6. 作业要规范。书写工整，条理清楚，要体现严谨求学的态度。

五、质疑问难

学起于思，思源于疑，疑则诱发探索，从而发现真理。科学发明与创造正是从质疑开始，从理解入手的。质疑是主动学习的开端，也是体现学生主动发展的标志，有了质疑问难，才会产生自主探究的浓厚兴趣。

1. 在学习中遇到任何问题都应多角度、多方位地探究原因：为什么是这样，为什么不是那样。要敢于向老师发问，刨根问底。每一位学生都应学会提出问题，以"你今天向老师提出了什么问题？"为荣，这样的学习才是生成性的学习。

2. 质疑的方法有多解，或口头或书面提出，请老师口头解答或书面解答，"咬住青山不放松"，直至把问题彻底弄明白，这也是培养学习毅力的途径之一。

3. 同学之间相互质疑解疑，相互讨论、争论。在时间允许的前提下，阅读课外书籍可开阔学习的视野，丰富自己的知识，对提高学习成绩和文化素质十分有用，可以帮助解决课本上、课堂上难以解决的问题，还可养成良好的学习习惯。这样既可互通有无，取长补短，也可以培养良好的合作与竞争意识。

六、系统小结

系统小结可对所学过的知识系统地复习巩固，及时发现自己学习中的问题，及时采取相应措施，达到改进学习方法的目的，还可在小结的过程中发现规律、总结规律，把知识凝炼在一起，弄清前后联系和因果关系，提高分析问题和解决问题的能力。

1. 强化记忆，把学习的成果牢固贮存在大脑中，形成自己的知识体系。
2. 查漏补遗，保证知识的系统性、完整性。
3. 融会贯通，以点带面，编织知识网，搞清知识间的区别和联系，做到纲举目张。
4. 做好小结笔记，一定要落实到纸面上，不能仅凭思考。适量做一部分习题，提高动手和实践能力。古人说"纸上得来终觉浅，绝知此事要躬行"。

七、检测考试

1. 按时进场，平心静气。不与他人交谈，静坐放松，保持心态平静。
2. 统观全卷，听清要求。检查试卷名称是否准确，页码有无缺漏，有无废卷、白卷。了解试题结构，预计分配时间。细读、思考试题要求，准确审题，为下笔答卷做好充分好的心理准确。答卷时一般应先易后难，先熟后生，不急不躁，始终保持平静、平常的心理状态。
3. 答题力求简洁，准中求快。力求做到字迹工整、卷面整洁、语言流畅、词语准确、层次分明、逻辑严谨。
4. 遇到不会的题目暂时放下，若中途想起答案，立即补答或在草稿上留下提示词。
5. 若解题思路已定，可直接在试卷上答题，不必在草稿上演算，这样可节省时间。
6. 试卷做完后，要从头至尾逐题检查，查漏补缺纠正错误，不要轻易改答案。
7. 不提前交卷。考试结束后,立即从本次考试中解放出来,不讨论试题,不对答案,考一科丢一科。
8. 排除干扰因素影响。如对监考员的巡视，其他考生翻卷声或其它环境因素等，都要置之度外，做到旁若无人，专心致志答卷。

八、良好习惯

1. 认真读书，先预习后听课，先复习后作业，养成使用课本的习惯。
2. 认真听课，积极参与教学过程，先思索，后发言，养成勤于思索的习惯。

3. 作业规范，自觉检查订正作业，有错必改，养成自我完善的习惯。

4. 自觉复习，复习要系统，理知识，清思路，养成独立归纳总结的习惯。

5. 善于积累，笔记、试卷、作业、小结要分类保存，养成积累资料的好习惯。

6. 合理安排时间，广泛而有意义的阅读和参与实践活动，养成学以致用的习惯。

实践证明，科学的、良好的学习方法能使同学们越学越聪明，给同学们带来高质量，高效率；而拙劣的学习方法，只能阻塞才能的发挥，低质低效，越学越死。因此，逐步学会一套科学的学习方法是每个同学应该完成的重要任务，它将会使你享用一生，伴随你创造辉煌的明天。

第三章 / 活力校园 互助课堂更精彩

10—11周（11月4日—11月17日）工作安排

工作重点：

1.组织"两学一做"学习，开展"我为教育献良策"征集活动。
2.组织好学期期中诊断性测试考务及成绩分析工作。
3.做好预防校园欺凌教育及冬季安全隐患排查、整改。

一、党建工作（王友森）

1.理论学习：组织全体党员认真学好"不忘初心、牢记使命"学习材料：
(1)习近平总书记近期讲话精神材料。
(2)《习近平新时代中国特色社会主义思想学习纲要》。
(3)《新中国发展面对面》。（王友森、党支部书记、党小组长）
2.根据"不忘初心、牢记使命"主题教育活动安排，开展"我为教育献良策"征集活动。（王友森、党支部书记、党小组长）

二、级部工作（孙义智、曲素云、华军、邱若德）

（一）初一级部（曲素云）
1.安全与师德工作（曲素云、陈伟、周连瑶）
(1)严格考风考纪，监考期间严禁手机进考场，老师一前一后站位，认真监考。（周连瑶、林彬、级部长、班主任）
(2)教育学生注意安全，做好防校园欺凌教育，注意保护好自己及他的信息隐私，遇到问题及时告诉老师、家长、及时报警。（周连瑶、林彬、级部长、班主任）

(3)天冷衣服多笨重,影响视线一定注意交通安全,骑车、步行过马路一定要仔细观察。(周连瑶、林彬、级部长、班主任)

(4)落实防踩踏楼层校值日职责,确保值日人员在岗,安排督查班级进行督查。(周连瑶、林彬、级部长、班主任)

2.德育工作(周连瑶)

(1)第10周开始花样跑操队列队形编排。(周连瑶、林彬、级部长、班主任、体育老师)

(2)全面检查教学楼各班供暖设施,每班确定专人负责,发现问题及时向级部、学校汇报,确保安全运行。(周连瑶、林彬、级部长、班主任)

(3)加强中午在学校餐厅就餐学生的安全和出勤管理,班主任要重视,级部干部每天检查通报,对不请假无故缺勤的学生进行量化。(周连瑶、林彬、级部长、班主任)

(4)早读前没有完成卫生区清扫任务的班级,大课间安排学生清理,级部检查量化(人数控制在4人以内)。

(5)分批次组织好综合实践活动工作。(周连瑶、林彬、级部长、班主任)

3.教学工作(陈伟)

(1)认真组织好期中阶段性检测考务工作,严肃学生考风考纪,严格教师监场纪律,监考阅卷教师高标准、严要求,以考风促教风和学风,确保测试顺利进行。(曲素云、陈伟、周连瑶、林彬、级部长)

(2)务实做好期中检测质量分析工作,进行班级、备课组教师成绩质量分析,时间:第11周各科集备时间,成绩优秀的教师介绍经验,成绩弱的教师谈存在的不足,干部按照分工对成绩薄弱教师进行跟踪听评课。(曲素云、陈伟、备课组长)

(3)精心筹备家长会,时间第10周周六下午,提前做好班主任家长会内容培训工作。(曲素云、陈伟、班主任)

(4)新调入教师业务培训会,内容"五步十环节的设计与应用"地点:集备室,时间:第9周周三下午自主学习时间;新教师期中检测成绩反思,查评听课本、备课本,用成绩对比查找工作过程的差距,反思不足,时间第11周周三下午自主学习时间,地点:集备室。(曲素云、陈伟、林彬)

(5)依据期中考试成绩,开展表彰学生活动。利用大课间演练、级部公示栏、班会、级部座谈会、微信等多种形式表彰先进生,激励后进生,激发冬季学习热潮。(曲素云、陈伟、林彬、级部长)

(6)开展午静学系列"数学小计算"活动,进一步培养学生计算能力。(曲素云、陈伟、林彬、杨海英、班主任)

(7)第11周开始,根据期中检测成绩,做好后30%学生的辅导措施,做好干部分工,落实好辅导过程的每一个环节。(曲素云、陈伟、林彬、级部管理干部)

(8)全面开展和谐互助班级培训,完善班级和谐互助师友评价公示栏。(曲素云、陈伟、林彬、班主任)

(二)初二级部(华军)

1.安全与师德工作(李武军、于海潮)

(1)按照上级要求,认真学习我校《班级微信群管理规定》,规范管理班级微信群,加强与家长的交流与沟通。(华军、李武军.全体教师)

(2)加强晚放清校力度,教育学生及时回家,与家长协调,控制学生好回家时间。班主任负责督促落实。(华军、于海潮、级部管理干部、班主任)

(3)通过班会、微信推送,加强学生法制教育,预防未成年犯罪。(华军、李武军、于海潮、级部管理干部、班主任)

(4)上放学、课间操期间及时疏导人流路队,提高进出楼效率,避免出现拥挤踩踏情况。(华军、李武军、于海潮、级部管理干部、安全部)

2.德育工作(于海潮)

(1)细化走操和体能训练量化标准,提高走操和体能训练质量,走操要求:口号响亮,动作统一有节奏感,学生会对认真走操和体能训练的班级每天量化加分。(于海潮、级部长、班主任、体育部)

(2)督促并加快室内外卫生清扫,加强卫生区树叶清理和自行车整理速度,加大量化考核力度。(于海潮、级部长、班主任、卫生部)

(3)周五的演练时间,通报每周每班的课堂常规和课间秩序等检查落实情况。主讲人:于海潮。充分利用每周五的演练时间,通报各班的课堂常规和课间秩序、期中诊断性检测成绩总结和表彰,主讲人:唐绪诚。(于海潮、级部长、班主任)

(4)加强体育课、微机课带队秩序的管理。发挥学生会的作用,分楼层对每节课室外课的带队秩序进行检查,不允许出现拖拖拉拉不站队的现象,一旦违反,扣除量化分数,取消流动红旗。落实人:宋成平。(于海潮、级部管理干部、班主任、纪检部)

(5)加强课间秩序的管理,杜绝学生串楼层或串年级,班主任及时靠班,级部巡查,量化考核。(于海潮、级部长、班主任、纪检部)

(6)严禁上放学期间大厅、走廊、连廊人员聚集,严禁课间学生在卫生间聚集,避免产生学生矛盾。(于海潮、级部长、班主任、纪检部)

3.教学工作(李武军)

(1)第11周结合期中诊断性测试结果,级部表彰挑战成功的班级。继续开展班级挑战活动,第11周周四下午放学前完成。(华军、李武军、于海潮、唐绪诚、学生会学习部)

(2)结合期中诊断性测试成绩,进一步细化后30%学生的辅导措施。具体负责人:唐绪诚、刁晓辉。(华军、李武军、于海潮、唐绪诚、全体教师)

(3)从细节入手,抓好课堂常规的检查,提高课堂听讲效率。重点检查候课准备是否充分、课堂听讲专注度(零抬头率)。对于频繁出现问题的班级和教师,干部分工约谈,督促整改。(华军、李武军、级部管理干部、全体教师)

(4)第11周周二下午第二节举行召开新岗教师座谈会。分析个人成绩,成绩优秀的教师介绍经验做法,制定整改措施。地点:集备室。(华军、李武军、级部管理干部、备课组长、相关教师)

(5)各学科继续开展每人一堂课展示汇报活动。各学科利用集备时间听评课。所有新调入教师和新岗教师出课。第11周,语文:巩倩倩;数学:冯毅;英语:祖天宇;物理:宋爽;政治:胡君峰;历史:李阳;地理:朱光明;生物:张赛。备课组长组织骨干教师进行磨课指导,确保出示高质量的复习示范课。(华军、李武军、于海潮、全体教师)

(6)创新形式,邀请家长参与级部的教育教学管理工作。初步尝试邀请家长参与期中诊断性测试的监考工作。(华军、李武军、于海潮、级部管理干部、班主任)

(7)筹备召开家长会。时间:11月9日(周六)。(华军、李武军、于海潮、级部管理干部、班主任)

(三)初三级部(孙义智)

1.安全与师德工作(江平、孙仕正)

(1)加强午休管理,午托生活委员要按照午托要求检查午托出勤并登记,值班级部干部要加强巡视,将午托纪律纳入班级量化。(孙仕正、万健、孙平智、级部长、班主任)

(2)勤俭节约从身边事做起:午放和晚放要及时关闭教室多媒体设备,最后一个离开办公室的老师要关闭饮水机、计算机等设备电源。(孙义智、江平、全体教师)

(3)关注供暖设备,严禁踩踏供暖设施。(孙仕正、万健、孙平智、班主任)

2.德育工作(孙仕正、万健)

(1)继续保持室内外卫生整洁、保持好教室内外环境。(孙仕正、万健、孙平智、级部长、班主任)

(2)加强文明礼仪教育,遇见老师要问好,并纳入量化。(孙仕正、万健、孙平智、

级部长、班主任）

(3)加强冬季安全教育，注意交通安全。（孙仕正、万健、孙平智、级部长、班主任）

(4)班主任强调好清校时间：5分钟清教室，10分钟清楼，15分钟清校园，级部通过监控量化。（孙仕正、级部长、班主任）

3. 教学工作（江平）

(1)组织好第10周4号、5号的期中阶段性检测。7号下午放学前各备课组完成阅卷。（孙义智、江平、级部管理干部、全体教师）

(2)利用11周集备时间对各备课组、班级、全体教师成绩进行分析。用数据说话，学习成绩优秀和进步大的教师的分享好的经验做法，成绩薄弱和退步大的教师说原因，说措施，说办法。（孙义智、江平、级部管理干部、全体教师）

(3)从第11周开始，根据阶段性检测成绩，对成绩薄弱和成绩退步大的教师进行约谈和听课。具体分工：语文——孙义智、数学——万健、英语——江平、物理——江平、化学——孙平智、历史——李颖、政治——孙仕正。（孙义智、江平、级部管理干部）

(4)根据期中检测成绩，各班开好期中班级成绩分析会。表扬优秀，激励后进，特别是班级后30%的学生。（孙义智、江平、各班主任）

(5)艺体辅导。

①确保艺体专业辅导学生的秩序和出勤管理。级部级部管理干部分工，全程参与。②艺体辅导教师建立辅导学生的家长微信群，便于与家长及时沟通。③体育组与班主任对接，再次落实体育专业训练的学生名单，确保学生的出勤。④对于临时出现的问题，辅导教师和级部及时沟通、协调解决。（孙义智、江平、孙仕正、万健、王元斌、李颖、级部管理干部、班主任、相关辅导教师）

(6)精心筹备好第10周的家长会。时间暂定10周周六上午8:00。（孙义智、江平、级部管理干部、班主任）

(7)马上落实后30%帮扶措施，继续抓好班级后30%学生成绩。（孙义智、江平、级部管理干部、班主任）

(8)11周周二下午阳光体育活动时间在报告厅召开体育升学学生会议。（孙义智、江平、体育教师、级部管理干部）

(9)新调入教师座谈会，分析个人成绩，找出不足，提出要求和措施。（孙义智、江平）

（四）博学楼教学区（邱若德）

1. 加强对教师出勤和办公的考核，不迟到，不早退和不吃零食，严禁乱停车辆。

（李军风、解斌斌、谭泽彬、级部管理干部、全体教师）

2.严格清楼时间，级部下午放学后5分钟清教室，10分钟清楼，级部进行量化，班主任督促学生晚放后安全快离校及早回家。（李军风、解斌斌、谭泽彬、级部长、班主任）

3.严控课间操时逗留教室人数，保证在教室内的安全教育，没有班主任的假条算旷操缺勤。（李军风、解斌斌、谭泽彬、级部长、班主任）

4.加强学生防校园欺凌教育，级部、班级做好特殊学生管理与监控外，级部干部加强课间秩序管理与巡视。（李军风、解斌斌、谭泽彬、级部长、班主任）

5.做好冬季流感预防工作，发现问题及时上报级部。（李军风、解斌斌、谭泽彬、级部长、班主任）

6.认真组织好三个年级的期中阶段性检测。组织好分发各级部试卷，严格考风考纪教育、监考教师高标准、严要求，以考风促教风和学风，确保测试顺利进行。（李军风、解斌斌、谭泽彬、级部长、全体教师）

7.做好期中诊断性测试的成绩分析和评价，跟踪听课、及时评课及谈话交流，有针对性地的帮助成绩较弱的班级和老师找原因、想办法，争取缩小差距。（李军风、解斌斌、谭泽彬、级部长、全体教师）

三、处室工作（孙义智、周娟、王友森、曲素云、华军、邱若德）

（一）政教处（团委/少先队）（华军）

1.严格安全教育与管理。（华军、潘宁、相关干部、班主任）

(1)根据《山东省学生体质健康促进条例》规定，严禁学生带手机、平板等电子产品进课堂；带进校内的交班主任统一保管；如需紧急联系，随时就近找老师借用；凡违反规定带进课堂的严肃批评教育，产品立即交监护人带回，扣除当月班级量化分3分。

(2)督促各级部完成好安全平台专项活动任务。

(3)组织第三轮安全隐患排查，发现问题立即整改；各级部组织一次对学生危险物品大检查活动，严禁学生携带管制刀具、易燃易爆等危险物品。学校如抽查发现，严厉追究级部主任和相关人员责任，扣除当月量化十无量化10分。

(4)协调各级部认真设计合理有序、贴切实际的演练逃生带队路线及要求，严格按照规程做好演练。

(5)开展"119清剿火患"安全教育月活动，更新、维护消防设施，对携带火种及抽烟的学生一经查实，每次扣除该生所在班级月量化2分。

(6)持续做好交通安全教育和预防校园欺凌教育，级部、班级做好特殊学生管理与监控外，要及时掌握其余学生间的动态，反复、多次教育学生正确处理同学间的矛盾；保卫科组织校警定时校内巡逻，每周五、放假等关键节点组织校外周边巡逻，协调派出所、城管净化校园周边环境，确保校园和谐稳定。

2.提升亮点活动质量。（华军、潘宁、相关干部、班主任）

(1)升旗仪式：周五上午第四节课前各类奖项报齐（过期一律延后颁发），下午第三节课准确将奖项通知到各班，放学前政教处返回颁奖名单张贴在级部主任室；周一7:10分前，各级部安排一位级部长点齐本级部领奖学生；根据通知7:20前点齐本级部领奖教师；确保颁奖程序流畅、人齐。

(2)进一步设计、完善为雷锋像佩戴红领巾仪式流程，相关人员按流程做好环节准备：各级部安排一名专门级部长督促训练护旗班，全程跟随；每周五放学前各级部上报1名雷锋标兵及事迹；政教处安排好广播站、指挥。具体要求见流程安排。

(3)督促、培训广播站新队员熟悉设备开关使用，明确每天播音责任人、播音栏目、上学播放学雷锋歌曲，做好广播站卫生和档案管理。

3.做好各项教育活动。（华军、潘宁、万健、相关干部）

(1)继续上好入团积极分子团课，组织团员、积极分子开展专愿服务活动、填好志愿活动表。

(2)举行初一少先队大队委竞选活动。

4.伙房、配餐工作。（周娟、华军）

(1)伙房：①根据《深入开展整治校园食品安全问题的通知》，做好即墨区布置的整治食品安全问题联合行动"双周会战"。②继续强化学生文明节约用餐行为教育：排队打饭，饭后扶起凳子清净桌面后，把餐盘里的饭菜渣倒进垃圾桶，将托盘冲净后再放到收集框里。（高永利）

(2)配餐：①协调配餐公司，进一步提高饭菜质量。②严格配餐学生就餐和午休管理。（级部干部）

（二）教务处（教科室）（周娟）

1.组织好2019—2020学年度第一学期期中诊断性测试考务工作。（周娟、邱若德、蔡紫燕、级部主任）

(1)考试时间：11月4—5日（周一、周二）。

(2)以级部为单位自行安排考场和监考教师，开好考务会，考完后各级部自行装订、阅卷、处理考试数据。

(3)各级部要认真准备,严密组织,严格监考,规范阅卷,为诊断前期教与学的基本情况提供真实数据。教务处搞好协调,做好人员调配及试卷保密工作。监考阅卷期间与考务有关的所有教职工要积极参加监考、阅卷工作,请假按双倍扣分。

(4)11月8日(周五)下午放学前阅卷结束。11月12日(周一)前级部处理完考试数据。

(5)本次考试施行集团校网上阅卷,各级部要提前培训学生规范答题,正确填写考试信息。

2.从11周开始,搞好期中诊断性测试质量分析工作,开好三个会:备课组质量分析会、对级部教师的质量分析会、对班级的质量分析会、班主任召开的各班学生成绩分析班会,进一步抓好期中检测后的教学工作。挂科干部和级部主任必须参加各备课组的质量分析会,在备课组会上备课组长负责进行试卷分析,要有典型教师发言。挂级部校长要参加各级部召开的班级质量分析会和教师质量分析会,时间自定。各班的成绩分析班会,级部要有预备会,并进行检查评比。(周娟、邱若德、蔡紫燕、级部主任、挂科干部、班主任、备课组长)

3.组织好各类教学例会。(挂级部校长、级部主任、相关干部教师)

(1)召开班级协调会。初二24班,初三7班、8班。具体时间班主任确定后,通知级部和任课教师,包班干部全程参与,所有无课的班主任参加。落实人:唐绪诚、李颖。

(2)召开备课组长会,第11周周二下午阳光活动时间,地点:集备室。分析期中阶段性测试成绩;制定具体的后30%辅导措施;根据日常表现和期中检测成绩,确定各备课组需约谈和听课教师名单。

(3)召开班主任例会。每周五下午第7节,主题:期中诊断性测试班级成绩分析,家长会筹备培训,优秀的班主任经验介绍。

(4)召开教师例会。周五下午阳光体育活动时间。师德教育;期中诊断性测试整体成绩分析;诊断性测试成绩优秀的教师介绍经验。

(5)级部管理干部会。个人梳理总结所挂学科成绩,总结经验,反思不足,并制定相应的措施。

4.从第11周开始,各级部按照《后30%促学措施》展开工作,级部做好相关数据的留存。(级部主任)

5.学校进行群众满意度电话抽测,对出现没有家访或者没有学生家长沟通的、电话号码错误的班级,将严格按上级要求处理。级部要坚决做到家访或电话沟通满意率100%。(周娟、邱若德、蔡紫燕、相关干部)

6.组织2019年青岛初中学业水平考试艺术学科模拟演练。(周娟、邱若德、江

平、孙仕正）

（三）总务处（孙义智）

1.根据即墨区财政局及教体局文件要求，认真研究，做好2020年初步预算，要求考虑周全，做到细、实、准、足，一旦漏掉财政局将不再进行追加。完成后及时报送局计财科。（孙义智、相关干部、万初俊）

2.根据即墨区财政局及教体局文件要求，尽快按程序完成采购预算项目进程，并建立健全各类档案。（孙义智、董胜利、万初俊.周凯）

3.热力公司已经开始试压，要求各班级每天仔细检查暖气情况，班主任要教育学生严禁随意碰撞、扭放暖气开关及放气阀，各班安排女生靠近暖气片，责任到人，严禁挤压、踩踏暖气设施，出现漏水及时关闭班级内水阀，同时迅速报总务处维修。管理不善班级扣除相应班级量化公物分。总务处全过程监控，有问题及时处理，双休日安排专人值班保证一旦漏水第一时间处理。确保暖气正常使用。（董胜利、级部干部、王崇浩、许立新、班主任）

4.填写初一级部桌椅卡片，做好存档工作。（许立新、班主任）

5.出现电子白板投影不清现象的班级及时上报级部，级部汇总后报总务处，总务处按照维修采购程序，联系厂家技术人员到校进行化学洗尘和物理清尘或灯泡更换，恢复清晰效果。（孙义智、董胜利、孙仕正、张维峰）

6.安排绿化工人对树木进行入冬前浇水培土、修剪、防冻处理。（董胜利、王崇浩、许立新、绿化人员）

7.督促施工方加快操场施工进度，安排人员再次对操场施工情况进行查看，发现问题协调施工方解决。（孙义智、董胜利）

（四）办公室、工会（王友森）

1.按照上级通知精神，继续做好督促教职工车辆全部安装ETC工作。（王友森、级部处室主任、华玉冈）

2.做好教师初级职称评审工作。（孙义智、周娟、张平）

四、艺体工作（王友森、邱若德）

（一）体育、美术（邱若德）

1.做好体育中考相关数据上报。（周连瑶、柳先锋）

2.组织好即墨区羽毛球、乒乓球比赛报名工作；组织好青岛市乒乓球比赛。（邱若德、周连瑶、柳先锋、体育教师）

3. 教研活动：讨论体育教学研究课题申报。（邱若德、周连瑶、柳先锋、体育教师）

4. 按照美术辅导计划，做好美术辅导相关工作。（邱若德、万健、王天磊）

5. 期中诊断性测试后，按照学生文化课成绩继续发动优秀学生报名。（江平、万健、王天磊、班主任）

6. 讨论美术教学研究课题申报。（万健、王天磊、美术教师）

（二）音乐（王友森）

1. 做好2019年青岛市初中学业水平考试艺术学科模拟演练相关工作。（王友森、潘宁、于峰燕、音乐教师）

2. 做好初三音乐艺术特长生辅导工作。（王友森、潘宁、于峰燕、辅导教师）

3. 做好中小学生艺术评定手册的准备填报工作。（于峰燕、备课组长）

五、其他工作（周娟）

1. 严格按要求和分工做好青岛市阳光校园、高水平现代化学校验收工作（10月31日—11月6日）；按要求完成好即墨区现代学校制度建设督导工作（2019.10.30—11.8）。具体见《工作分工》。（华军、周娟、邱若德、蔡紫燕、级部主任）

2. 做好中国科学研究院创新教育研究中心组织的"即墨28中'和谐互德育暨和谐教学'现场会"筹备工作。（周娟、邱若德、相关干部）

3. 规范组织外来参观学习，提升讲座水平。（周娟、邱若德、相关干部）

"和谐互助"专题报告讲座分工：《"和谐互助"专题报告》：李志刚、孙义智、邱若德；《五步十环节设计与运用》：周娟、李武军、曲素云、栾晓华；《师友的划分与培训》：周珍芝、解斌斌、周连瑶、张冬蕾；《师友的激励与评价》：江平、陈伟、万健、孙仕正；《和谐互助课堂实操》：华军、李颖、潘宁、刘利；《和谐互助释疑解惑》：蔡紫燕、李军风、刁晓辉、孙吉超；《班级管理经验介绍》：宋秋玲、宋新建、朱妮妮、唐绪诚、王存星；《集体备课经验介绍》：王卫、张淑娟、邵慧卿、解玉华、季云。

"和谐互助"模式解读分工：语文——王卫、周珍芝、迟红梅、解丽燕，数学——张清波、栾晓华、袁青、万健，英语——张淑娟、刘德莉、宫秀燕、魏敏，物理——王秀梅、于淑坤、郭翠艳、柳宁宁，化学——宋伟红、季云、吴翠萍，政治——韩荣荣、蓝雪蕙、王楠，历史——李颖、解玉华、杨巍，地理——陈梅、辛桂霞、江春美，生物——李永梅、邵慧卿、韩国庆，音乐——于峰燕、王卫英、杨燕妮，体育——柳先锋、宋成平、谢双双，美术——王天磊、刘妮娜、程雅丽，微机——姜妮妮、章日晓、毛永波。

4.组织好女教职工到妇幼保健院进行健康查体工作。时间截止到2019年12月20日。提醒：为便于管理，工作日期间安排查体的老师们，一定请提前到所在处室登记说明情况。（曲素云、李武军）

5.作息时间11月4日调整：上午不变，下午13:00开校门，13:20上课，16:50放学。教务处负责上下课信号的调整，政教处负责值日上岗时间的安排。（周娟、华军、全校师生）

附5：即墨28中"和谐互助"集体备课活动样本

一、和谐互助集体备课原则

1.坚持"四定""七备""四统一"。"四定"指定时间、定地点、定内容、定中心发言人；"七备"备教材、备学生、备课程标准、备重难点、备教法、备学法、备教学手段；"四统"统一教学目标要求、统一教学重点、统一练习、统一教学进度。

2.个人钻研与集体研究相结合，共同解决教法、教材疑难，取长补短，共同发展。

3.坚持"和谐互助"教学策略理论学习。

4.坚持"和谐互助"教学策略课堂实践经验交流。

二、和谐互助集体备课活动要求

1.每学期开学前，备课组要制定出切实可行的"和谐互助"集体备课计划，一式两份，一份备课组留存，一份交教务处。

2.每次集体备课要有详细记录，整理成册，学期结束教务处存档。

3.每次集体备课活动，组内教师都要准时参加，不迟到早退，不做与集体备课无关的事情。

4.实行主备课人制度。主备人要将自己的教学案、教学课件、练习题等资料，提前周知本组教师。

5.集体备课与个体备课相结合的"层进式备课"，细化制定集备五步流程："先行课—课后评析—学情反馈—教学解读—形成通案—教学金点子"。实现个人自备与互助复备的整合与统一。

三、和谐互助集体备课主要流程

第一步：利用集备的第一课时，主备教师展示先行课，同组及其它学科教师进教室观摩。

第二步：在备课组长的主持下进行点评，充分发挥集体的智慧，对先行课五步十环节的课堂流程进行评析，形成教学通案。

第三步：主讲人反馈上周学情与教学反思，而后以说课的形式对下周各课时的教材和学法进行阐述，每位教师结合通案与自我实际形成二次备课。

第四步：交流教师教法与师友学法，总结课堂教学"金点子"，由备课组长负责整理汇总。

第五步：教学干部反馈教师教学常规查评情况，并布置下周工作。

四、加强对和谐互助集体备课的管理

1.教务处要组织级部主任每周进行全面的检查和评比，并将结果纳入对备课组的考核。

2.挂级部校长、级部主任、挂级部干部要按照分工积极参加本级部所承包备课组的集体备课。

3.兼课的干部必须每次参加所在备课组的集体备课（外出开会除外），要及时全程参与，要带头教出一流成绩。

12—13周（11月18日—12月1日）工作安排

工作重点：

1.开好以"不忘初心、牢记使命"为主题的专题组织生活会。

2.组织好期中诊断性测试质量分析工作，开好三个会。

3.做好冬季校园安全管理和教育工作。

4.高效组织11月25—26日的全国现场会。

一、党建工作（王友森）

1.理论学习：组织全体党员认真学好两学一做教育常态化制度化学习材料：学习材料：

(1)习近平总书记近期讲话精神材料。

(2)《关于新形势下党内政治生活的若干准则》。

(3)《中国共产党纪律处分条例》。

(4)近期省委、市委、区委相关会议精神和领导讲话精神。（王友森、党支部书记、党小组长）

2.继续深入认真扎实开展好"不忘初心、牢记使命"主题教育：

(1)进一步开展好"不忘初心、牢记使命"主题教育学习教育、调查研究、检视问题、整改落实等工作。

(2)进一步开展好"三看三问"工作。（王友森、党支部书记、党小组长）

3.党总支、第一二党支部要认真开好以"不忘初心、牢记使命"为主题的专题组织生活会，并进行民主评议党员工作。（李志刚、党支部书记、党小组长）

4.做好迎接上级到我校检查"不忘初心、牢记使命"主题教育开展情况和基层党建工作。（王友森、党支部书记、党小组长）

二、级部工作：（孙义智、曲素云、华军、邱若德）

（一）初一级部（曲素云）

1.安全与师德工作（曲素云、陈伟、周连瑶）

(1)全体老师要做好学生出勤的检查工作，出现缺勤学生要及时跟班主任沟通。（周连瑶、林彬、级部长、班主任）

(2)开车教师出入校门要慢行，要避让学生。（周连瑶、林彬、级部长、班主任）

(3)加强微信管理，在微信中教师与家长的交流沟通，注意用词得当，不要激化家长和老师之间的矛盾。（周连瑶、林彬、级部长、班主任）

(4)加强教师爱生敬业管理，严格遵守学校的工作要求，再次强调请自觉把车辆

停放到停车位置上,给学生们树立严明守纪的榜样。(周连瑶、林彬、级部长、班主任)

2.德育工作(周连瑶)

(1)加强课间操学生花样跑操练习,提高学生身体素质,加快带出带回速度,严查学生秩序,及时通报。短时间内打造跑操亮点,迎接现场会。(周连瑶、林彬、级部长、班主任)

(2)加强学生文明礼仪教育,见到老师主动鞠躬问好。(周连瑶、林彬、级部长、班主任)

(3)冬季落叶增多,各班要及时清扫卫生区的落叶,早晨没有完成清扫任务的,各班一定要安排值日生利用大课间清扫,级部将抽查通报。(周连瑶、林彬、级部长、班主任)

(4)加强室内卫生查评,对教室内务和走廊卫生进行抽查。(周连瑶、林彬、级部长、班主任)

(5)根据前两次综合实践活动注意的问题,继续改进和加强。(周连瑶、林彬、级部长、班主任)

3.教学工作(陈伟)

(1)依据上双周备课组质量分析情况,级部挂科干部带头在集备时间谈成绩反思,根据成绩弱教师名单,挂科干部、备课组长、班主任同听同评一堂课,并在集备会上进行听课情况反馈。(曲素云、陈伟、周连瑶、林彬、级部管理干部、备课组长)

(2)开展新老教师同课异构活动,级部干部按分工落实好教师听评课情况,时间:第12周。科目:语文、历史、政治。协调落实人:林忠奇。(曲素云、陈伟、林忠奇、备课组长)

(3)各班展开冬季学习热潮,进行班级挑战活动,分为挑战班级和应战班级,每次单科测试成绩或综合测试都要统一进行评比,挑战成功或应战成功的班级计入量化考核。挑战书和应战书张贴在教室门口宣传栏。(曲素云、陈伟、周连瑶、林彬、班主任)

(4)做好迎接全国现场会各项工作,布置完成"和谐互助"教室内外文化墙,要求主题统一,充分体现师友互助特色。落实人:孙吉超、王存星。(曲素云、陈伟、周连瑶、级部管理干部、班主任)

(5)开展学科单项竞赛活动,第12周数学计算题,第13周地理知识竞赛。(曲素云、陈伟、林忠奇、杨海英、侯慧群)

(6)加强对班主任靠班、教师候课和学生课堂常规的检查通报力度,进一步督促、规范和纠正不合理的教学和课堂行为。(曲素云、陈伟、周连瑶、林彬、级部管理干部)

(7)筹备成立初一学生会，第12周周四下午阳光体育活动时间学生会主席竞选大会，地点报告厅。第13周周三下午阳光体育活动时间学生会成立宣誓大会。负责人：林彬、林忠奇。（曲素云、陈伟、周连瑶、林彬、级部管理干部）

(8)召开新岗教师期中检测成绩反思会，时间12周周三下午阳光体育活动时间，表扬成绩突出教师，依据检测成绩和两月来干部查评汇总的听课、备课情况等数据反思两月以来的经验和不足，布置下一步的工作措施，促使成绩弱教师提升教学成绩。（曲素云、陈伟、全体新岗教师）

(9)组织好教职工趣味体育活动，第13周周五下午第七节班主任保龄球比赛，第八节教师拍球接力跑。（曲素云、陈伟、周连瑶、全体教师）

（二）初二级部（华军）

1.安全与师德工作（李武军、于海潮）

(1)加强师德教育。强调教师遵守区教体局《十项规定》。

①严格控制作业量，严禁超量、超时布置作业；②严禁有偿家教；③严禁体罚、变相体罚学生。（华军、李武军、全体教师）

(2)加强午休管理力度，控制午休学生出勤，配餐部加强巡视和检查，每天公示，计入量化。（华军、于海潮、级部管理干部、班主任）

(3)加强晚放清校力度。各班专人负责关闭教室多媒体等电器设备，专项检查教师办公室的电器关闭情况。（华军、李武军、于海潮、级部管理干部、班主任）

(4)每天安全教育5分钟，加强冬季安全教育——交通安全、用电安全、取暖安全等，关注供暖设备，严禁踩踏供暖设施。（华军、李武军、于海潮、级部管理干部、安全部）

2.德育工作（于海潮）

(1)常规管理常抓不懈，本双周重点加强对教室内务、教室文化、走廊文化进行检查。室外卫生区分时间段分区域集中整理，彻底整理室内外卫生，迎接全国现场会。（于海潮、级部长、班主任、室内卫生部、室外卫生部、宣传部）

(2)严控上放学时间，不早到，不晚退，提高清楼速度与效率。（于海潮、级部长、安全部）

(3)加强课间走操训练。利用影像对走操进行常态化评比检查，找问题找差距，及时整改。（于海潮、班主任、体育部）

(4)加强文明礼仪教育，见到师长问好，文明用语，文明举止。（于海潮、级部长、配餐部）

(5)加强课间秩序检查，严禁串楼层、跨楼串级部。（于海潮、级部长、纪检部）

3.教学工作（李武军）

(1)各班开好期中诊断性测试班级成绩分析的主题班会，按照统一的模板，逐项分析，组织学生制定合理的班级、个人奋斗目标，并将目标统一格式张贴到书包橱上，12周周二下午阳光体育活动时间统一召开主题班会，学生目标12周周四下午放学前张贴完毕。（华军、李武军、于海潮、唐绪诚、学生会宣传部）

(2)根据期中诊断性测试的成绩，各备课组和各班级完善和谐互助公示栏的评价表内容，12周周四前全部上墙完成。（华军、李武军、于海潮、唐绪诚、学生会学习部）

(3)各学科结合学科特点，制定后30%学生辅导措施，进行后30%学生的包干、过关辅导。安排专人每周三上午放学前准备好辅导提纲，统一上交主任室，每周五放学前级部统一发放知识提纲，每周评选优胜个人、班级。具体负责人：唐绪诚。（华军、李武军、于海潮、唐绪诚、全体教师）

(4)更换室内外文化墙内容。（华军、李武军、级部管理干部、学生会宣传部）
①室内：和谐互助优秀师傅、进步大学友的照片上墙，优秀学生学习经验介绍，语文和英语学科优秀作文展览；②走廊：前面主题"和谐互助伴我成长"手抄报展览，每班6—8张，后面主题"优秀硬笔书法作品"展览。12周周四下午放学前完成。

(5)根据期中诊断性测试的成绩，干部包干继续加强对成绩薄弱班级、教师的督促指导的力度。（华军、李武军、级部管理干部、备课组长、相关教师）

(6)严查教师出勤、办公秩序和卫生，严格请假手续，严禁办公期间做与工作无关的事情，号召老师们以饱满的热情和专业严谨的态度迎接全国现场会。（华军、李武军、级部管理干部、备课组长、相关教师）

(7)各学科继续开展每人一堂课展示汇报活动。各学科利用集备时间听评课。所有新调入教师和新岗教师出课。级部指定出课老师，备课组长组织骨干教师进行磨课指导，确保出示高质量的复习示范课。（华军、李武军、于海潮、全体教师）

(8)12周周三前检查各学科周末作业布置、批阅、讲评情况，周五教师例会通报。13周周三检查全体新岗教师和集团支教教师的教案和听课本。（华军、李武军、于海潮、唐绪诚、刁晓辉、全体教师）

(9)13周周五下午举行初二级部教职工跳绳比赛。第七节：班主任个人短绳比赛；阳光体育活动时间：学科组跳大绳比赛。（华军、李武军、于海潮、全体教师）

（三）初三级部（孙义智）

1.安全与师德工作（江平、孙仕正）

(1)继续规范老师校园停车问题，自行车进车棚，机动车进车位，禁止乱停放。（孙

义智、江平、孙仕正、全体老师）

(2)教育学生严禁踩踏供暖管道，关注供暖设施的安全与维护工作，出现问题及时上报级部。（江平、孙仕正、万健、孙平智、班主任）

(3)大课间没有特殊情况，教室不允许留人，要确保学生课间安全。（孙仕正、万健、孙平智、班主任）

2. 德育工作（孙仕正、万健）

(1)冬季落叶增多，各班要安排学生课间随时清扫，并根据卫生区的工作量适当调整值日生人数，强调好安全问题。（孙仕正、万健、级部长、班主任）

(2)量化落实好晚放清校：5分钟教室清，10钟楼内清，15钟校园清。（孙仕正、万健、孙平智、级部长、班主任）

(3)自行车排放要求所有的班级自行车以西边第一个班级为基准，东西一条线，做好排放培训工作。（孙仕正、孙平智、班主任）

(4)加强跑操管理，要求班主任跟班，强调跑操纪律，要做到快、静、齐，级部安排专人评分。（孙仕正、万健、孙平智、级部长、班主任）

(5)强调用电安全，发现用电安全隐患要随时上报；关注教室窗户安全隐患，发现有脱轨迹象要及时上报。（孙仕正、万健、孙平智、级部长、班主任）

3. 教学工作（江平）

(1)根据期中阶段性检测成绩，对成绩薄弱的老师和退步大的教师继续进行约谈和推门听课，及时评课、帮助老师找原因、找措施、想办法，切实提高成绩。具体分工：语文——孙义智、数学——万健、英语——江平、物理——江平、化学——孙平智、历史——李颖、政治——孙仕正。（孙义智、江平、级部管理干部）

(2)继续加强对课堂常规、早中午到校自主学习的检查和反馈力度，每天检查，检查结果及时公示并计入班级量化考核，每周五演练时间进行总结通报。（孙义智、江平、孙平智、级部管理干部）

(3)艺体辅导：

①级部管理干部根据分工，每天陪同美术辅导。确保学生出勤和秩序。每天通报缺勤人数，计入班级量化考核；②根据期中检测成绩，继续调整艺体特长生名单。（孙义智、江平、万健、李颖、王元斌、级部管理干部）

(4)根据后30%学生的提分方案，级部管理干部包班、把日常作业布置、检测落实到位，切实提高后30%学生成绩。（孙义智、江平、级部管理干部、全体教师）

(5)根据教学进度和期中考试成绩，重新调整学优生辅导方案，开始以专题辅导为主。各学科第12周周四前制定出详细的辅导计划和辅导教师安排，上交级部。（孙

义智、江平、级部管理干部）

(6)布置新一期"和谐互助"室内外文化，室外设计固定板块模板，充分展示"和谐互助"特色。（孙义智、江平、管理干部.学生会）

(7)13周举行教师投壶大赛。以备课组为单位。投中多的备课组取胜。（孙义智、江平、王元斌、柳先锋、孟德良、备课组长、全体教师）

（四）博学楼教学区：（邱若德）

1.关注空调、多媒体等用电设施的安全与维护工作，出现问题及时上报级部并维修。（李军风、解斌斌、谭泽彬、级部管理干部、全体教师）

2.督促对大课间教室留人的检查，没有特殊情况，不允许教室留学生，确保学生安全和练习跑操人数。（李军风、解斌斌、谭泽彬、级部长、班主任）

3.加强楼层巡视，各班要时刻留意其他级部学生进入级部楼，发现问题要及时告知级部。（李军风、解斌斌、谭泽彬、级部长、班主任）

4.继续加强对课堂常规、早中午到校自主学习的检查和反馈力度，每天检查，检查结果及时公示并计入班级量化考核。（李军风、解斌斌、谭泽彬、级部长、全体教师）

5.干部继续对成绩弱、退步大、成绩不突出的教师尤其是年轻教师进行约谈、听课、评课及谈话交流，帮助其查找原因，改进教学。对成绩弱的班级进行跟踪听课、及时评课，找问题、想措施，及时解决问题，全面提高成绩。（李军风、解斌斌、谭泽彬、级部长、全体教师）

6.加强对班主任靠班、教师候课和课堂常规的检查通报，进一步督促、规范，纠正不合理的教学行为。（李军风、解斌斌、谭泽彬、级部长、全体教师）

三、处室工作（孙义智、周娟、王友森、华军）

（一）政教处（团委/少先队）（华军）

1.抓好安全管理与教育活动。

(1)严格规范校门口进出管理。校园门卫安保人员严格出入问询登记制度。全校教职员工要自觉、主动配合门卫安保人员的工作。来访人员必须由本校相关人员亲自接入，严禁闲杂人员进入教学楼。来访者未经本校人员确认，门卫不予登记，禁止其入校。校园校警要按照要求，每天加强校园巡视、巡逻，发现问题及时处置上报；

(2)继续开展"119"主题宣传教育活动，按要求完成安全教育平台专项活动任务。根据上双周对各级部、楼层消防栓、灭火器的排查情况，对换粉和换帖等问题及时作出处理和更换；

(3)根据第3轮安全隐患排查结果，协调相关责任人完成整改。（华军、潘宁、周连瑶、于海潮、孙仕正、解斌斌、孙建防）

2.全力做好迎接全国现场会环境卫生工作。要求：

(1)做好艺术长廊等参观路线的卫生提档任务，要求地面干净，桌面整洁。

(2)继续加大室外卫生区打扫力度与频次，近期落叶持续增多，各级部要安排专人指导值日生检查及学生清扫，及时反馈问题到班级，加强量化。12周各级部评选"卫生评比优胜班"。

(3)排查各楼特别是博学楼与报告厅的地贴、温馨提示等损坏情况，及时更新。（华军、潘宁、级部干部、班主任）

3.各级部要加强对各楼层学生、教师卫生间秩序及卫生的巡查与管理，各级部要定人、定班级，发现问题立即处置整改、上报并量化。（华军、潘宁、级部干部、班主任）

4.组织好"我为家乡推介"微视频大赛拍摄与材料上报工作。各级部按要求准备好视频拍摄和资料，11月25日前上报政教处。（潘宁、周连瑶、于海潮、孙仕正、解斌斌）

5.落实好"黄马甲志愿岗"上岗工作，进一步加强学生上、放学路队秩序和路队安全。12周各级部评选"路队评比优胜班"。（华军、潘宁、相关干部）

6.做好7.1中队唐湘玉"红领巾爱心小组"参加区少代会相关工作。（万健、王丽丽）

7."红马甲小分队"对各级部唱国歌及队伍秩序进行评比。（初二学生会）

8.伙房与配餐工作（周娟、华军）

(1)伙房：①检修线路排查隐患，确保各种设备和燃气锅灶能安全使用。②严格食品采购，规范加工，做好饭菜保温工作。（高永利）

(2)配餐工作：①严格按照上级文件要求，做好配餐档案，迎接上级检查。②向配餐公司反馈学生意见，提高学生满意度。（潘宁、各挂级部干部）

（二）教务处（教科室）：（周娟）

1.继续抓好期中诊断性测试质量分析工作，开好三个会：备课组质量分析会、级部教师质量分析会、班级的质量分析会，进一步抓好期中检测后的教学工作。挂科干部和级部主任必须参加各备课组的质量分析会，在备课组会上备课组长负责进行试卷分析，要有典型教师发言。挂级部校长要参加各级部召开的班级质量分析会和教师质量分析会，时间自定。各班的成绩分析班会，级部要有预备会，并进行检查评。（周娟、邱若德、蔡紫燕、级部主任、挂科干部、班主任、备课组长）

2.根据期中检测成绩,对成绩薄弱的老师进行约谈和推门听课,帮助老师找原因、找措施、想办法,切实提高成绩。(周娟、挂级部校长、级部主任)

3.根据即墨区教学调研细则,组织第一轮集备记录、备课组教案、新教师教案自查,发现问题立即督促整改。(周娟、邱若德、蔡紫燕、级部主任、备课组长、相关教师)

4.组织好优质课教师参赛辅导,组建摩课团队,集思广益,提升教师水平,力争好成绩。(蔡紫燕、挂科干部、教研备课组长)

5.积极开展第三届协作体教研活动,时间一年。成员学校:移风中学、灵山中学。联系教研员:于永湖、王辉。协作体教研活动的效果将纳入基层单位综合考核。(周娟、邱若德、蔡紫燕、级部主任、备课组长)

6.召开好5个教学例会。(挂级部校长、级部主任、班主任、备课组长、相关教师)

(1)召开班级协调会。初三16班、20班,初二13班、23班。

(2)召开教研备课组长会:共享各备课组优秀的经验做法;布置现场会相关事项;交流下一阶段的学习计划和安排,调整分层教学措施。

(3)召开班主任例会,加强对班主任的培训。

①第12周主题:如何分层激发学生学习热情;②第13周主题:如何抓好偏科生,提高偏科学生的学习积极性。

(4)召开教师例会。每周五下午阳光体育活动时间,内容:师德教育;期中诊断性测试成绩优秀或进步大的教师介绍经验。

(5)召开级部管理干部会。

(三)总务处(孙义智)

1.根据上报2020年初步预算情况进行研究,完成后按时报送局计财科。(孙义智、相关干部、万初俊)

2.做好全国现场会的保电及各项准备工作,确保全国现场会的顺利召开。(孙义智、董胜利、王崇浩、许立新)

3.热力公司已经开始供暖,要求各班级每天仔细检查暖气情况,责任到人。发现问题保证第一时间处理。(董胜利、级部干部、王崇浩、许立新、班主任)

4.本年度政府采购预算项目已经完成,进一步完善各类档案。(孙义智、董胜利、万初俊、周凯)

5.继续做好垃圾分类工作,按时上报学校垃圾分类月度统计工作。(董胜利、周凯)

6.填写完善本年度校舍平台实录登记工作。(董胜利、周凯、许立新)

(四)办公室、工会(王友森)

1.进一步规范做好公务用车使用和租赁工作。（王友森、华玉冈、宫相荣）

2.组织好三个级部和前后勤的包饺子比赛工作，具体见《会议安排》。（王友森、高永利、级部处室主任）

四、艺体工作（王友森、邱若德）

（一）体育、美术（邱若德）

1.组织上传学生健康测试成绩，组织上传体育过程评价成绩。（周连瑶、柳先锋、体育教师）

2.参加青岛市乒乓球比赛；参加即墨区中学生篮球比赛。（周连瑶、柳先锋、相关教师）

3.根据学生期中诊断性测试成绩，继续动员适学学生参加美术专业辅导。（邱若德、江平、王天磊、初三班主任）

4.按照第35届青岛市青少年科技创新大赛要求，在初二级部组织辅导学生积极参加"少年儿童科幻绘画"大赛，争取优秀成绩。做好初三美术特长生动员、选拔准备工作。（王天磊、辅导教师）

（二）音乐（王友森）

1.第十三周周一上午召开音乐教研组活动。重点总结前两周工作。（王友森、潘宁、于峰燕、全体音乐教师）

2.做好12周组织和辅导初三音乐特长生的工作。（王友森、潘宁、于峰燕、辅导教师）

3.做好2019年度即墨区音乐教学研究课题立项申报工作。（于峰燕、张帆）

4.组织参加第十四届全国学生运动会会歌传唱及歌手选拔活动。（潘宁、于峰燕）

五、其他工作（周娟）

高效组织11月25—26日的全国现场会，精彩展示"和谐德育"和"和谐教学"的亮点。全体干部要主动协调地做好工作，全校师生要积极向级部处室主任提出合理化建议，熟练解答参观者关于"和谐互助"的疑问，呈现最佳状态和最优风貌。（全体干部、全校师生）

附6：即墨28中"和谐互助"听、评课活动样本

一、关于"和谐互助"听课

（一）全体教师充分认识到听课的重要性

听课是广泛学习借鉴的最好时机，在听课中能将所得内化成自己的行为，形成自己的教学风格；听课有利于教师之间相互学习，相互取长补短，共同提高；听课有利于青年教师学校优秀教师的先进教学经验，使自己能更快地成为一名合格的教师、优秀的教师；听课有利于转变教学思想，更新教学观念，形成良好的教学风气，促进教学改革的深入，全面提高教学质量。

（二）坚持干部推门听课制度

加大干部随堂听课力度，全体干部要积极深入课堂听课，原则上各级部听各级部的课。级部主任负责将重点听课的教师分工，名单及课程表分发给相关干部。干部听完课后要及时评课。每学期要求所有干部第2周周三前听课不少于8节，所有干部对所听课老师的上课情况评定出等级，并将结果报教务处，教务处组织相关干部对不合格的课进行跟踪听课，重点检查其备课、作业等情况，限其整改，以此来促使我校课堂教学的稳步提高。每学期学校制定不同的听课任务，在学期中抽查，并在学期末进行统一检查。挂科或级部副校长每学期听课40节以上；教导主任每学期听课60节以上；教师每学期听课20节以上；新调入教师每学期听课不少于40节。

（三）开展教师相互听课学习活动

特别是新教师和年轻教师、成绩暂时落后的教师，要积极主动听骨干教师的课，多向有经验的教师取经学习，进一步提高我校的整体教学水平，老教师也要多听成绩优秀的年轻教师的课，相互学习，取长补短，提倡老师们跨学科、跨级部听课。

（四）每学期的听课类型多样化

1.随堂听课：学校挂科领导和级部主任、教研（备课）组长等事先不打招呼随时进课堂听课。尤其是学期初，或是对个别班级、个别教师进行不定时听课。

2.师徒间的听课：学期初给新调入教师搭配同学科同年级的教学经验丰富的一位师傅，"师徒结对"两位教师要相互听课，师傅要想方设法指导徒弟不断提高教

学水平,期末考试徒弟的成绩要达到同学科三分之一以上,才有资格被评为优秀师徒。青年教师听一节,上一节,紧跟师傅的步伐。

3."和谐互助"校级示范课:每学期教务处提前安排每学科一名优秀教师代表在报告厅出校级示范课,三个级部的同学科老师必须参加进行听课评课,教务处和级部同时检查出勤情况。每人听校级示范课不少于3节。

4."和谐互助"每人一堂优秀课展示活动:每学期教务处和级部制定教研组活动安排,由教研(备课)组长召集组员围绕主题有准备地进教室听课,切磋教学方法。

5.新调入教师"和谐互助"优秀课展示活动:相关级部主任、挂科干部、教研组长、备课组长要帮助新教师认真准备,充分试讲,确保所有的新教师都能展示成功,培养"和谐互助"教学新秀。

6.公开课听课:鼓励老师们积极参加各级教研室组织的各种优质课、研讨课、展示课等。

(五)进行听课培训和要求

1.课前要有一定的准备工作。听课前应了解执教老师的教学内容,带着问题做好听课前的准备。如果听课不做准备,匆忙走进教室,不理解教者的教学意图,不熟悉教材,就不会有较大的收获。每次听课前都由教务处统一发通知,告知出课人出课时间、学科、课题等,便于老师们提前了解。

2.听课中要认真观察和记录 听课教师按时进入教室,听课过程不评论,听课中途不离场。教师听课要高度集中注意力,全身心的投入,还要有虚怀若谷的态度。教师在课堂上不仅要听,还要看,要仔细捕捉讲课者的语言和表情,记下他每个"和谐互助"教学环节和教学方法。看师友的课堂表现,看学习参与的情绪,学习的习惯,看教师运用"五步十环节"熟练程度、时间分配是否合理。总而言之要看教师主导作用和学生主体地位有机结合。

3.听课后要思考和整理。教师听完课后不能一听了之。应对课堂实况进行反复的琢磨,将几节"和谐互助"课进行比较,多写听课心得。在分析总结他人课时要注意比较、研究,取长补短。每个教师在长期教学活动中都可能形成自己独特的教学风格,听课的老师要善于进行比较准确地评价各种教学方法的长处和短处,并结合自己教学实际,吸收他人有益经验,改进自己的教学。

4.班主任尽可能多听本班课,以全面了解班级学生学习情况;任课老师以本学科为主,鼓励跨学科听课,借鉴其他学科教师的长处。

二、关于"和谐互助"评课

（一）各学科定期进行教研学习，规范评课要求

1. 从教学目标上分析。

(1)从教学目标制定来看，要看是否全面、具体、适宜。

(2)从目标达成来看，课堂上是否尽快地接触重点内容，重点内容的教学时间是否得到保证，重点知识和技能是否得到巩固和强化。

2. 从处理教材上做出分析。既要看教师知识教授的准确科学，更要注意分析教师教材处理和教法选择上是否突出了重点，突破了难点，是否与中考、会考接轨，是否抓住了关键。

3. 从教学程序上分析。教学程序评析包括以下几个主要方面：

(1)看教学思路设计。一是要看教学思路设计符不符合教学内容实际，符不符合学生实际；二是要看教学思路的设计是不是有一定的独创性；三是看教学思路的层次，脉络是不是清晰；四是看教师在课堂上教学思路实际运作效果。

(2)看课堂结构安排。通常一节好课的结构是结构严谨、"五步十环节"环环相扣，过渡自然，时间分配合理，密度适中，效率高。

4. 从教学方法和手段上分析。

(1)教师是否熟练运用"和谐互助"教学教学策略，"五步十环节"是否清晰，时间搭配是否合理；

(2)教师是否将时间还给学生。教师原则上讲授不超过15分钟，学生占据整个课堂。

(3)教师是否将学习权还给学生。课堂上会出现学生两两成对边讲边练，有时还会有串讲讨教现象。让学生自己去发现解决问题；探索应用规律；概括提炼概念；解读体悟例题。教师只是在关键时讲解点拨，学生由学习的边缘地带转向了中心位置。

(4) 教师是否将话语权还给学生。"学生说出来的才是学生的"，课堂上，学生不但是学的主体，也是教的主体，不是师教生，而是生教生，一帮一的师友互助，给学生提供表达真实思维过程的机会，使学生的话语权得到真正尊重。

(5)教师是否将探究权还给学生。教师要选准探究学习的切入点，尽量让学生经历探究的过程，以便提高学生学习的深刻性，培养学生探索精神和创新能力，教师不要害怕时间不够用。

(6)教师是否将教学权送给学生。课堂上，教师要敢于放手：首先是学友讲，如果学友不会，师傅就负责把学友教会，如果师傅也不会，先向其他师傅请教，再教会自己的学友，如果师傅都不会，最后由教师讲解。

(7)教师是否能熟练、适时、适当地使用投影仪、录音机、计算机、电脑等现代化教学手段。

5.从教师教学基本功上分析

教师的教学基本功包括以下几个方面的内容：

(1)看板书：设计科学合理，言简意赅，有艺术性，条理性强，字迹工整美观，板画娴熟。

(2)看教态：教师课堂上的教态应该是明朗、快活、庄重，富有感染力。

(3)看语言：教师的课堂语言，首先，要准确清楚，说普通话，精当简炼，生动形象有启发性。其次，教学语言的语调要高低适宜，快慢适度，抑扬顿挫，富于变化。

(4)看操作：看教师运用教具，操作投影仪、录音机、微机等熟练程度。

6.从教学效果上分析。课堂效果评析包括以下几个方面：

(1)学生的参与状态："师友"是否真动起来？真交流了？真讲解了？

(2)学生的思维状态：学生注意力是否集中？是否学会倾听？是否能发现问题？是否通过互助解决了问题？是否达到最佳思维状态？

(3)学生的达成状态：是否能将新知识纳入到自己原有的知识体系中？是否技能得以训练或提高？是否堂堂清？

（二）在校级示范课上进行校级的评课

每次的校级示范课后，直接进行评课活动，点评顺序依次是：挂科干部—教研组长—备课组长。

（三）在各级部集备时进行多名教师的评课

在每人一堂课后，备课组长根据安排，每周由3名教师进行评课，这样无形中提高了教师的业务能力。

（四）检查与考核

1.学期结束前一周，每位教师听课记录本交教务处，由教务处安排专人检查教师校内外听课数量、听课记录情况、评课建议、总体评价意见。

2.听课、评课作为教师专业发展的项目之一，列入学期教师绩效考核中。

第四章 / 幸福校园 小习惯养成大品格

14—15周（12月2日—12月15日）工作安排

工作重点：

1. 组织好专题民主生活会，做好十九届四中全会学习宣讲活动。
2. 加大"和谐互助"培训及实践使用力度。
3. 筹备好教研室学期调研工作。
4. 加强路队和交通安全管理。

一、党建工作（王友森）

1. 理论学习：组织全体党员认真学好两学一做教育常态化制度化学习材料：
(1)习近平总书记近期讲话精神。
(2)《中国共产党章程》。
(3)中共中央政治局召开的会议精神和中共中央政治局常委的讲话精神。
（王友森、党支部书记、党小组长）
2. 扎实开展好"不忘初心、牢记使命"主题教育检视问题的整改落实工作，调研查问题，抓住问题改，整改见成效。（王友森、党支部书记、党小组长）
3. 认真开好以"不忘初心、牢记使命"为主题的专题组织生活会和开展民主评议党员工作，认真组织开展好学习教育、谈心谈话、检视问题、批评和自我批评、民主评议党员、进行问题整改等工作。（李志刚、党支部书记、党小组长）
4. 做好党的十九届四中全会学习宣讲活动，特别是组织好全体干部、党员和教职工听宣讲报告和认真学习好《党的十九届四中全会＜决定＞学习辅导百问》，深入学习贯彻好党的十九届四中全会精神。（王友森、党支部书记、党小组长、级部处室主任）

二、级部工作（孙义智、华军、曲素云、邱若德）

（一）初一级部（曲素云）

1. 安全与师德工作（陈伟、周连瑶）

(1)加强教师师德修养，严禁教师带手机进课堂、在上课期间接打电话、发信息。（周连瑶、林彬、级部长、班主任）

(2)加强课间操出操人数管理，除特殊体质学生外严禁在教室逗留，级部通过监控量化通报。（周连瑶、林彬、级部长、班主任）

2. 德育工作（周连瑶）

(1)加强课间秩序，级部分工管理，特别加强厕所管理，不允许学生在厕所内及厕所外逗留、打闹。（周连瑶、林彬、级部长、班主任）

(2)加强跑操质量，级部和体育老师打分评出优胜班16个，优胜班量化加一分，后三名扣除量化一分（第15周）。校值日查评，严查走操不认真的同学，每人扣除量化0.5分。（周连瑶、林彬、级部长、班主任）

(3)继续加强学生文明礼仪，巩固前面的教育成果。（周连瑶、林彬、级部长、班主任）

3. 教学工作（陈伟）

(1)以备课组为单位做好"和谐互助"教学模式解读教师培训工作，备课组统一印发各科模式解读，利用第14周集备时间学科解读学习；布置每位教师按教学进度制作和谐互助课件，第15周以备课组为单位收齐上交级部检查，协调落实人：林忠奇。（曲素云、陈伟、周连瑶、林彬、级部管理干部、备课组长）

(2)举行"和谐互助"模拟实操课全体教师培训会，时间：14周周二下午班会课。（曲素云、陈伟、周连瑶、全体教师）

(3)级部所有管理干部于14周和备课组长、班主任一起听地理、生物成绩优秀教师课各一节，15周听地生成绩薄弱教师课各一节。集备时间干部教师备课组长谈自己的感受。（曲素云、陈伟、周连瑶、林彬、备课组长）

(4)第14周周二进行生物单科竞赛，密封阅卷，周四汇总成绩，评选优胜班级和优胜学生。（曲素云、陈伟、周连瑶、级部管理干部、班主任）

(5)和谐互助学生培训电视转播会，时间：15周周二下午班会课。（曲素云、陈伟、周连瑶、林彬、级部管理干部、全体教师）

(6)举行级部语文和谐互助示范课，时间：第15周周三下午阳光体育活动时间。（曲素云、陈伟、周连瑶、林彬、李永妮、全体教师）

(7)完善落实好后30%促学方案，给每位学友配备一名"小师傅"，充分利用"小师傅"作用，备课组每周四上报级部考试提纲，级部干部分工落实好日常辅导和考试成绩的汇总反馈。（曲素云、陈伟、周连瑶、林彬、级部管理干部）

(8)继续加强学生到校后早朗读和午静学的零抬头和课堂常规的检查力度、及时公示、及时反馈、发现问题及时整改。检查结果计入班级和教师个人量化考核。（曲素云、陈伟、周连瑶、全体教师）。

（二）初二级部（华军）

1. 安全与师德工作（李武军、于海潮）

(1)做好家校安全衔接与沟通，杜绝"两不在"情况发生，早午第一节课前做好出勤核实。（华军、于海潮、级部管理干部、班主任）

(2)利用班会时间加强学生冬季安全教育：取暖用电安全、运动安全、上放学交通安全。（华军、李武军、于海潮、级部管理干部、安全部）

2. 德育工作（于海潮）

(1)常规管理常抓不懈，本双周重点加强对课间秩序进行检查，严禁串楼层、严禁洗手间或小厅聚集。（于海潮、级部长、班主任、纪检部）

(2)加强特殊学生管理，多进行家校沟通，及时了解动态，做好记录。（于海潮、级部长、班主任）

(3)加强文明礼仪教育，文明用语、文明着装，对于不符合中学生形象的情况及时提醒整改。（于海潮、级部长、班主任、文明礼仪部）

(4)做好班级文化建设，对室内外文化墙进行评比，评选最美文化墙班级。（于海潮、级部长、班主任、宣传部）

(5)组织学生会相关部门扩招，选拔优秀学生干部参与学生自主管理。（于海潮、级部长、学生会）

3. 教学工作（李武军）

(1)加大和谐互助教学策略的培训和推广力度。

①14周集备时间统一学习本学科新授课、复习课和讲评课的模式解读，每一位老师结合模式，独立备课并制作一个课件，手写一个完整教案。15周周二下午放学前以备课组为单位上交电子稿；②继续和谐互助示范课活动。14周和15周出课安排：语文——郑秀苇、杨英锋，数学——单丽、于奥，英语——岳丽、杨淑芳，物理——张健庆、王子腾，政治——胡君峰、于尚聪，历史——张珊、马晶晶，地理——张欣、吕聪聪，生物——宋宏祥、孙霞，备课组长组织骨干教师进行磨课指导，确保出示高质量的汇报示范课。（华军、李武军、于海潮、唐绪诚、备课组长、全体教师）

(2)继续完善改进后30%学生辅导过关措施。

①调整统一测试时间和试题设计；②每周一和周二中午统一测试10分钟；③任课教师结合测试成绩，确保每一个未拿满分的学生全部过关；④每周五汇总数据进行表彰。（华军、李武军、于海潮、唐绪诚、学生会学习部）

(3)14周周一检查教师听课情况，评选听课节数最多，听课记录最详细最认真的老师和备课组，周五教师例会通报。检查人：唐绪诚、刁晓辉、朱杰。（华军、李武军、于海潮、唐绪诚、刁晓辉、全体教师）

(4)开展语文古诗词默写竞赛、数学计算题竞赛和英语单词比赛，评选满分率优胜班级。（华军、李武军、于海潮、唐绪诚、刁晓辉、语数英备课组）

（三）初三级部（孙义智）

1.安全与师德工作（江平、孙仕正、万健）

(1)任课老师要多与家长沟通交流督促学生学习情况，微信与家长的交流沟通要注意用词得当。（孙义智、江平、孙仕正、万分健、全体老师）

(2)加强学生的出勤,严格请假手续,无故不到校的要第一时间告知家长。（孙义智、江平、孙仕正、万健、孙平智、全体老师）

(3)下午放学前在自己室内卫生区内的走廊、楼梯、大厅的灯要全部打开，靠楼梯的班级每天早晨负责及时关闭楼梯口的灯，教育学生节约用电，确保师生下楼安全，严查学生放学后在厕所聚集。（孙义智、江平、孙仕正、万健、孙平智、班主任）

2.德育工作（孙仕正、万健）

(1)加强提速跑操质量检查,级部要及时督促学生会要将检查结果通报并量化。（孙仕正、万健、孙平智、级部长、班主任）

(2)各班室外课要提前五分钟带出教学楼，要求快静齐，班主任要及时掌握每天室外课学生出勤情况。（江平、孙仕正、万健、孙平智、级部长、班主任）

(3)课间班主任靠班，坚决杜绝以借书名义到处串楼层，不准在走廊里聚集.。（孙仕正、万健、孙平智、级部长、班主任，）

(4)室外卫生区落叶增多，早读打扫不干净，课间操派人继续彻底清扫。（孙仕正、万健、级部长、班主任）

3.教学工作（江平）

(1)和谐互助：

①各备课组利用集备时间，对各学科进行模式解读：语文——王卫，数学——张清波，英语——黄祖俊，物理——陈伟，化学——宋伟红，历史——李颖，政治——韩荣荣；②模式解读后各位老师修改自己负责的和谐互助五步十环节课件。备课组长逐一检查过关后交到主任室审核。具体分工：江平——语文、英语、政治，万健——

数学、物理，李颖——历史、化学；③举行一人一堂和谐互助过关课。出课顺序：教研组长—备课组长—两名骨干教师—新调入教师—组内其他教师。备课组长为第一责任人，级部管理干部、备课组老师参与听课评课。不过关的老师重讲，直到过关为止。教师出课、参与评课计入教师个人量化考核。14周周三放学前把备课组的出课安排交给主任室吴菲菲老师；④后30%的学生每人安排一名小师傅。14周周一下午放学前把师友结对名单交给分工的级部管理干部。1—6江平，7—11孙仕正，12—16孙平智，17—21李颖，22—26万健，27—31王元斌，32—36李庆礼。（孙义智、江平、级部管理干部、全体教师）

(2)根据期中检测成绩，级部管理干部根据分工继续对成绩薄弱的班级、教师和退步大的班级、教师进行约谈和推门听课，听课后及时评课。找问题，想办法，想措施。具体分工：语文——孙义智，数学——万健，英语——江平，物理——江平，化学——孙平智，历史——李颖，政治——孙仕正。（孙义智、江平、级部管理干部、全体教师）

(3)音体美辅导：

①级部管理干部根据分工，每天陪同艺体辅导。确保学生出勤和秩序。每天在班主任微信群公示学生出勤。不请假的同学按照旷课处理，计入每天的班级量化考核；②继续做好音体美学生的选拔和动员工作。每周公示各班音体美报名的具体情况。包括具体专业、级部名次、各班有效人数、需做工作同学名单。专业教师要和班主任及时对接，对于部分学生要做好家长的动员工作。（孙义智、江平、万健、王元斌、李颖、音体美辅导教师、级部管理干部）

(4)强化集备流程，在各学科的原有的集备流程上增加：如何抓好学科偏科生、边缘生、后30%学生，有效提高成绩和每周一位教学成绩优秀的教师介绍经验的环节。（孙义智、江平、级部管理干部、全体教师）

(5)每天坚持课堂常规检查通报，利用周五演练时间对课堂常规检查情况进行通报。每周抽查教师的备课情况和作业布置、批阅、讲评情况并在学科集备会和全体教师会上进行通报，督促整改。（孙义智、江平、级部管理干部、全体教师）

(6)切实抓好后30%学生成绩。

①各备课组教师根据分工每天下发学习任务，及时检查落实到位，级部管理干部根据分工，每天通报；②每周三下午放学前完成阅卷。周五利用演练和班主任会、教师会时间对后30%学生成绩进行通报。后30%学生成绩计入班级量化考核。（孙义智、江平、级部管理干部、全体教师）

(四)博学楼教学区（邱若德）

1.加强师德教育，教师要严格注意办公室卫生，注意加强节水节电，及时关灯

锁门，加强办公室安全防范意识。（李军风、解斌斌、谭泽彬、级部长、全体教师）

2.强化学困生管理，加强楼层分工巡视，认真监控学生情绪，特别是重点学生情况随时掌握，及时排查学生间的潜在矛盾。（李军风、解斌斌、谭泽彬、级部长、班主任）

3.加大对学生乱扔食品袋纸花等杂物现象的监督检查量化，保证楼内干净整洁。（李军风、解斌斌、谭泽彬、级部长、班主任）

4.冬季落叶基本结束，做好落叶的最后清理工作。（李军风、解斌斌、谭泽彬、级部长、班主任）

5.加强早午自习秩序，课堂常规的检查力度，及时通报，继续约谈频繁出现问题的学生和教师，督促整改。（李军风、解斌斌、谭泽彬、级部长、全体教师）

三、处室工作（孙义智、周娟、王友森、华军）

（一）政教处（团委/少先队）：华军

1.抓好冬季安全教育管理工作。根据教体局要求，结合近期学校实际情况，学校要求：

(1)严格白天夜间上岗值班纪律。所有带班干部一定要清楚自身职责，提前上岗。白天带班干部要求全天穿黄马甲站岗提前10分钟上岗。提前疏散交通，熟悉情况；

(2)严格全程在岗纪律。所有干部教师要全程在岗，不允许中途退岗，更不能借口有事或以其他原因不到岗，有事必须找人替岗。要在学生完全进入或离开校园后才允许离岗，再次强调学生走完了大门关闭后，值班干部和保安人员才能离岗。保安人员要早上岗，晚离岗。

(3)严格校门进出管理。家长来访，尽量不要进入教学楼。

(4)严格车辆停放管理。机动车一律停放到机动车停车场，严禁停放在楼前楼后、环校路上、车棚内。自行车、电动车、摩托车一律停放在车棚内，严禁停放在楼前楼后、垃圾屋附近。各级部加强各自人员和区域监管，政教处检查通报各级部车辆乱停放现象。

(5)各级部严查通报量化学生课间室内外追逐跑跳打闹串楼现象，排查消除安全隐患，确保安全。

(6)加强上放学校外路上安全教育。各级部通过微信等形式给家长发送安全提示，提醒接送学生的私家车辆（包括电动车）一律在校北公路东西路口外停车，注意上放学路上安全，不乘坐违规车辆，禁止学生在校外商店车站处聚集逗留。

（全体干部教师、学生会）

2.规范班级常规量化细化管理，营造良好环境秩序氛围。

(1)各级部做好值日生培训与管理工作，规范佩戴袖标和检查分队，严查楼内外卫生（卫生间、东西楼梯窗台窗棱、墙角廊顶灰网、东西厅门、牌匾、东西饮水机、卫生工具摆放、各楼层东仓库门外门面墙面；教室前后门的门面及玻璃、暖气片、讲桌物品与书橱书籍摆放等）、课间纪律与文明礼仪、自行车排放、不乱扔纸花矿泉水瓶等；评选表彰标兵示范班发挥榜样引领作用。

(2)各级部继续加大清扫落叶量化力度，用蛇皮袋子将落叶倒进垃圾屋垃圾桶里，严禁倒进绿化带里。

(3)各级部检查各楼层师生卫生间文明提示贴，若有缺失破损，派人到政教处领取并更换；设施有破损的，书面报总务处维修。

(4)各级部加强室外课来回带队管理检查，确保队伍整齐秩序好，无掉队学生和吵闹现象，音体美辅导和其他活动负责教师禁止指排学生到教学楼叫人、找人，缺人由教师通知级部，级部应立即安排专人负责活动学生到位。

(5)各级部要加强陪餐午餐学生出勤管理。（华军、潘宁、周连瑶、于海潮、孙仕正、班主任）

3.加大周一升旗和为雷锋像佩戴红领巾各队伍及各环节的训练力度，增强整体仪式感。级部安排专人负责精选国旗下讲话人员并培训熟练，加大唱响国歌和整个升旗环节学生纪律检查量化力度。（华军、潘宁、周连瑶、于海潮、孙仕正）

4.各级部加强课间走操、跑操的精准指导与检查评比。14周评选走操、跑操优胜班级，升旗仪式进行颁奖表扬。（华军、潘宁、周连瑶、于海潮、孙仕正）

5.各级部利用班会、周五演练时间强调上放学路队要求及教育，学生上放学路队禁止说话、跑跳、插队乱队，行走要做到静快齐，不能懒懒散散；初二、初三走北大门东门学生路队，人多时站成两排，人少时自动站一排。各级部、红马甲小队、政教处加大检查量化。（华军、潘宁、周连瑶、于海潮、孙仕正、班主任）

6.各中队、团支部组织开展"12·4"全国法制宣传日系列宣传活动，各班上好法制宣传教育主题班会课，计入周量化。七年级举行手抄报比赛，八年级举行征文比赛。（华军、潘宁、万健、周连瑶、于海潮、孙仕正、班主任）

7.初一、初二以中队为单位组织开展"学雷锋志愿服务"活动，各中队划分志愿小组，合理分工、有序安排，利用周六周日深入到社区、敬老院、街道、图书馆等公共场所，进行力所能及的"学雷锋志愿服务"活动，各中队每周上报一份活动记录表，级部安排专人负责统计收集，上报政教处存档，并根据各中队活动上报情

况加月量化考核。（华军、潘宁、万健、周连瑶、于海潮、孙仕正、班主任）

8.伙房与配餐工作（周娟、华军）

(1)伙房工作：①排查用电用气隐患，确保安全使用。②清理卫生，确保食品安全。（高永利）

(2)配餐工作：①加强与配餐公司的对接，完善上级各项检查指标，确保高质量过关。②各级部统计冬季配餐学生人数与看班人员信息，于15周前上报学校。（级部管理干部）

（二）教务处（教科室）周娟

1.加大"和谐互助"实践使用力度。借全国现场会时机，提升全体教师使用"和谐互助"积极性和水平。

(1)全体干部要带头使用"和谐互助"，各级部开展干部"和谐互助"公开课，每周1—2人，具体时间由任课级部安排。

(2)各备课组利用集备时间和其他专门开展课型流程学习与熟练，组织检查评比；

(3)本双周每位教师切实根据学生学业水平、素养，划分好本学科师友，扎实做好师友动态管理，级部主任做好汇总检查，教务处督查通报。

(4)基础年级分层次开展好学生师友培训，各年级根据计划扎实开展好组内"和谐互助"示范课、过关课，真正把"和谐互助"用起来。

(5)结合后30%考核要求，发挥好"和谐互助"小师傅作用，调动学生积极性。

（周娟、邱若德、蔡紫燕、级部主任、全体教师）

2.筹备好教研室学期调研工作。

(1)全体教师准备好接受听课，各科随机抽取。

(2)语文教研组根据布置做好阅读活动成果展示，写字活动展示，各项档案要完整、有新意。

(3)八年级语文、九年级数学严格按照教研室集备流程、内容板块设计好集备展示，注意环节规范和完整，重点突出考点、学情、后30%、学法指导等内容。

(4)理化生实验随机抽取学生，各备课组做好学生实验练习，提前对接教研员，确保不失分。

(5)根据上双周检查结果，各备课组、新岗教师准备好本学期手写教案，听课本，数量足，内容完整。（周娟、蔡紫燕、级部主任、全体教师）

3.继续做好家校联系工作。利用期中阶段检测有利时机做好家校沟通，有计划开展分层登门家访，继续巩固全员电话家访工作。筹备做好学校群众满意度电话测评工作，力求获得准确数据，为不断改进工作提供依据，结果纳入教师考核和绩效

核算。完成时间：12月26日前。（周娟、邱若德、蔡紫燕、级部主任、全体教师）

4.开好系列教学例会。（挂级部校长）

(1)班级协调会。第14周25班，第15周35班。

(2)召开备课组长会，统一布置学习各学科模式解读的要求，反馈后30%辅导过关中存在的问题及改进意见。

(3)班主任例会，主题：利用"和谐互助"调动后30%的学生学习积极性的有效措施;

(4)教师例会。师德教育；通报"和谐互助"使用情况，通报教学常规检查情况，通报后30%学生辅导过关情况。

(5)级部管理干部会。研究和谐互助推进措施，分学科落实模式解读学习情况；分工检查课件制作和教案编写情况；汇总后30%学生辅导过关中存在的问题并制定解决措施；结合个人分工汇报对薄弱班级和教师的帮扶措施及效果。

5.第十四周周五组织初一级部主任及语、数、英备课组长赴青岛启元学校参加李志刚名校长工作室活动。（陈伟、初一语、数、英备课组长）

6.做好青岛市教师资格注册工作。具体要求见通知。（周娟、蔡紫燕、级部处室主任、全体教师）

（三）总务处（孙义智）

1.根据市垃圾分类办公室和教体局后勤办要求，组织全体教师进行垃圾分类竞赛答题，要求全体教师必须参加，此项工作将纳入学校年度考核工作。（孙义智、董胜利、周凯、级部主任）

2.各级部将雪天防滑垫利用晴好天气进行晾晒，为今冬雪天师生防滑做好准备。（孙仕正、周连瑶、解斌斌、于海潮）

3.做好2019年已采购物品的固定资产的登记入账工作。（孙义智、董胜利、万初俊、周凯）

4.各班要强调规范使用电子（视）白板及各种用电设备，安排专人负责开关，爱护电子白板及附属设备，保持设备整洁卫生，确保正常使用。（董胜利、孙仕正、级部干部、班主任）

5.供暖开始后安排总务人员轮流值班，每周五晚和周一早按时调节供暖流量。（董胜利、孙仕正、王崇浩、许立新）

6.因工作需要使用电热器的教师，必须书面申请，并与学校签订安全用电协议。（董胜利、王崇浩及相关教师）

7.做好冬季用电安全排查，办公室、教室不得使用大功率取暖设备，无人时各类用电设备必须断电。（董胜利、潘宁、级部干部、全体教师）

8.按照教体局要求,加快对学校今年已完工的工程项目的验收、审计工作,及时办理结算。(孙义智、董胜利、万初俊、周公法)

9.严格执行上级相关要求,做好精神文明奖的发放工作。(孙义智、王友森、董胜利、万初俊、张平、周公法)

(四)办公室、工会(王友森)

1.协调各级部和前后勤,组织好系列教职工文体竞赛活动,丰富教职工生活。(王友森、级部处室主任、万初俊)

四、艺体工作:(王友森、邱若德)

(一)体育、美术(邱若德)

1.参加即墨区篮球赛,参加即墨区优质课比赛,争取优异成绩。(邱若德、周连瑶、相关教师)

2.根据学生美术素质基本情况,完成填写近期的艺术测评手册相关项目。(邱若德、王天磊、备课组长)

3.根据美术中考新要求,组织美术老师学习并做好美术题库的出题工作。(王天磊、备课组长)

(二)音乐(王友森)

1.继续做好初三音乐艺术特长生辅导工作。(潘宁、于峰燕、辅导教师)

2.严格按各级部照课程表安排上齐上好音乐课,禁止擅自停课、调课。(于峰燕、备课组长)

五、其他工作(周娟)

1.做好聊城大学名师名校长培训活动,充分展示"和谐互助"的无穷魅力,时间:2019年11月29日—12月2日。(全体干部、教师)

2.14周周二上午第一、二节召开音体美专业辅导教师座谈会,总结前阶段辅导训练情况,布置下阶段工作,解决辅导训练存在的问题。会议地点:党员活动室。(孙义智、王友森、邱若德、潘宁、江平、周连瑶及相关教师)

附7：即墨28中学校教学质量分析会样本

一、会前准备

1.分管教学副校长掌握当年中考会考的学校总成绩、各个备课组在全区的成绩；找准对比学校。

2.八年级和九年级的级部主任提供中考会考学科各个任课教师成绩。

3.挂级部副校长和级部主任共同负责，有针对性地选出各个学科发言教师。每个学科在3人左右。

4.教务处提前确定各学科的会议时间，负责通知相关干部、教师；办公室做好会议准备。

5.与会人员：校级干部、挂学科干部、七、八、九年级的级部主任、挂级部干部、原中考（会考）相关学科的教师和现中考（会考）相关学科的教师。其他干部有选择地参加。

二、会议流程

1.分管教学副校长发言：

(1)介绍中考（会考）学校总成绩。

(2)列举各个备课组在全区的排名。

(3)说明和对比学校相比较各个学科的前20名平均分、后20名平均分、优秀率等方面的成绩，列出优势，找到不足。

(4)逐个分析某学科各个教师的成绩。既要有和对比学校的平均分、优秀率的比较，也要有和同学科教师的比较。要表扬成绩在级部平均数以上的教师，正确评价备课组的团队成绩。

2.要分析的学科典型教师发言：

教师发言要求：①总结出自己在实际教学中的经验做法，包括参加集体备课的感受、听课评课的学习、学法指导、师友互助的指导、小师傅作用的发挥、课堂练习题的设计、作业反馈的技巧、和班主任的配合、家长的沟通、网络教研的有效性、鼓励和评价方法的灵活运用等等。②向级部和学校提出合理化建议。

3.九年级级部主任和挂学科干部进行补充发言。

发言要求：肯定教师的付出，特别是表扬敬业奉献的典型教师和和谐互助的骨干教师；指出备课组新的目标和方向；对老师们的合理化建议虚心采纳，暂时解决不了的要承诺给老师们满意的回复。

4.李校长做教学质量分析会的总结。

三、会议总结

1.备课组长收集整理教师发言的电子稿，会后三天内上传给教务处存档。

2.分管教学的副校长精选教师发言，制出学校红头文件，全校推广优秀经验。

附：中考学科包括语文、数学、英语、物理、化学、思品、历史、音乐、体育、美术。会考学科包括生物、地理。

16—17周（12月16日—12月29日）工作安排

工作重点：

1.开展好"不忘初心、牢记使命"主题教育冲刺阶段工作。
2.做好群众满意度电话测评工作。
3.组织好"走进品牌学校青岛市即墨区第二十八中学"现场会。
4.做好冬季校园安全教育管理工作。

一、党建工作（王友森）

1.理论学习：组织全体党员认真学好两学一做教育常态化制度化学习材料，近期省委、市委、区委相关会议精神和领导讲话精神。（王友森、党支部书记、党小组长）

2.扎实开展好"不忘初心、牢记使命"主题教育冲刺阶段工作：

(1)在召开12月份"不忘初心、牢记使命"主题党日的基础上，巩固和推进各项工作。

(2)在召开专题民主（组织）生活会的基础上，推进整改落实和专项整治工作。

(3)开展好回头看工作，落实好"六个一"任务和"三看三问""三必谈"要求。（王友森、党支部书记、党小组长）

3.各党小组召开好党小组会，总结和布置近期党建工作。（王友森、党小组长）

4.各党小组、各学习组对前期"学习强国"工作进行阶段性总结，所有学习人员必须确保每天学习成绩至少达到30学分的学习要求。（王友森、党小组长、级部处室主任）

二、级部工作（孙义智、曲素云、华军、邱若德）

（一）初一级部（曲素云）

1.安全与师德工作（曲素云、陈伟、周连瑶）

(1)加强教师办公秩序，办公室卫生检查，加强教师教学教研活动，提高教育教学质量。（曲素云、陈伟、周连瑶、林彬、级部长）

(2)下午放学前走廊、楼梯、大厅的灯全部打开，清校及时关闭,确保学生下楼安全,并教育学生放学后及时回家。（曲素云、陈伟、周连瑶、林彬、级部长，班主任）

(3)任课老师要做好学生出勤的检查，出现缺勤学生要及时跟班主任沟通。（曲素云、陈伟、周连瑶、林彬、级部长）

2.德育工作（周连瑶）

(1)为迎接全国现场会，加强教室内务管理，清理墙壁蛛网，彻底清理口香糖，更换楼内破损地贴安全标志。（周连瑶、林彬、级部长、班主任）

(2)引导学生正确看待圣诞节、平安夜，严禁学生之间互送礼物，严禁学生带喷雪、鞭炮到学校。（周连瑶、林彬、级部长、班主任）

(3)加强安全岗制度和清楼制度的落实，保证学生上下楼的安全和及时离校。（周连瑶、林彬、级部长、班主任）

(4)加强学生文明礼貌及课间秩序的检查，杜绝随意串楼、打闹、大声喧哗等不文明现象。（周连瑶、林彬、级部长、班主任）

(5)周五安全演练：通报本周课堂纪律情况对学生和班级进行点名通报主讲人；林彬；第16周：期末复习方法，主讲人：王存星；第17周：爱国教育，怎样看待国外节日，主讲人：孙吉超。

3.教学工作（陈伟）

(1)组织家委会家校互动活动：家委会论坛主题：家校双方如何共同面对小升初，时间：16周周二下午第三节，地点：党员活动室；班级家委会主任上一节班会课主题：孩子，我想对你说。时间：16周周二下午第四节班会课。（曲素云、陈伟、周连瑶、林彬、级部管理干部）

(2)各学科每人一节"和谐互助"期末复习展示课，要求：级部挂科干部和备课组长提前把关教师出课内容，备课组长提前汇总教师出课时间上报级部，同备课组教师参与听、评课，级部挂科干部负责查评汇总教师听评课情况及出勤，并在集备会上反馈。（曲素云、陈伟、林彬、级部管理干部、备课组长）

(3)检查各学科教师作业批改和听课本、新教师纸质备课教案，时间：第16周周三、周四，以备课组为单位送到集备室备查，级部挂科干部负责查评并记录检查情况，汇总人：林忠奇。（曲素云、陈伟、林彬、级部管理干部、备课组长）

(4)根据前阶段后30%促学措施的实行情况，及时在班主任会和全体教师会反馈，对教师指导过程中不规范的行为进行纠正，保证促学措施的务实有效。（曲素云、陈伟、林彬、全体教师）

(5)各学科已进入期末复习阶段，组织好各学科单科检测和英语单词竞赛，为期末复习做好诊断，16周英语、地理、生物，17周语文、数学、政治、历史。（曲素云、陈伟、林彬、备课组长）

(6)召开新教师业务培训会，培训主题：如何做好学生期末复习，时间：16周周三下午阳光体育活动，地点：集备室 主讲人 房惠婷；新教师代表：杨晶、苑彩虹（曲素云、陈伟、房惠婷、全体新教师）

（二）初二级部（华军）

1.安全与师德工作（李武军、刁晓辉）

(1)加强师德教育。

①期末复习期间，严格控制作业量，严禁超量、超时布置作业；严禁体罚、变相体罚学生；②全体教师注意自身形象，不在教师微信群里说一些消极的、带有负面情绪的话语。（华军、李武军、全体教师）

(2)加强午休管理力度，15—28班的学生午餐结束后，12:10之前不再回本班教室，控制午休学生出勤，配餐部加强巡视和检查，每天公示，计入量化。（华军、李武军、级部管理干部、班主任）

(3)继续加强晚放清校力度。各班专人负责关闭教室多媒体等电器设备，专项检查教师办公室的电器关闭情况。（华军、李武军、级部管理干部、班主任）

(4)加强课间操学生出勤的检查力度，专人检查核对教室内不出操学生的人数，不上操的学生必须有班主任开具的请假条。（华军、李武军、级部管理干部、安全部）

2.德育工作（刁晓辉）

(1)持续开展学雷锋进社区活动，作好记录，及时宣传。（刁晓辉、于海潮、班主任）

(2)做好两操检查整改，明确分工。（刁晓辉、于海潮、级部长、班主任、体育部）

(3)16周彻底整理室内外卫生和教室内务，整顿学生文明礼仪，加强课间操走操训练，迎接全国现场会。（刁晓辉、于海潮、级部长、学生会）

(4)常规管理常抓不懈，本双周重点加强对课间秩序进行检查，严禁串楼层、严禁洗手间或小厅聚集，干部课间分楼层巡查、及时通报。一楼：唐绪诚；二楼：李武军、刁晓辉；三楼：于海潮；四楼：宋成平。（刁晓辉、于海潮、级部长、班主任、纪检部）

(5)加强特殊学生管理，整理建档，多进行家校沟通，及时了解动态，做好记录。（刁晓辉、于海潮、级部长、班主任）

3.教学工作（李武军）

(1)开展和谐互助复习示范课活动。出课安排：语文——孙吉民，数学——李婷婷，英语——李婷，物理——黄毅亮，政治——武宁，历史——杨巍，地理——孙朝霞，生物——李永梅，备课组长组织骨干教师进行磨课指导，确保出示高质量的复习示范课。（华军、李武军、级部管理干部、备课组长、全体教师）

(2)继续跟进后30%学生辅导。

①统一时间测试；②班主任安排小师傅，协助任课教师确保每一个未拿满分的学生全部过关；③每周三上交下一周辅导提纲的电子稿；④每周四上午放学前各学科上报成绩，级部汇总数据并于周五演练时间进行表彰。（华军、李武军、刁晓辉、唐绪诚、学生会学习部）

(3)根据诊断性测试成绩，干部包干继续加强对成绩薄弱班级、教师的督促指导的力度。学科分工：华军——物理、生物，李武军——英语、地理，于海潮——数学，唐绪诚——语文，刁晓辉——历史、政治，张赛——生物。（华军、李武军、级部管理干部）

(4)16周周二下午第三节召开全体新岗教师座谈会，表彰优秀，指出不足，提出复习阶段的要求。（华军、李武军、于海潮、刁晓辉、全体教师）

(5)进一步充实、完善室内外文化墙的内容，迎接全国现场会。（华军、李武军、级部管理干部、全体师生）

(6)继续开展周一"家长开放日"活动，邀请家长参与到学校的教育教学管理中，加强家校沟通，提升群众满意度。（华军、李武军、级部管理干部、全体师生）

（三）初三级部（孙义智）

1. 安全与师德工作（江平、万健）

(1)规范老师校园停车问题，自行车进车棚，机动车进车位，禁止乱停放。（孙义智、江平、万健、孙平智、全体教师）

(2)关注供暖设施的安全与维护工作，出现问题及时上报级部。（孙义智、江平、万健）

(3)做好师生冬季下雪天的防滑工作。（孙义智、江平、万健、孙平智、级部长）

(4)严格遵守《28中教师微信群》规定，规范、合理使用，弘扬正气，利于工作。（孙义智、江平、孙平智、级部干部、全体教师）

2. 德育工作（孙仕正、万健）

(1)继续保持室内外卫生整洁，呵护好教室内外环境。（万健、孙平智、级部长、班主任）

(2)加强午托安全管理，做好午托看班教师的通知和点名工作。杜绝不请假离校，并纳入量化。（江平、孙仕正、级部长、班主任）

(3)继续加强路队管理。特别对晚放路队加强整顿，级部量化通报。（万健、孙平智、级部长）

(4)加强跑操管理。提高跑操速度的同时严抓跑操质量，对掉队学生级部统一检查量化通报。（万健、孙平智、级部长、体育教师）

3. 教学工作（江平）

(1)根据安排继续出示和谐互助一人一堂过关课；级部管理干部分工听课；同备课组老师听课；集备时先评课；准备好17周全国现场会的课件，利用集备时间解读全国现场会准备的课件。（孙义智、江平、给备课组长、级部管理干部）

(2)组织好16周周一的阶段性检测。网上阅卷，各备课组16周周四11:45前结束阅卷。（孙义智、江平、级部管理干部、全体教师）

(3)利用17周集备时间，对各备课组成绩进行分析。成绩优秀和进步大的教师介绍经验。成绩薄弱和退步大的教师找原因；说提高成绩的办法、措施。（孙义智、江平、级部管理干部、全体教师）

(4)根据阶段性检测成绩，级部管理干部根据分工，对成绩薄弱教师和退步大的教师进行约谈和跟踪听课。听课后及时评课。找问题、想办法、想措施。具体分工：语文——孙义智，数学——万健，英语——江平，物理——江平，化学——孙平智，历史——李颖，政治——李颖。（孙义智、江平、级部管理干部）

(5)音体美辅导：

①级部管理干部明确分工，陪同辅导，确保音美专业辅导的秩序和学生出勤管理；②继续有针对性的做好学生的辅导报名工作，特别是音乐和体育。（孙义智、江平、万健、李颖、王元斌、级部管理干部、音美辅导教师）

(6)英语口语和听力训练。编辑印发英语口语考试作文卷，背诵英语口语考试作文，17周举行英语口语作文大赛。（孙义智、江平、孙仕正、张淑娟、刘德莉、级部管理干部、英语教师）

(7)继续抓好后30%学生成绩。

①各备课组老师每天及时下发学习任务，及时检查反馈；②级部管理干部根据分工，做好每天在教师群的检查反馈；③充分发挥小师傅的作用，每天及时检查督促学友掌握基础知识。（孙义智、江平、级部管理干部、全体教师）

（四）博学楼教学区（邱若德）

1.加强升旗、课间操、周五演练、中午在教室就餐学生的安全管理，班主任要重视，级部每天组织级部干部检查量化各项出勤人数。（李军风、解斌斌、谭泽彬、级部长、班主任）

2.加强放学后的教室门、窗的关锁情况以及厕所窗户管理，避免天冷冻裂堵塞管道。（李军风、解斌斌、谭泽彬、级部长、班主任）

3.加强学生防校园欺凌教育,告诉学生出现问题及时告知学校、级部、老师、家长，学校要及时处理，微信告知家长让孩子远离危险区域。（放学不要在学校附近商铺逗留玩耍）（李军风、解斌斌、谭泽彬、级部长、班主任）

4.级部管理干部对后30%学生检测成绩的反馈，监督任课老师落实到每一位未过关的同学。（李军风、解斌斌、谭泽彬、级部长、班主任）

5.协助初三搞好阶段性检测，抓好考纪考风，根据成绩对退步大的老师听课、评课、找问题、想措施。（李军风、解斌斌、谭泽彬、级部长、全体教师）

6.在博学楼各个出入口隐蔽位置放好防滑垫，遇雨雪天气，地上结冰，方便迅速铺好防滑垫，并且封闭博学楼四合院，防止滑倒学生，提前在东环校路规划好应急自行车位，确保学生安全有序。（李军风、解斌斌、谭泽彬、级部长、班主任）

三、处室工作（孙义智、周娟、王友森、曲素云、邱若德）

（一）政教处（团委/少先队）（华军）

1.狠抓冬季安全教育管理，杜绝各类安全事故发生。

(1)政教处加强学校周边环境治理。门卫要做到四严盘查，禁止带入可疑危险物品；

对进入校园的校外车辆进行登记。

(2)进一步加强上放学安全管理，驾驶机动车教职工要注意避让学生；校门口值日人员要适时拦截过往车辆，及时妥善处理偶发事件。

(3)各级部处室要提前做好冬季雨雪等特殊天气上放学交通及校园除冰防滑（冰）的安全防范工作，大雪天气按规定走道区域扫雪。

(4)加强对学生、家长冬季交通、防火、防煤烟中毒等安全教育，组织好16周周五防踩踏逃生演练。

(5)开展安全大排查。重点排查消防、供暖、用电、建筑和设备安全隐患，第16周周五前级部收齐排查记录报政教处，协调整改。（华军、潘宁、挂级部干部、班主任）

2.继续抓好常规管理：

(1)加强课间秩序礼仪管理检查，禁止学生课间跑跳打闹喧哗。

(2)开展有效评比量化活动，加强对各楼层及卫生间的课间检查，严禁往卫生间倒垃圾。

(3)加强对教室内务和卫生区卫生的平时督查，督促学生养成不乱扔的良好卫生习惯。各级部各班级随时拍照表扬主动捡拾纸花打扫卫生的同学。

(4)强化学生路队量化考核。各级部学生会成员穿戴马甲及时上岗，做好违纪学生记录通报量化。

(5)加强各级部唱国歌管理，每级部评选10个国歌优胜班，升旗仪式颁奖。（潘宁、管理干部、班主任、学生会）

3.开展专题教育实践活动：

(1)各中队、小组继续开展学雷锋活动。

(2)第16周周五午唱时间播放交通安全教育专题片，各班级要认真组织收看，班长在安全记录本上记录教育内容，级部拍照留档。

(3)结合12月20日"澳门回归纪念日"开展改革开放四十周年教育，班主任利用班会时间宣讲相关知识，校园广播站播放专稿。面向各中队团支部征集学生优秀事迹广播稿件，300字左右。（潘宁、挂级部干部）

4.伙房、配餐工作（周娟、华军）

(1)伙房工作：做好2019年冬季校园安全检查食堂管理方面的工作。（高永利）

(2)配餐工作：提醒配餐公司送餐时间不要太早；加强干部陪餐制度的督查，确保符合规定。（级部干部）

(二) 教务处（教科室）（周娟）

1.结合期末复习，开展好"和谐互助"一人一堂课展示活动。巩固"和谐互助"

研究成果，达到人人都会用、人人都能用好的目的。出课老师要精心备课，集备共同研讨"和谐互助"应用，同组老师积极听课、评课，计入教师个人量化考核，已经出课的教师不再安排出课。级部统一组织，并于10月17日上午放学前将出课安排电子稿发教务处存档。（周娟、邱若德、蔡紫燕、级部主任、备课组长）

2.开展学校群众满意度测评，成绩作为班级考核、教师考核依据。音、体、美、微教师的学期考核同步纳入入群众满意度成绩。（周娟、邱若德、蔡紫燕、级部主任、班主任）

3.认真准备，高质量做好2019年艺体教研室调研。具体安排见工作流程及分工。调研时间：2019年12月23日。（周娟、王友森、邱若德、蔡紫燕、挂科干部、艺体教师）

4.检查本学期教师"师徒结对"听、评课情况。时间12月26日前将师徒听课笔记本上交教务处。（周娟、邱若德、蔡紫燕、级部主任、相关干部）

5.组织好协作体教研活动，时间：第16周周一上午；参加人员：九年级语数英备课组长；地点：灵山中学；内容：听课、集备、中考复习交流。（周娟、邱若德、蔡紫燕、备课组长）

6.汇总集团各学校本学期开展的教学活动、德育活动。要求图片＋说明（图片要单独建文件夹，不要复制到Word文档上），交给李武军主任存档。（周娟、邱若德、蔡紫燕、陈伟）

7.开好系列教学例会。（挂级部校长、级部主任）

(1)班级协调会。八年级20班、23班，九年级8班、23班。

(2)备课组长会，布置复习示范课的要求，反馈后30%辅导过关中存在的问题及改进意见，布置期末复习问题。

(3)班主任例会，如何调到学生积极性，掀起冬季学习热潮；做好学生思想工作，投入学习和专业训练。

(4)召开教师例会。师德教育；通报教学常规检查情况；通报后30%学生辅导过关情况；布置全国现场会的相关事宜。

(5)每周四下午第七节召开级部管理干部会，研究和谐互助推进措施。

8.做好图书室图书审查清理专项工作。

(1)成立专项行动领导、工作小组，召开专门会议。

(2)做好自查工作：逐本审核，建立台账，登记造册，报主管部门审查。

(3)按照资产处置办法和相关规定，对图书进行分类处理：非法图书坚决清理；不适宜和外观差的图书，停止流通，另库保存；可能有保存价值的陈旧图书单独存放。

(4)建好相关档案，迎接省、市、区三级抽查。（孙义智、周娟、蔡紫燕、王伟立、董振华、孙悦兰、王毓青、宋修田）

9.做好2019年教师职称评审工作。（孙义智、周娟、邱若德、蔡紫燕、张平、相关干部）

（三）总务处（孙义智）

1.根据上级要求，做好垃圾分类工作，配备规范的有毒有害收集器及足量的分类垃圾桶，设置生活垃圾去向公示牌，设置大件垃圾、装修垃圾暂存点。（董胜利、周凯）

2.对各级部办公室和专用室物品进行年底核查，根据情况对破损缺少物品进行登记赔偿。（董胜利、许立新、王崇浩）

3.做好2019年装备统计、上报工作，确保上报数据准确有效。（万初俊、周凯、李健）

4.根据上级要求，开展冬季学校校园安全大检查，定时排查水电暖等设施，做好校舍安全排查工作，对损坏设施进行及时维修。（孙义智、华军、董胜利、潘宁）

5.更新学校校安工程网络平台相关数据，完善相关档案。（董胜利、周凯）

6.做好全国现场会的保电及各项服务工作。（董胜利、许立新、王崇浩）

（四）办公室、工会（王友森）

1.筹备庆祝元旦系列活动，组织好系列教职工文体竞赛活动，喜迎新年。（周娟、王友森、潘宁、级部处室主任、万初俊）

2.广泛开展教职工"强身健体、快乐工作"活动，组织教职工学习练习八段锦，具体安排及要求见相关通知。（周娟、王友森）

3.对各级部每周光荣榜、教师办公室办公秩序和卫生检查持续通报并排名。（王友森、级部主任）。

四、艺体工作（王友森、邱若德）

（一）体育、美术（邱若德）

1.体育教研活动：加强体育课的安全教育和学生的自我保护。迎接区艺体课程实施情况教学调研，充分做好准备，做到不失分。（周连瑶、万健、艺体教师）

2.体育过程管理体质测试，保证数据的准备性。（邱若德、周连瑶、柳先锋）

3.初三体育专业辅导阶段性总结。（邱若德、周连瑶、柳先锋、全体训练教师）

4.分级部组织教职工艺体活动：组织初一教职工趣味活动，班主任手指操活动；

组织初二级部教师定点投篮比赛；17周举行初三级部教职工跳绳大赛。具体安排见级部通知。（挂级部校长、级部主任、体育教师）

5.根据专业辅导进程，美术专业生安排阶段性专业测试，以考代练，实时了解学生情况。时间第十七周周四。（万健、王天磊）

6教研组会议，准备美术视导相关准备工作，各项迎检材料提前备足，备齐。（邱若德、万健）

（二）音乐：（王友森）

1.第16周周一8:00召开音乐教研组会议。各备课组汇总上双周工作，布置下双周相关工作。完成音乐教研协作体优秀案例的研究和成果展示。（王友森、潘宁、于峰燕、全体音乐老师）

2.继续做好初三音乐艺术特长生辅导工作。认真做好周二、周四艺术社团训练工作。（王友森、潘宁、于峰燕、辅导教师）

五、其他工作：（周娟）

1.筹备组织第二届"感动二八"师生人物的评选。（周娟、相关干部）。

2.圆满召开"2019走进品牌学校青岛市即墨区第二十八中学"现场会。（邱若德、全体干部）

3.落实好活动过程、影像等档案存档工作。提高存档意识，原则上谁组织活动谁负责整理存档，活动组织必须考虑照相、录像和整理人员安排，以备总结和迎检。大体分工如下：党建活动——办公室、各支部；安全、德育活动——政教处；教学活动——教务处；迎检及临时活动——谁牵头谁负责。办公室与教务处各有相机一部，可随时借用，手机拍照像素要高，注意及时上传保存到电脑。一项活动一个文件夹，照片文字分开保存。以处室为单位，每学期末汇总到办公室存档。（全体干部）

4.作息时间调整：自12月16日（周一）开始调整，上午不变。下午13:00开校门；13:10预备；13:20上课。第五节13:20—14:05；第六节14:15—15:00；第七节15:10—15:50；第八节16:00—16:40。教务处负责印发作息时间表，并安排调整信号。（相关干部、全体师生）

附8：即墨28中"感动二八"校园人物（学生）评选活动样本

序幕（音乐 感恩的心）《幻灯片 蜡烛》

男 尊敬的各位领导、各位来宾，

女 老师们、同学们：

合 大家下午好！

男 在这个飘雪的季节，在这个难忘的时刻，这里有对温暖的渴望，这里有您期待的目光。

女 《幻灯片 校园风景》或许在我们的生活中，每天都经历着太多的平常。可又有谁知道，这平常的背后蕴藏着多少感人的故事。今天，我们要再度与幸福牵手，与感动相逢。

男 为了弘扬校园精神，倡导师生道德风尚，展示二十八中学生的时代风貌，学校特举办了本次"感动二八校园人物"评选活动。

女 《幻灯片 投票照片、印刷的事迹本》本次活动从宣传推广到候选人的确定，经师生推荐、确定45个候选集体和个人、学生代表投票等多个阶段，最终确定了28名"感动二八校园人物"。

男 《幻灯片 获奖学生照片》他们之中，有坚强自立、不畏挫折的生活强者；有热爱集体、认真负责的学生干部；有传承雷锋精神、才艺突出的阳光少年；有品学兼优，勤奋好学的莘莘学子；有助学为乐、帮友进步的优秀师傅；有热心公益、感恩社会的学生志愿者。

女 今天，我们在这里举行隆重的颁奖仪式，表彰他们的先进事迹，鼓舞全校师生以他们为榜样，让感动充满整个校园，让力量溢满我们的心田。

男 即墨二十八中"感动二八校园人物"颁奖典礼（合）现在开始。《幻灯片 即墨二十八中"感动二八校园人物"颁奖典礼》、激昂音乐

女 首先，有请华军副校长宣读获得"感动二八校园人物"提名奖的学生名单。

华军：《幻灯片 提名奖学生名单》获得"感动二八校园人物"提名奖的同学是（名单略）。

男 欢迎他们上场。（上场音乐，礼仪学生4人）

女 让我们以热烈的掌声欢迎请家委会代表为他们颁奖。（音乐——感动中国，

家委会成员 4 人颁奖）

男 谢谢家长朋友，祝贺获奖的同学。

女 《幻灯片 即墨二十八中"感动二八校园人物"颁奖典礼》每一个"感动二八"的学生背后都有一个感人的故事。下面就让我们走进他们，用心去聆听他们的故事，再一次接受精神的洗礼。

男 《幻灯片 学生活动照片》28 中是全国学雷锋先进单位，雷锋精神一直是 28 中的校魂，坚持了 50 多年从未中断过。这个学期，初二级部成立了 35 个雷锋小分队，每个周末都开展活动，34 班的雷锋小分队就是典型的代表。他们走进敬老院，为敬老院平添了一份温馨和甜蜜；他们来到墨河公园，当起"墨河公园美容师"，清理垃圾和城市"牛皮癣"；他们来到田横岛省级旅游度假区，参加"资助贫困学生生暨义务植树"公益活动，向贫困儿童赠送图书；他们走进军营慰问最可爱的人，向军人们学习不怕吃苦、永不言弃的精神；他们开展公益宣传，自己动手设计宣传单和调查问卷，为城市垃圾分类奉献着小小的力量。

女 《幻灯片 于葛田田、张嘉怡生活照》在 28 中，学雷锋送温暖，已成为很多同学成长中的点点滴滴。她们到公共场所捡拾垃圾，走进社区开展宣传；她们到高铁即墨区北站帮助行动不便的乘客拿行李；她们到医院帮助病人挂号，打印报告单；她们用自己节省下来的钱，为困难学生买学习用品；她们每个周末都去福利院打扫卫生，与老人们聊天，逢年过节还会带去自己亲手做的点心和粽子。于葛田田和张嘉怡同学就是他们中的优秀代表。

男 让我们掌声欢迎获得"感动二八 热心公益"奖项的同学上台领奖。《幻灯片 三类学生照片一组屏幕》（上场音乐，礼仪学生 6 人）

女 有请孙义智副校长宣读颁奖词《幻灯片 颁奖词》

【颁奖词】即墨二十八中"感动二八"推荐委员会给热心公益同学的颁奖词是：他们用稚嫩的肩膀，扛起公益旗帜；用自己微薄的力量，书写无私之爱；他们犹如春日的暖阳，驱赶寒冷，照亮人心。公益不仅帮助了别人，也让他们成就了更好的自己！

男 请三个级部的家委会代表为他们颁奖。（颁奖音乐，4 人颁奖。）

女 《幻灯片 依顺序出生活照》下面我来介绍这样一位同学。怀揣着对知识的渴望与热情，她踏入了二十八中的大门，在五次大的考试中取得了四次级部第一。一支支用完的笔芯，记录着她流下的汗水；一本本做完的习题集，印证着她刻苦的身影。"努力到无能为力，拼搏到感动自己"这是孙潋绮的座右铭。她买了汉字和英文的各种字帖，利用中午和节假日时间进行练习，发誓练就书写的"二八体"；

寒暑假，她的作息时间和在校时是一样的，别人做一套题，她已经练习了六套，初二的功课她已经预习到初三上半年。她担任学生会主席，参加青岛市海洋知识竞赛获优秀奖，参加全国学生运动会测试赛获乒乓球比赛团体冠军。

男 还有这样几位同学，她们是热爱学习，关心他人，乐观向上的班级领导者。班级工作中，她们致力做好老师的助手，在"和谐互助"学习中，她们把全班同学的共同进步作为自己最大的快乐。

女 她们还积极参加志愿者活动，表率和榜样是她们对自己的始终如一的要求。

男 让我们掌声欢迎品学兼优的孙潋绮、徐畅、江俞萱、邢兆奕同学上台。《幻灯片 四个特写照》（上场音乐，礼仪学生4人）

女 有请邱若德主任宣读颁奖词《幻灯片 颁奖词》

【颁奖词】即墨二十八中"感动二八"推荐委员会给品学兼优同学的颁奖词是：学习刻苦认真是本分，做事一丝不苟是习惯。他们用阳光笑容带领大家刷新一项项成绩，用恪尽职守引领大家超越一个个目标；千帆竞发，他们就是最勤奋的水手；万马奔腾，他们就是最矫健的良驹！

男 请这四位同学的家长为他们颁奖。（颁奖音乐，4人颁奖）

女 《幻灯片 依顺序出生活照》在与外来参观老师的交流中，二八的小师傅们曾说过这样一段话："不是一名小师傅，就体会不到帮助学友的责任感和成就感。师傅和学友是一个小团体，而班级、学校是一个大团体。我们要帮助小团体，更要帮助大团体。"

男 张昊烁同学就是小师傅中的佼佼者。他入学时成绩并不理想，但是他没有气馁，反而定了一个在当时看来不可能的目标：他要跻身师傅的行列。每天清晨，班级里总能听到他琅琅的读书声，每节课间总能看见他冲上讲台询问题目的身影；所有的零碎时间里，总能看见他埋头苦学……这样日复一日的不懈努力，他实现了目标，成为一名师傅！超越了700多人，他付出了比别人更多的刻苦和努力。担任师傅的他，在课堂上看到学友注意力不集中，就赶紧提醒，看到学友有点滴的进步，就及时鼓励。他还经常利用课间帮助学友解决疑问，测试过后，举一反三地为学友出题。现在的他，正在带领学友不断进步，创造了一个又一个的好成绩！

女 优秀的小师傅中，还有不厌其烦地为学友解燃眉之急的韩祎、邱心喆同学；有主动联系学友家长，了解学友在家的学习情况，鼓励学友不断前进的万玿汝同学；有为了给爱迟到的学友树立榜样，每天早早起床去赶公交车，第一个到教室，为学友擦好桌椅的柳硕同学。

男 "和而共谐，助而共进"是和谐互助的高度概括，作为优秀的师傅，她们是所有师傅的楷模。

女 掌声有请优秀师傅张昊烁、万珅汝、邱心喆、柳硕、韩祎同学。《幻灯片五个特写照》上台领奖。（上场音乐，礼仪学生5人）

男 有请曲素云副校长宣读颁奖词。《幻灯片 颁奖词》

【颁奖词】即墨二十八中"感动二八"推荐委员会给优秀师傅的颁奖词是：

"赠人玫瑰，手有余香"。作为一名小师傅，他们用责任和耐心，为学友铺就了一条进步的道路。他们把帮助学友作为自己的快乐，用真诚和友爱传承着分享共进的美德。师友共赢，在和谐中实现成长，在互助下实现腾飞。

女 请获奖同学的学友为他们颁奖 （颁奖音乐，颁奖5人）

请张昊烁同学发表获奖感言。

《幻灯片 依顺序出生活照》

学生甲：我的同学仇润筱，每个学期初，她就会帮同学们打印好美观的目标纸，贴到每个人的书包橱上，精美的目标纸成为班里一道靓丽的风景线；劳动时她总是冲在最前面；运动场上她勇往直前；她带领着我们全班同学奋勇争先。

学生乙：我的同学黄子暄，每天早上第一个来到班级整理教室。作为午休值日生，每天中午她都会去检查配餐情况，帮助其他同学抬饭盒，提醒吵闹的同学安静下来；有同学生病，她打水冲药；班级组织各项活动，她总会第一个报名参加。她说她愿意付出努力，让班级就像一个家。

学生丙：我向大家介绍我的同学杨琦、刘翔。他们淳朴善良，关心集体。每天中午午休后，他俩总是主动地整理班级的垃圾桶，倒掉垃圾。一天如此，天天如此。教室里有老师听课后留下的凳子，他们总能自觉送到原处；教室外的墙脏了，他们总能仔细擦干净；每天下午放学，他们最后一个离开教室，检查卫生是否打扫干净，工具是否摆放整齐，同学们都称他们是班级的"小卫士"。

男 请获得"热爱集体"奖项的仇润筱、黄子暄、杨琦—刘翔同学上台。《幻灯片 出特写照》（上场音乐，礼仪学生4人）

女 请四位同学的家长为孩子们颁奖。（颁奖音乐，颁奖4人）

周娟：（拉着叶聪的手一起上台）：《幻灯片出生活照》（背景音乐《苔》)获得"感动二八 热爱集体"的还有一位同学。在叶聪很小的时候，父母就分开了，由于父亲工作忙，小学时她在老家跟爷爷奶奶生活，清贫和艰难日子可想而知。

转眼该上初中了，为了让叶聪拥有良好的学习环境，她的父亲把她接到身边来，叶聪迈进了28中的校门。李校长的感恩讲话对叶聪触动很大，她给父亲洗了第一次脚，做了第一次家务，还做了第一次饭。虽然饭菜的色相不太好，但那是她满满的心意，父亲吃在嘴里，眼里却是满满的感动的泪水。爸爸告诉她在学校里一定听老师的话，要和同学团结友爱。

班级里的叶聪是这样的：运动会的时候她会为选手们准备水和巧克力；墙报比赛时她会准备很多胶棒；美化教室时她会带来很多绿植和贴画……有一次挂装饰物，大家都害怕，叶聪说我来，下来的时候没站稳崴了脚，一下子摔倒了，老师和同学们急坏了，她却说："我没事，只是震了一下。"不因家庭变故而自卑，不因艰苦岁月而自弃，她如一株小草，默默地带给人们美好。生活给我以伤害，我回报生活以微笑，她如一块美玉，静静地发着光芒。

叶聪，还记得你告诉我的那句话吗？叶聪说："不管在什么时候、什么地方，都要给别人留下美好的东西，我愿意为班级付出，不求任何回报。"

我们也特意请来了叶聪的爸爸前来颁奖，掌声有请叶聪爸爸。《幻灯片特写照》请叶聪的爸爸为我们说几句好吗？

周娟：《幻灯片 白日不到处，青春恰自来，苔花如米小，也学牡丹开特写照》

叶聪同学用她的事迹告诉我们：不要埋怨生活给予你多少，只要努力就会发现希望的曙光。画外音《幻灯片 颁奖词》

【颁奖词】即墨二十八中"感动二八"推荐委员会给热爱集体同学的颁奖词是：他们总问同学们还需要什么，他们总问自己还能多做什么，他们知道一滴水只有放进大海里才永远不会干涸，他们知道一个学生只有把自己和集体融合在一起才最有力量。"班级是我家，荣耀靠大家"，一句平常的话，他们能坚持不懈、始终践行。他们，就是把集体利益放在首位的奉献者。

《幻灯片 依顺序出生活照》

男 下面介绍几位同学，他们中，有山东省演讲比赛一等奖、青岛市中小学生戏剧朗诵一等奖、全国青少年爱国主义读书教育活动全国一等奖、参加全国校园春节大联欢节目演出的宋子璇同学；有掌握多种乐器，舞蹈七级，朗诵八级，多次参加省市声乐比赛获得优异成绩，山东省书法家协会会员，山东省硬笔书法家的李璇同学。

女 李家丞同学，第九届校园金话筒主持人大赛省二等奖、第十五届蒲公英大赛朗诵专业金奖、第十九届中国模范学生展示活动大赛语言类金奖、山东教育卫视青少年电视主持人大赛金奖。

男 李唐安同学，曾经代表学校两次参加即墨区中小学生运动会羽毛球比赛，均获得男子单打、双打第一名的优异成绩。有人说，他有天赋。只有他自己知道，一份耕耘一份收获！夏天，当别人在空调房里吃着西瓜的时候，他却在闷热的训练场练体能，练技术，挥汗如雨；冬季，当同学们躺在暖暖的被窝里时，他却利用写完作业的时间一次次的练步伐,练发球,全神贯注…一次次的比赛使他感悟到:自信给予勇气,不放弃的信念增添动力!

女 掌声欢迎获得"才艺突出"奖项的宋子璇、李璇、李家丞、李唐安同学上台。《幻灯片 四个同学特写照》(上场音乐,礼仪学生4人)

男 有请王友森副校长宣读颁奖词《幻灯片 颁奖词》

【颁奖词】即墨二十八中"感动二八"推荐委员会给才艺突出同学的颁奖词是:"小荷才露尖尖角,便有蜻蜓立上头"。在挥汗如雨的训练里,他们用微笑歌唱辛苦;在枯燥无比的坚持中,他们用快乐诠释执着。超越梦想,让我们一起飞翔!

女 请家委会代表为他们颁奖。(颁奖音乐,颁奖4人)

请李璇同学为我们表演才艺《感恩的心》。《幻灯片 获奖同学生活照》

《幻灯片 依顺序出生活照》

男 接下来为大家介绍这几位同学:他担任初二学生会路队部部长,负责安排值日生站位,"红马甲"的发放和回收。他还要督查路队执勤,负责纠正个别同学的不良行为。好朋友犯错了,他曾经进退两难,但最终他还是选择了铁面无私。他从来没有后悔过,因为他知道自己坚持的是公正与公平。

女 她,是老师最信任的助手,同学最信赖的班长。每天她都是最早到校:开窗,开电脑,提醒值日生到位;每天下午她都最晚离班,仔细检查门窗、多媒体、空调、电灯是否关闭,晨读内容有没有写好,然后才放心地锁门;开学以来她坚持记录班级日志,放学时总结点评大家一天的表现;课间她总是穿梭在教室的各个角落,为大家解答疑难问题。

男 他,身担数职,是班长、广播站站长、学生会宣传部部长。三年来,他尽力做好一切任务,从没有闪失。每天中午,学校广播站都会传出动听的声音,优美的旋律,风雨无阻,分秒不差。

女 下面有请获得"认真负责"奖项的华子钰、刘瑾蓉、姜博文同学上台。《幻灯片特写照》(上场音乐,礼仪学生3人)

男 请班主任周珍芝老师宣读颁奖词。《幻灯片 颁奖词》

【颁奖词】即墨二十八中"感动二八"推荐委员会给认真负责同学的颁奖词是:他们总是认真严谨,真实地演绎着什么是责任,什么是担当。即使有委屈有难过,他们也从来不逃避,这是一种态度,也是一份追求。水本无言,随风自漪;莲本无足,芬芳远播

女 请班主任冯毅、周珍芝、解丽燕老师为他们颁奖。(颁奖音乐,颁奖3人)

《幻灯片 依顺序出生活照》

男 兰正彤父母从事卖早餐工作，平时天不亮就早早地出摊了，晚上得准备清晨的材料，忙碌不停。兰正彤从来没有责备父母的不陪伴，反而理解父母为自己所做的付出，自律自强。回家碰到了难题没有解决，他就询问老师或同学；父母没有时间准备饭，她就掌握做快餐的方法，还经常为父母做饭；她攒的零花钱从来不买别的，只买自己喜欢的书，尽力阅读课外书籍，增长见识。她从来没有埋怨父母，也没有看轻自己，在坚强自立的道路上，她始终奔跑不停。

女 2019年8月底的一天，张宗睿因骑自行车不慎摔倒而造成右手两个月都不能活动。他有一个坚定的信念：在学习方面不能被同学落下，他决心练习左手写字。在老师和同学的帮助下，他每天托着石膏，坚持用左手记笔记、做作业。一开始他左手写字十分费力，歪歪斜斜。但是他并不退缩，坚持练习。经过一段时间的努力，骨折非但没有影响到他的学习，反而磨炼了他的意志，他不仅成了"和谐互助"的小师傅，还当了数学课代表。他还学会了用左手穿衣、吃饭，做一些力所能及的家务。"在家做个好孩子，在校做个好学生"，这是他经常挂在嘴边的一句话。

男 让我们掌声欢迎张宗睿、兰正彤同学上台领奖。《幻灯片特写照》（上场音乐，礼仪学生2人）

女 有请华军副校长宣读颁奖词《幻灯片 颁奖词》

【颁奖词】即墨二十八中"感动二八"推荐委员会给自强不息同学的颁奖词是：坚强是他们的个性，感恩是他们的品质。他们没有同龄人撒娇的机会，也没有时间去委屈抱怨，生活给予的考验使他们明白了担当。困难想缚住他们的手脚，哪知道他们已经展翅高翔！

男 请家委会代表为获奖学生颁奖。（颁奖音乐，颁奖2人）

女 《幻灯片生活照》在28中，同学们一起分担着困难分享着助人的快乐。七（7）班的石海龙同学，看到有一位同学因家庭遇到困难而闷闷不乐，他就主动找同学谈心，进行安慰开导，在学习和生活上也都给予最大的帮助。

男 杜霄宇同学每天接送手腕骨折的同学上放学，已经坚持了三个月，他对同学的父母说："你们放心，我会一直陪着他，直到他的手完全好为止。"

女 请获得助人为乐奖项的石海龙、杜霄宇同学以及他们的家长上台领奖。《幻灯片特写照》（上场音乐，礼仪学生2人）

男 有请受帮助的家长上台颁奖！（颁奖音乐，颁奖2人）

女 助人为乐的模范中还有这样一个"雷锋小组"（播放视频）

男 在唐湘玉同学的身边，从学校到社会，有许许多多的人伸出了援助之手，爱就在互相帮助中传递着。请雷锋小组的同学和他们的家长，还有帮助唐湘玉的爱心

人士代表上台领奖。《幻灯片 7.1 雷锋小组》（上场音乐，礼仪学生6人）

女 今天我们请来了唐湘玉的奶奶，和我们敬爱的李校长一起颁奖。（颁奖音乐，颁奖2人，潘宁搀扶着唐湘玉奶奶给学生颁奖，李校长和两位爱心人士给家长颁奖，颁奖后雷锋小组和家长、爱心人士等留在台上。）

潘宁请唐湘玉奶奶说几句话。

男 建校50多年来，28中的雷锋小组届届相传。下面请36年前即墨二十八中第五届雷锋小组的组长孙辉女士宣读颁奖词。《幻灯片 颁奖词》

【颁奖词】即墨二十八中"感动二八"推荐委员会给助人为乐同学的颁奖词是：

汉字的结构中，人字就是相互支撑。生活里，有时候不经意的一次帮忙，对自我可能是心念一动，对受助者可能是感动一生。他们像一株株蒲公英，播撒着向上向善的种子。因为有他们，校园里充满温暖；因为有他们，传统美德闪耀着光芒！

孙辉读完后，走到舞台，接着说一句，今天来到这里，我无比激动，我永远骄傲，我永远是二八的学生！

尾声（感恩的心）《幻灯片 获奖学生照片滚动》

男 当优美的旋律再次响起，我们深深地体会到，每个二十八中人都在创造着感动，每个二十八中人都在感动着二十八中。

女 群山仰止，流水驻听。每一棵高尚的树苗下，都遍洒了辛勤的汗水，奋斗的泪泉，感动已成为即墨二十八中一道美丽的风景。

男 各位来宾，老师，亲爱的同学们，新的学期即将来临，愿我们的"感动二八"活动化作建设和谐校园的强劲动力，愿我们所有的二十八中人在打造"和谐教育"品牌的进程中，发现感动，书写感动，创造感动。

合 《幻灯片 即墨二十八中"感动二八校园人物"颁奖典礼》朋友们，即墨二十八中"感动二八校园人物"颁奖典礼到此结束，再见！

第五章 / 温馨校园　让世界充满爱

18—20周（12月30日—1月18日）工作安排

工作重点：

1.按程序做好党总支和支部换届选举工作。
2.做好期末学业水平诊断性测试考务、阅卷工作。
3.做好假前校园安全管理工作。
4.做好假前期末工作，安排好假中和假后工作。

一、党建工作（王友森）

1.理论学习：（王友森、党支部书记、党小组长）
(1)习近平总书记近期讲话精神。
(2)中共中央政治局召开的会议精神和中共中央政治局常委的讲话精神。
(3)《人民日报》头版社论。
(4)近期省委、市委、区委相关会议精神和领导讲话精神。
2.认真做好"不忘初心、牢记使命"主题教育总结工作：（王友森、党支部书记、党小组长）
(1)总结主题教育的成功经验和重要启示。
(2)提出巩固拓展主题教育成果的意见建议，研究建立不忘初心牢记使命的制度。
(3)开展好回头看工作，进一步完善提升主题教育工作。
3.按照即墨区委教育工委《关于做好2019年1—12月份任期届满基层党组织换届工作的通知精神》，严格按照程序做好我校党总支和第一、第二党支部换届选举工作。（王友森、党小组长）
4.各级部、各党小组、各学习组对"学习强国"工作进行细致总结，临近年终，

要确保教体局对我校学习强国工作考核优秀。(王友森、党小组长、级部处室主任)

二、级部工作(孙义智、曲素云、华军、邱若德)

(一)初一级部(曲素云)

1.安全与师德工作(曲素云、陈伟、周连瑶)

(1)严格教师出勤管理,严格落实教体局《十项规定》,临近期末考试,任何教师不准以任何理由对学生进行体罚或变相体罚,禁止以迟到、不写作业、违犯课堂纪律为由将学生撵出室外或在教室门口罚站,更不允许将学生撵回家。不接受家长的宴请和礼品,不搞有偿家教,发现违规教师要严肃处理。(曲素云、陈伟、周连瑶、林彬、级部长)

(2)班主任元旦假前给家长发安全提示信息,对学生假期安全事项提出具体要求,并详细记录在安全教育本上。(曲素云、陈伟、周连瑶、林彬、级部长,班主任)

(3)要求每一名学生都要签好收齐寒假安全保证书上交存档,要求班主任签字;寒假期间班主任要按时给家长发提醒学生注意安全的信息。(曲素云、陈伟、周连瑶、林彬、级部长)

(4)各班梳理好寒假安全、学习、学雷锋三位一体网络小组并通知相关教师。准确核实学生住址、家长电话信息,明确小组长督查汇报责任,充分发挥小组职能。(曲素云、陈伟、周连瑶、林彬、级部长)

2.德育工作(周连瑶)

(1)加强交通安全的教育,教育学生严格遵守红灯停,绿灯行,骑车注意避让行人,放学后尽快回家,严禁在路边摊逗留。(周连瑶、林彬、级部长、班主任)

(2)临近期末,继续教育学生迅速进教室自习,保证学习时间。18周评出进楼速度优胜班10个。(周连瑶、林彬、级部长、班主任)

(3)协调配餐公司,保证学生午饭吃热饭、吃好。加强中午在教室就餐学生的安全和出勤管理,班主任要重视,级部干部和学生会每天中午检查通报。(周连瑶、林彬、级部长、班主任)

(4)加强教室内务整理,雷锋书橱统一规范,重点清理电扇、灯架、多媒体框的卫生。(周连瑶、林彬、级部长、班主任)

(5)18周班主任提前准备完成电子版素质评定手册,要求项目填写完整、书写认真、评语要以激励性语言为主。19周完善学生素质定手册,级部分工进行检查公示。

（周连瑶、林彬、级部长、班主任）

(6)周五安全演练：通报本周课堂纪律情况，对学生和班级进行点名通报，主讲人：林彬；第18周：总结反馈上阶段后30%学生检测情况，对检测优胜和进步大的班级进行表彰；强调安全。主讲人：陈伟；第19周：严肃考风考纪，主讲人：林忠奇。

3. 教学工作（陈伟）

(1)严抓考前学习常规，要求教师候课及时、落实课堂教学成果，作业设置合理，控制作业量，不做重复性无效作业；针对复习期间学生容易浮躁的现象，班主任和班主任助手要及时靠班，做好学生心理疏导，及时分类找学生谈话，帮助学生树立信心，营造安定、上进的期末复习气氛。（曲素云、陈伟、周连瑶、林彬、级部管理干部、班主任）

(2)做好音、体、美、微的期末学业水平测试。测试成绩计入学生期末考试总成绩，成绩不合格者不能评优选先。（曲素云、陈伟、林彬、备课组长、班主任）

(3)继续进行和谐互助期末展示课活动，级部挂科干部及时通报教师出勤情况，利用各科集备时间反馈教师听评课情况。（曲素云、陈伟、林彬、级部管理干部、备课组长）

(4)筹备好期末检测各项考务工作，严密组织好期末考试；各班结合期中诊断性测试时网上阅卷学生涂卡出现的问题，19周对学生进行专项的涂卡训练。（曲素云、陈伟、林彬、全体教师）

(5)召开级部优秀学生座谈会。时间：18周周二下午班会课。（曲素云、陈伟、林彬、级部管理干部）

(6)布置好学生素质评价手册的填写工作，级部干部检查反馈。1—7.陈伟，8—14.周连瑶，15—21.林彬，22—28.林忠奇，29—35班孙吉超，36—42班王存星。（曲素云、陈伟、周连瑶、林彬、级部管理干部）

(7)提前做好学期末相关工作的准备，做好本学期各种考核数据的统计，做好级部工作总结。（曲素云、陈伟、周连瑶、林彬、级部管理干部）

(8)精心准备期末家长会，开好家长会准备会：(1)做好班主任集中培训；(2)精心准备家长会要发放的各种材料，做到有表彰行和指导性。（曲素云、陈伟、周连瑶、林彬、级部管理干部、班主任）

（二）初二级部（华军）

1. 安全与师德（李武军、刁晓辉、于海潮）

(1)晚放后办公室、教室必须断电关窗，级部安排专人进行检查，并予以通报。（刁晓辉、于海潮、级部长、备课组长）

(2)改变清楼方式,定点关教学楼,与训练队做好对接,定点离校。(刁晓辉、于海潮、级部长、班主任、体育训练教师)

(3)汇总更新安全网络小组资料,做好假前安全培训,及时做好假期安全反馈。(刁晓辉、于海潮、级部长、班主任)

(4)班主任元旦假前给家长发安全提示信息,对学生假期安全事项提出具体要求,并详细记录在安全教育本上。(刁晓辉、于海潮、级部长、班主任)

(5)加强师德教育。(1)无侮辱学生、无体罚学生现象。(2)严禁有偿家教。(3)严禁过量布置作业、严禁在微信群里布置作业和让家长批改作业。(华军、李武军、全体教师)

2. 德育工作(刁晓辉、于海潮)

(1)重点加强对教室内务进行检查。特别检查雷锋书柜、书包橱整洁情况及容易忽视的卫生死角,找问题改问题。寒假离校前将教室彻底整理清查一遍并做好维修登记。(刁晓辉、于海潮、级部长、班主任、室内卫生部)

(2)天气寒冷,流感多发,各班加强学生的请假制度和出门假条的管理,教室多通风,确保学生身体健康,提高学生学习质量。(刁晓辉、班主任)

(3)提高两操集合速度,加强走操跑操口号训练,提高两操质量。(刁晓辉、于海潮、班主任、体育部)

(4)加强文明礼仪教育,见到师长问好,文明用语,文明举止,假期积极参加各种有意义的活动,远离低俗。(刁晓辉、于海潮、级部长、文明礼仪部)

(5)第18周分别召开学生会各部门负责人会议,总结梳理前段时间工作,布置下阶段工作。(刁晓辉、于海潮、级部长)

(6)各班主任完成素质评定手册,要求项目填写完整、书写认真、评语要以激励性语言为主,于第20周周一上交主任室检查,检查结果计入对班主任的学期考核。1—5班华军、6—10班唐绪诚、11—15宋成平、16—20于海潮、21—25李武军、26—30刁晓辉、31—35张赛。(刁晓辉、于海潮、级部长、班主任)

(7)针对部分学生纪律、法制意识淡薄的问题,有针对性地分期分批召开部分学困生及家长的座谈会。第18周周二:1—14班,18周周五:15—28,19周周二:29—35班。(刁晓辉、于海潮、级部长、班主任)

3. 教学工作(李武军)

(1)各学科合理布置元旦假期的作业。要求各备课组长12月30日前将作业上报主任室。要求作业按天布置,分层次设计,细致有指导性。(华军、李武军、级部管理干部、全体教师)

(2)级部管理干部根据分工,对成绩薄弱和退步大的教师进行约谈,进行推门听课、评课;继续进成绩薄弱班级听课,发现问题及时解决,落实到位。(华军、李武军、级部管理干部、全体教师)

(3)加强复习期间的课堂常规、早晨中午到校自主学习的检查和反馈力度。要求全体教师:

①严抓学习常规,候课及时、课堂教学效果扎实有效;②用心备好上课和复习内容、抓好各自的课堂和作业反馈。(华军、李武军、级部管理干部、全体教师)

(4)组织好第18、19周的音、体、美、微机期末测试,美术10分、音乐10分、体育30分。考试成绩计入学生期末考试总成绩,成绩不合格者不能评优选先。(华军、李武军、级部管理干部、班主任、音体美教师)

(5)组织好期末诊断性测试的考务和阅卷工作。严肃考风考纪,严抓监考秩序,严抓阅卷质量。

(6)提前做好学期末相关工作的准备:

①家长会素材的准备;②学生电视放假大会;③级部工作总结。④校报。(华军、李武军、级部管理干部、全体教师)

(三)初三级部(孙义智)

1. 安全与师德工作(江平、万健)

(1)做好元旦文艺晚会级部节目编排。(江平、万健、音乐教师)

(2)做好初三级部"感动二八"教师推选活动。(孙义智、江平、万健、级部长)

(3)各班梳理好寒假安全、学习、学雷锋三位一体网络小组并通知相关教师,充分发挥小组职能。(孙义智、江平、万健、孙平智、班主任)

(4)做好学生期末安全教育工作,严禁携带危险物品;收齐寒假安全公约,要求班主任签字。(孙义智、江平、万健、孙平智、班主任)

(5)保证寒假教师通讯畅通,有变更电话号码的要及时上报级部。(江平、万健、全体老师)

2. 德育工作(孙仕正、万健)

(1)对学生进行元旦假期安全教育。(孙仕正、万健、班主任)

(2)做好初三级部"感动二八"学生推选工作。(江平、孙仕正、万健、班主任)

(3)临近学期末加强学生课间秩序检查管理。(孙仕正、万健、孙平智、级部长)

(4)假期离校前彻底检查教学楼水电和门窗关闭情况。(孙仕正、万健、孙平智、级部长)

3. 教学工作(江平)

(1)继续出示好一人一堂和谐互助过关课。级部管理干部根据分工听课。同备课组老师听课。教师出课和听课计入教师个人量化考核。（孙义智、江平、级部管理干部、全体教师）

(2)加强复习期间的课堂常规、早晨中午学生到校自主学习的检查和反馈力度。要求全体教师：

①严抓学习常规，候课及时、课堂教学效果扎实有效；②用心备好学生和复习内容、抓好各自的课堂和作业反馈。（孙义智、江平、级部管理干部、全体教师）

(3)抓住冬学的宝贵时间，班和班之间、学生和学生间掀比学赶帮超的学习热潮。学生制定期末考试目标，班级制定挑战目标。根据级部统一要求张贴在指定位置。18周周三前张贴完毕。落实人：李颖。（孙义智、江平、孙平智、班主任）

(4)做好期末测试的考务安排：

①及时上报学生和教师信息；②根据上级阅卷要求，合理安排监考和阅卷；③考试结束后，备课组长带领本组老师做好期末考试的试卷分析。（孙义智、江平、级部管理干部、全体教师）

(5)精心准备期末家长会，提高群众满意度。

①开好好家长会准备会；②精心准备家长会要发放的各种材料。（孙义智、江平、孙仕正、万健、级部管理干部）

(6)音体美辅导：

①检查落实每个辅导班级家长微信群的建立和管理情况，合理利用微信群，做好与家长的沟通情况；②确保美术、体育、音乐专业辅导的秩序和学生出勤管理。级部和学校检查双管齐下，落实到每一个学生；③班主任继续做好学生的动员工作，确保训练学生的稳定性；④制定音体美假期辅导计划。（孙义智、江平、级部管理干部、班主任、相关辅导教师）

(7)英语口语和听力训练。

①英语组做好寒假学生口语训练计划，保证每天都有训练任务；②英语组准备好寒假训练的文字材料，放假前发给学生，便于学生背诵掌握。（孙义智、江平、孙仕正、万健、张淑娟、刘德莉、英语教师）

(8)召开中考誓师大会。暂定16号上午。具体安排详见明白纸。（孙义智、江平、孙仕正、万健、孙平智、级部管理干部、班主任）

(9)召开艺体学生辅导、训练总结表彰会。时间待定。（孙义智、江平、万健、级部管理干部、音美辅导教师）

⑽做好学期末总结工作，准备好各种档案材料，及时上报信息。（孙义智、江平、孙仕正、万健、级部管理干部）

(四) 博学楼教学区（邱若德）

1. 教育学生每天课间开窗通风，做好记录，防止传染病感染事件发生。（李军风、解斌斌、谭泽彬、级部长、班主任）

2. 班主任携手家长抓好学困生管理，做到管理无缝隙，提高转化效果，强调女生不准化妆，严查烟、手机和管制刀具，班主任不定期抽查。（李军风、解斌斌、谭泽彬、级部长、班主任）

3. 寒假将致期间严禁学生携带火种、易燃易爆和管制器具等物品，严禁学生携带"喷雪"进校园，一经发现，取消该生评先选优资格，并扣除所在班每次分3分。（李军风、解斌斌、谭泽彬、级部长、班主任）

4. 室外卫生区落叶落净，重点放在教室内务、走廊卫生以及所有室内卫生死角的清理上。（李军风、解斌斌、谭泽彬、级部长、班主任）

5. 签订好元旦和春节安全保证书，完善上交班级寒假安全、学习、学雷锋三位一体网络小组。（李军风、解斌斌、谭泽彬、级部长、班主任）

6. 严抓课堂常规和早午自习的学习氛围，充分备战期末复习。（李军风、解斌斌、谭泽彬、级部长）

7. 组织配合好各级部学生的期末测试工作和放假工作。（李军风、解斌斌、谭泽彬、级部长、全体教师）

8. 做好期末各种材料档案的整理归类。（李军风、解斌斌、谭泽彬、级部长、班主任）

三、处室工作（孙义智、周娟、王友森、曲素云、邱若德）

(一) 政教处（团委/少先队）（华军）

1. 元旦、春节来临，社会不安定因素增多。全体值班干部、教师要继续高度重视学校值班安全工作。

⑴抓好寒假前和假中学校安全管理。

⑵加强各种隐患排查整治工作。

⑶做好学生寒假前、假中安全督查工作。①第18周周二完成签订《元旦假期安全公约》；第20周周五前完成签订《学生寒假安全保证书》。各级部要确保不漏一个学生，级部收齐装订后交政教处存档。②各级部修改完善寒假学生安全网络小组信息，准确核实学生住址、家长电话信息，明确小组长督查汇报责任。第19周周五

前各级部将最新汇总各班电子稿上传政教处。（全体干部、教师、学生）

2.抓好常规重点工作。

(1)级部严格班级出勤管理。级部、班主任看好自己的门，管好自己的人，消除逃课玩耍打架等不良现象，级部要加大对违纪班级的处罚力度。

(2)第18周彻底清理室（楼）内、外卫生，重点整治教室书包橱、雷锋书橱、风扇、窗帘、饮水机、灯具开关等物品卫生及整理，落实责任到人，做到专人专管。各级部18周开展一次教室内务管理评比，评选"教室内务优胜班"，周一升旗颁奖。加大对学生乱扔纸花、瓜子皮、糖纸等杂物的检查量化力度。利用课余时间抓好室外卫生清理，将落叶季残留垃圾清理完毕，第20周周五前彻底清理干净室（楼）内、外卫生。

(3)各级部加强晚放清校管理力度。坚决做到5分钟清教室，10分钟清楼层，20分钟清校园。各负责干部、校值日干部和传达保安、政教处要对清校后楼内、校园、操场逗留学生进行及时催促清放，并记录通报。（华军、潘宁、管理干部、班主任）

3.完成《学生素质教育评定手册》填写检查工作。学生个人按要求写出自评，以小组为单位开展自评。班主任要听取任课教师与管理干部等人的意见，客观公正地评价学生。项目填写要齐全，评语以鼓励性语言为主，书写要认真工整，确保评语内容和书写高档次、高水平。挂级部校长和主任要全面督查评出等次，将检查等次结果于20周周二前上传政教处。（华军、潘宁、各级部全体干部）

4.认真开展期末各项德育活动。（华军、潘宁、级部干部、班主任）

(1)做好期末评优选先的各项准备工作，拟定下发寒假《给学生家长的一封信》，筹备召开期末总结表彰暨放假安全法制教育大会。各级部要严格按照评优要求，公开、公正、公平地做好各种校级先进的评选工作，并将评选结果公示后及时按要求格式汇总报政教处；

(2)组织学生完成安全平台专题活动任务，组织各班完成安全平台寒假作业。

(3)各级部组织好寒假各项专题德育实践活动以及征文等比赛。

5.伙房、配餐工作：

(1)伙房工作：①做好伙房2020年上半年用工的合同签订工作；②做好月底和年终结算工作；做好假前炊事用具归类保管工作。（周娟、高永利）

(1)配餐工作：①进行配餐质量问卷调查表，梳理出意见和需求，并对配餐公司进行反馈；②总结本学期配餐过程资料，进行归档。（华军、级部干部）

（二）教务处（教科室）（周娟）

1.认真组织好2019—2020年度第一学期期末学业水平诊断性测试、阅卷、师友考核、试卷分析工作。初步测试时间：1月13日—14日（周一、周二）。

(1)以级部为单位自行安排考场和监考教师，开好考务会。

(2)备课组试卷分析会、级部质量分析会在寒假教师返校期间进行。（周娟、邱若德、级部主任）

2.严格落实教体局有关规定，任何教师不准以任何理由对学生进行体罚或变相体罚，禁止以迟到、不写作业、违犯课堂纪律为由将学生撵出室外或在教室门口罚站，更不允许将学生撵回家。不接受家长的宴请和礼品，不搞有偿家教，发现违规教师要严肃处理。（周娟、蔡紫燕、全体教师）

3.期末复习期间，各备课组要精心选择和布置复习作业。要认真研究近年来期末考试命题的特点和方向，精选复习题，不搞题海战术。要注意选题的基础性、灵活性和代表性，不能贪多求全。（周娟、邱若德、蔡紫燕、级部主任、备课组长）

4.各备课组要精心设计好假期作业。作业量要适度，作业要以预习、阅读、探究、试验、实践活动为主。备课组长设计好作业后报级部主任审批。（周娟、邱若德、蔡紫燕、级部主任、备课组长）

5.各级部做好学生和家长的问卷，将实际情况和反映问题进行汇总，并将汇总报告上交教务处，对下学期提高群众满意度工作提供可靠依据。（周娟、邱若德、蔡紫燕级部主任）

6.按照学校的预先安排，1月15日—18日学校组织专人对本学期"和谐互助"教学资源库进行检查。发现缺漏或质量低劣、应付现象，由级部主任组织相关备课组长和本备课组教师放假后补齐。"和谐互助"教学通案属内部资料，仅限校内教师使用，任何人不得外传。（周娟、邱若德、蔡紫燕、级部主任、备课组长）

7.统计好本学期教师及班级迎接外来听课、出课次数，学生引领参观解说次数，及时公示为级部考核提供依据。（邱若德、蔡紫燕、周凯）

8.联系新华书店，尽早发放下学期课本及学习资料，便于学生寒假预习。（周娟、邱若德、蔡紫燕、王毓青）

9.开好系列教学例会。（挂级部校长）

(1)召开班级协调会。

(2)召开备课组长会。交流备课组详细的期末复习进度；期末备课组阅卷要求；如何做好试卷分析；设计寒假作业等。

(3)召开班主任会。抓好期末复习阶段的学生思想情况；期末考务会；家长会准备会；

(4)召开全体教师会。通报本学期课堂常规和教师出勤、办公秩序情况；通报本学期作业、听课检查结果；期末考务会；试卷讲评要求；家长会要求。

10.做好图书审核清查迎检工作。（孙义智、蔡紫燕、相关教师）

（三）总务处（孙义智）

1.做好2019年度政府采购物品固定资产登记、入账工作及核对工作。（董胜利、万初俊、周凯）

2.彻底检查维修教学楼、博学楼走廊及楼梯、环校路、操场灯具开关，保证正常使用，保证亮度。（董胜利、孙仕正、王崇浩）

3.完成核实初一级部桌椅档案卡归档工作。（许立新、初一班主任）

4.检查班级及各办公室门锁损坏情况并及时安排人员维修。（董胜利、王崇浩、许立新）

5.上报12月份学校垃圾分类台帐。（董胜利）

6.参加即墨区垃圾分类监督员资格考试。（董胜利、周凯、王伟立）

（四）办公室、工会：（王友森）

1.组织好庆祝元旦教师联欢会，在欢乐祥和的氛围中迎接2020年的到来。（周娟、王友森、潘宁、级部处室主任、万初俊）

2.按照上级工会通知精神，做好对甘肃文县对口支援扶贫工作。（王友森、万初俊）

3.对各级部每周评选教师好人好事并制作光荣榜宣传工作进行督查，及时在干部群和办公会上通报。（王友森、华玉冈、张平）。

四、艺体工作（王友森、邱若德）

（一）体育、美术（邱若德）

1.组织好体育过程考核数据上报、存档,每位学生签名。（邱若德、周连瑶、柳先锋、体育教师）

2.组织好三好学生的体育验收，对于不及格的学生一定不能评三好学生。（邱若德、周连瑶、柳先锋、体育教师）

3.教研活动：组织学习对于区和青岛市体育抽测中的问题反馈及整改方案，今后工作要扎实认真。（邱若德、周连瑶、柳先锋、体育教师）

4.针对视导检查情况，召开美术教研组会议，总结亮点与不足。（邱若德、万健、全体美术教师）

5.继续做好初三美术辅导工作，各级部组织好美术测试工作。（邱若德、万健、

辅导教师）

（二）音乐（王友森）

1.第18周周一第一节课召开音乐教研组集备会，各备课组做好期末艺术测试工作，各社团、备课组做好学期末"艺术特长生"评比上报工作。（王友森、潘宁、于峰燕、全体音乐教师）

2.继续做好初三升学辅导工作，提前做好《寒假辅导计划》安排和《阶段辅导总结表彰会》安排。（王友森、潘宁、于峰燕、辅导教师）

五、其他工作（周娟）

1.做好即墨区教体局对基层单位的年度考核，相关干部一定高度重视，做到零失误，确保各项考核第一名。具体分工见安排表。（全体干部）

2.做好2019年教师职称评审工作。（周娟、孙义智、相关干部教师）

3.学校校报1月15日定稿印刷，要求负责人员在1月6日（周一）完成上报内容。新春寄语蔡紫燕，初一版面陈伟，初二版面李武军，初三版面江平，学校亮点华军（德育）、蔡紫燕（教学、前后勤、工会）、万健（音体美），刁晓辉（中缝内容和师生荣誉）。1月6日刁晓辉汇总，凡是影响工作不如期上报或上报内容因为质量等原因没有被采纳，版面缩减或取消。（周娟、相关干部）

4.举办即墨28中第二届"感动二八"校园人物颁奖大会，详细分工见安排表。（周娟、华军、相关干部教师）

5.做好放假前、寒假期间、假期返校工作安排。放假前工作安排—周娟，寒假期间工作安排—华军，假期返校工作安排——周娟，寒假教师值班及学生护校安排——华军、潘宁。（周娟、华军、相关干部）

6.做好本学期工作总结和新学期工作计划的相关准备工作，各级部、处室务必于1月15日前将本部门工作总结、下学期计划电子稿分报陈蔡紫燕处、刁晓辉。具体分工：本学期工作总结——周娟、蔡紫燕、唐绪诚、王品、蓝孝骞。新学期工作计划——华军、刁晓辉、万健、孙仕正。（周娟、华军）

7.做好教职工学期考核和绩效考核工作。（相关干部）

8.2020年元旦放假安排为1月1日（周三）放假一天。（周娟）

2020年寒假前工作安排

时间	工作内容	地点	参加人员	负责人	要求
1.6—1.10	1.核实教职工电话号码（干部电话假期24小时开机）		全体教职工	王友森 级部处室主任 华玉冈	号码准确
	2.安排好假期值班，1月10号张贴公示。		孙建防	华 军 潘 宁	及时通知
	3.政教处计算好本学期各班常规管理成绩，各级部公示、确认。		孙建防	华 军 潘 宁	准确无误
	4.完成本学期校报的校稿及印刷。		相关人员	蔡紫燕 刁晓辉	高质量如期完成
1.13 腊月十九 周一	5.期末考试。初三下午1:20前，把上午测试科目的答题卡送到教研室；下午6:00前把下午测试科目的答题卡送到教研室。	各级部	全体教职工	周 娟 蔡紫燕 华 军 潘 宁	规范严格 秩序井然
1.14 腊月二十 周二 上午	6.初一11:30考完后发放安全协议书，整理教室内务，组织放学，下午初一学生休息。	初一级部	周连瑶班主任	曲素云 陈 伟	布置返校清扫卫生
	7.全区初三语文、物理上午7:40开始网上阅卷。初三级部合理安排监考教师。阅卷地点:待定。			蔡紫燕 解斌斌 江 平 陈 伟	准时全勤

第五章 温馨校园 爱心智慧启未来

续表

时间		工作内容	地点	参加人员	负责人	要求
1.14 腊月二十 周二	下午	8. 初三 14:40、初二 14:50 结束考试后,发放安全协议书,整理教室内务,15:20 组织学生放学。值日干部及时到岗。			江 平 李武军 潘 宁	组织有序
		9. 初一初二组织教师在办公室网上阅卷,初三下午 16:00 前把当天的答题卡送到教研室。			陈 伟 李武军	准时高效
1.15 腊月廿一 周三	全天	10. 全区初三数学、英语、化学、历史、道法学科上午 7:40 开始网上阅卷。阅卷地点待定。			备课组长	及时参加
		11. 初一初二年级全体教师在办公室网上阅卷。阅卷时间为上午 7:30—11:30,下午 13:30—17:00。			挂级部校长 级部主任	准时开始 严格高效
		12. 初三音体美特长辅导。8:00—11:00、13:30—16:30。			挂科干部 教研组长	认真辅导 保证出勤
1.16 腊月廿二 周四	上午	13. 8:00—11:00 核准基础年级音乐、体育、美术、微机分数,计入学期期末总成绩。			李武军 陈 伟	准确及时
		14. 8:00—11:00 初三音体美特长辅导。			挂科干部 教研组长	认真辅导 保证出勤
		15. 7:30—9:00 初一初二学生返校,两节课时间发卷、核对成绩,收齐安全协议书。9:10—11:30 科任教师按照临时课程表讲评试卷,布置作业,共 3 节课,每节课 40 分钟,11:30 放学,值班干部及时上岗。	初一 初二 师生		挂级部校长 级部主任 华 军 潘 宁	认真组织
		16. 13:20—14:10 全体学生返校,初一初二任课教师评选优秀师友(每班每科 4 对)报给班主任,班主任评选学生先进,级部汇总,16:00 前报政教处。	全体 师生		级部主任 潘 宁 刘玉涵	准确公正
	下午	17. 13:20—14:00 初三学生誓师大会。	初三 各班		孙义智 周 娟 初三干部	认真组织

续表

时间		工作内容	地点	参加人员	负责人	要求
1.16 腊月廿二 周四	下午	18.14:20—16:40 科任教师按照临时课程表讲评试卷，布置作业，共3节课，每节40分钟。	各教室	全体师生	挂级部校长 级部主任	认真组织
		19.14:20—17:00 级部组织人员计算教师、班级教学成绩积分，评选先进班、文明班，计算教师学期考核分。			级部主任	准确公正
1.17 腊月廿三 周五	上午	20. 7:30—9:40 科任教师按照临时课程表讲评试卷，布置作业，共3节课，每节课40分钟。11:1. 放学，值班干部及时上岗。		全体师生	级部主任 华 军 潘 宁	认真组织
		21.10:00—11:30 "感动二八"学生颁奖。		全体师生 班主任	级部主任 周娟、华军	供暖音响
		22. 8:20—9:00 总务工作会议。	总务处	总务处 全体人员	孙义智 董胜利 孙仕正	及时与会
	下午	23.13:20—13:40 各班清扫卫生。	各班教室	全体学生	挂级部干部 班主任	认真组织
		24.13:40—14:20 学生放假电视会。	报告厅 各班教室	全体学生 班主任	华 军 潘 宁 级部干部	秩序井然
		25.14:50 学生离校，值班干部及时上岗，政教处检查。	各教室	各班学生 班主任	华 军 潘 宁 挂级部干部	清校迅速
		26.15:00前，音体美微教研组完成本学期考核积分并公示，级部上交考试成绩对照表。			相关干部	及时准确
		27.15:30—16:30 教师放假会、值班教师会、"感动二八"教师投票。	报告厅	全体教职工	李志刚 周 娟 华 军 王友森	供暖音响

续 表

时间		工作内容	地点	参加人员	负责人	要求
1.17 腊月廿三 周五	下午	28.15:30—17:00 学校检查卫生、水电、门窗等。	各级部处室博学楼致学楼餐厅宿舍等	级部处室主任	级部政教总务保卫	确保安全
1.18 腊月廿四 周六	上午	29.8:00—11:00 初三音体美特长生辅导。	各辅导地	全体辅导师生	挂科干部教研组长	全勤高效
		30. 8:00—9:00 初三潜力生家长会。	报告厅各教室	家长班主任	全体干部	秩序井然扎实高效
		31.9:15—11:15 初三家长会。				
	下午	32.13:30—1.:30 初三音体美特长生辅导。	各辅导地	全体辅导师生	挂科干部教研组长	全勤高效
		33.15:50—1.:50 初三音体美特长生辅导总结颁奖会议。	各颁奖地点	全体辅导师生	挂科干部教研组长	优质高效
		34.13:30—15:30 初一家长会。	报告厅各教室	家长班主任	全体干部	秩序井然扎实高效
		35.14:50—16:50 初二家长会。				
1.19 腊月廿五 周日	上午	36.9:00—11:00 备课组长会议。集备室（初一初二）、学校会议室（初三）。	相关地点	备课组长	孙义智 江平	扎实高效
		37.9:00—10:30 音体美辅导教师会议。音乐：德育活动室，体育美术：党员活动室。	相关地点	教研组长	邱若德 王友森	扎实高效
	下午	38.14:30—17:00班主任会议。初一初二级部在博学楼初一32班、33班，初三级部在学校会议室。	相关地点	班主任	挂级部校长级部主任	效果突出

2020年寒假中工作安排

时间	工作内容	负责人	参加人员
1.20—2.11 腊月廿六至正月十八日	1.抓紧抓好党建工作： (1)定期召开党总支和第一第二党支部会议，及时研究布置党建工作； (2)抓好党建理论学习，利用党建工作微信群，及时布置党建理论学习内容并抓好落实； (3)全体干部党员和教职工都要按照上级"学习强国"工作部署，每天进行"学习强国"学习，并确保达到学习要求（每天学习成绩最低不低于30分）。	李志刚 孙义智 周 娟 王友森 曲素云 华 军 邱若德	董胜利 蔡紫燕 李武军 孙仕正 陈 伟 王 品 万初俊
1.20—2.11 腊月廿六至正月十八日	2.进行安全隐患大清查活动，查出问题马上整改。严格强调分级部管理，分处室管理原则。做到分管副校长靠上抓，分管干部具体抓、谁出问题谁负责的原则。	李志刚 孙义智 周 娟 王友森 曲素云 华 军 邱若德	潘 宁 董胜利 孙仕正 刁晓辉 周连瑶 解斌斌
1.20—2.11 腊月廿六至正月十八日	3.不得以任何形式参与、动员、组织学生参加各类辅导培训班，禁止和严肃查处教师有偿家教。各级部组织检查小组，每个周进行抽查，并于1.31、2.7、2.14三个时间点填表上报学校检查结果。音体美教研组的检查由挂科干部负责组织并上报学校。	周 娟 孙义智 华 军 曲素云 王友森 邱若德	级部干部 挂学科干部 骨干教师
1.20—2.11 腊月廿六至正月十八日	4.加强值班管理，细抓值班安全工作落实，严格值班检查安全责任落实，做好寒假值班工作确保学校假期安全。 5.做好寒假值班查班工作，做到每日检查，及时处理，认真记录，寒假后全校通报寒假每日值班情况。	华 军 孙义智 周 娟 王友森 曲素云 邱若德	全体干部 值班教师

续表

时间	工作内容	负责人	参加人员
1.20—2.11 腊月廿六至 正月十八日	6.根据《关于在教育系统集中开展矛盾隐患排查化解工作的通知》要求,扎实做好走访下访工作,全面梳理排查辖区内信访矛盾隐患。对新排查出以及已知已发的矛盾纠纷和信访事项,要逐一落实严密的稳控措施。逐案制定化解措施,精准施策,全力化解。做到反应迅速、指挥通畅、人员到位、措施有力、处置高效,将影响降至最低。	孙义智 周　娟 王友森 曲素云 华　军 邱若德	全体干部
1.20—2.11 腊月廿六至 正月十八日	7.加强寒假期间网络舆情监控,一旦发现舆情要第一时间上报、第一时间应对处置,避免舆情发酵、负面影响进一步扩大。	王友森	华玉冈 张　平
1.20—2.14 腊月廿六至 正月廿一日	8.各级部严格控制各学科假期作业总量,要给学生留足读书、实践活动、自主学习时间;要指导教师提高作业布置质量,提倡实践性作业、探究性作业,严禁教师没有针对性的直接利用现成的教辅材料布置作业。所有学科作业在学校网站公开。	周　娟 蔡紫燕	挂级部校长 级部主任
1.20 腊月廿六	9.给全体家长发送和谐互助三位一体小组(和谐互助安全小组、和谐互助学习小组、和谐互助学雷锋小组)信息第一次提醒。信息中要有家长(法定监护人)对学生进行安全教育和事故防范,履行对未成年人监护责任,特别提醒防跌滑、防滑冰溺水、预防煤气中毒等内容。	华　军	潘　宁 蔡紫燕 级部主任
1.20 腊月廿六	10.抓紧抓好党建工作: (1)在教师微信工作群中通报上阶段"学习强国"成绩,并点名督促成绩落后的教职工加强学习,确保成绩。 (2)全体干部党员都要做好"灯塔党建"学习工作,要求每天登录学习。 (3)组织好党员干部假期学雷锋活动。	王友森	陈　伟 党小组长 级部主任

续表

时间	工作内容	负责人	参加人员
1.20—1.24 腊月廿六至 腊月三十	11. 春节前看望慰问我校部分教职工和生活困难党员、老党员、老干部。	李志刚 王友森	全体干部
1.20—2.14 腊月廿六至 正月廿一日	12. 保持学校通讯畅通,按时收发文件及信息。	王友森	华玉冈 张 平
1.20—1.21 腊月廿六至 腊月廿七	13. 召开微信制作团队会议,总结学期工作,研究假期微信制作,做好下学期计划。寒假中每周不少于一期,宣传报道假期中师生重大活动、工作亮点。	周　娟 华　军 蔡紫燕 潘　宁 刁晓辉	微信团队
1.20—2.14 腊月廿六至 正月廿一日	14. 完善班主任、家长、学校沟通平台,定期给家长发送安全以及学习提示短信。	孙义智 华　军 曲素云	级部主任
1.20—2.14 腊月廿六至 正月廿三	15. 体育作业:按教体局要求,全体学生要加强寒假期间体育锻炼,努力完成体育作业,有效增强身体素质。作业:长跑3000米/天;俯卧撑(女生)60个或引体向上(男生)20个/天,假期结束1次能完成6个引体向上(男生);仰卧起坐90个/天(女生),坐位体前屈或立位体前屈5分钟/天,立定跳远30次/天。每天体育锻炼总时间不少于1.5小时。要求:各班学生每天将体育锻炼视频发到班级群。班主任每周汇总汇报给级部主任,级部主任每周汇报给邱若德主任。新学期开学后第一个月为"体质健康达标月",各级部在开学四周内对全体学生进行一轮《国家学生体质健康标准》测试,并将测试数据上传至业务科室。	邱若德	周连瑶 级部主任 体育备课 组长 班主任
1.20—2.14 腊月十二至 正月廿三	16. 艺术作业。要求:熟练一种乐器,学唱一首新歌,创作一幅春节内容的图画,返校后音乐、教师组织艺术素质测试,美术教师收齐作品并评奖。	王友森 邱若德	潘　宁 万　健 王卫英 王天磊

续表

时间	工作内容	负责人	参加人员
1月20日 腊月廿六	17.语文学科质量分析。8:00—9:30	孙义智 华 军 曲素云	级部主任 相关教师
	18.数学学科质量分析。10:00—11:30		
	19.英语学科质量分析。14:00—15:30		
	20.九年级物理学科分析。16:00—17:30		
1.20—1.22 腊月廿六至 腊月廿八日	21.1月22日上午12:00前，各口上报第一个双周计划，微信发送至蔡紫燕主任，下午蔡主任进行编排后发孙义智。	孙义智	蔡紫燕 相关干部
1.20—1.22 腊月廿六至 腊月廿八	22.撰写学期计划、总结，完成初稿。	周 娟 华 军	蔡紫燕 唐旭诚 蓝孝骞 刁晓辉 万 健 孙仕正
1.20—2.11 腊月廿六至 正月十八	23.组织好拥军优属活动。	李志刚 华 军	领导干部
1.20—2.16 腊月廿六至 正月廿一	24.组织好假期"雷锋在身边"系列"学雷锋"活动之："情献春节"活动。各班以三位一体小组为单位，到敬老院、车站、社区 进行学雷锋活动。安排为：1月20日初一级部1—21班。注意收集资料，及时制作微信。假后各班上报活动电子照片和活动简介。	华 军	潘 宁 周连瑶 刁晓辉
	25.组织好假期"雷锋在身边"系列"学雷锋"活动之："环保春节"活动。要求以三位一体小组为单位到各社区参加"废旧物品回收""垃圾分类""无塑开学季"等志愿服务活动，宣传《青岛市禁止燃放烟花爆竹规定》。安排为：1月21日初一级部22—42班。注意收集资料，及时制作微信。假后各班上报活动电子照片和活动简介。	华 军	潘 宁 周连瑶

续表

时间	工作内容	负责人	参加人员
1.20—2.16 腊月廿六至正月廿一	26. 组织好假期"雷锋在身边"系列"学雷锋"活动之："情暖寒假"活动。开展以空巢老人、外来务工随迁子女、农村留守儿童、孤儿、残疾儿童和经济困难家庭儿童为重点的假期看护工作；开展"心愿直通车"等活动，为贫困儿童捐赠图书、文具等学习用品。假后将开展情况和典型案例、图文资料等信息请上报政教处存档。	潘宁 周连瑶 刁晓辉	初一初二团支部（中队委）
	27. 组织好假期"雷锋在身边"系列"学雷锋"活动之："寒假中的雷锋"美篇评选活动。要求各小组将本小组学雷锋活动制成美篇，初一、初二每个级部评选10篇，返校后升旗仪式进行颁奖。	潘宁	周连瑶 刁晓辉
1.20—2.16 腊月廿六至正月廿一	28. 利用各班级安全网络平台对学生和家长进行假期安全和文明上网教育。利用好集安全、学雷锋和学习三位一体小组，教育学生时刻牢记"安全第一"，做好假期中各项安全工作，不沉浸网络，禁止学生到网吧上网或到迪厅消费，准确掌握假期中每名学生安全情况。组长汇报给班主任，班主任上报级部。级部汇总后上报政教处。上报时间：2月13日，2月8日，2月15日，2月22日。	华军	周连瑶 刁晓辉 孙仕正
1.20—2.16 腊月廿六至正月廿一	29. 组织"我们的节日——春节"和"我们的节日——元宵节"为主题的感恩、祝福活动。初二1—9班开展"最美是春节"摄影活动，9—18班开展"元宵情浓浓"摄影活动；初二19—28班开展"我为春节添喜庆"手抄报活动，29—35班开展"欢乐元宵节"手抄报活动。返校后各班收齐，交政教处存档。	华军	周连瑶 刁晓辉 孙仕正

续表

时间	工作内容	负责人	参加人员
1.20—2.16 腊月廿六至正月廿一	30.组织学生参加2020年即墨区"新华杯"寒假读书摘抄活动。参赛要求： (1)参赛者在全区统一推荐书目中选取一本或几本好书阅读，同时摘抄一段或几段感触最深、最优美或最感人的话，需字迹工整、字体优美，并注明摘抄书名； （二）将摘抄作品拍摄成照片、照片应不低于800万像素； （三）将照片命名为学校+班级+姓名+书名+指导教师姓名； （四）每班上交1篇作品，各备课组长将本级部作品收齐于2月26日交张英辉老师，由张英辉老师统一将摘抄作品照片以邮件附件形式发送至邮箱jmjywx@163.com，邮件标题请注明"摘抄活动"。	蔡紫燕	级部主任 张英辉 朱妮妮 李永妮
1.20—2.7 腊月廿六至正月十四日	31.控制供暖流量，每天安排人员轮流到校，对全校的消防栓及暖气设施等逐个进行检查。发现异常及时处理，避免漏水。	孙义智	董胜利 孙仕正 王崇浩 许立新
	32.学校网络设备维修。		孙仕正 蓝孝骞 董胜利
	33.做好春节期间校园氛围营造，禁止燃放烟花爆竹。		
	34.维修校园破损围栏。		董胜利 王崇浩 许立新 孙仕正 王崇浩 许立新 万初俊 周公法
	35.维修、更换卫生间损坏的水龙头及厕所便盆等设施。		
	36.整改假前排查的各类安全隐患。		
	37.做好工资报表、年终结报、绩效工资核算等工作。		
	38.梳理规范校舍检查记录台帐，更新《中小学校舍档案》。		

续表

时间	工作内容	负责人	参加人员
2.1—2.9 正月初八至 正月十六	39. 开展"万名教师访万家"活动。 (1)开展形式和范围： ①集中家访各班三分之二的学生，每次5至6人，学生和家长一起，级部干部、班主任。一名语数英教师。 ②挂级部干部、德育级部长家访学困生。 ③挂级部校长、班主任、一名任课教师家访语数英边缘生，每班6人。 (2)准备：级部主任负责制出家访学生信息表格，发放给家访干部教师； (3)检查分工： 初三级部：1—5班、25班江平，6—10班孙仕正，11—15班万健，16—20孙平智，21—24班、26班李颖，27—31班王元斌，32—36班李庆礼； 初二级部：1—6班唐绪诚、7—12班于海潮、13—18班李武军、19—25班张赛、26—28班宋成平、29—35班刁晓辉； 初一级部：1—7班林忠奇、8—14班周连瑶、15—21班林彬、22—28班孙吉超、29—35班王存星、36—42班陈伟。 (4)反馈总结：正月十六各级部汇总情况，干部群公示。开学后升旗仪式对家访工作突出的班主任和教师进行颁奖。 每级部于2月20日前将5份word版家访材料电子稿交至政教处。	周娟 华军 挂级部校长 级部主任 挂级部干部	级部全体干部 蔡紫燕 潘宁
1.20—2.16 腊月廿六至 正月廿一	40. 在初一学生师友中开展"和谐互助你帮我"感言征集活动，每班3篇。假后评选并择优整理成册。	曲素云 陈伟	班主任 全体学生
	41. 在初二学生中开展"和谐师友共进步"感言征集活动。每班3篇。假后评选并择优整理成册。	华军 李武军	班主任 全体学生

续表

时间	工作内容	负责人	参加人员
1.20—2.16 腊月廿六至 正月廿一	42.在初三学生中开展"中考,我准备好了"学生学习计划征集活动,字数不少于500字,每班3篇。假后评选并择优整理成册。	孙义智 江　平	班主任 初三全体 学生
1.20—2.16 腊月廿六至 正月廿一	43.认真组织做好"2020年平安寒假安全教育"专项活动。每名学生必须参与,学校将每周通过平台检查,根据检查情况对相关责任人进行通报,并将各班参与情况纳入班级考核。	华　军 潘　宁 挂级部干部	挂级部干部 班主任 全体学生
1.20—1.22 腊月廿六至 腊月廿八	44.清算伙房账目,做到规范、严格。	周　娟	高永利 万初俊
1.27 正月初三	45.给全体家长发送和谐互助三位一体小组信息第二次提醒。信息要求家长关注安全与学习的同时,响应"小手拉大手"活动,关注环保,支持学雷锋,传递正能量。	华　军	潘　宁 蔡紫燕 级部主任 挂级部干部
1.27 正月初三	46.抓紧抓好党建工作: (1)通报截至当日"学习强国"学习数据,各学习组责任干部电话督促成绩落后教职工; (2)全体干部党员要利用春节走亲访友契机,积极宣传党的十九届四中全会精神。	王友森	陈　伟 党小组长 级部主任
1.20—2.15 腊月廿六至 正月廿二	47.做好2019年春季教材和作业本的接收和分拣工作。	周　娟	蔡紫燕 周　凯 王毓清 宋修田
1.20—2.15 腊月廿六至 正月廿二	48.定期完善学校教育网站,上传活动信息。	邱若德	蔡紫燕 孙仕正 宣传团队
1.20—2.15 腊月廿六至 正月廿二	49.做好假期传染病防控,发现疑似病例由班主任上报学校,并做好病情追踪记录。	华　军	潘　宁 班主任

续表

时间	工作内容		负责人	参加人员
2.3—2.13 正月初十至 正月二十	50.组织定期检修各楼水、电、暖设施是否正常，定期检查维修各班电暖设备、走廊饮水机等设施，定期检查维修校园院墙及院内设施，做好开学准备。		孙义智	董胜利 孙仕正 王崇浩 许立新
2月3日 正月初九	51.给全体家长发送和谐互助三位一体小组第三次提醒。信息要强调家长注意学生安全同时，关注孩子在家学习情况，进行收心工作。		华军	潘宁 蔡紫燕 级部主任 挂级部干部
2月3日 正月初九	52.抓紧抓好党建工作： (1)将"学习强国"成绩进行公示，并点名督促成绩落后的教职工加强学习，确保成绩，对成绩一直落后无改观的人员进行面谈督促； (2)组织好党员家访活动，每名党员至少家访2名困难学生（家庭经济困难、学习成绩落后、思想意识落后），并填写《家访记录表》，开后上交党支部。		王友森	陈伟 党小组长 级部主任
1.31—2.2 正月初七至 正月初九	53.级部、前后勤核算教师学期考核积分并予以公示，上交学校存档。		周娟 蔡紫燕	孙义智 挂级部校长 级部主任
2.3—2.15 正月初十至 正月廿二	54.做好音乐"青青义教"活动。	时间：2月3号至2月15号（2月8号休息一天）	王友森 邱若德	潘宁 于峰燕 万健 王天磊 周连瑶 柳先锋
2.3—2.15 正月初十至 正月廿二	55.做好美术"青青义教"活动。	时间：2月3号至2月15号（2月8号休息一天）	王友森 邱若德	潘宁 于峰燕 万健 王天磊 周连瑶 柳先锋
2.3—2.15 正月初十至 正月廿二	56.做好体育"青青义教"活动。	时间：2月3号至2月15号（2月8号休息一天）	王友森 邱若德	潘宁 于峰燕 万健 王天磊 周连瑶 柳先锋
2.3—2.15 正月初十至 正月廿二	57.音体美辅导老师集体备课。2月7日下午2:00		王友森 邱若德	潘宁 于峰燕 万健 王天磊 周连瑶 柳先锋
2.3—2.15 正月初十至 正月廿二	58.2019年大事记		王友森	邱若德 王品 董胜利 潘宁 蔡紫燕 刁晓辉 华玉冈 唐绪诚 级部主任

续表

时间	工作内容	负责人	参加人员
2.3—2.4 正月初十至 正月十一	59.音乐、体育、美术、微机教研组公示考核，上交学校存档。	周　娟 孙义智 王友森 邱若德	挂学科干部 教研组长
2.5—2.8 正月十二至 正月十五	60.核算本学期绩效工资，及时上报录入工资系统。	周　娟	蔡紫燕 万初俊
2.3—2.5 正月初十至 正月十二	61.修改完善学校计划、总结，提交2.4上午干部会讨论讨论后定稿，制成课件。	周　娟 华　军	蔡紫燕 蓝孝骞 刁晓辉 孙仕正
2.4 正月十一	62.上午8：00，干部会议讨论计划、总结，地点：学校会议室。 63.讨论研究第一、二周双周计划。	李志刚	所有干部
1.20—3.10 腊月廿六至 二月十七	64.组织开展好全校师生中的"冬季安全应急宣传教育进家庭"活动。时间：自2019年12月起至2020年3月中旬取暖季结束时止。 (1)利用教师会、学生会、家长会、各级部微信群普及宣传冬季取暖防一氧化碳中毒、防火、用电、用气和交通、防滑冰溺水、防拥挤踩踏等安全知识技能； (2)假期里，师生人人争做义务宣传员，走乡入户，帮助排查和整治上述家庭内安全隐患和过道、楼梯、走廊、场院等公共空间杂物乱堆乱放、电线乱拉乱扯、电动车违规停放； (3)组织开展一氧化碳中毒、火灾、防滑冰溺水、和用电、用气等事故时的应急自救技能培训和演练。	华　军	潘宁 挂级部干部 班主任
1.20—2.15 腊月廿六至 正月廿二	65.做好初中毕业生生活生涯规划测评	江　平	初三班主任

续 表

时间	工作内容	负责人	参加人员
2.3 正月初十	66. "感动二八"教师颁奖仪式筹备会议。 时间：上午9:00 地点：会议室	周 娟	华 军 蔡紫燕
2.3—2.6 正月初十至 正月十三	67. 初一级部教师约谈活动 地点：集备室 参加人员：级部主任、约谈教师、级部挂学科干部	曲素云 陈 伟	级部 全体干部
2.3—2.6 正月初十至 正月十三	68. 初二级部教师约谈活动 地点：集备室 参加人员：级部主任、约谈教师、级部挂学科干部	华 军 李武军	级部 全体干部
2.5 正月十二	69. 初三化学质量分析会。 8:00—9:30 70. 初三政治质量分析会。 10:00—11:30 71. 初三历史质量分析会。 14:00—15:30 地点：初三集备室	孙义智	江 平 备课组长
2.5 正月十二	72. 初二物理质量分析会。 8:00—9:3. 73. 初二生物质量分析会。 10:00—11:30 74. 初二地理质量分析会。 14:00—15:30 地点：初二集备室	华 军	李武军 备课组长
2.5 正月十二	75. 初一地理质量分析会。 8:00—9:30 76. 初一生物质量分析会。 10:00—11:30 地点：初一集备室	曲素云	陈伟
2.7 正月十四	77. 挂科干部和教研组长会议 时间：上午九点半；内容：教研组质量分析会的准备工作；参加人员：文化课挂科干部、文化课学科教研组长 要求：准时与会，教务处通知教研组长；级部主任按照统一格式要求做好备课组的质量分析课件；挂科干部汇总本学科各年级教师成绩。	周 娟 蔡紫燕	文化课 挂科干部

续表

时间	工作内容	负责人	参加人员
2.7 正月十四	78.全校备课组长会议，时间下午三点，地点学校会议室。内容：布置2020年上半年"和谐互助"教学资源库整理、评比；反馈教学调研；学习教师考核文件。	周娟 蔡紫燕	级部主任 备课组长
2月10日 正月十七	79.给全体家长发送和谐互助三位一体小组第四次信息提醒。要求梳理学生安全、学习、学雷锋三个方面情况，做好开学准备。	华军	潘宁 级部主任 挂级部干部
2月10日 正月十七	80.抓紧抓好党建工作： (1)总结寒假阶段"学习强国"学习情况，成绩以处室为单位进行排名； (2)全体干部党员要深入巩固好"不忘初心、牢记使命"主题教育成果，利用寒假走访信息，提高自己的思想与行为，真正在工作中解决群众实际困难。	王友森	陈伟 党小组长 级部主任
1.20—2.15 腊月廿六至 正月廿二	81.加强假期间对操场卫生清理以及白天夜间巡视工作。	华军 邱若德	潘宁 周连瑶 解斌斌 带班干部 值班教师
1.20—2.15 腊月廿六至 正月廿二	82.教师学习：学习十九届四中全会精神和习近平总书记讲话精神；规范使用语言文字，进行传统文化和经典诵读学习，做好《红蕾·教育文摘》摘抄（3000字）。	曲素云	级部主任

2020年寒假返校期间工作安排

时间		工作内容	地点	参加人员	负责人
2.12 正月十九 周三	上午	8:00—8:30 总结假期工作，布置返校期间工作。	报告厅	全体教师	李志刚
		8:30—9:20 传达学校上学期工作总结。			周 娟
		9:30—10:20 传达学校新学期工作计划。			华 军
		10:20—10:40 传达第二学期第一个双周工作计划。			孙义智
		8:00—10:40 初三音体美特长生辅导	初三教室 体育场	辅导教师	挂科干部 教研组长
		11:00—11:40 各级部处室干部召开新学期工作会议。教师整理教师办公室，领取教学计划、卫生工具等。	各级部处室 教师办公室	全体教师	挂级部校长 级部处室主任
		11:00—11:40 音、体、美、微机教研组活动：总结假期训练，研究开学后工作安排。音乐：德育活动室，体育、美术：学校会议室，微机：初三集备室	相应地点	相关教师	邱若德 王友森 潘 宁 万 健 周连瑶 孙仕正
	下午	13:30—17:00 初三音体美特长生辅导	初三教室 体育场	辅导教师	挂科干部 教研组长
		13:30—14:50 各级部期末考试总体成绩质量分析会	级部会议室	全体文化课教师	挂级部校长 级部主任

续表

时间		工作内容	地点	参加人员	负责人
2.12 正月十九 周三	下午	15:00—17:00 初一初二级部学科质量分析会；15:00—16:00 初一初二政治；16:00—17:00 初一初二历史。没有级部活动任务的学科： (1)集体备课：备好开学第一周的所有课程内容。挂科干部抽查，教务处统一检查集备情况并通报； (2)任课教师写出所教班级的成绩分析报告（有原因、有措施，电子稿）；任课教师对集备的通案进行修改，形成个案；备课组长收齐分析报告发送至各级部主任。	级部会议室 教师办公室	全体文化课教师	挂级部校长 级部主任 蔡紫燕 挂科干部 备课组长
2.13 正月二十 周四	上午	8:00—10:40 初三音体美特长生辅导。	初三教室 体育场	辅导教师	挂科干部 教研组长
		8:00—11:40 各学科教研活动； 8:00—10:00 语文（九年级8班）、数学（九年级9班）、英语（九年级10班）； 10:20—11:40 物理（八年级1班）、历史（九年级11班）、政治（九年级12班）、地理（八年级4班）、生物（八年级3班）、化学（九年级13班）。	级部学生教室	全体文化课教师	挂科干部 教研组长
		11:00—11:40 音体美教师撰写新学期教学计划，备课组长收齐后上交教务处。	教师办公室	辅导教师	挂科干部 教研组长
	下午	13:30—17:00 初三音体美特长生辅导。	初三教室 体育场	辅导教师	挂科干部 教研组长
		13:30—17:00 和谐互助培训会； 13:30—14:30 "五步十环节"的设计和运用（李武军）； 14:30—15:30 师友的划分与培训（周珍芝）； 15:40—16:50 师友的激励与评价（江平）。	报告厅	全体教职工	周娟 蔡紫燕

续表

时间		工作内容	地点	参加人员	负责人
2.14 正月廿一 周五	上午	8:00—11:00 初三音体美特长生辅导	初三教室 体育场	音体美 辅导教师	挂科干部 教研组长
		8:00—10:00 和谐互助学科模式解读。 语文：周珍芝、王卫（党员活动室） 数学：张清波、栾晓华（团队活动室） 英语：张淑娟、黄祖俊（初二1班） 物理：陈伟、王秀梅（初二3班） 化学：季云、宋伟红（初二4班） 政治：韩荣荣、蓝雪蕙（初二5班） 历史：李颖、解玉华（初二6班） 地理：陈梅、辛桂霞（初二7班） 生物：李永梅、邵慧卿（初二8班）	指定 教室	全体 文化课教师	挂科干部 教研组长
2.14 正月廿一 周五	上午	10:00—11:40 各学科集备：学习文化课考核方案；撰写新学期教学计划。备课组长收齐后上交教务处。	教师办公室	全体 文化课教师	挂级部校长 级部主任
	下午	13:30—14:30 新调入教师交流会。	报告厅	全体 教师	周娟 蔡紫燕
		14:50—17:00 "感动二八"教师颁奖典礼。			周娟 华军
2.16 正月廿三 周日	全天	全体教师到校，学生返校报到，按课程表检查作业。	教学楼	相关干部 相关教师	挂级部校长 级部主任
		16:10—17:00 各班分发新学期课本、作业本，分发领取班级卫生工具（致学楼一楼大厅）。班主任总结学生假期表现。	各级部教室	孙义智 董胜利 级部主任 班主任	蔡紫燕 周凯 王毓清 孙吉超 王元斌 宋成平 许立新
		16:00—17:00 做好2月17日周一升旗的准备工作，训练管乐团、军乐团、升旗手和护旗班。	升旗台	相关干部 相关班级	华军 潘宁
2.17 正月廿四周一		学校正式开学。全体师生举行升旗仪式。教务处提前打印好作息时间表。			

第五章 温馨校园 爱心智慧启未来 155

附9：即墨28中"感动二八"校园人物（教师）评选活动样本

序幕（音乐1感恩的心）《幻灯片1》

男 尊敬的各位领导！各位来宾！

女 亲爱的老师们！同学们！大家

合 下午好！

男 今天，我们欢聚一堂，在这里隆重举行即墨二十八中"感动二八"校园人物颁奖典礼。

女 首先向大家介绍参加典礼的各位领导和来宾，他们是（名单略），另外，参加典礼的还有我校的师生代表，让我们以热烈的掌声欢迎大家的到来！

男 （音乐1）朋友们，在二十八中的发展历程中，在我们身边，有许许多多的默默无闻的老师，他们像阳光照耀在校园的每一个角落，像花朵点缀着万紫千红的如歌岁月。

女 他们用青春挥洒着创新的魅力，用智慧书写着教育的从容，用高尚的师德展现着互助的和谐。三尺讲台，树起了他们高大的形象；两尺教鞭，挥洒着他们无悔的人生。

男 今天，我们在这里举行隆重的颁奖仪式，介绍我们身边的感动，传播我们身边的感动。因为每个人心中都留有一颗"感恩的种子"。只要心中有爱，用阳光播撒，爱就会在感动中无限滋长，更多的人就会拥有感动的力量！（音乐持续到此）

男 我宣布即墨二十八中"感动二八"校园人物颁奖典礼现在开始。《幻灯片2颁奖典礼》（音乐2）

男 首先有请获得"感动二八校园人物"提名奖的（名单略）老师上台领奖。《幻灯片3"感动二八校园人物"提名奖加三位老师名字》（音乐3一条大河）

女 虽然他们获得的只是提名奖，可是他们的事迹同样令人感动，她们的精神同样激励着我们每一个人。下面我们以热烈的掌声欢迎请李校长为他们颁奖。（音乐4——感动中国）

男 谢谢李校长，祝贺三位老师。

（音乐1开始）

女　在我们身边，有许多忠诚事业的代表，有无私奉献的楷模，有生活强者、团队领军、教改先锋，当我们用心灵的电波去寻找我们身边的这些人时，才发现：感动其实很简单，拒绝随波逐流就行了；感动其实很简单，多给予少索取就行了；感动其实很简单，胜利时保持冷静就行了；感动其实很简单，在艰苦的环境中选择坚强就行了；感动其实很简单，把微笑和快乐带给别人就行了。

男　因为有了他们，我们拥有了更多的感动，感动于他们的行动，也感动于他们的心灵。下面就让我们走进他们，用心去聆听他们的故事，再一次接受精神的洗礼！
（音乐1结束）

女　《幻灯片4 教师生活照》有这样一位老师，多年来，她以无私的心境、宽广的胸怀为语文组的老师们做出了榜样。她把自己精心制作的课件，毫无保留地传给所有需要的老师。每次备课组成员出试卷时，她都要亲自审核，亲笔修改。在她的影响下，整个语文组教学风气正，研究风气浓，团结一心，辛勤付出。

动过两次手术的她，虽然身体状况不好，但她从未向学校提出过任何要求，只要学校需要，无论什么事，她都欣然接受。每学年的下学期，尤其是初三临近中考的那个阶段，她都要将收集的模拟题精挑细选，把重点的内容剪切、粘贴，有的地方甚至用钢笔在试卷空白处写上题，尽量用有限的纸张容纳最大的题量。她还自己花钱托在青岛的同学买了模似题，印发给学生，并帮着学生讲解各种题型的答题思路和技巧。功夫不负有心人，在她和全体语文老师的共同努力下，在今年的中考中，初三语文组获得了全市第一名的好成绩！

男　《幻灯片5 教师生活照》从教以来她一直坚信：勤事敬业是天职。她阅卷有一个原则：小卷不过晌，大卷不过夜。因为一直担任一个班的班主任，两个班的数学教学工作，要做到这一点，只有把试卷带回家批阅。这样就经常光顾着阅卷而耽误了给女儿做饭，女儿经常抱怨说：在妈妈心里，最重要的是学生，她在妈妈心里只是一棵小小草。去年六月的一个晚上，她食物中毒，上吐下泻，挂了两个吊瓶后仍十分虚弱。但第二天她硬撑着来了学校，上完三节课后晕倒在讲台上。丈夫又痛又急，埋怨道："你这样拼命，以后不要再说这疼那痒的了！"她平静地说："这是我的天职啊"。

她是数学组的领路人。多少年来，她已记不清带过多少"徒弟"。作为备课组长，为了不增加老师的负担，很多时候，她都是把教材带回家，利用大家休息的时间把试卷出好，悄悄地印好。她的工作态度影响着数学组的每一位老师。正是因为这样，数学组风气正，效率高，教研氛围浓厚，是全校公认的"金牌备课组"。在她的带领下，数学组的中考成绩连续多年名列全市第一。

女 《幻灯片6 教师生活照》她工作一贯细致认真,力求完美。无论接怎样的班级,她从不挑三拣四,总是严格要求自己。早晨当我们刚刚到校时,她已在班级中有声有色地开始了练读;她坚持课前一分钟候课,用行动提醒着学生们……在多年来的相处中,她给同事们印象最深的就是她的亲和力。她总是面带微笑,坦诚待人,尤其是对年轻教师的指导,总是倾囊相助。每学期中每个单元知识重点的归纳,负责老师有了初稿后,她总是自己再认真审阅,仔细补充,然后统一印发,给今后的英语教学储备了宝贵财富。"多干点,吃点亏,不算啥。"她经常笑呵呵地这样说。

她就是这样带着英语组齐心协力,稳打稳扎地进行着每一项工作。三年来,她所带的组一直被评为校优秀备课组。中考英语首次进行口语考试,在第一时间内,她组织老师们群力群策精心编集了口语资料,以最快的速度投入了复习演练当中。"功夫不负有心人",中考中我校的英语成绩也较之前有了突破性的进步。多年如一日,她一路辛勤,一路收获!她用汗水赢得了尊重与信任!

男 《幻灯片7 教师生活照》他是学校里的大忙人。学校里各种活动都特别地多,他甚至于早晨六点多出门,晚上七点钟才进家门。每天他总是用那坚实而匆忙的脚步奔走在学校的各个角落……办公室里,他在备课,他把每一个要领细节都设计在教案里;体育课上,他循循善诱、耐心地在指导学生练习;田径场上,他兢兢业业地对体育特长生进行专业训练;校门口,他在站岗值班,一丝不苟地维持学生上放学的秩序;在校外,他担任体育联组的组长,带领联组的老师们认真的搞教研活动和运动竞赛,在体育领域走出一条创新之路。他很忙,但他却很乐观,从不计较干多干少,哪里有困难,哪里就有他的身影。

作为学校体育教研组组长,他带领体育组全体教师勇攀高峰,取得了骄人的业绩。初三体育中考成绩多年稳居全市第一,体育专业特长生升学考试连续十二年名列全市第一,尤其在体育专业升学考试中53名同学被重点学校体育正取,创历史新高。十八年来,柳老师带领体育组向青岛市级以上体育运动学校输送近百名运动员,28中代表队在市运动会上已经实现了"十六连冠"。

女 以上四位老师就是我们的团队领军人物(名单略)老师,《幻灯片8 四位老师特写照》让我们以热烈的掌声欢迎四位老师上台领奖。《幻灯片9 类别加姓名》(音乐3—条大河)有请(名单略)宣读颁奖词《幻灯片1 四位老师颁奖词》,颁奖(音乐4)。有请(名单略)老师发表获奖感言。

【颁奖词】她是水珠,虽然渺小,却涓滴成浩瀚无垠的海洋,这是团队的力量;她是烛光,虽然微弱,却摇曳出教育生命的光华,这是奉献的力量;她是粉笔,虽然脆弱,却挥洒出学生辉煌的明天,这是敬业的力量。

【颁奖词】26个春去秋来，26载风霜雨雪，她用热情和执著耕耘三尺讲台，用忠诚和信念撑起一片蓝天。她，手中一支笔，批阅删改，依然精准；她，心中一团火，带领团队，从未熄灭。

【颁奖词】于无声处听惊雷，张老师用默默无闻的工作诠释着一个道理：当我们把教师看作是职业时，我们得到的是生存的资本；当我们把教师看作是事业时，我们得到的是生命的价值。

【颁奖词】凭着对体育教学的一份热情、一份执着，他一路勤奋，一路收获！他把学生们带进了精彩的体育世界，尽情享受阳光运动的快乐。秋的收获是因为汗水凝聚追求，春的希望是因为勇气铸就精神。

男 《幻灯片11教师生活照》（教师事迹略）

《幻灯片12教师特写照》他就是忠诚事业的（名单略）老师。让我们掌声欢迎他老师上台领奖。《幻灯片13类别加姓名》有请李校长宣读颁奖词《幻灯片14颁奖词》，（音乐3），请李校长颁奖（音乐4）。有请老师发表获奖感言。

【颁奖词】日复一日琐碎的工作，沉默，是他最有力的豪言壮语；年复一年辛勤的操劳，平凡，是他最惊天动地的壮举。他是一片最不起眼的云彩，但是却为28中湛蓝的天空，不断填涂上新的色彩！

女 《幻灯片15教师生活照》（4位教师事迹略）

女 《幻灯片19四位老师特写照》这四位老师就是教改的先锋——（名单略）。《幻灯片20类别加姓名》让我们掌声欢迎四位老师上台领奖。请（嘉宾名单略）宣读颁奖词《幻灯片2四位老师颁奖词》（音乐3），请（嘉宾名单略）为他们颁奖（音乐4）。请老师发表获奖感言。

【颁奖词】她在课堂上采取的生生互助为我们的课改带来了灵感；她用自己"懒"的付出换来学生能力的全面提升，她用最简单的做法，给我们呈现出最高效的课堂。

【颁奖词】他用责任的砝码使情感的天平始终向学生那端倾斜，他用智慧的导线使知识的电路始终运转流畅，他用人格的引力，吸引着全组教师和谐相处。多思成智慧，大笔书风流。壮志凌云气，才华写春秋！

【颁奖词】一节节精彩纷呈的课堂展示，一次次推心置腹的座谈交流，一期期毫无保留的深度培训，她迈着"和谐互助"的脚步，把"五步十环节"的精彩带到了大江南北。

【颁奖词】一颦一笑，充满智慧，一言一语，给学生以启迪。她的课堂，简单、丰富、幽默，学生的心灵得以敞开，洒满阳光。她是学生最欣赏的一位教师，有她在，就有快乐在。

男 《幻灯片 22 教师生活照》（教师事迹略）

她用柔弱的肩膀撑起了一片天，她用坚韧的毅力在平凡中书写着伟大！她就是生活的强者——老师。《幻灯片 23 教师特写照》让我们掌声欢老师上台领奖。《幻灯片 24 类别加姓名》有请（嘉宾名单略）宣读颁奖词《幻灯片 25 老师颁奖词》（音乐3），请（嘉宾名单略）颁奖（音乐4）。请老师发表获奖感言。

【颁奖词】在突然的变故面前，丈夫、儿子、学生，她该如何取舍？没有犹豫，她用柔弱的肩膀一肩挑起。她用爱驱散丈夫的病痛，用坚强诠释母爱的含义，用责任书写教师的伟大，她是丈夫、儿子心中不倒的柱，不断的梁，她是学生心中最美的老师！

女 《幻灯片 26 教师生活照》（3位教师事迹略）

男 这三位老师就是无私奉献的楷模——（名单略）。《幻灯片29三位老师特写照》让我们掌声欢迎三位老师上台领奖《幻灯片 30 类别加姓名》。请教体局（名单略）宣读颁奖词《幻灯片 3 三位老师颁奖词》（音乐3）有请颁奖人（音乐4）。请老师发表获奖感言。

【颁奖词】如果说辛劳是一种财富，那他就是富有的人。无论严冬酷暑他的身影总是早早出现在校园里。他那爽朗的笑声，将无限的和谐在师生间传递；他那满腔的热情，足以填平师生间无形的沟壑。

【颁奖词】困难中，她乐观开朗，赢得学生的爱戴无限；艰辛里，她勇挑重担，收获家长的尊重和信赖；她放下自己苍老的父母，是为了不辜负更多父母的期望。她并不比我们高大，但这一刻，已经让我们仰望。

【颁奖词】他是一个幸福的班主任。他用自己的青春谱写了爱的乐章。他抓住的是明媚的阳光，是生活的快乐；他收获的是学生对他的信任和爱戴。短短的九年教学生涯，他成就了学生，也成就了自己。

女 《幻灯片 32 老师生活照》（教师速迹略）

男 这位老师就是生活的强者——（名单略）。《幻灯片 33 老师特写照》让我们掌声欢迎老师上台领奖《幻灯片 34 类别加姓名》。请（嘉宾名单略）宣读颁奖词《幻灯片 35 老师颁奖词》，（音乐3），请（嘉宾名单略）上台颁奖（音乐4）。请老师发表获奖感言。

【颁奖词】生活之路多波折，瘦弱双肩挑重担。孝女慈母实可敬，贤妻良师口碑传。坚强乐观品性好，病痛折磨志犹坚。人生岁月中，她托举起命运沉重的压力，在磨难中绽放坚强的微笑！

男 《幻灯片 36 老师生活照》（2位教师事迹略）

他们就是忠诚事业的代表——（名单略）《幻灯片38两位老师特写照》，请老师上台领奖《幻灯片39类别加姓名》，请（嘉宾名单略）《幻灯片4两位老师颁奖词》（音乐3），请颁奖。（音乐4）采访颁奖嘉宾。

【颁奖词】为师表，笔端心热，付与芳草。四季辛劳暮与早，蜡炬成灰光多少？爱深沉，花繁叶茂。鬓为霜，人自豪。奉献歌高唱，余音袅袅。在教书育人的道路上，她付出是汗水，收获的是爱的仰望和敬的崇高！

【颁奖词】她，从教三十年，总是勤勤恳恳，无怨无悔；她，奉献了青春，依然老当益壮，精益求精；她不计较回报和赞誉，也不追求鲜花和掌声，她用自己的坚守，捍卫了教育事业忠诚者的誓言！

播放教师事迹视频。

女 让我们掌声欢迎老师上台领奖《幻灯片41生活强者》。有请（名单略）宣读颁奖词《幻灯片42颁奖词》（音乐3），请李校长为老师颁奖（音乐4）。请老师发表获奖感言。

【颁奖词】十年如一日，他为患病的女儿撑起了父爱的蓝天；夫妻情长在，他为植物人妻子守护希望的春天。有他在，家就在，爱就是责任，爱就是担当。

男 《幻灯片43各备课组的照片》清晨，当人们还沉浸在梦乡的时候，他们已经急匆匆地赶往学校了；当人们在家照料孩子穿衣吃饭或送孩子上学的时候，他们已经开始在教室里充满激情的讲课了；中午，当人们大都在家午休的时候，他们却在教室里安心地辅导学生；夜晚，当人们和家人围坐在一起，看着电视喝着热茶共享天伦之乐的时候，他们却在书房里埋头批阅试卷。他们，是一个特别能战斗的群体；他们，是一个特别能奉献的群体；他们，是一个特别能创造奇迹的群体！

迎接中考和会考的这一年里，凝聚了他们太多太多的心血！他们有的腰椎间盘严重突出，但他们为了不耽误学生升学，强忍着病痛，一边治疗，一边坚持上课！他们有的做了手术，但还没有抽线，就偷偷跑回学校，因为他们牵挂自己的学生！老人、孩子住院了，他们晚上陪床，白天上班，没有给学生耽误一节课！嗓子哑了，他们泡一杯胖大海；声音小了，他们自费买来了扩音器……他们用自己的智慧、拼搏和不懈努力再一次创造了二十八中新的辉煌！

为他们喝彩吧——中考、会考的老师们！《幻灯片44感动二八校园人物集体奖中考、会考团队》

让我们以热烈的掌声欢迎原初三级部主任带领的中考团队的代表、原初二级部带领的会考团队的代表上台领奖！请初一级部年轻的老师们为他们宣读颁奖词《幻灯片45集体奖颁奖词》（音乐3），请嘉宾为他们颁奖（音乐4）。

【集体奖颁奖词】困难与挫折，病痛与挑战，都不能动摇他们心底最深处的梦想。他们甘于平凡，却创造了伟大；他们自认渺小，却塑造了感动；他们像一把号角，让理想与激动，在师生心中蔓延。他们用自己的大爱书写着二十八中那不是传说的传奇！

《幻灯片46》（音乐1）

女　三尺讲台　三寸舌　三寸笔　三千桃李；

男　十年树木　十载风　十载雨　十万栋梁！

女　和谐二八，因为有你我的努力；真情二八，因为有感动的足迹；快乐二八，因为有幸福的感染；奋进二八，因为有精神的家园！所以，我们还要再前进，让感动的故事传诵，让教育的精彩延续，让二八人一起去演绎那不是传说的传奇！

希望在充满机遇和挑战的新年，会有更多的老师加入到"感动二八"校园人物的行列，为我们二十八中的再次腾飞做出杰出的贡献！

男　即墨二十八中"感动二八"校园人物颁奖典礼圆满结束。

下篇 2020—2021 学年第二学期

第六章 / 文明校园 雷锋精神届届传

1—2周（3月1日—3月14日）工作安排

工作重点：

1.加强理论学习，落实好学习贯彻党的十九届五中全会精神的实施方案。
2.抓好开学师生防疫和校园安全教育工作。
3.抓好开学初的教育和教学常规工作，落实好学生假期各项任务的检查评比。

一、党建与防控工作（周娟、王友森、华军）

（一）党建工作（王友森）

1.理论学习：（王友森、党支部书记、党小组长）

(1)《中共中央关于制定国民经济和社会发展第十四个五年规划和二〇三五年远景目标的建议》（新华社北京11月3日电）。

(2)《在河北省阜平县考察扶贫开发工作时的讲话》（2月16日第4期《求是》杂志）。

(3)《青岛市学校安全管理办法》（青岛市人民政府令第283号）。全体党员做好学习笔记。

2.制定学校深入学习贯彻党的十九届五中全会精神的实施方案，按照进程有序开展好学习宣传工作。（王友森、周娟、党小组长、全体党员）

3.召开一次支部委员会，召开一次党小组会，主题：学习党的十九届五中全会精神。各支部、党小组组织好学习与档案记录，签到表、带会标、时间的照片，会议记录。（周娟、王友森、党小组长、全体党员）

4.持续对"学习强国"学习情况每天通报，确保活跃率100%和整体学习成绩。（王友森、解斌斌、级部主任）

（二）防疫与安全（周娟、华军）

1.认真抓好开学初安全教育管理。继续抓好新型冠状病毒肺炎的预防、筛查、上报工作，定时、定员在各级部、办公室、教室、值班室、伙房等场所进行卫生消毒，创建"平安和谐校园"，杜绝安全责任事故发生。(1)门卫严格外来人员进出校门询问登记制度，特别注意特殊人员的询问和登记，需出示绿码、测温、登记后方可入校。(2)各班主任高度关注冠状病毒肺炎的预防筛查，及时询问和测量学生体温，及时喷洒消毒液，每天上报预防情况。(3)严格学生自主管理和值班管理。当日值班干部要提前上岗，督查路队部检查学生上放学自动列队各行其道，学生自主管理各部从第一周开始正常运转，各级部负责人及时召开学生管理干部会。白天、夜班值班人员要全时段在岗，不迟到不空岗。（全体干部、教师、学生会）

2.做好期初安全信息上报工作，层层签订安全责任书，排查各种安全隐患并整改。（华军、解斌斌、级部干部、信息部、公物部、安全部）

3.各级部各班级落实开学第一课"安全教育课"、第一周"安全教育周"、开学第一月"安全教育月"制度。(1)班主任要强调疫情防控、上放学路队纪律与交通安全、防溺水教育，班长做好班级安全教育记录。(2)班主任给学生家长发送疫情防控信息、上放学交通安全提示信息，要求学生每天戴好口罩，严禁学生早到校，严禁在校外买吃零食逗留玩耍打闹，防止发生伤害事故。（华军、解斌斌、级部干部、班主任、学生会）

4.每周五课间操举行全校消防防震应急疏散演练，并总结本周安全教育管理情况，通报各部查处违规学生情况。（华军、解斌斌、级部干部）

5.完善疫情防控和安全教育档案。各级部收集整理寒假家校联系短信记录和安全小组联系短信、督查记录，第2周周二前交政教处存档。（华军、解斌斌、级部干部、信息部、防疫部、安全部）

二、级部工作（孙义智、华军、曲素云、崔帅）

（一）初一级部（孙义智、崔帅）

1.德育工作（李颖）

(1)召开联合中队部长例会。时间：第一周周一课间操；地点：2号楼西厅；内容：①回收假前布置的亮点总结和本学期计划；②安排本双周各部检查的重点。（李颖、孙典巧、法琳琳、武宝嘉、联合中队中队长及各部部长）

(2)防疫部加强对口罩及体温计佩戴的检查，加强晨午检督查，存在的问题及时

反馈。(李颖)

(3)纪检部①第一周对学生的发型、服饰进行一次大检查,对不符合要求者限期整改;②严查课间秩序,加强收心教育和习惯养成;③第一周开展文明礼仪教育,让学生学礼仪、知礼仪、守礼仪,做一个讲文明礼仪的中学生。(李颖、法琳琳)

(4)卫生部组织开展卫生大扫除活动,第一周周五进行室内卫生优胜班评比,第二周周五进行室外卫生优胜班评比。(李颖、孙典巧)

(5)安全部第一周周五前彻底排查乐学楼安全隐患。(李颖、孙典巧)

(6)信息部及时回收假前学校统一布置的手抄报、征文及照片。(李颖、武宝嘉)

(7)路队部严查上放学秩序,严禁校园内溜车。(李颖)

(8)生活部重新核实各班午休人数、加强午休跟班教师的统计及午休秩序的检查。(李颖、武宝嘉)

2.教学工作(刘华、宋继昌)

(1)第一周周二下午班会课召开备课组长会议。①根据新修订的备课组计划要求,备课组长上交备课组计划,级部统一审核。②组长指导本学科教师根据备课组计划制定教师个人教学计划,组长初审、级部再审。③上学期期末检测成绩优秀教师出一节汇报课,同组教师听评课,交流学习心得。④上报和谐互助展示课安排,备课组长、骨干教师负责出课教师磨课、试讲、课件修改等,级部负责检查听评课。⑤研讨布置后30%学困生的辅导过关具体措施和前20%辅导措施。(孙义智、崔帅、刘华、宋继昌、备课组长)

(2)召开班主任会。时间:周五下午第三节,地点:报告厅。主题:①总结各班寒假作业线上检查和答疑解惑活动、寒假期间线上家访情况和学生返校情况;总结开学第一周工作,重点反馈出现的问题,明确解决问题的措施。②下发明白纸,加大早读和午自习检查力度,检查学生迟到情况,并及时公示。③抓好课堂常规,每天随机检查并通报,加强对班主任课间靠班检查通报。④第一周经验交流:如何做好学生的收心工作,快速投入到紧张的学习中去。主讲:姚丽莎、解丽燕。第二周周五内容:①下发明白纸,通报前两周工作,布置下周工作;②主题培训:如何抓好班级两头——学优生和后进生;主讲人:王芳、黄祖俊。(孙义智、崔帅、刘华、宋继昌、全体班主任)

(3)召开班级主题班会。时间:第一周周二班会课。地点:各班教室。主题:新学期,新目标。要求:班主任对寒假"四位一体"小组情况进行总结,对学生进行期末质量分析,做好收心工作,鼓舞士气提出奋斗目标。(孙义智、崔帅、刘华、宋继昌、级部管理干部、班主任)

(4)召开全体教师会。时间：周五下午阳光体育活动。地点：报告厅。①总结各学科寒假作业线上检查和答疑解惑、学生返校情况。②每人上报和谐互助展示课，备课组长和骨干教师负责出课教师磨课、试讲、课件修改等，级部负责检查听评课。③强调严抓候课、课堂常规、严守师德红线，推荐课外教辅资料等。（孙义智、崔帅、刘华、宋继昌、全体教师）

(5)召开级部干部碰头会。时间：①周一下午第四节，总结、反馈开学第一天课间秩序、班主任靠班、室内外卫生等。②周四下午清楼以后，课堂常规检查情况汇总，布置和谐互助展示课听评课检查分工，确定周五班主任会明白纸内容。③第二周周一下午第四节，反馈第一周各班午餐午休秩序，班主任靠班情况，出现问题和解决措施，研究语文、地理学科诊断性听课方案和分工。④干部分工：崔帅、法琳琳——数学，刘华——英语、宋继昌——语文，武宝嘉——地理，孙典巧——生物，李颖——历史，刘华、辛晓光——政治。（孙义智、崔帅、刘华、宋继昌、级部管理干部）

(6)召开班级协调会。第1周：27班，第2周28班；由班主任提前定好时间，告知级部和任课教师，班主任和任课教师要做好本学科阶段性检测成绩分析报告，地点在本班教室。级部干部根据分工参加，无课班主任参加。（孙义智、崔帅、刘华、宋继昌、班主任、任课教师）

(7)根据期末检测成绩，干部和备课组长、骨干教师对成绩弱教师、年轻教师听课、评课及谈话交流、帮助其查找原因，改进教学，及时解决问题；（孙义智、崔帅、刘华、宋继昌、挂级部干部、级部长、备课组长、任课教师）

(8)召开新岗教师座谈会，表扬上学期期末检测表现优秀和进步大的教师，优秀教师代表发言：李锐、朱杰。时间：第二周周二第8节。地点：博学楼语音室。（孙义智、崔帅、刘华、宋继昌、新岗教师）

(9)第一周周四午自习学习部召开上学期学习部总结表彰大会，表扬工作严谨、认真的委员，优秀委员介绍经验，鼓励全体学习部成员本学期团结合作、为初一同学的学习环境保驾护航。（孙义智、崔帅、刘华、宋继昌、学习部）

(10)学习部开展"新学期、新气象、新突破"的班级学习常规评比，评比内容包括：早读和午自习秩序、有无零抬头现象、候课情况等，公示、表彰优胜班级。（孙义智、崔帅、刘华、宋继昌、班主任、任课教师、学习部）

(11)学习部利用午自习时间开展"最美硬笔书法作品展示"活动，每班先选出班级优秀作品，级部再从中择优选取最优秀的作品展出。（孙义智、崔帅、刘华、宋继昌、语文组、学习部）

（二）初二级部（曲素云）

1.德育工作（刁晓辉）

(1)召开八年级联合中队部长会。时间：第一周下午第八节，地点集备室，主题：布置双周工作安排。（刁晓辉、华鹏鹏、联合中队各部长）

(2)防疫部严格晨午检检查标准，定时检查各班晨午检，加强对学生口罩佩戴的检查，及时反馈通报检查情况。（刁晓辉、华鹏鹏）

(3)纪检部从返校当天开始，加强对学生校服、发型等仪容仪表的检查，并在级部通报并整改。（刁晓辉、孙吉超）

(4)路队部严查上放学路队秩序，抓好路队检查，每天公正评比量化并指出有些班级问题所在，以便加快改进力度。（刁晓辉、孙吉超）

(5)卫生部返校当天清理室外卫生区的落叶，彻底清除卫生死角，室内卫生区走廊一定要做到干净杂物。加大对卫生区和走廊的检查通报力度，同时开展教室内务和走廊卫生的评比。（刁晓辉、孙吉超）

(6)生活部加强中午在教室就餐学生的安全和出勤管理，每天进行量化公式。（刁晓辉、林忠奇）

(7)学习部组织各班召开"新学期，新起点"主题班会，制定个人奋斗目标，张贴于个人书包橱，教育学生迅速将心思转到学习中来，奋发图强，争取新学期学习的进步。第一周周五早晨检查评比。（刁晓辉）

(8)安全部第一周彻底排查教学楼安全隐患。（刁晓辉）

2.教学工作（李军风）

(1)召开级部管理干部会。时间：正月十一14：00召开级部干部碰头会，①对新学期级部干部的工作分工进行分配。②研究周五班主任会的培训内容。③干部汇报线上家访和答疑检查情况。④每天放学碰头反馈一天的课堂常规，午休管理、微机辅导、卫生秩序、班主任靠班情况，找出存在的问题并及时整改。（曲素云、李军风、级部管理干部）

(2)召开备课组长会。时间：2月24日（正月十三）下午15:00。地点：集备室。内容：备课组长汇报新学期教学计划，包括集备、试卷出题、每人一堂课出课安排和具体每周的教学计划安排及相应措施等。对新学期集备流程作出具体要求，提前做好开学后的各项分工安排。研讨布置前、后30%和边缘生的辅导措施。（曲素云、李军风、华鹏鹏、教研组长、备课组长、级部干部）

(3)召开班主任会。时间：第2周周五下午第三节，地点：体育楼。主题：①总结各班寒假作业检查、答疑解惑检查、线上家访情况和开学一周的工作。②交流开学后如何做好学生的收心工作，开好班级质量分析会和班级协调会。发言人：刘翠云、傅志坚；③通报两周各种常规检查结果，对交流如何有效抓好后30%学生的成绩；发言人：董妍、范洁。（曲素云、李军风、刁晓辉、华鹏鹏、级部管理干部）

(4)召开班级协调会。第一周24班，第二周10班，班主任提前定好时间，告知级部和任课教师，地点在集备室，级部干部根据分工参加，无课班主任参加。落实人：林忠奇。（曲素云、李军风、级部管理干部）

(5)召开全体教师会。时间：第二周周五。内容：通报开学两周课堂常规、出勤、卫生、作业批改、听课等检查情况；对下一阶段的工作提出要求。（曲素云、李军风、级部管理干部、全体教师）

(6)严抓各项教学常规。加强对集备、候课、课堂效果、课间纪律、作业、听课等环节的检查、及时反馈公示、激励和指导，加大力度使用和谐互助，让全体师生尽快全力投入到工作和学习生活中。要求提高集备效率，主讲人提前到集备室打开课件，准点开始，干部提前2分钟到位检查。干部分工：曲素云——数学、物理，李军风——地理、生物，刁晓辉——语文，华鹏鹏、宫旭东——政治，林忠奇——历史，孙吉超——英语，对于迟到、不参加集备的老师按照双倍积分量化。（曲素云、李军风、级部管理干部、全体教师）

(7)学习部：①召开学习部培训会，对新学期各班学习工作做出部署和统一要求。②公示各班完成师友评价表和师友的合理调整，第一周周五前完成。③每天对早午自习、学生迟到，加强课堂检查、作业质量的反馈，统一检测和课堂一测的检查落实。利用周五演练时间对检查情况进行通报并纳入班级考核及时公示，检查结果计入班级和教师个人量化考核。（李军风、级部管理干部、班主任，学习部）

(8)抓好各学科前、后30%和边缘生学生的成绩。①抓好地生每双周检测，重点关注潜力生，必须逐个落实过关。②管理干部根据分工，做好优秀生和潜力生群每天检查反馈。③充分发挥小师傅互助作用，每天评出明星小师傅、小徒弟加分。（曲素云、李军风、干部、班主任，地生老师）

(9)对成绩弱和下降的老师进行跟踪听课、评课、查找原因，改进教学。要求成绩弱的老师每周至少要听组内成绩优秀教师的3节课，听课本每周五11:00前交到主任室检查。（曲素云、李军风、级部管理干部、全体教师）

(10)宣传部：①及时更新每天小黑板公示栏、加强办公秩序、办公室卫生的检查力度，及时公示、及时反馈，发现问题及时整改。②制定新的走廊文化墙主题，并召开各班宣传委员的会议，布置任务和检查时间，两周内完成布展和评选。（曲素云、李军风、级部管理干部、宣传部）

(11)微机上机操作训练。①第1周进行上机训练辅导：每班不过关同学利用中午时间进行辅导过关，训练后将上机效果和成绩及时反馈级部、班主任和家长，并针对性提出整改措施。②微机课班主任尽量靠班，保证每一个同学过关。（曲素云、李军风、级部管理干部、班主任，微机老师）

（三）初三级部（华军）

1.德育工作（孙仕正、万健）

(1)召开联合中队部长例会。时间：第一周周一课间操；地点：1号楼集备室；内容：①传达新学期工作计划；②梳理各部人员名单；③明确各部工作要求。（孙仕正、万健、于明涵、联合中队中队长及各部部长）

(2)卫生部做好假后卫生大扫除的检查，评选卫生优胜班级。（宋成平）

(3)纪检部加强课间秩序巡查，协助老师做好假后收心工作。（于明涵、宁博）

(4)公物部及时对教学楼内公物进行一次全面检查，并及时将检查结果反馈给分管干部。（孙仕正、宁博）

(5)路队部加强上放学路队的检查和管理，确保同学们上放学安全。（万健）

(6)组织部协助级部进行开学初大型活动的组织和筹划工作。（万健）

(7)信息部及时回收假期中布置的各类征文、手抄报等作品。（唐旭诚）

(8)生活部做好新学期配餐人数统计工作。（于明涵）

2.教学工作（李武军）

(1)开备课组长会。时间：2月24日（正月十三）下午16:30，地点：集备室；主题：①布置学生返校当天的准备工作。②研究新学期后30%的辅导措施。③研究边缘生和艺体生的辅导形式和内容。④传达新学期级部教学安排和要求。（华军、李武军、级部管理干部、备课组长）

(2)召开班级协调会。第一周：13班和17班。第二周：11班和27班。班主任提前定好时间，告知级部和任课教师。地点：集备室或本班教室地点。具体落实人——唐绪诚。（华军、李武军、级部管理干部、相关教师）

(3)召开班主任会。第一次时间：2月25日（正月十四）下午16:00。地点：8班教室；主题：①布置学生返校当天的准备工作和要求。②布置后30%辅导、边缘生辅导和艺体生专业辅导和文化课辅导的措施。③传达新学期级部的工作安排和班级管理要求。④主题交流：如何上好开学后的第一节班会课，调动学生的积极性。发言人：周珍芝、江朝霞、宋秋玲。第二次时间：第一周周五，地点：集备室。主题：①反馈第一周各项工作的落实情况，并提出整改要求。②请第一周各项常规工作做得好的班主任介绍自己的具体做法。（华军、李武军、级部管理干部、班主任）

(4)召开全体教师会。①传达级部新学期工作具体要求。②反馈开学前两周工作

落实情况，提出整改要求师德教育。（华军、李武军、全体教师）

(5)召开级部管理干部会。时间：2月27日（正月十六）下午14:30：对新学期级部干部的工作分工进行分配和落实；讨论备课组长会和班主任的内容，形成明白纸；第一周周四下午内容：汇报个人听课和集备情况，汇报个人所挂学科作业、教学常规等的检查情况，找出问题，及时整改；汇报各自负责联合中队各部委工作的开展情况。第二周周四下午内容：汇总本周工作情况，提出新的工作整改方案。（华军、李武军、级部管理干部）

(6)音体美辅导：①学生返校当天，分科召开辅导学生动员会，明确辅导时间、地点和要求。②继续做好音体美学生的选拔和动员工作：根据期末测试成绩，给各班定任务，加大动员的力度，完成任务的班级考核加分，每周公示各班音体美报名的具体情况：包括具体专业、级部名次、各班有效人数、需做工作同学名单。③辅导训练时间：开学第一、二周，每天中午音乐和美术辅导，确保学生出勤和秩序。体育每天课间操和阳光体育活动时间进行训练辅导。每周六上午音体美辅导，每天在班主任微信群公示学生出勤。不请假的同学按照旷课处理，计入每天的班级量化考核。④积极协调各部门，确保有充足的训练场地。（华军、李武军、级部管理干部、班主任、音体美教研组长）

(7)切实抓好英语口语上机训练和物化实验操作训练。①统一协调，提前做好学生口语上机训练的准备工作。②积极协调物化两个学科和实验室，为实验操作训练做好器材准备。③备课组要提前将实验步骤形成文字发给每一位学生，让学生熟悉并背过。（华军、李武军、班主任、备课组长）

(8)切实抓好后30学生成绩。①各备课组根据分工每天下发学习任务，及时检查落实，级部管理干部分工每天通报。②每周二统一测试，周三下午放学前完成阅卷。周五利用演练和班主任会、教师会时间对后30%学生成绩进行通报。计入班级量化考核。（华军、李武军、万健、全体教师）

(9)级部管理干部结合期末测试成绩，继续对成绩薄弱的班级、教师和退步大的班级、教师进行约谈和推门听课，听课后及时评课。找问题，想办法，想措施。每周第一次级部干部例会时间汇报自己的帮扶情况。具体分工：语文——李武军、唐绪诚，数学——万健，英语——华军，物理——宁博，化学——孙仕正，历史——刘振丽，政治——于明涵。（华军、李武军、万健、级部管理干部）

⑩艺体部：坚持每天课间操跑操和分楼层球类的练习，每天对各班的出勤、训练纪律等进行检查公示，艺体部每月举行一次统一的球类测试，成绩计入各班量化考核，考核加分即为各班全体学生平均分。（华军、李武军、级部管理干部、体育

教研组、班主任、艺体部）

(11)学习部：落实、细化教学常规的检查、督促。①对晨读检查量化。②检查督促中午英语听力训练的播放和收听纪律。③检查统计公示早晨和中午学生晚进楼情况。④学习部负责检查和落实第一次的班级挑战活动的开展情况。⑤检查午自习练习情况：周一物理，周二、周四、周五数学，周三化学。⑥学习部负责人例会时间：每周二上午课间操，地点：集备室。（华军、李武军、万健、学习部、宣传部）

(12)宣传部：①检查评选各楼层优秀试卷展览班级并在量化。②每天公示教学常规和德育常规量化情况。③制定新的走廊文化墙，召开各班宣传委员会议，两周内完成布展和评选。④宣传部负责人例会时间：每周一中午12:10，地点：集备室。（华军、李武军、宁博、宣传部）

（四）博学楼教学区（孙义智）

1. 德育工作（王存星）

(1)召开联合中队各部会议，布置新学期任务，提出要求，明确分工，确定责任。（王存星、级部长、联合中队）

(2)组织部做好升旗秩序查评，提前规划好带队路线、位置，定好检查标准，做到"快、静、齐"。（王存星、李庆礼）

(3)卫生部组织新学期卫生大扫除活动，并进行评比量化，发现问题及时通知各班整改。（王存星、宫旭东）

(4)生活部做好开学第一个月配餐统计，加强对各班午休的检查，做好记录。要求学生12:10分必须进教室，12:50前不得离开教室，在教室内安静的学习或午睡，教师全程教室内看班。（王存星、宋杨）

(5)公物部做好新学期卫生工具发放工作，做好楼内公物检查，发现问题及时上报维修。（王存星、宫旭东）

(6)信息部收齐寒假活动各类资料，评比量化并整理上交学校归档。（王存星）

(7)防疫部做好防疫常态化工作，做好三表的发放与回收，做好晨午检的检查记录。（王存星、刘振丽）

(8)纪检部加强课间秩序、文明礼仪及学生着装的管理，要求所有同学必须穿好校服。（王存星、辛晓光）

2. 教学工作（宋继昌）

(1)做好新学期"和谐互助"教学策略推广及应用，加强对新岗教师培训，充分挖掘师友互助的优势。（孙义智、宋继昌、宋杨、李庆礼）

(2)配合各级部抓好各项教学活动。关注教师课堂教学、作业布置与反馈、班级晨读自习及各学科推门检测，对不合理的环节及时调整完善；做好新学期学生思想教育，发挥小师傅正面激励作用，使全体同学充满自信迎接新学期的学习。（孙义智、宋继昌、宋杨、班主任）

(3)学习部：①每周按时召开学习部成员例会，总结反馈上一周工作及检查情况，完善工作流程，布置当周重点工作。②配合班主任和任课教师做好对同学们寒假作业的检查反馈，表扬优秀同学。③配合级部做好对班级各学科家庭作业布置情况的检查，发现不合理的情况及时上报，级部对接相关老师整改。（孙义智、宋继昌、李庆礼、学习部）

(4)召开班级协调会。第1周，黄淑贞的45班；第2周，解丽燕的38班。结合期末诊断性检测，做好学情分析，合理调整划分师友，打造积极浓厚的班级学习氛围。（宋继昌、宋杨、李庆礼、班主任）

(5)加强对新岗教师和期末检测成绩较弱老师听评课，督促老师提高责任心，完善各教学环节，提高教学成绩。（孙义智、宋继昌、级部长）

(6)严抓教师出勤、办公秩序及办公室卫生，规范教师请假流程，打造温馨整洁的办公环境。（孙义智、宋继昌、办公室负责人）

(7)每周三下午第四节召开管理干部碰头会，总结上周各项工作及汇总联合中队各部运行情况，查找不足并及时完善，提高各部工作效能。（孙义智、宋继昌、王存星、宋杨、级部长）

三、处室工作（孙义智、周娟、王友森、曲素云、华军）

（一）政教处/团委/少先队（华军）

1.抓好学期初常规习惯养成管理工作。（华军、解斌斌、级部干部、全体班主任、相关教师、学生会）

(1)从严抓每天学生疫情防控、出勤、课间秩序、配餐学生秩序、室内外卫生、自行车摆放量化通报反馈工作。严格履行请假手续，未到、迟到学生第一时间通知班主任、家长。

(2)各有关人员抓好周一升旗各队训练及各项准备工作。各级部抓好升旗仪式纪律、精神风貌、国歌、口号检查并量化通报。

2.上好第一周"新学期新气象"主题班会课，总结寒假工作，开展好期初学习行为纪律教育活动。收齐寒假各类活动资料，第一周周五前上交政教处汇总评比，结果纳入月量化考核。（华军、解斌斌、级部干部、全体班主任）

3.制定学雷锋活动月方案、讲普通话写规范字方案，及时举行学雷锋活动启动仪式相关活动。（华军、解斌斌、级部干部、各中队、团支部）

4.伙房与配餐（周娟、华军）

(1)伙房工作：①安全排查，注意用电用气安全；下班断水、断电、断气。②彻底做好餐厅、餐具消毒工作，并做好消毒记录。（孙仕正、孙营国）

(2)配餐工作：①与配餐公司签订新学期供餐合同。②生活部正常开展各项检查评比。（华军，各生活部长）

（二）教务处/教科室（周娟、王友森）

1.师德师风常态化教育：全体教师要认真学习《山东省义务教育条例》和《山东省教育厅关于大力开展师德教育禁止中小学教师从事有偿家教的通知》精神，切实履行《2021年教师职业道德行为承诺书》，进一步抓好规范办学。建立学校、教师、家长、学生四位一体师德监督网络，设立举报电话88598990，畅通监督渠道，严肃查处在职教师有偿补课、在校外培训机构兼职等违规行为。（周娟、挂级部校长、陈伟、级部主任）

2.抓好开学初的教学常规工作，上好开学第一节课，激发学生新学期的学习热情。具体做到：①提前侯课，做好上课的一切准备工作；规范课堂常规，创设活泼向上课堂氛围；熟练使用师友互助，讲课要突出学生主体地位，关注学生的学习状态，保证课堂高效；准时下课不拖堂；不体罚或变相体罚学生。②教务处协同各级部加大对教学常规、办公秩序、教师出勤的检查力度，确保教学工作短时间内走上正轨。③挂级部校长、级部主任、挂科干部要深入课堂听课；挂科干部必须参加开学两周的集体备课，级部主任参加所有学科的集体备课。干部听课总节数不少于4—6节。④级部在周一（3月1日）上午第二节到教务处李健处汇报班级出勤情况，对缺勤人员要注明原因。⑤第二周周五（3月12日）下午放学前由吕春云老师将干部的听课笔记收齐。（周娟、陈伟、级部主任）

3.加强对集体备课的检查与指导，挂科干部必须参加所挂学科的集体备课，尤其是初三中考学科和初二会考学科，级部主任要及时对本级部各学科集备情况进行总结反馈。教务处将每周对各级部集体备课情况进行检查反馈。（陈伟、级部主任、挂科干部）

4.更新"和谐互助"公示栏。开学第一周完成各班各学科师友评价表，规范张贴，教务处组织进行检查通报。（陈伟、级部主任）

5.教务处统一印发新学期教师教学常规要求，各级部做好培训，明确标准；发放"和谐互助"教案纸和集备记录，指导各备课组高标准完成；收齐、审阅各类计划：①教研组计划。②备课组集备计划。③教师个人教学计划。教务处负责批阅教研组计划和备课组计划；各级部负责批阅教师个人教学计划，并打出分数、评出一、二、三等。三类计划批阅完后于第二周周四前上报教务处李健老师处存档。（陈伟、级部主任）

6.筹备新学期教育集团集备计划及其他教研活动安排，组织好第一次大集备活动。（周娟，陈伟）

7.及时、准确无误地发放好各年级课本、作业本。（陈伟、王毓清、宋修田、李健）

8.召开学习事务部工作例会，表彰上学期优秀干部，布置新学期工作。（陈伟、学习事务部）

9.联合总务处整理博学楼实验室仓库，调配好实验器材，保障中会考理化生实验教学的开展。（周娟、董胜利、陈伟、理化生实验员）

10.做好我校2020年度"十四五"教育课题立项课题的指导，组织好2021年度区"十四五"课题申报。（王友森、王品）

（三）总务处（孙义智）

1.教师返校前检查各楼水、电、空调设施，发现问题及时处理。（董胜利、王崇浩、许立新）

2.根据学校春季物品采购计划，购置教师及学生办公用品及卫生工具并及时发放，保证教学使用。（董胜利、许立新、王崇浩）

3.开学前逐楼检修走廊饮水机，排放滞留水、更换滤芯，做好检测、消毒、办理管理人员健康证及末端水检测工作。（董胜利、王崇浩）

4.备足备齐学期开学新冠疫情防控物资，充分做好疫情防控常规储备工作。（孙义智、崔帅、董胜利、许立新）

5.按照相关科室拟报废资产的报废程序要求进行部分资产报废工作。（孙义智、崔帅、董胜利、孙仕正）

（四）办公室、工会、妇委会（王友森、曲素云）

1.及时印刷、发放学期初各类红头文件和工作计划。（王友森、蔡紫燕、华玉冈、张平）

2.按照上级《关于规范使用公务用车管理平台有关事宜的通知》要求，管理好公务用车管理平台。（王友森、蔡紫燕、华玉冈、相关干部）

3.对各级部每周评选教师好人好事并制作光荣榜宣传工作进行督查，及时在干部群和办公会上通报。（王友森、蔡紫燕）。

4.召开综合事务部例会，进一步优化检查流程，强化办公室秩序检查、教师车

辆停放检查效果。（蔡紫燕、学生会综合事务部）

5.开展好三八节庆祝活动。开展好教师团队活动。各级部根据具体安排上报每双周至少1次的教师活动，列入级部计划。（曲素云、级部主任、兰瑞清）

四、艺体工作（王友森、曲素云）

（一）体育、美术（曲素云）

1.以级部为单位，对假期学生体育锻炼进行检查，并将成绩记录；加强校体育队的梯队建设，第二周开始从新初一选拔队员充实到校队。（刁晓辉、柳先锋、备课组长、教练员、体育教师）

2.各级部备课组认真制订好本学期的教学计划和集备方案，第二周周二前上交学校存档。（刁晓辉、柳先锋、备课组长）

3.进一步落实初三体育中考学生报名训练情况，对于动员人数少的项目，教练要进一步发展动员学生（文化课成绩要考虑）参加训练。（刁晓辉、柳先锋、体育教练）

4.做好美术特长生的最后一次发动工作，有针对性对新生进行一对一辅导。组织好美术特长生的专业模拟考试，及时将成绩反馈到级部。（万健、王天磊、美术辅导教师）

5.召开美术教研组会议，传达新学期工作计划。（万健、王天磊、全体美术教师）

（二）音乐（王友森）

1.第1周周一第一节课召开音乐教研组集备会，传达学校新学期计划、双周计划及相关工作，总结假期中考辅导情况，布置新学期工作安排。（王友森、解斌斌、于峰燕、全体音乐教师）

2.继续做好初三升学辅导工作，做好开学第一周中考模拟测试及相关训练时间调整，确保训练实效。（王友森、解斌斌、于峰燕、辅导教师）

五、其他工作（周娟）

1.做好"在编不在岗、吃空饷、违规借用、企业兼任职、出资办企业"等问题治理工作。召开专题会议，传达精神，分工责任到人，分级部、处室进行逐人彻底排查，签订承诺书，上报相关材料，确保不出现违规问题。（孙义智、曲素云、崔帅、挂级部校长、级部主任、处室主任）

2.作息时间调整：上午不变，下午13:00开校门，13:20午检；第一节13:30—

14:15；第二节 14:25—15:10；第三节 15:20—16:05；阳光体育活动 16:15—17:00。17:00，各级部错时放学。教务处提前调好铃声、印发作息时间表，政教处安排好值日干部、学生，各级部处室通知到全体教职工。（全体教职工）

附10：即墨二十八中 2021 年学雷锋活动方案样本

当前，举国上下万众一心，正在奋力抗击新型冠状病毒感染的肺炎疫情。学校积极贯彻落实上级部门关于疫情防控工作的部署安排，积极应对新型冠状病毒感染肺炎疫情带来的挑战，稳抓"停课不停学"工作不放松，全面落实"立德树人"根本任务不懈怠。今年是毛泽东等老一辈革命家号召"向雷锋同志学习"58 周年，中国共产党建党 100 周年。党的十九大报告提出，倡导富强、民主、文明、和谐，倡导自由、平等、公正、法治，倡导爱国、敬业、诚信、友善，积极培育社会主义核心价值观。我校以"雷锋精神"为校魂，这一精神一直贯穿于学校发展的 54 年中，雷锋精神中热爱祖国、待人诚信、爱岗敬业、互帮互助、助人为乐等精神正是社会主义核心价值观的要求，与其是一脉相承的。54 年来，全体干部教师敬业爱岗勤奋奉献继承创新，在这一精神的指引下，学校将雷锋精神延伸到课堂教学改革，总结推广出"和谐互助"教学策略，雷锋精神孕育了"和谐互助"教学策略，同时又赋予雷锋精神新的含义，真正促进了我校德育和智育的有机统一，打造出德智一体的教育改革创新名校。为了进一步推进我校"和谐互助"教育教学品牌建设，并在特殊时期下扎实有效落实"线上学习"与"线上德育"两手抓，打造智育和德育并举的网络"高效课堂"，学校根据教体局团委活动计划、学雷锋活动安排要求和学校工作实际，特制订本实施方案。

一、指导思想

以习近平新时代中国特色社会主义思想为指导，以立德树人为根本任务，以当前全国人民抗击疫情的伟大"战疫"中所涌现出的思想政治与品德教育鲜活事例与素材为背景，正确引导广大青少年学生深切感受中国共产党坚强领导和中国特色社会主义制度显著优势是我们战胜疫情的根本保证和强大力量，切实增强青少年"战疫必胜"的信心、"抗疫必行"的决心，增强爱国主义情感，努力践行社会主义核心价值观，在全国"抗疫"的特殊时期做出自己应有的贡献，在"共筑美丽中国梦"中体现价值。倡导生命教育，引导学生学会珍惜、热爱生命，树立珍惜、热爱生命的价值观；加强责任教育，引导学生自觉担当社会责任，正确认识困难，养成坚韧不拔和勇于斗争的精神；加强规则教育，引导学生遵守规则，分清是非，提升自身规则意识和理性精神。结合学雷锋活动，将雷锋精神内化于心、外化于行，争做新时代雷锋精神的传播者、弘扬者和践行者。引导每一个学生都能做到：在独处时做胸怀开阔、勤奋自主的"好主人"，在家做孝敬父母、热爱劳动的"好孩子"，在学校做团结友爱、互帮互助热爱学习的"好师友"，在社区和公共场所做爱护公物、讲究卫生、爱护环境的"好卫士"，在社会做热爱祖国、文明礼貌的"好公民"，从抗疫阻击战"逆行者"的大爱中、从父母无微不至的关爱中感受爱、体验爱，学会感恩，努力做一个充满爱、奉献爱、传播爱的"好雷锋"。

二、活动主题

"弘扬校魂雷锋精神，争做新时代好少年"

1.以班级"和谐互助"高效课堂为平台，创新开展学雷锋活动。课堂上弘扬团结友爱乐于助人、积极进取、锲而不舍、干一行爱一行专一行敬业爱岗的螺丝钉精神，培养课堂互助爱学习品质，做到师友和谐共进。

2.以"雷锋在身边，争做美德少年"为契机，立足班级，引导广大师生从身边做起，学习践行雷锋精神，以自己的"三爱三节"言行丰富"和谐互助"德育内涵，促使全校师生自觉主动地在"和谐互助"学习与生活中时刻领会雷锋精神，在校园内形成浓厚的学雷锋氛围。

3.以志愿服务为导向，弘扬"奉献、友爱、互助、进步"的志愿者精神，培育志愿服务意识，将传统学雷锋活动与志愿服务和社会主义核心价值观教育紧密联系起来，开展系列服务社会活动，树立"28中小雷锋志愿服务队"品牌。

三、总体要求

1.全校师生都要在"学雷锋活动月"中行动起来，立足本职教与学岗位，在"和谐互助"课堂教学中积极渗透发扬光大雷锋精神。

2.各级部班级要立足"和谐互助"高效课堂，从实际出发，解决实际问题。在

"和谐互助"课堂上，通过互助结对、爱心奉献，教师与学生互动，师傅与学友互助，使学生得到全面发展。课外，开展"美丽中国，美好家园"惜时快乐读书活动。

3. 工会、妇委会、团委少先队、学生会要积极引领全校师生在学雷锋活动月中以自己的实际言行践行社会主义核心价值观，积极参加各类志愿活动，掀起争创学雷锋活动优秀标兵热潮。

四、具体活动安排

"理解校魂，走近雷锋学习周"（3月1日—3月7日）

1. 办好一期报纸。各级部完成"雷锋在班级"和谐互助师友学雷锋活动计划。完成一期以"校魂记心中，志愿学雷锋"为主题的墙报、手抄报。学校检查评比，评选出一二三等奖，并纳入考核。（负责人：挂级部干部）

2. 建好一本日记。各班级建立"踏着雷锋的足迹——和谐互助课堂印记"班级日记，记录班级好人好事，张挂于电视柜上，并把所做好人好事要周小结、月评比，期末作为评选三好的依据之一；学雷锋活动月结束后，级部评评选出一二三等奖，并纳入考核，学校总结表彰。（负责人：挂级部干部）

3. 上好一次团课。3月5日（周五）第4节团委组织部分团员、入团积极分子学习雷锋事迹，诵读雷锋日记，观看有关雷锋、志愿服务的故事片，摘抄雷锋格言、志愿服务标语，团委评选出一二三等奖，纳入对团支部的考核。（团委）

4. 开展一次课堂质量PK活动。各学科开展"和谐互助"学雷锋课堂质量PK活动，激发学生竞争意识，增强班级凝聚力。级部引导优秀班级发出倡议书，其他班级进行挑战。及时搜集、宣传典型做法，全程评价。最后评选"和谐互助"课堂质量PK活动优胜班级。学校在周一升旗进行表彰。（负责人：级部主任）

5. 制定好评优标准。各级部制定"和谐互助"学雷锋活动先进班、小组、个人及学科优胜班级和学科优秀小雷锋评选规定，做好各科学雷锋活动先进集体和先进个人评选准备工作。（负责人：挂级部干部）

6. 做好每日宣传。政教处通过学校"和谐之声"校园广播广泛宣传学雷锋活动，班级积极组织动员广大同学投稿，级部评选出一二三等奖加入班级月考核，优秀稿件在学校广播播出并加入班级量化。各级部在西厅黑板上建立学雷锋快讯栏，随时表扬学雷锋先进个人和事迹。（负责人：政教处、挂级部干部）

7. 做好"和谐互助"学雷锋 歌咏比赛（初一）、"三爱三节教育"演讲比赛（初二）和学雷锋志愿服务征文比赛（初三）准备工作。（负责人：挂级部干部）

"践行校魂，学习雷锋行动周"（3月8日—4月5日）

8. 开展班级雷锋师友评选活动。各班立足"和谐互助"高效课堂，组织师友发扬雷锋钉子精神和助人为乐精神，鼓励师友结成课内外"和谐互助"优秀师友，共同克服学习上的困难，提高学习成绩。征集"和谐互助"优秀师友感言，并评选处一、二等奖，级部负责整理成册，纳入级部考核。各级部评选各学科优秀师友并在线上升旗仪式进行表彰。（负责人：级部主任）

9. 开展"争做校园小雷锋"活动。各班级自主性地开展"三爱三节"校内清扫卫生死角、清除口香糖残迹、清洁校园周边卫生美化校园和节水节电节粮勤俭节约、爱护公私财物教育等活动，所有活动要记录在班级学雷锋班级日记上，级部要每天上报政教处并通过校园广播，每周一升旗仪式要给表现优秀的同学表彰、发奖。（负责人：政教处、挂级部干部）

10. 开展"文明礼仪之星"评选活动。在全体学生中传播文明言行和文明行为，第4周各级部在学生中开展"最常说的礼貌用语"3句、"最感动的文明行为"1项，统计并公布结果，引导学生多说礼貌话，多做文明事。每班评选10名文明礼仪之星，学校表彰。（负责人：政教处、挂级部干部）

11. 开展"多彩春日，28小雷锋社会志愿服务"活动。

各级部组织志愿者开展"绿色出行"宣传活动，3月20日、21日在学校周边社区、超市发放"绿色出行"宣传材料，征集"每周少开一天车承诺"签名、拍照。具体安排见专门活动通知。（负责人：政教处、级部干部）

团委组织"小交警队"成员开展关爱交警、值日教师活动。3月15日—20日早晨6:50—7:45组织小交警队成员早晨到文化路与嵩山二路路口、德馨小学东路口、学校东北角十字路口协助指挥交通，并为值班交警、教师送上口罩。（负责人：团委）

12. 开展"日行一善"志愿服务活动。3月6日中午12:40，校团委组织100名志愿者清理校外街道卫生。各班团支部、中队发动学生与家长一起在双休日或其他合适时间，到即墨各敬老院、孤寡老人、五保户、留守儿童、贫困家庭、残疾人中开展爱心奉献活动，开展义务清理社区、街道周边卫生活动，所有活动均要有照片或视频，每班至少上报3份活动资料电子稿（模板学校统一下发）。活动效果将纳入班级量化考核。（负责人：政教处、挂级部干部、全体班主任）

13. 开展"清朗网络·青年力量"青年网络文明志愿者活动。团委第4周召开一次团会，引导、号召广大青年团员依法上网，文明上网，理性上网，明辨是非，传播美好，弘扬正能量，传递新风尚。组织团员关注学校政务微信，帮助学生、家长了解学校工作。（负责人：团委）

14. 开展"青青义教""情暖28"等教师志愿服务活动。各级部发动更多教师参与到青青义务志愿服务活动中来，利用课余和周末开展线上线下课业辅导，按要求做好活动记录。发动教师开展"情暖28"关爱学生活动，鼓励教师针对学困生、贫困生和其他弱势学生开展爱心帮扶工作，让学生感受到师爱和校园的温暖。每级部上报12位学雷锋先进教师，附学雷锋照片和事迹简介报团委，学校统一表彰。（负责人：团委、级部主任）

15. 第2周举行征文比赛（初三），第3周举行"和谐互助"学雷锋歌咏比赛（初一），第4周举行"三爱·三节教育"演讲比赛（初二）。"和谐互助校园之声"广播站每天播放雷锋歌曲，播报初三级部"学雷锋志愿服务"优秀征文。第5周初一、初二进行学雷锋写字书法展览。以上活动级部评选出优胜班级，学校进行表彰。（负责人：政教处、挂级部干部）

16. 继续开展"好书大家读"活动，充分利用好各班"和谐互助"雷锋书橱藏书，各班利用早上、下午预备时间开展"我最喜欢的图书"推介活动。第5周周五前每班至少上报一份"好书推荐卡"（模板学校统一下发），学校将择优展出，并纳入班级量化。（负责人：政教处、挂级部干部）

17. 围绕感恩教育（初一）、诚信教育（初二），基础年级推选优秀班会课教师于第5周各上一节班级道德讲堂录像课。（负责人：挂级部干部）

"铭记校魂，深化雷锋总结周"（4月6日—4月11日）

18. 举行各班级"踏着雷锋的足迹——和谐互助课堂印记"班级优秀日记展览。进行"绿色出行"活动照片、签名展。进行"好书大家读"图书优秀图书推荐卡展览。（挂级部干部）

19. 初一初二级部深刻挖掘本级部学雷锋过程中，最感人至深先进个人和团队，整理文字资料和视频图片，上报学校存档。每级部上报3个个人或团队，作为评选学雷锋活动月"发现身边的雷锋"候选人。（政教处、挂级部干部）

20. 评选"和谐互助"学雷锋活动优胜班级及个人，每个班级评出10个"班级小雷锋"每个级部评选出280个"校级小雷锋"，评选出的"校级小雷锋"和"班级小雷锋"不能重复。学校举行学雷锋活动月总结表彰大会，表彰各种先进个人和先进集体。（政教处、挂级部干部）

3—4周（3月15日—3月28日）工作安排

工作重点：

1. 加强理论学习，落实好学党史教育教育活动。
2. 全面开展"和谐互助自主管理"，抓好防疫和校园安全。
3. 做好学期期初督导调研的各项准备工作。

一、党建与防控工作（周娟、王友森、华军）

（一）党建工作（王友森）

1. 理论学习：（王友森、党支部书记、党小组长）

(1)《习近平在党史学习教育动员大会上强调：学党史悟思想办实事开新局以优异成绩迎接建党一百周年》（新华社北京2月20日电）。

(2)《中国共产党第十九届中央纪律检查委员会第五次全体会议公报》（新华社北京1月24日电）。

(3)《习近平：在全国脱贫攻坚总结表彰会上的讲话》（新华社北京2月25日电）；全体党员做好学习笔记。

2. 按照上级党组织要求，制定好党史学习教育实施方案，组织好各项活动。（王友森、周娟、党小组长、全体党员）

3. 召开一次支部委员会，召开一次党小组会，主题：学习党史。各支部、党小组组织好学习与档案记录，签到表、带会标、时间的照片，会议记录。（周娟、王友森、党小组长、全体党员）

（二）防疫与安全（周娟、华军）

1. 疫情防控常态化。（全体师生）

(1)外来人员实名登记，实行"测温+健康绿码"，身份确认、信息登记齐全后方可入校。

(2)严格师生外出审批流程，教师上班期间外出假条必须处室主任和分管校长同时签字。

（3）各级部处室按照要求做好晨午检记录、通风消毒记录、因病缺勤追踪记录、流行病学调查表等相关记录，防疫部加强检查。

（4）全体师生上放学期间佩戴口罩，德育管理部、路队部对各级部佩戴口罩情况进行检查。

（5）第四周进行春节后第二次防疫演练，各级部处室将演练相关材料于第四周周五前上交政教处。

2.严格安全教育与管理。（华军、解斌斌、相关干部、学生会）

（1）级部干部通过班主任会、微信群强调交通安全、饮食安全、防溺水安全、防欺凌防暴力安全等安全事项，做好会议记录、截图留存。

（2）要求班主任每天对学生进行安全教育，并在班级安全记录本上做好记录，德育管理部、安全部负责检查通报。

（3）第三周发放"交通安全责任书"，第三周周五收齐交政教处留存。

（4）预防突发性疾病，各级部再次排查特异体质学生的数量和现状，重点关注患有先天性疾病、肥胖学生以及大病初愈这三类学生，建立学生健康档案。

（5）成立由值班干部、教师、家长志愿者、社区巡防人员等组成的"护学岗"队伍，第三周开始正式上岗，协助学校维持学生上放学秩序，确保学生安全。

二、级部工作（孙义智、华军、曲素云、崔帅）

（一）初一级部（孙义智、崔帅）

1.德育工作（李颖）

（1）召开联合中队部长例会。时间：第三周周一课间操；地点：2号楼西厅；内容：①安排本双周各部检查的重点；②各部上报学雷锋计划。（李颖、孙典巧、法琳琳、武宝嘉、联合中队中队长及各部部长）

（2）防疫部加强对口罩及水银体温计的检查，及时收发晨午检表格、因病缺勤记录表。（李颖）

（3）路队部①严格检查上放学检查岗是否及时就位；②严查上放学秩序。（李颖）

（4）纪检部①重新划分各班自行车摆放区域；②加强课间秩序的巡查，规范走廊及楼梯必须靠右侧通行。（李颖、法琳琳）

（5）卫生部组织各班继续开展春季卫生大扫除活动，本双周重点检查雷锋书橱、书包橱、卫生工具的摆放。（李颖、孙典巧）

(6)艺体部加强课间操检查：①检查各班走操质量，动作是否标准，第四周周三评选"走操优胜班"；②检查体能训练各班的训练秩序，是否按照级部统一要求携带跳绳，体能训练是否有序进行。第四周周三评选"体能训练优胜班"。（李颖、孙典巧）

(7)信息部及时收集"学雷锋活动月"手抄报、征文及学雷锋活动照片。（李颖、武宝嘉）

(8)宣传部第三周周二下午第八节组织召开"雷锋在身边"主题班会。（李颖、武宝嘉）

2.教学工作（刘华、宋继昌）

(1)召开协调会。地点：集备室。时间：第三周7班；第四周16班；班主任提前安排，并通知级部和任课教师，班主任和任课教师精心准备。干部分工：刘华7班，李颖—16班。（孙义智、崔帅、刘华、级部管理干部、班主任、任课教师）

(2)召开备课组长会。时间：第三周周二课间操。地点：主任室。总结上两周教学问题，特别是午自习和错时放学，强调级部统一内容，表扬进班指导教师；确定下个双周和谐互助展示课的出课顺序、主讲内容和磨课安排。（孙义智、崔帅、刘华、宋继昌、级部管理干部、备课组长）

(3)召开班主任会，地点：报告厅。第三周周五第七节：主题研究：如何营造班级学习氛围，激发学习热情。主讲人：徐艳。①下发明白纸；②总结、反馈前两周工作情况，进行专题研究。第四周周五第七节：①下发明白纸；②布置本学期第一次阶段性测试相关事宜并进行专题研究；③如何协调好各科教学，均衡发展；主讲人：任瑞美。（孙义智、崔帅、刘华、宋继昌、级部管理干部、班主任）

(4)召开全体教师会。时间：第四周周五阳光体育活动。主题内容：①师德教育；②午自习、错时放学总结；③总结反馈教学常规检查情况；④和谐互助教学骨干教师展示课总评，表扬展示课优秀出课教师、参与听评课齐的备课组，和谐互助教学下一阶段推进的安排。（孙义智、崔帅、刘华、宋继昌、级部管理干部、全体初一教师）

(5)召开级部干部工作会，时间：每周四下午第7节。总结反思本周级部活动；各楼层课间、候课、班主任靠班等工作；各楼层早读、楼内卫生、室外卫生、自行车、午自习和错时放学等检查情况；干部每人发言，总结分管工作和整改措施。（孙义智、崔帅、刘华、宋继昌、级部干部）

(6)开展和谐互助展示课活动。①第3周各学科利用第一节集体备课时间出示一节新授课展示课；②第4周各备课组利用第一节集体备课时间出示复习课。备课组长负责课前再次提醒组内教师出课班级，强调听课出勤，级部挂科干部听课、打分后级部汇总，全程参与听评课。（孙义智、崔帅、刘华、宋继昌、级部管理干部、文化课教师）

(7)继续加强对新岗教师、成绩弱的教师的听课指导，听课后及时评课，发现问题及时反馈、及时解决。定期找这些老师谈话，了解老师们的想法与要求，帮助老师解决问题。（孙义智、崔帅、刘华、宋继昌、级部管理干部、部分文化课教师）

(8)听课、作业检查。第三周对新调入教师和成绩薄弱教师听课本、备课和作业批改情况进行检查，及时督促、反馈、总结和整改。第四周检查语数英教师作业批改情况。语文——宋继昌，数学——崔帅、法琳琳，英语——刘华。（孙义智、崔帅、刘华、宋继昌、级部管理干部、文化课教师）

(9)学习部参与开展"和谐互助课堂常规优胜班级"评选，评选标准：①晨读学生做到快、静、学，确保"零抬头"，必须有晨读任务课件、领读学生必须提前到位；②午自习秩序好，有统一学习任务，师友互助讲题、批改，有优秀师友到黑板前讲解等；③候课有学习任务、班级人数齐、秩序好。（孙义智、崔帅、刘华、宋继昌、级部管理干部、文化课教师、学习部）

(10)学习部开展"和谐互助优秀英语书写作品"评比，评选优秀作品展示。（孙义智、崔帅、刘华、宋继昌、管理干部、英语教师、学习部）

（二）初二级部（曲素云）

1.德育工作（刁晓辉）

(1)召开八年级联合中队部长例会。时间：第三周下午第八节；地点：3号楼2楼集备室；主题：汇报上两周工作，查缺补漏，合理安排工作。（刁晓辉、华鹏鹏、联合中队各部长）

(2)防疫部做好晨午检测温表、教学楼通风消毒记录表、流行病学记录表等表格的填写与收发，加强对班级晨午检和学生口罩佩戴的检查，及时反馈通报检查情况。（刁晓辉、华鹏鹏）

(3)艺体部加强对室外课带队和课间操跑操质量的检查，及时在班级群通报，提高室外课带队和跑操质量。（刁晓辉、华鹏鹏）

(4)卫生部提高整理室外卫生以及花样自行车排放速度、质量，第三周进行评比，评选14个自行车排放优胜班返校。（刁晓辉、孙吉超）

(5)安全部做好学生交通等安全工作，强调严禁横穿马路，做好课堂安全记录，级部抽查纳入量化。（刁晓辉、华鹏鹏）

(6)生活部加强配餐秩序、午休秩序及出勤的管理，及时反馈各班午休状况。（刁

晓辉、华鹏鹏）

2.教学工作（李军风）

(1)召开级部管理干部会。时间：每周三下午第七节课，①干部碰头反馈，对级部出现的具体问题进行研究，制定措施，形成周五班主任会工作明白纸；②结合期末考试和第三周地生检测成绩，根据分工，继续进地生所包班级听课，全面负责所包班级的地生成绩和后30%学生学习的督促和落实，发现问题及时解决，落实到位；③干部汇报听课和参与集备情况，找出存在的问题并及时整改；（曲素云、李军风、级部管理干部）

(2)召开备课组长会。时间：周一下午第七节；地点：集备室；内容：①开展"和谐互助"示范课听评课活动，备课组长安排教师每人一堂课的出课顺序和具体每周教学计划安排及相应措施等。②反馈上两周教学过程中存在问题，共享在上两周教学和集备中发现的好做法。③布置第四周作业和听课检查；对下一阶段的工作提出整体要求。④确定阶段性检测内容，各学科考试所需时间，统一进度。（曲素云、李军风、华鹏鹏、教研组长、备课组长、级部干部）

(3)召开班主任会。时间：第三周周五第七节。主题研究：①各班主任要做好家长、学生的思想工作，多和家长、学生，尤其是潜力生、家长进行有效沟通，学科老师进行交流，确保教学工作顺利进行。②如何营造班级学习氛围，激发学习热情、抓好前后30%学生。主讲人：董安胜、万建港。第四周周五第八节，布置阶段性检测的相关事宜并进行专题研究：如何协调好各科教学，均衡发展。主讲人：李永梅、刘翠云。（曲素云、李军风、刁晓辉、华鹏鹏、级部管理干部）

(4)召开班级协调会。第三周16班，第四周15班，班主任提前定好时间，告知级部和任课教师，地点在集备室，级部干部根据分工参加，无课班主任参加。落实人：林忠奇。（曲素云、李军风、级部管理干部）

(5)召开全体教师会。①全体教师要树立大局意识，多作正面宣传，以积极健康的心态，投入到教学中，展现大校教师的风采，杜绝做违反规定的事情。②反馈开学以来老师们在教学中反映出的问题，重点围绕和谐互助教学策略的实施，提高课堂教学艺术性和实效性，阶段性检测的相关事宜。③抓好教师出勤、办公室卫生、秩序，并纳入学期考核。（曲素云、李军风、级部管理干部、全体教师）

(6)第三周周一地生检测，级部统一安排考场考务，周四中午放学前阅卷结束，成绩上报级部，周五演练对地生检测中涌现出的优秀班级、进步大的班级、挑战成功的班级、成绩优秀的同学、进步大的同学进行表彰。（曲素云、李军风、级部管理干部、地生教师）

(7)继续严抓各项教学常规。加强对集备、候课、课堂效果、课间纪律、作业、听课等环节的检查、及时反馈公示、激励和指导，加大力度使用和谐互助，要求提高集备效率，主讲人提前到集备室打开课件，准点开始，干部提前2分钟到位检查，对于迟到、不参加集备的老师按照积分量化。（曲素云、李军风、级部管理干部、全体教师）

(8)学习部：①继续做好早晨和中午到校后的学生常规检查，早晨每个班级必须有晨读任务的公示、领读学生必须到位；检查结果及时在级部公示栏和班主任微信圈公示。②加强对教师出勤、候课、课堂常规及办公卫生秩序的检查力度，及时反馈在周五教师会中。③每天潜力生群的检查、作业质量反馈汇总，统一检测和课堂随测的检查落实。利用周五演练时间对检查情况进行通报并纳入班级考核及时公示，检查结果计入班级和教师个人量化考核。（李军风、级部管理干部、班主任，学习部）

(9)听课、作业检查。第三周对新调入教师和成绩薄弱教师的听课本、备课和作业批改情况进行检查，及时督促、反馈、整改。第四周检查语数英地生教师作业批改情况。（曲素云、李军风、级部管理干部、全体教师）

⑽宣传部：①第三周评选文化墙手抄报优胜班级；②及时更新每天小黑板公示栏、加强办公秩序、办公室卫生的检查力度，及时公示、及时反馈，发现问题及时整改。（曲素云、李军风、级部管理干部、班主任，宣传部）

⑾微机上机操作训练。①继续抓好不过关同学辅导，逐一过关，确保过关率100%。②确保学生出勤和秩序，及时在班主任群公示学生出勤，不请假按照旷课处理，计入每天的班级量化考核。（曲素云、李军风、级部管理干部、班主任，微机老师）

（三）初三级部（华军）

1.德育工作（孙仕正、万健）

(1)召开联合中队部长例会。时间：第三周周一中午；地点：1号楼集备室；内容：①规范各部上岗时间；②明确各部职责；③布置下两周工作任务；④及时将检查结果通报到西厅黑板。（孙仕正、万健、于明涵、联合中队中队长及各部部长）

(2)艺体部加大跑操评比力度，上下午检查两次，从带队、班级间距、跑操人数、整体排面四方面全面提升课间操质量。（宋成平）

(3)卫生部加强对室内外卫生的检查评比，着重检查教室内卫生以及走廊墙壁。（宋成平）

(4)公物部对班级电教设备的及时关闭情况加强检查通报力度，养成良好的节约用电和保护公物的好习惯。（孙仕正、宁博）

(5)路队部加强上放学路队检查。同时加强交通安全教育，号召同学们上放学路

上严守交通法规，确保同学们上放学安全。（万健）

(6)安全部做好艺体特长生训练后不再回教室的通知，并进行检查通报。（孙仕正、万健）

(7)宣传部负责在班级内发动学雷锋活动，并及时记录班级学生学雷锋情况。（唐旭诚）

(8)生活部联合纪检部加强中午就餐学生的纪律管理，要求各班严控出勤，并及时汇总级部进行通报量化。（于明涵）

3. 教学工作（李武军）

(1)召开备课组长会。时间：3月15日下午14:30，地点：集备室；主题：①布置3月29日第一次阶段性测试准备工作。②再次落实教学进度，细化教学常规要求。③布置观摩3月16日上午第二节化学学科集备。④研究艺体特长生文化课辅导措施。（华军、李武军、级部管理干部、备课组长）

(2)召开班级协调会。第一周：6班和5班。第二周：35班和20班。班主任提前定好时间，告知级部和任课教师。地点：集备室或本班教室地点。具体落实人——唐绪诚。（华军、李武军、级部管理干部、相关教师）

(3)召开班主任会。时间：每周五下午第七节；地点：集备室。主题：①通报教学常规和德育常规检查中出现的问题和班级。②通报艺体辅导学生出勤、纪律和训练效果。③进一步落实班级提高群的使用情况，每天定科、定人、定量，级部专项检查。④落实班级管理层面在艺体生专业辅导文化课辅导上采取的措施；传达新学期级部的工作安排和班级管理要求；主题培训：如何有针对性的提高艺体学生的学习效果。发言人：江朝霞、李云华。（华军、李武军、级部管理干部、班主任）

(4)召开全体教师会。①反馈常规检查并提出整改要求；②对边缘生、艺体生和后30%学生辅导提出实施要求。（华军、李武军、全体教师）

(5)召开级部管理干部会。时间：每周三和周四下午。周三汇报个人听课和集备情况，汇报个人所挂学科作业、教学常规等检查情况，找出问题，及时整改；汇报各自负责联合中队各部委工作的开展情况。周四下午：汇总本周工作情况，提出新的工作整改方案，形成周五班主任会工作明白纸。（华军、李武军、级部管理干部）

(6)音体美辅导：①训练时间：周一至周五：体育：上午8:00—10:00（全体）；下午4:30—6:10（全体）；美术：中午12:10—13:20（全体）；下午5:20—6:30（部分）音乐：中午12:10—13:30(全体);下午4:30—6:10(全体)。周末：体育：周六上午8:00—11:00和周日上午8:00—11:00；音乐和美术：周六；上午8:00—11:00；下午2:00—5:00；②确保学生出勤和秩序，及时在班主任群公示学生出勤，不请假按照旷课处理，计入每天的班级量化考核；③及时做好辅导学生的动态管理，确保学生情绪和思想上的稳定。（华军、李武军、级部管理干部、班主任、音体美教研组长）

(7)切实抓好英语口语上机训练和物化实验操作训练。①统一协调，提前安排，第三周开始学生进行口语上机训练，每班每周一节；②物化备课组提前将实验步骤形成文字发，让学生熟悉并背过。（华军、李武军、备课组长）

(8)切实抓好后30%学生成绩。①各备课组教师根据分工每天下发学习任务，及时检查落实到位，级部管理干部根据分工，每天通报；②每周末下发测试卷，学生自主答题后通过钉钉作业上传答案，教师批改阅卷后评选优秀学生，周五利用演练时间对后30%学生成绩进行通报。学生成绩计入班级量化考核。（华军、李武军、万健、全体教师）

(9)级部管理干部结合期末测试成绩，继续对成绩薄弱班级、教师和退步大班级、教师进行约谈和推门听课，听课后及时评课。找问题，想办法，想措施。每周第一次级部干部例会时间汇报自己的帮扶情况。具体分工：语文——李武军、唐绪诚，数学——万健，英语——华军，物理——华军、宁博，化学——孙仕正，历史——李武军、刘振丽，政治——于明涵。（华军、李武军、万健、级部管理干部）

⑩艺体部：①坚持每天两次课间操跑操，每天对各班的出勤、训练纪律等进行检查公示；②艺体部统计好学生体育测试项目，体育课协助班主任督促分类训练。（华军、李武军、级部管理干部、体育教研组、班主任、艺体部）

⑪学习部：落实、细化教学常规检查、督促。①对晨读检查量化；②检查督促中午英语听力播放和收听纪律；③统计公示早晨和中午学生晚进楼情况；④检查中午午自习13:00—13:25练习情况：周一物理，周二、周四、周五数学，周三化学。（华军、李武军、万健、学习部、宣传部）

⑫宣传部：①第三周评选文化墙手抄报优胜班级。②举行硬笔汉字和英文书法展，评选14个优胜班级。③监督每天各部委检查公示结果。（华军、李武军、宁博、宣传部）

（四）博学楼教学区（孙义智）

1. 德育工作（王存星）

(1)组织部组织好学雷锋活动月相关活动，组织各班级学雷锋小组走进社区，走进养老院进行学雷锋活动，注意留档。级部组织评选学雷锋先进班集体，先进个人。（王存星、李庆礼）

(2)艺体部加强对各班室外课带队秩序的检查，组织好课间操检查评比。（王存星、辛晓光）

(3)生活部加强午休自习纪律检查，要求12:10—12:30各班必须统一自习、任务。

12:30—13:00 统一组织午睡。（王存星、宋杨）

(4)卫生部加强教室内务检查，重点关注雷锋书橱、讲桌卫生、桌椅摆放、卫生工具摆放，并进行量化，评选教室内务先进班。组织好各班自行车摆放，按照新位置、新要求摆放好自行车。加强对室外卫生区卫生死角的检查，及时通报整改。（王存星、宫旭东）

(5)公物部加强检查频次，发现有公物损坏及时上报级部，级部及时追踪。（王存星、宫旭东）

(6)纪检部加强学生仪容仪表的检查，要求学生出教室必须穿校服。（王存星、辛晓光）

2. 教学工作（宋继昌）

(1)学习部：①每周一定时召开学习部成员例会，总结反馈上一周工作及检查情况，完善工作流程，布置当周重点工作；②配合级部做好对班级各学科家庭作业布置情况的检查，发现不合理的情况及时上报，级部对接相关老师整改；③每天对各班的晨读、课间秩序、午自习进行检查并及时反馈给相关班主任。（孙义智、宋继昌、学习部）

(2)召开班级协调会。第3周，黄祖俊的29班；第4周，姜志杰的31班。各班结合期末诊断性检测，做好学情分析，合理调整划分师友，制定新学期班级提分方案。（宋继昌、宋杨、李庆礼、班主任）

(3)继续对新岗教师和期末检测成绩较弱老师进行推门听课并及时评课，督促老师们虚心学习，提高责任心，发挥师友互助的优势，提高教学成绩。（宋继昌、宋杨、级部长）

(4)严抓教师出勤、办公秩序及办公室卫生，规范教师请假流程，打造温馨整洁的办公环境。（孙义智、宋继昌、办公室负责人）

(5)加大开学初教师教学常规的检查，重点关注教师备课、和谐互助课堂教学、作业布置与反馈、罚站等体罚情况，发现不足及时提醒整改，确保教学活动顺利开展。（孙义智、宋继昌、王存星、宋杨、级部长）

(6)每周三下午第四节召开管理干部碰头会，总结上周各项工作及汇总联合中队各部运行情况，查找不足并及时完善，提高各部工作效能。（孙义智、宋继昌、王存星、宋杨、级部长）

三、处室工作（孙义智、周娟、王友森、曲素云、华军）

（一）政教处 / 团委 / 少先队（华军）

1.第三、四周周五上午课间操时间召开德育管理部干部会，总结上周工作，布置下周工作。（解斌斌、德育管理部）

2.第三周德育管理部对各楼午休秩序进行检查评比，对检查评比结果进行公示；第四周德育管理部对各楼室外卫生区、自行车摆放进行检查评比并公示。（解斌斌、德育管理部）

3.第三周各楼评选和谐互助午休秩序优胜班，第四周升旗仪式进行表彰，第四周评选和谐互助室外卫生优胜班级，第五周升旗仪式进行表彰。开展"弘扬雷锋精神 争做新时代好少年"主题教育活动。（华军、解斌斌、相关干部、班主任）

4.各楼各级部全面开展"和谐互助自主管理"，学生会各部开好上双周工作总结、下双周工作布置会，加强对学生会各部的培训工作，确保学生会全面运转。（华军、解斌斌、相关干部、班主任）

5.初二初三各班评选入团积极分子，团委组织入团积极分子上好团课。（解斌斌、逄雪、戴小珊）

6.伙房与配餐（周娟、华军）。

(1)伙房工作：①杜绝过期变质食材出库，彻底清查库存。②做好食材进货验收、进出库记录，并及时录入系统。（孙仕正、孙营国）

(2)配餐工作：①生活部进行全校配餐质量本学期第一次调查，形成报告，反馈给配餐公司。（解斌斌、生活部成员）②进行家长代表陪餐活动，对配餐进行质量监督。（华军、各挂级部干部）

（二）教务处/教科室（周娟、王友森）

1.师德师风常态化教育：在学雷锋活动月中，加大倡导老师们爱岗敬业、无私奉献的工作精神；继续号召老师们加强师德修养，严格遵守区教体局《师德师风建设十项规定》；及时发现教师中的好人好事、树立榜样，展现28中教师积极向上的精神风貌，用实际行动谱写新时期的人民教师形象；完成3月份督导材料准备，主题"师德教育"。（周娟、陈伟、级部主任、全体教师）

2.组织好七、八年级"和谐互助"示范课展示及听评课活动，第一节听课、第二节评课。地点：报告厅。出课教师名单及时间提前一周报给教务处。要求课堂上"五步十环节"必须清晰呈现，师友互助交流、展示充分，教师精讲点拨，师友评价方式要恰当、合理、多样、创新，确保出课具有示范性。挂科干部、级部主任要认真组织，本教研组的教师必须参加听评课，其他无课的教师也要积极参加，听完课后教研组长要及时评课。具体时间级部统一协调。级部要抓好教师出勤，并将出勤情况纳入学期考核。（周娟、陈伟、级部主任、教研组长）

3.继续做好各项和谐互助教学常规查评工作，数据纳入各楼教学常规积分表，准确反馈教学管理存在的问题，调度各楼的教学常规管理，保障规范有序的教学氛围。（周娟、陈伟、级部主任、教学级部长）

4.组织好到教育集团成员校移风中学（第三周）、灵山中学（第四周）和谐互助教研活动。（周娟、陈伟、相关教师）

5.结合中、会考复习进度，进一步指导和推进各学科中考考点的分析工作：第三周语文、数学、英语、地理、生物；第四周历史、政治、物理、化学。（周娟、陈伟、挂科干部、教研组长、中心组成员）

6.做好学习事务部新纳入学生干部的培训工作。（陈伟、学习事务部）

7.组织好教育科学"十四五"规划2021年度课题申报工作，组织老师们积极申报教师专项课题(以教研组、备课组或教师团队为研究主体，一线教师任课题主持人)，既利于个人发展，又提升教师科研能力。（王友森、王品）

（三）总务处（孙义智）

1.统计并上报水、电能耗及公共机构规模分类表。（孙仕正、万初俊）

2.节约用水、用电。厕所水龙头及时关闭，教学楼、教室、办公室要做到人走灯灭。级部要安排具体班级、专人负责水、电管理。物管部将定期进行检查并进行通报。与在校住宿教师签订《教职工住宿安全协议》，严格落实教师宿舍的用水用电及卫生管理规定。明确要求，严格管理，确保安全。（孙义智、崔帅、董胜利、解斌斌、王崇浩、许立新、德育干部）。

3.做好固定资产新系统数据的导入工作，要求准确无误。（孙仕正、万初俊）

4.安排学校绿化工人做好树木的伐锄、修剪、施肥、浇水返青等维护工作。（王崇浩、绿化工人）

5.各级部一定于每周五上午将本级部平时上课不能维修的项目汇总后报总务处，便于总务处利用周六、周日时间进行维修。（董胜利、王崇浩、许立新、德育干部）

6.开展3月份生活垃圾分类主题宣传活动，及时上报相关材料和照片。（孙义智、王友森、崔帅、董胜利、党员干部）

7.全面梳理完善校舍管理台账，厘清基本建设、鉴定检测、加固改造、避雷设施安装检测、安全隐患排查整改等基本信息，健全完善各种制度，迎接校舍现场调研。（孙义智、崔帅、董胜利、孙仕正）

（四）办公室、工会、妇委会（王友森、曲素云）

1.根据上级统一采购规范，做好公务租车、公车加油与维修等项目的签约、审核工作，严格规范公车派遣与使用。（王友森、蔡紫燕、华玉冈、周凯、宫相荣、

各用车责任人）

2.及时、准确做好上级各项文件收发，做好党总支会、校长办公会决议传达、督促、监督好各项工作开展与总结。（王友森、蔡紫燕）

3.做好教师光荣榜宣传工作督查；组织综合事务部例会和纳新工作，常态化做好教师办公室办公秩序卫生和停车情况检查。（王友森、蔡紫燕、级部主任）。（蔡紫燕、学生会综合事务部）

4.按上级通知精神积极做好对口扶贫工作。（王友森、蔡紫燕、万初俊）

5.学校工会积极关心未婚青年教师，积极为单身青年教师牵红线、搭鹊桥，助力单身青年教师找到心怡的另一半，幸福的工作、幸福的生活。（王友森、各处室主任）

6.开展好女教师的巾帼建功活动，充分发挥女教师的作用。（曲素云、李军风、级部主任）

7.开展好教师团队活动。时间：第4周周。初一：政治组。初二：历史组。（曲素云、级部主任、兰瑞清）

四、艺体工作（王友森、曲素云）

（一）体育、美术（曲素云）

1.加强初三中考训练，备战体育专业中考。抓好大课间、阳光体育活动，做好艺体调研准备。（刁晓辉、柳先锋、体育教师）

2.以级部为单位加强集体备课，加强和谐互助教学策略的研究、推广和应用。加强体育常规教育，强化体育上下课带队秩序，规范课堂教学，确保师生安全，保持操场卫生干净。（曲素云、刁晓辉、柳先锋、体育教师）

3.按照分工及时高质量完成视导检查材料的准备，及时查漏补缺，迎接五月份的艺体督导检查。（万健、王天磊、全体美术教师）

4.严抓美术特长生辅导出勤纪律，加强专业薄弱学生的针对性辅导。（万健、王天磊、全体美术辅导教师）

5.做好手工制作优秀作品的评选工作。（王天磊、备课组长）

（二）音乐（王友森）

1.做好初三音乐艺术特长生辅导工作，抓好学生出勤与秩序，确保辅导质量。（王友森、解斌斌、于峰燕、辅导教师）

2.做好本学期艺体教学调研工作准备工作。（王友森、解斌斌、于峰燕、备课组长）

五、其他工作（周娟）

1. 做好迎接即墨区教体局2021年春季学期期初督导调研的各项准备工作。（周娟、华军、王友森、蔡紫燕、陈伟、解斌斌）
2. 科学筹划做好学校五年（2021—2025）发展规划的制定工作。（周娟、王友森、华军、崔帅、蔡紫燕、陈伟、解斌斌、孙仕正）

附11：即墨28中班级协调会活动样本

一、会前准备：

1. 班主任确定时间，报级部批准。班主任邀请任课教师，请级部主任协调调好相关教师的课。
2. 任课教师准备好该班学生在自己任教学科的表现，找出共性问题，想出具体措施，准备向班主任班级管理提出合理化建议。
3. 班主任做好相关数据收集和分析；学生情况（有综合有分类有具体）的详细说明；收集家长的日常反馈；相关材料的发放。
4. 班干部布置好班级会场。

二、会议流程：

1. 班主任分析班级情况。

班级情况包括班级总成绩的状况；班级平均分、优秀率、及格率在级部的情况（上升或下降或持平）；班级优秀学生在级部的入围情况；班级后20名成绩在级部所占的比例；各个学科在级部的排名范围。

2. 班主任分析学生情况。

学生情况包括每个学生在每一个学期或学年的发展曲线图、整体呈上升趋势的学生、摇摆不定的学生、存在偏科或弱科现象的学生、学习和思想下滑的学生等等。

班主任分析要结合学生思想状况，结合家长反馈信息，结合同学反映等等，尽可能分析透彻。

3.任课教师分析所在学科的学生情况。

任课教师分析包括学科出现的普遍问题，如候课、听讲；个别学生的表现，如师傅帮助不给力，学友不积极；学科学习对学生的要求及建议；寻求班主任或其他教师的帮助等等。

注：通过班主任和任课教师的学生情况分析，共同确定出各学科的边缘生，找出班级存在的普遍问题，收集合理化建议用于教育教学。

4.班主任总结班级前一段工作，提出下一阶段班级管理的思路和方向，任课教师共同讨论交流。

班主任总结中要有指导师友互助的经验和不足；要有学法的运用；要对学风问题提出务实的评价；在提醒个别学科教师时，注意委婉说明学生的看法；要注重常规管理的细化要求和及时发现不良苗头；要诚恳地向任课教师提出建议和要求等等。

任课教师发言要有对班主任的鼓励，要虚心好问，积极参与交流，个别不方便在会议上说的问题可以会后单独交流，也可以用文字的形式交给班主任。

5.班主任根据老师们的发言，提出班级总体目标和各个学科的目标。班主任向任课教师通报班级下一阶段的重点工作，提出需要配合的方面，确定各学科师友搭配的时间。

注：级部主任和挂级部副校长要尽可能参加班级协调会，会议最后要对协调会做出中肯评价，给班主任和任课教师树立信心，帮助班级和教师解决实际问题。

第七章 / 阳光校园 我的青春不一young

5—6周（3月29日—4月11日）工作安排

工作重点：

1. 加强党史学习，立足本职，发扬新时代党员精神。
2. 加强春季校园安全教育管理，师生防疫常抓不懈。
3. 推进"和谐互助"深入发展，充分发挥师友互助的作用。

一、党建与防控工作（周娟、王友森、华军）

（一）党建工作（王友森）

1.理论学习：（王友森、党支部书记、党小组长）

(1)《习近平：坚定不移走中国特色社会主义法治道路 为全面建设社会主义现代化国家提供有力法治保障》(《求是》2021年第5期）。

(2)《习近平：在河北省阜平县考察扶贫开发工作时的讲话》(《求是》2021年第4期）。

(3)《习近平在中国—中东欧国家领导人峰会上的主旨讲话（学习强国平台2021年2月9日）；全体党员做好学习笔记。

2.组织参加"百人、百堂、百部"话百年风华微党课大赛。（王友森、周娟、党小组长、全体党员）

3.召开一次全体党员会,主题: 学习党史。各支部、党小组组织好学习与档案记录，签到表，带会标、时间的照片，会议记录。（周娟、王友森、党小组长、全体党员）

（二）防疫与安全（周娟、华军）

1.疫情防控常态化。

(1)外来人员实名登记，实行"测温+健康绿码"，身份确认、信息登记齐全后方可入校；

(2)各级部处室按照要求做好晨午检记录、通风消毒记录、因病缺勤追踪记录、流行病学调查表等相关记录，各楼将上双周防疫相关资料交政教处存档。

(3)第6周进行春节后第三次防疫演练，各级部处室将演练相关材料于第6周周五前上交政教处存档。（全体师生）

2.加强春季校园安全教育管理，严防安全事故发生。（华军、解斌斌、相关干部、学生会）

(1)加强体育课、微机课、实验、训练辅导课学生秩序管理。班主任和辅导教师要严密组织上课学生，严肃来回带队纪律，严控课堂人数，准点上下课，不提前下课，严禁学生随意离开课堂、训练场地。禁止未报名学生在校内外等候、游玩。级部检查通报纳入班级量化管理。

(2)各级部规范第5周周五消防逃生演练并照相存档。

(3)第5周周二下发清明节假期安全责任书，各级部第5周周四上午收齐上交政教处。

(4)各楼每周排查安全隐患，并填写安全隐患排查表，以楼为单位上交政教处存档。

二、级部工作（孙义智、华军、曲素云、崔帅）

（一）初一级部（孙义智、崔帅）

1.德育工作（李颖）

(1)召开联合中队部长例会。时间：第一周周一课间操；地点：2号楼西厅；内容：①安排本双周各部检查的重点。②各部组织上交学雷锋材料。（李颖、孙典巧、法琳琳、武宝嘉、联合中队中队长及各部部长）

(2)防疫部加强对口罩及体温计佩戴的检查，加强晨午检督查，存在的问题及时反馈。（李颖）

(3)组织部联合纪检部加强升旗仪式带队、站位、唱国歌的检查评比；加强卫生间秩序的检查。（李颖、法琳琳、组织部）

(4)艺体部加强课间操走操分解动作训练，每班评选两名和谐互助走操标兵，引领示范走操标准动作，使走操更加整齐、规范。（李颖、孙典巧）

(5)公物部①督促各班在午休、放学、上室外课以及教室光线充足时及时关闭电灯。②课间检查卫生间水龙头关闭情况，尤其下午放学严查门窗、水电的关闭情况。（李颖、法琳琳）

(6)卫生部重新划分各班自行车的摆放区域,严格按照标示进行摆放。(李颖、孙典巧)

(7)安全部第六周周二下午第八节组织各班召开"安全教育"主题班会,教育学生禁止在放学路上逗留和玩耍,及时在规定时间内回家,防止发生溺水、交通事故等各种意外伤害事故。(李颖、孙典巧)

(8)路队部严查上放学秩序,本双周集中整治上放学路队秩序,严禁家长在学校门口随意停车接送学生。(李颖)

(9)宣传部修整、增补各班文化墙破损部分。(李颖、武宝嘉)

⑩信息部及时收集整理各班学雷锋活动的照片、身边的好人好事、表扬信,评选优秀学雷锋小组。(李颖、武宝嘉)

2.教学工作(刘华、宋继昌)

(1)召开备课组长会。时间:第5周二课间操。地点:主任室。总结上周和谐互助教学过程中存在的问题,特别是和谐互助资源库的整理和修改;各备课组合理设计清明节假期的作业,第5周周三上午放学前将作业设计提交级部检查,验收合格后方可发放给学生;总结上双周出课认真、参与人数齐的教师和备课组,确定下个双周和谐互助骨干教师展示课的出课顺序、出课、班级主讲内容和磨课安排;解读级部打分标准;收齐和谐互助听评课照片、和谐互助本周课件、自评和评课电子稿、集备问题和解决办法等。第6周:上周和谐互助听评课总结、反馈;和谐互助"金点子"收集和整理;和谐互助资源库二次修改检查结果通报;总结、反馈组合学科作业本、听课本和新岗教师备课本出现的问题,整改措施,责任到人。(孙义智、崔帅、刘华、宋继昌、级部管理干部、备课组长)

(2)召开班级协调会。地点:集备室。时间:第五周8班;第6周9班;班主任提前安排,并通知级部和任课教师,班主任和任课教师精心准备。干部分工:刘华8班,孙典巧9班。(孙义智、崔帅、刘华、级部管理干部、班主任、任课教师)

(3)召开班主任会,地点:报告厅。第5周周五第七节。①下发班主任明白纸。②开齐上足音体美信息技术课,级部加大检查力度并纳入班级量化。第6周:①下发明白纸。② 第一次阶段性测试班级质量分析。(孙义智、崔帅、刘华、宋继昌、级部管理干部、班主任)

(4)召开全体教师会。时间:第五周周五阳光体育活动。主题内容:①强调减轻学生作业负担问题;②第一次阶段性测试全体教师质量分析;③ 和谐互助教学骨干教师展示课总结,表扬展示课优秀出课教师、参与听评课齐的备课组,和谐互助教学下一阶段的安排。(孙义智、崔帅、刘华、宋继昌、级部管理干部、初一教师)

(5)召开级部干部工作会,时间:每周四下午第7节。总结反思本周级部活动;各楼层课间、候课、班主任靠班等工作;各楼层早读、楼内卫生、室外卫生、室外课带队、课间操走操评比和秩序、眼保健操秩序、自行车、午自习和错时放学等的检查情况;每人发言,总结本阶段自己分管工作,出现问题,讨论整改措施。(孙义智、崔帅、刘华、宋继昌、级部干部)

(6)第6周周二班会课,召开"我在和谐互助下成长"主题班会,结合第一次阶段性检测成绩,师友分享经验、相互勉励、再创佳绩。(孙义智、崔帅、刘华、宋继昌、级部管理干部、班主任)

(7)继续加强和谐互助课堂常规检查。检查内容:①使用和谐互助课件、师友捆绑回答问题、师友互助次数、五步十环节是否完整;②检查时间:上午、下午各检查1次并及时通报。(孙义智、崔帅、刘华、宋继昌、级部管理干部、文化课教师)

(8)继续开展和谐互助展示课活动。①第5周和第6周各学科利用第一节集体备课时间出示一节新授课或复习课。②备课组长负责统计出课班级、课题,收集出课课件、听课和评课照片、评课教师发言稿。③级部挂科干部参与听评课、统计出勤、打分后级部汇总,全程参与听评课。(孙义智、崔帅、刘华、宋继昌、级部管理干部、文化课教师)

(9)组织好本学期第一次阶段性测试考务工作,完成备课组、班主任和全体教师质量分析。(孙义智、崔帅、刘华、宋继昌、级部管理干部、部分文化课教师)

(10)结合期末测试和阶段性测试成绩,挂学科干部继续对成绩薄弱的班级、教师和退步大的班级、约谈教师和推门听课,听课后及时评课。级部干部例会时间汇报。(孙义智、崔帅、刘华、宋继昌、级部管理干部、全体教师等)

(11)学习部参与每周一13:15—13:25的课堂常规违纪学生通报,通过广播通报上周每天随机检查的课堂违纪学生和违纪次数,进一步规范学生课堂常规。(孙义智、崔帅、刘华、宋继昌、级部管理干部、文化课教师、学习部)

(12)学习部开展"和谐互助优秀阅读手手抄报"评比活动,每班评选出一等奖、二等奖、三等奖作品,优秀作品在文化墙张贴、展示。(孙义智、崔帅、刘华、宋继昌、级部管理干部、语文教师、学习部)

(二)初二级部(曲素云)

1.德育工作(刁晓辉)

(1)召开八年级联合中队部长例会。时间:第五周周一下午第八节,地点3号楼2楼集备室。(刁晓辉、华鹏鹏、联合中队各部长)

(2)防疫部做好晨午检检查通报,整理好晨午检表、通风消毒记录等表格,通报

检查情况。（刁晓辉、华鹏鹏）

(3)艺体部加强对室外跑操的检查通报力度，提高班级量化考核力度，加强对室外课带队检查力度，组织跑操比赛，评选14个跑操优胜班。（刁晓辉、华鹏鹏）

(4)卫生部加强对卫生死角的检查力度，及时通报各班问题并改进。（刁晓辉、孙吉超）

(5)安全部加强对教学楼的安全隐患排查，并记录上报。（刁晓辉、华鹏鹏）

(6)宣传部组织清明祭英烈系列活动，开展爱国主义教育，各班更换"清明节"主题墙报。（刁晓辉、华鹏鹏）

(7)纪检部加强对问题学生的监督力度，加强文明礼仪的检查、及时发现问题并上报级部。（刁晓辉、孙吉超）

(8)公物部及时统计各班公物损坏情况，及时发现各种安全隐患，及时报修，提醒各班及时关灯、关空调、关水电，养成节约水电好习惯。（刁晓辉、林忠奇）

(9)信息部及时及时收齐各类上交表格，及时督促完成安全教育平台，整理各班学雷锋活动照片、身边的好人好事、表扬信，为评选优秀学雷锋小组提供数据。（刁晓辉、华鹏鹏、信息部）

2.教学工作（李军风）

(1)召开备课组长会。时间：周一下午第七节。地点：集备室。内容：主题：①总结开学一个月来教学工作，地理、生物和微机学科备课组长汇报下一阶段工作计划和措施；②组长汇报本组在辅导前20%和后30%学生的措施，反馈本组老师中做得比较好的案例；③提前布置好清明作业，第5周周一上午放学前将作业设计提交级部检查，验收合格后方可发放给学生。④和谐互助教学策略全面深入推广、推门听课措施；⑤布置第5周的阶段性测试准备工作。（曲素云、李军风、华鹏鹏、教研组长、备课组长、级部干部）

(2)召开班级协调会。第五周2班，第六周32班，班主任提前定好时间，告知级部和任课教师，地点在集备室，级部干部根据分工参加，无课班主任参加。落实人：林忠奇。（曲素云、李军风、级部管理干部）

(3)召开班主任会。时间：周五下午第三节，地点：体育楼。内容：总结反馈前两周工作情况，进行专题研究。①反馈生物实验、微机模拟考试情况，提供不过关学生名单，进行生物不过关学生跟踪检查和微机不过关学生的中午辅导，纳入班级量化。②反馈教学常规检查情况，对存在的问题提出整改意见。③布置第5周阶段性测试相关安排。④第5周主题：如何抓好优秀师傅，发挥好火车头的作用，主讲：刘岩、王春和。第6周主题：如何调动后进生的学习积极性，提高学习成绩，主讲：

范洁、李永梅。（曲素云、李军风、刁晓辉、华鹏鹏、级部管理干部）

(4)召开全体教师会。内容：召开全体教师会；时间：第五周周五。①严抓和谐互助课堂：课件的使用，互助的气氛和质量，老师教态规范等问题。②听评课、作业检查和集备中要改进的问题。（曲素云、李军风、级部管理干部、全体教师）

(5)召开级部管理干部会。内容：①总结反思本周级部活动，各楼层课间候课，各班主任靠班情况。②落实反馈每天使用和谐互助课堂课件情况，对于多次提醒的老师，干部分工谈话。③干部汇报听课和参与集备情况，找出存在的问题并及时整改。（曲素云、李军风、级部管理干部）

(6)继续开展和谐互助示范课，同时加强成绩薄弱和退步大的教师的听评课。听课后及时评课，帮助老师们分析原因，寻找对策，提高成绩。（曲素云、李军风、级部管理干部、全体教师）

(7)加强会考学科日常管理。①根据测试成绩，班主任和任课老师分头加强与成绩薄弱学生谈话。②组织好2021年青岛中考生物实验实验训练。③做好地理、生物、微机报名信息审核、网上报名和生物实验操作考试工作。（曲素云、李军风、级部管理干部、生物教师）

(8)学习部：①继续做好早晨和中午到校后的学生常规检查，检查结果及时在级部公示栏和班主任微信圈公示。②加强对教师候课、课堂常规及早午自习任务、秩序的检查力度，评比出"和谐互助课堂常规优胜班"。③每天潜力生群的检查和作业质量的反馈的汇总，统一检测和课堂一测的检查落实。利用周五演练时间对检查情况进行通报并纳入班级考核及时公示，检查结果计入班级和教师个人量化考核。（李军风、级部管理干部、班主任，学习部）

(9)宣传部：更新室内墙报，内容："和谐互助赶比超"表彰班级先进，更换优秀个人图片，评出优胜班。（曲素云、李军风、级部管理干部、班主任，宣传部）

⑽根据微机模拟考试成绩，调整中午辅导名单，对不及格学生逐个过关。把出勤和纪律纳入班级量化，级部做好检查反馈。（曲素云、李军风、级部管理干部、班主任，微机老师）

（三）初三级部（华军）

1.德育工作（孙仕正、万健）

(1)召开联合中队部长例会。时间：第五周周一中午；地点：1号楼集备室；内容：①通报上双周各部工作情况。②布置下两周工作任务。③强调各部检查规范。（孙仕正、万健、于明涵、联合中队中队长及各部部长）

(2)路队部及时上岗，加强检查力度，及时通报违纪学生。（万健）

(3)艺体部做好跑操检查评比工作，加强带队秩序和跑操队形的检查，全面提升课间操质量。（宋成平）

(4)生活部严查中午配餐秩序，督促各班及时取餐、送餐，加强午自习纪律检查，并及时通报检查结果。（于明涵）

(5)卫生部加强对室内外卫生的检查评比。（宋成平）

(6)纪检部加强课间纪律检查通报力度，重点检查厕所聚集、走廊打闹现象。（于明涵）

(7)宣传部做好新墙报的检查评比工作。（唐绪诚）

(8)信息部及时收齐各类上交表格，及时督促完成安全教育平台。（唐绪诚）

(9)组织部协助级部组织好艺体模拟测试、周五演练等活动，保证活动纪律；（万健）

(10)安全部组织各班第六周下午第四节召开"安全教育"主题班会，教育学生注意交通安全、防溺水安全、用电安全等注意事项。（唐绪诚）

(11)公物部及时统计各班公物损坏情况，及时发现各种安全隐患并报修，提醒各班白天及时关灯，养成节约用电的好习惯。（孙仕正）

4. 教学工作（李武军）

(1)召开备课组长会。时间：4月6日下午16:30；地点：集备室；主题：①分析备课组阶段性测试成绩；②各学科汇报复习进度和教学措施的调整；③清明节期间作业的设置和线上辅导安排。（华军、李武军、级部管理干部、备课组长）

(2)召开班级协调会。第一周：7班和21班。第二周：1班和26班。班主任提前定好时间，告知级部和任课教师。地点：集备室或本班教室地点。具体落实人——唐绪诚。（华军、李武军、级部管理干部、相关教师）

(3)召开班主任会。时间：每周五下午第七节；地点：集备室；主题：①分析阶段性测试班级成绩；②通报艺体专业学生出勤、纪律情况，布置艺考前辅导时间安排；③分析阶段性测试中艺体生的成绩，落实班级如何有针对性的提高艺体学生的学习效果。发言人：江朝霞、李云华。（华军、李武军、级部管理干部、班主任）

(4)召开全体教师会。①反馈近两周教学常规检查情况并提出整改要求；②阶段性测试整体成绩分析。（华军、李武军、全体教师）

(5)召开级部管理干部会。时间：每周三和周四下午；内容：周三汇报个人听课和集备情况；汇报各自负责联合中队各部委工作的开展情况。周四下午：汇总本周工作，提出新的工作整改方案，形成周五班主任会工作明白纸。（华军、李武军、级部管理干部）

(6)组织好音体美辅导和专业考试：①训练时间：第五周周一至周五；体育：下

午 4:30—6:10（全体）；美术：中午 12:10—13:20（全体），下午 5:20—6:30（部分），音乐：中午 12:10—13:30（全体），下午 5:20—6:10（全体）；4月3日和4月5日：体育：上午 8:00—11:00；音乐和美术：上午 8:00—11:00；下午 2:00—5:00；第六周周二至周五音乐和美术：12:10—18:10；体育：根据学生的状态及时调整训练时间。②确保学生出勤和秩序。及时在班主任微信群公示学生出勤。不请假同学按照旷课处理，计入每天的班级量化考核。③阶段性测试后，及时做好辅导学生思想稳定，保持好的心态和状态参加专业考试。④精密组织专业考试的带队、学生纪律、安全等。（华军、李武军、级部管理干部、班主任、音体美教研组长）

(7)切实抓好英语口语上机训练和物化实验操作训练。①继续做好学生口语上机训练，每班每周一节；②根据3月24日模拟测试的成绩，精准分析，及时调整训练措施。（华军、李武军、备课组长）

(8)抓好物化实验操作训练和考试。①协调学校备好实验器材，物化备课组根据安排好的课程表，逐班逐生落实实验操作。②认真组织，做好4月6日至9日的理化实验操作考试。（华军、李武军、备课组长）

(9)切实抓好后 30% 学生成绩。①级部每天检查提高群的使用和效果。②结合阶段性测试的成绩，重点分析各班后 30% 学生的辅导成效，调整辅导措施。（华军、李武军、万健、全体教师）

⑩艺体部：①结合体育测试成绩，找出体育边缘生，重点训练和督促，②班主任协助体育老师，利用体育课时间，督促学生分类训练。③约谈体育成绩薄弱的学生和家长。④推广体育成绩优秀班级的做法。（华军、李武军、级部管理干部、体育教研组、班主任、艺体部）

⑪学习部：落实、细化教学常规的检查、督促。①对晨读质量进行检查量化。②继续坚持每天中午英语听力训练。③检查统计公示早晨和中午学生晚进楼情况。④检查每天中午午自习练习情况。⑤重点检查课堂教学常规：候课及时、全面使用和谐互助（课件、师友搭配）、教师教学行为规范、学生课堂听讲等。（华军、李武军、万健、学习部、宣传部）

⑫做好中考报名和信息确认工作。（华军、李武军、万健、孙仕正、级部管理干部）

（四）博学楼教学区（孙义智）

1. 德育工作（王存星）

(1)召开联合中队部长例会。时间：第五周周一中午。地点：二楼西厅。（王存星、宋杨、联合中队各部长）

(2)防疫部做好防疫常态工作,确保班级每天及时通风,预防春季传染病传播。（王

存星、刘振丽）

(3)安全部做好清明假期安全教育宣传，发放并收齐清明假期安全保证书。（王存星、宫旭东）

(4)艺体部对课间操带出带回秩序，课间操活动组织，教室留人等进行全面评比检查，课间操跳绳活动按照三个阶段进行：第一阶段，高抬腿训练；第二阶段，跳绳练习；第三阶段，1分钟计时跳绳，切实提高课间锻炼效果。（王存星、辛晓光）

(5)组织部做好学雷锋活动月总结，组织评选学雷锋先进班级和个人，材料存档。（王存星、李庆礼）

(6)公物部做好安全隐患排查，每周汇总上报，并及时整改。（王存星、宋杨）

2. 教学工作（宋继昌）

(1)组织好新学期各学科和谐互助先行课的听课评课活动，督促老师们虚心学习，积极参与，充分挖掘师友互助的优势，提高教学成绩。（宋继昌、宋杨、级部长）

(2)认真组织新学期第一次诊断性检测，规范考务，严肃考风考纪，确保检测和阅卷顺利进行。（孙义智、宋继昌、王存星、宋杨、级部长）

(3)召开班级协调会。第5周，李庆礼的33班；第6周，姚静的34班。各班结合新学期第一次诊断性检测，做好学情分析，协调各任课老师抓好课堂教学，合理布置作业并及时反馈，提升班级整体成绩。（宋继昌、宋杨、李庆礼、班主任）

(4)学习部：①坚持每天对各班的晨读、课间秩序、中午自主学习进行检查并及时反馈给相关班主任。②继续配合级部做好对班级各学科清明节作业及日常家庭作业布置情况的检查，发现不合理情况及时上报。③每周一按时召开学习部成员例会，总结反馈上一周工作及检查情况，表扬优秀，指出不足，完善工作流程。（孙义智、宋继昌、学习部）

(5)每周三下午第四节召开管理干部碰头会，总结上周各项工作及汇总联合中队各部运行情况，查找不足并及时完善，提高各部工作效能。（孙义智、宋继昌、王存星、宋杨、级部长）

三、处室工作（孙义智、周娟、王友森、曲素云、华军）

（一）政教处/团委/少先队（华军）

1. 严格和谐互助自主管理，提升学生会管理水平。（华军、解斌斌、相关干部、学生会）

(1)德育管理部每周5课间操时间召开例会，校学生会各部加强对各楼各项常规的检查并及时进行评比通报；

(2)各楼各级部要及时召开学生会各部例会，并通过多途径多形式培训学生会各部成员，提高每日常规（午休、路队、教室内务、两操等）学生自主管理水平。

(3)联合中队各部加大对各项常规的检查力度，并在级部公示栏及时公示。

2. 继续开展学雷锋活动，加强春季校园安全教育管理。

(1)发动各班级推荐"身边的雷锋"人物评选，级部初选后报政教处汇总全校评选；

(2)开展学雷锋征文评比活动。

(3)评选"和谐互助"学雷锋活动优胜班级及个人，每个班级评出10个"班级小雷锋"，每班推选5名同学评选625名校级小雷锋。"校级小雷锋"和"班级小雷锋"不能重复。学校举行学雷锋活动月总结表彰大会，表彰各种先进个人和先进集体。

(4)评选"教师学雷锋标兵"。结合前期学校和级部中的教师好人好事，每个级部报送28名，音体美前后勤16名，共计100名教师标兵，进行表彰。（华军、解斌斌、相关干部、组织部、宣传部）

3. 组织好专题教育活动。（华军、解斌斌、相关干部、组织部、宣传部）

(1)组织开展"百年光辉历程 全面建成小康"青少年爱国主义读书教育活动，各级部分别组织评选推荐1名学生参赛，由政教处组织评选后推荐1名优秀学生上报。

(2)各级部组织英烈事迹演讲大赛，每级部组织评选推荐1名优秀教师、3名优秀学生，由政教处统一上报。

(3)各联合中队、中队做好清明祭英烈文明祭扫缅怀活动，初一组织清明祭英烈宣讲活动，初二组织清明祭英烈主题班会，博学楼组织学生进行清明祭英烈手抄报比赛。

4. 各级部利用班主任会，告知班主任务必落实好"无缝隙"安全管理工作。

(1)教室内要始终有老师。上课有任课老师，课间有班主任，午休时间有看班教师，随时关注教室内动态，及时处理突发状况。

(2)早晨和中午第一节课课前，班主任务必要到教室清点学生人数，如有未请假而未到者，立即联系家长，了解相关情况，并在教室黑板右上角写明"应到人数，实到人数，请假人数"，随时更新，德育管理部将对各班落实情况进行检查并通报。

(3)中午和下午放学后，要让家长了解具体放学时间和回家路上所用时间，教育学生禁止任何放学路上的逗留和玩耍，及时在规定时间内回家，防止发生溺水、交通事故等各种意外伤害事故。（华军、解斌斌、相关干部、德育管理部、安全部）

5. 校警、护校队加强对校园巡视，对全校进行无死角巡逻，防止校园欺凌事件发生；护学岗加强对学生上放学期间安全的管理，预防安全事故的发生。（华军、

解斌斌、相关干部教师、家长志愿者、校警）

6.第五周为走操、跑操质量提升周，各级部加大管理力度，政教处、德育管理部将对各级部走、跑操进行检查评比并通报。（华军、解斌斌、相关干部、德育管理部、艺体部）

7.第五周周一初一级部在操场举行升旗仪式，周二举行为雷锋像佩戴红领巾活动。（华军、解斌斌、刘玉涵）

8.组织好新一批入团积极分子上好第一次团课。（解斌斌、逄雪、戴小珊）

9.伙房与配餐（周娟、华军）

(1)伙房工作：①为迎接省食品安全区复审，按照要求认真做好档案材料归档工作。②严格安全用电，严禁湿手违规操作用电设备；（孙仕正、孙营国）(2)配餐工作：①生活部进行常规管理检查，及时通报评比。（生活部成员）②做好迎接山东省食品安全区复审迎检工作。（华军、各挂级部干部）

（二）教务处／教科室（周娟、王友森）

1.贯彻传达《青岛市教育局关于教育领域5起漠视侵害群众利益典型问题的通报》，加强师德师风教育教育：(1)利用通报事例和上级的处理结果，各级部处室高度重视，加强宣传教育。(2)严格教师出勤，规范教师课堂行为，教师不得把手机带入课堂，禁止对学生进行体罚和变相体罚，坚决杜绝把学生撵出教室等现象。(3)严格办公室办公纪律管理，杜绝非工作性的上网行为，保持办公室卫生，保证节水节电，注意办公室安全，做到人走关窗锁门，关电脑断电，级部和学校加强通报力度。（周娟、陈伟、级部主任）

2.落实《青岛市即墨区教育和体育局关于加强新时代师德师风建设的意见》通知精神，强化干部教师考核，逐层推进师德建设工作责任到人，干部签订工作责任书，教师签订《教师职业道德行为承诺书》、《山东省中小学教师拒绝有偿补课公开承诺书》。（周娟、陈伟、级部主任）

3.报告厅和谐互助教学展示课：出课人：第5周七年级英语李发发，第6周八年级地理张欣。挂科干部带领骨干教师指导磨课，留存好过程资料，并组织和主持听评课活动。教务处负责协调教育集团的参与人员，做好出勤教师培训学分登记。（周娟、陈伟、挂科干部）

4.第5周开展"和谐互助"教学课件的培训工作，规范"五步十环节"的流程。

(1)培训时间：基础年级集备第1课时。(2)参与人员：基础年级级部主任、备课组长及骨干教师（语数英各8人，其它学科各4人）。(3)组织要求：挂级部校长邀请培训教师，挂科干部参加，留存好过程资料。

5.第6周开始,挂级部校长牵头,级部主任落实,备课组做好教师分工,按章节包干到人,按时完成课件制作和修改;级部挂科干部负责按学科分工每周对课件进行检查。教务处进行抽查,不合标准的一律打回重制,保证课件资源库的规范优质。(周娟、挂级部校长、陈伟、级部主任、级部挂科干部、备课组长)

6.按上双周教研组中会考考点分析的指导和要求,继续推进中会考考点分析的规范性修改工作,做到内容详实,排版清晰,第5周周四前形成定稿,交由教务处存档。(周娟、陈伟、教研组长)

7.各级部于第6周前完成新学期各学科师友的划分,公示栏按照要求张贴;初一、初二级部每人一节和谐互助过关课,每周每学科出课1—2节,挂级部副校长、级部主任、骨干教师负责验收。(周娟、挂级部副校长、级部主任)

8.继续做好教学常规的查评工作,根据学校查评内容,各楼做好日常自查,保证违规行为不反弹,保证优良的教学环境。(周娟、挂级部副校长、陈伟、级部主任)

9.对接区教研室,制定并组织协作体专项教研活动,活动主题:八、九年级中会考一模复习。(周娟、陈伟、李武军、李军风、备课组长)

10.教育集团:继续开展教育集团送教交流活动,第5周灵山中学、第6周德馨珑湖中学。(周娟、陈伟)

11.完成全国"十四五"教育课题申报工作。完成即墨区"十四五"立项课题的开题工作。(王友森、王品)

(三)总务处(孙义智)

1.开展3月份生活垃圾分类主题宣传活动,按要求配备规范的有毒有害收集器及足量的分类垃圾桶,设置生活垃圾去向公示牌,设置大件垃圾、装修垃圾暂存点。(董胜利、王崇浩)

2.检查教学楼及所有建筑物,做好检查记录,对发现隐患及时处理、整改,对于大的安全隐患要形成书面报告,及时上报教体局。(董胜利、解斌斌、许立新、王崇浩)

3.排查学校校舍防雷装置安装情况并及时上报。(董胜利、许立新)

4.固定资产分管理员做好新购物品的台账录入、清查工作,做到账物相符。(孙义智、董胜利.孙仕正及各处室负责人)

5.对校园树木进行浇水、灭虫消毒处理。(董胜利、代理成、王崇浩)

6.建立学校校舍信息台账和绘制学校平面布局图并及时上报。(董胜利、孙仕正)

7.及时采购物理化学生物实验器材及药品,保证实验课及实验操作考试正常使用。(董胜利、陈伟)

8.办理2021年印刷、纸张采购，按程序做好竞价招标工作。（孙义智、王友森、董胜利、孙仕正、万初俊）

9.配合局相关科室做好国家教育考试标准化考点验收工作。（孙义智、周娟、崔帅、董胜利、陈伟、孙仕正）

10.做好校园网络安全自查工作，迎接局相关部门现场抽查。（孙义智、崔帅、孙仕正、蓝晓骞）

11.实地查验致学楼计划改造为学生教室和教师办公室的房间，摆放桌椅进行演示，设计改造方案和学生上下楼梯路线，做好预算，为暑假改造做好前期准备和评估工作。（孙义智、王友森、董胜利）

（四）办公室、工会、妇委会（王友森、曲素云）

1.根据上级安排，做好学校政务信息公开发布和更新工作。（王友森、蔡紫燕、相关干部、华玉冈）

2.平稳有序完成教师岗位竞聘工作。（孙义智、崔帅、张平、相关人员）

3.做好教师光荣榜宣传工作督查；强化综合事务部学生培训与管理，严格做好教师办公室办公秩序卫生和停车情况检查。（王友森、蔡紫燕、级部主任）。（蔡紫燕、学生会综合事务部）

4.继续开展教师团队活动。时间：第6周。初一：地理组。初二：备课组长。（曲素云、级部主任、兰瑞清）

四、艺体工作（王友森、曲素云）

（一）体育、美术（曲素云）

1.根据专业考试安排，合理调整体育训练计划，关注考试信息，全力备战组织好体育中考。（刁晓辉、柳先锋、体育教师）

2.备战青岛市五届运动会和青岛市市长杯。（曲素云、刁晓辉、柳先锋、体育教师）

3.做好美术专业考试报名工作。抓好美术特长生辅导工作，利用最后两周时间有针对性地对个别学生进行辅导。

4.及时将青岛市艺术考试美术学科模拟试卷下发给学生，做好学生备考工作。（万健、王天磊、初三美术教师）

（二）音乐（王友森）

1.做好初三音乐艺术特长生辅导工作，抓好师生出勤与秩序，确保辅导质量。（王友森、解斌斌、于峰燕、辅导教师）

2.对艺术特长生台风进行培训，考前组织两次艺术特长生模拟考试，确保学生出场最佳状态。（王友森、解斌斌、于峰燕、辅导教师）

3.组织好艺术特长生考试报名及信息确认工作。（王友森、解斌斌、于峰燕、辅导教师）

五、其他工作（周娟）

清明节放假时间为4月3日（周六）至4月5日（周一），请各级部抓好清明节适量作业，请政教处强调安全，全体师生安全、平稳度过假期。（全体干部、全校师生）

附12：即墨28中学雷锋活动总结表彰样本

开场音乐：雷锋之歌

第1张：雷锋照片

女　尊敬的各位领导、老师们，

男　亲爱的同学们，大家

合　下午好！

男　有个人的故事总是讲了又讲，有个人的歌曲总是唱了又唱，

女　有个人的日记总是读了又读，有个人的名字总是传了又传。

男　这个人对工作有夏天般的火热，这个人对同志有春天般的温暖，这个人就是——雷锋。

第2张：雷锋照片

主题文字：即墨28中"弘扬雷锋精神 践行核心价值观"总结表彰大会。

女　今天我们相聚在这里，隆重举行即墨二十八中"弘扬雷锋精神，践行核心价值观"主题活动总结表彰大会。今天出席表彰大会的领导有（名单略）

男　今天在主会场的就坐的是学校推选的"学雷锋标兵"老师，全校评选出的校级小雷锋，还有在各项学雷锋活动中取得突出成绩的班集代表和学雷锋小组代表。全校师生都在84个班级分会场参加大会。

下面我宣布，即墨二十八中"弘扬雷锋精神，践行核心价值观"总结表彰大会现在开始！

第3张：主照片1（启动仪式、手抄报、日记本、合唱比赛）

主题文字：雷锋精神在我心中

女 我校从建校起就把雷锋精神作为校魂，50多年来一直坚守，并在传承中创新，取得了突出的成绩。早在1993年，学校就被中宣部、国务院办公厅、解放军总政、团中央联合命名为"全国学雷锋活动先进集体"。

男 今年的学雷锋主题活动活动，我校围绕"弘扬雷锋精神，践行核心价值观"主题，共分"理解校魂，走近雷锋学习周"、"践行校魂，学习雷锋行动周"、"铭记校魂，深化雷锋总结周"三个阶段，设定组织了20项活动内容，从班级、校园、社会三个层面展开了丰富活动。

女 在"理解校魂，走近雷锋学习周"活动中，各级部先后开展了合唱、征文、演讲、书画比赛，组织了雷锋日记、手抄报展出，在校园营造出浓厚的学雷锋氛围。经过各班级推选，级部推荐，学校决定授予初三(6)班等9个班为学雷锋征文先进班集体；初二（1）班等9个班为学雷锋手抄报优胜班级；初一（16）班等9个班为学雷锋日记优胜班级。

男 请27个班级代表上台领奖（播放歌曲《我们要做雷锋式的好少年》）

有请嘉宾宣读颁奖词！（感动音乐，PPT出示颁奖词内容）

第4张：主题文字：雷锋精神在我心中＋走近雷锋学习周先进班级＋颁奖词

优美的文字，写不尽高贵的单纯；精彩的格言，诠释着静穆的伟大；嘹亮的歌声，唱响了奉献的精神；绚丽的色彩，描绘出互助的美德；同学们用爱心传颂雷锋精神的伟大，用智慧理解着校魂的精华！

谢谢！接下来让我们掌声有请级部长为他们颁奖。（颁奖音乐，PPT继续保留颁奖词）

女 祝贺获奖班级，谢谢颁奖老师。

第5张：照片2（小组活动、志愿服务）

主题文字：雷锋精神我在行动

传承雷锋精神不仅要理解爱心、互助、奉献的涵义，更要求我们在平常的生活动用行动践行这些精神。学雷锋最好的阵地在课堂，在新一轮课改中，二十八中人将雷锋精神延伸到课堂中创造了"和谐互助"教学策略，学生同桌两人结为师友小组，互帮互助，共进共赢。28中学雷锋活动增添了新的元素，有了新的活力！

男 在今年的主题活动中，学校新一届雷锋志愿服务队走上街头开展了环保行动，打扫绿化带2 000多米，清理垃圾沟80多米。3月21日，志愿者们开展了"绿色出行，你我同行"公益宣传活动，在书香门第、润发家园、阳光城小区、大润发、新利群超市，发放宣传资料近2 000份，征集市民承诺合影600多张，《半岛都市报》专门报道了28中雷锋志愿服务队的事迹。

女 课堂内外，校里校外，28中同学们掀起了学雷锋的热潮，涌现出许多先进事迹和个人，学校评选出了336位校级小雷锋，他们是全体同学学习的榜样。

下面有请100位校级小雷锋代表上台领奖。（播放歌曲《我们要做雷锋式的好少年》）

请嘉宾宣读颁奖词。（感动音乐，PPT出示颁奖词内容）

第6张：28中小雷锋+颁奖词

主题文字：雷锋精神我在行动

他们总看别人，还需要什么；他们总问自己，还能多做些什么。他们把礼貌带进校园，把微笑带给同学，把孝敬带给家长，把奉献带给社会。二八小雷锋，以雷锋命名，与光荣同行！

谢谢！接下来有请嘉宾为他们颁奖。（颁奖音乐，PPT继续保留颁奖词）

男 感谢各位颁奖老师，祝贺获奖的同学。

第7张：照片3（小组活动）

主题文字：雷锋精神我在行动

学雷锋，我们在行动，除了一对对小师友、一个个志愿者外，还有我们全校的学雷锋活动小组。今年，学校每个班级都成立了学雷锋活动小组，利用课余时间、双休日开展爱心奉献活动，即墨市的所有敬老院、社区等公共场所都有二十八中学雷锋小组在活动，或义务劳动，或助人为乐，或宣传文明新风，或文艺汇演，或综合实践活动……28中小雷锋的身影活跃在即墨城市和乡村的大街小巷里。

女 根据级部推荐，学校评选出了27个学雷锋先进小组。

下面有请先进小组代表上台领奖。（播放歌曲《我们要做雷锋式的好少年》）有请嘉宾宣读颁奖词。（感动音乐，PPT出示颁奖词内容）

第8张：学雷锋先进小组+颁奖词

主题文字：雷锋精神我在行动

学雷锋小组来自校园，他们的身影朴实，真诚，随处可见。他们的爱心似冬日的暖阳，温暖着我们；他们的爱心似洁白的浪花，激荡着我们。他们用点滴的行动，积累着品格的伟大。他们，有一个共同的名字——雷锋。

谢谢！有请嘉宾为他们颁奖。（上场音乐、颁奖音乐，PPT继续保留颁奖词）

男 祝贺获奖的同学,感谢各位颁奖老师。

第9张:照片4(班级活动)

主题文字:雷锋精神永放光芒

在今年的学雷锋主题活动中,"走近雷锋学习周"让同学们进一步理解了校魂,"学习雷锋行动周"让同学们在实践中体验着奉献。三个级部,许多班级创新了学雷锋活动的形式,感恩教育、文明教育、理想教育、安全教育等多种多样有意义的活动,让28中的校园更加和谐美好!坚守"雷锋精神"的同时,我们更应该赋予"雷锋精神"新的内涵。

男 古语云:天行健,君子以自强不息;地势坤,君子以厚德载物。在我们二十八中,在全校所有班级里,处处感受到的是文明,是正气、是朝气蓬勃,是昂扬向上!经过级部推荐,我们评选出了27个没雷锋先进班级集。

下面我们就请学雷锋先进班级上台领奖。(播放歌曲《我们要做雷锋式的好少年》)请嘉宾宣读颁奖词。(感动音乐,PPT出示颁奖词内容)

第10张:学雷锋先进班级 + 颁奖词

主题文字:雷锋精神永放光芒

这是一个个优秀的团队,他们团结友爱,互动前行,亲如家人。他们拥有大爱的胸怀,用最纯朴的行动,将雷锋精神的接力棒传递。是他们,让我们见证了集体的正能量。

女 谢谢周校长!有请嘉宾为他们颁奖。(颁奖音乐,PPT继续保留颁奖词)

男 谢谢各位颁奖老师,也祝贺获奖的班级。

建校以来来,雷锋精神在一代又一代二八人中传承。它使莘莘学子有了梦想的翅膀,有了向上的力量。它让老师们在教改的道路上无怨无悔,探索创新。它让集体的正能量不断绽放光芒!

第11张:照片5:教师照片

主题文字:雷锋精神永放光芒

女 在二十八中的发展历程中,有许许多多可敬可叹的老师,他们像永不生锈的镙丝钉,加班加点无怨无悔,担当重任义无反顾;他们像坚韧的钢钉,教身教改锐意进取,百尽杆头永争一流;他们像冬日的阳光温暖着每一个学生,像春天的雨露滋养着每一颗心灵。

男 是啊,28中的老师们用青春挥洒着创新的魅力,用智慧书写着教育的从容,用高尚的师德展现着互助的和谐。他们就是我们身边的雷锋!

让我们用掌声有请学校推选的"学雷锋标兵"老师们上台领奖。(播放歌曲《像

雷锋那样》）

请28中雷锋志愿服务队同学们为老师们宣读颁奖词。（感动音乐，PPT出示颁奖词）

第12张：学雷锋标兵教师＋颁奖词

主题文字：雷锋精神永放光芒

有一种伟大来自平凡，有一种崇高来自坚守。没有豪言壮语，把激情化作每天的匆匆步履；没有轰轰烈烈，把追求变做明日的芬芳桃李；向雷锋那样，您关爱学生、服务家长；向雷锋那样，您舍小家，为大家。您用宽广的胸怀，撑起一片片爱的港湾；您以最高的标准，展现着雷锋精神的光芒！

女 谢谢大家，请坐！让我们欢迎嘉宾为老师们颁奖！（颁奖音乐，PPT继续保留颁奖词）

谢谢颁奖嘉宾。让我们再次用掌声请老师们回到座位席。

我们一定会以您们为榜样，再接再厉，在实践中弘扬雷锋精神，用爱心和智慧开启未来！

男 请同学们全体起立，让我们齐唱《学习雷锋好榜样》！

老师们，同学们，即墨二十八中"弘扬雷锋精神，践行核心价值观总结表彰大会到此结束！

第13张：展示雷锋照片＋字幕"弘扬雷锋精神，践行核心价值观"

7—8周（4月12日—4月25日）工作安排

工作重点：

1. 落实党风廉政建设制度，持续党史学习教育。
2. 严抓春季安全管理，完善各项应急预案。
3. 认真组织好初三一模测试、艺术专业中考，确保好成绩；基础年级做好阶段检测质量分析。
4. 提升各项学生活动亮点，迎接全国现场会召开。

一、党建与防控工作（周娟、王友森、华军）

（一）党建工作（王友森）

1.理论学习（王友森、党支部书记、党小组长）

(1)《习近平：中国共产党领导是中国特色社会主义最本质特征》(《求是》2020年第14期）。

(2)《习近平：坚定不移走中国特色社会主义法治道路 为全面建设社会主义现代化法治国家提供法治保障》(《求是》2021年第5期）。

(3)《习近平：努力成为世界主要科学中心和创新高地》(《求是》2021年第5期）；全体党员做好学习笔记。

2.落实好教体局党组2021年党风廉政建设工作安排，制定好责任清单，抓好学习教育。（王友森、周娟、党小组长、全体党员）

3.继续开展党史教育、宣讲活动；召开一次支部委员会，主题：党风廉政学习教育。各支部组织好学习与档案记录，签到表，带会标、时间的照片，会议记录；组织一次党建档案检查评比。（周娟、王友森、支部委员）

4.持续做好"学习强国"学习情况通报，及时督促确保整体学习成绩。（王友森、解斌斌、级部主任）

（二）防疫与安全（周娟、华军）

1.疫情防控常态化（华军、解斌斌、相关干部、学生会）

(1)外来人员实名登记，实行"测温＋健康绿码"，身份确认、信息登记齐全后方可入校。

(2)各处室主任、级部主任提醒师生进出校门仍需佩戴口罩。

(3)教师上班期间外出必须使用规范假条方可离校。（全体师生）

2.加强春季校园安全教育管理，严防安全事故发生。

(1)完善校园安全大排查大整治行动相关档案材，对全校安全隐患进行排查，各级部每周5之前将本周的安全隐患排查记录送政教处存档备查。

(2)严格交通与消防防火等安全教育。各班主任要时常对学生进行上放学交通等安全教育，做到七不（不闯红灯、不横穿公路、不骑机动车不行机动车道、不骑车带人、不并排骑车、不骑飞车、不撒把骑车），严禁携带火种等不安全器具，严防发生事故。将教育内容记在班级安全记录本上。

(3)组织好第一批家长护学岗协助学校做好学生上放学安全防护工作，做好签到和照片留存工作。

二、级部工作（孙义智、华军、曲素云、崔帅）

（一）初一级部（孙义智、崔帅）

1. 德育工作（李颖）

(1)召开联合中队部长例会。时间：第七周周一课间操；地点：2号楼西厅；内容：①安排本双周各部检查的重点。②各部组织上交上双周材料。（李颖、孙典巧、法琳琳、武宝嘉、联合中队中队长、各部部长）

(2)防疫部加强晨午检督查，发现问题及时反馈并整改。（李颖）

(3)艺体部：①加强课间操走操分解动作训练，规范动作标准。第七周周五第八节举行走操比赛，评选16个走操优胜班。②加强体能训练的通报评比，第七周周五评选10个体能训练优胜班。（李颖、孙典巧）

(4)生活部加强午休秩序的检查、午休人数的核查。（李颖、武宝嘉）

(5)纪检部严查课间秩序，第七周周二阳光体育活动时间召开以"开展文明礼仪教育和安全教育"为主题的班会。（李颖、法琳琳）

(6)组织部强化升旗仪式带队、站位、唱国歌的检查评比。（李颖）

(7)公物部：①友情提示各班轻关门窗，用好挡门砖，避免玻璃破损。②准确统计各班教室门窗、走廊窗、地砖、电灯、风扇、电源插座、橱柜、应急灯破损情况，及时报修。（李颖、法琳琳）

(8)卫生部第八周开展室内卫生评比活动，尤其加强卫生死角的检查，例如暖气片夹缝、壁橱空隙、垃圾箱、卫生工具箱。（李颖、孙典巧）

(9)路队部严查上放学秩序，本双周集中整治放学路队秩序。（李颖）

(10)安全部加强防溺水、防交通事故等各种意外伤害教育。（李颖、孙典巧）

(11)宣传部收集整理各班走操训练的照片，见证每个班的走操蜕变与提升。（李颖、武宝嘉）

(12)信息部收齐各班"铭记党的恩情 争做时代新人"征文。（李颖、武宝嘉）

2. 教学工作（刘华、宋继昌）

(1)召开备课组长会。时间：第5周二课间操；地点：主任室；内容：①反馈上周和谐互助教学常规检查中存在的问题，落实好个别教师违规行为的整改。②总结上双周集备出勤和秩序。③确定下个双周和谐互助骨干教师展示课的出课时间、出课班级、主讲内容和磨课安排。④结合第一次阶段性检测成绩，找成绩薄弱教师谈话，并及时跟踪听课。（孙义智、崔帅、刘华、宋继昌、备课组长）

(2)召开班级协调会。地点：集备室；时间：第五周11班，第6周13班。班主任提前通知级部和任课教师，班主任和任课教师精心准备。干部分工：刘华11班，孙典巧13班。（孙义智、崔帅、刘华、孙典巧、班主任、任课教师）

(3)召开班主任会，地点：报告厅；时间：第5周周五第七节。内容：①根据级部工作安排下发班主任明白纸；②抓好各班后30%的学生，争取缩小两极分化；③优秀班主任经验介绍，主题：后30%学生的沟通与管理，发言人：姚丽莎。(4)召开全体教师会。时间：第五周周五阳光体育活动；内容：①强调师德师风建设；②和谐互助教学骨干教师展示课总结，继续开展和谐互助骨干教师展示课活动。（孙义智、崔帅、刘华、宋继昌、级部管理干部、初一全体教师）

(5)召开级部干部工作会。时间：每周四下午阳光体育活动时间；内容：①总结反思本周级部活动；②早读、午自习和错时放学各班秩序反馈；③干部每人发言，总结本阶段自己本周分管工作完成情况，反馈出现的问题，研究整改措施；④继续对阶段性检测成绩薄弱的教师和退步大的教师推门听课，听课后及时评课；会议记录人：法琳琳。（孙义智、崔帅、刘华、宋继昌、级部干部）

(6)继续加强和谐互助教学常规和学生课堂常规检查。检查内容：是否使用和谐互助课件、师友是否捆绑回答问题、是否有单人单桌现象等。检查结果当日通报，每周五汇总，周一13:15—13:25利用广播通报违纪学生。（孙义智、崔帅、刘华、宋继昌、级部长）

(7)继续开展和谐互助展示课活动：①第7周和第8周利用集体备课时间出示和谐互助组内展示课。②备课组长负责统计听评课教师出勤、课题，收集出课课件、听评课照片。③级部挂科干部参与听评课。（孙义智、崔帅、刘华、宋继昌、文化课教师）

(8)召开新岗教师培训会。时间：第8周周二班会课；地点：集备室；内容：如何利用和谐互助课堂教学策略提升自己和学生的成绩；（刘华、宋继昌）

(9)学习部：①配合级部展开掀起各班开展期中阶段性检测学习热潮的开展。②配合数学组开展"和谐互助计算小能手"评比活动，每班评出优秀师友进行表彰。（刘华、宋继昌、级部管理干部、学习部）

(二) 初二级部（曲素云）

1.德育工作（刁晓辉）

(1)召开八年级联合中队部长例会。时间：第七周阳光体育活动时间；地点：3号楼2楼集备室；主题：安排各部工作，重点防疫、安全和跑操。（刁晓辉、华鹏鹏、联合中队各部长）

(2)防疫部抽查体温计情况，及时反馈通报检查情况。（刁晓辉、华鹏鹏）

(3)艺体部进行课间操跑操比赛，每周三进行比赛，评选12个跑操优胜班。艺体部继续加强对室外课带队检查，每个课间安排一名学生在西厅门口进行检查通报。（刁晓辉、华鹏鹏）

(4)卫生部对卫生区绿化带内塑料垃圾进行清理，并及时整改。（刁晓辉、孙吉超）

(5)路队部做好学生交通等安全工作，强调严禁横穿马路，级部不定时抽查纳入量化。（刁晓辉、华鹏鹏）

(6)纪检部加大课间巡查力度，特别加强卫生间秩序的管理，严禁在卫生间聚集。（刁晓辉、华鹏鹏）

(7)公物部及时检查督促各班和各办公室的节水节电工作，杜绝浪费。请各班要及时开关灯、空调等电教用电设备，根据实际情况上午9:00教室南侧的灯可以关闭，空调根据学校统一要求开关，注意用电安全，公物部每天检查通报。（刁晓辉、华鹏鹏）

(8)生活部加强配餐秩序、午休秩序及出勤的管理，及时反馈各班午休状况。（刁晓辉、林忠奇）

(9)安全部对教学楼和班级安全进行排查并上报级部。（刁晓辉、华鹏鹏）

(10)宣传部布置劳动节主题墙报，第八周检查落实。（刁晓辉、华鹏鹏）

2.教学工作（李军风）

(1)召开备课组长会。时间：周一下午第七节；地点：集备室；内容：①分析阶段性测试成绩，布置调整下一阶段的工作迎接统考。②备课组长做好期中青岛市统考阶段检测的打算，抓好学学生习的过程管理。③备课组长通过老师教学表现及时表扬优秀老师、鞭策激励其他教师。④和谐互助教学策略推门听课措施。⑤表彰生物组在生物实验训练和考试过程中的积极付出。（曲素云、李军风、华鹏鹏、教研组长、备课组长、级部干部）

(2)召开班级协调会。第七周6班，第八周16班，班主任提前定好时间，告知级部和任课教师，地点在集备室，级部干部根据分工参加，无课班主任参加。落实人：林忠奇。（曲素云、李军风、级部管理干部）

(3)召开班主任会。时间：周五下午第三节；地点：体育楼；内容：总结反馈前两周工作情况，进行专题研究。①分析阶段性测试成绩，反馈教学常规检查情况，对存在的问题提出整改意见。布置下一阶段工作。②反馈生物实验、微机模拟考试情况。（曲素云、李军风、刁晓辉、华鹏鹏、级部管理干部）

(4)召开全体教师会。时间：第六周周五。主题：①分析阶段性测试成绩，反馈课堂常规教师出现的问题。师德案例教育。②加强学生的潜力生指导，整体提升。（曲素云、李军风、级部管理干部、全体教师）

(5)召开级部管理干部会。内容：①总结反思本周级部活动，各楼层课间候课，各班主任靠班情况。②级部管理干部根据分工，进地生所包班级听课。全面负责所包班级的地生成绩和后20%学生学习的督促和落实。③干部汇报听课和参与集备情况，找出存在的问题并及时整改。（曲素云、李军风、级部管理干部）

(6)对阶段性测试成绩薄弱的老师和退步大的教师的听课和评课。听课后及时评课，帮助老师们分析原因，寻找对策，提高成绩。（曲素云、李军风、级部管理干部、全体教师）

(7)继续加强地生会考学科复习。①开展60天大比拼活动；②每天落实落实后30%学生潜力生群，干部每天汇总报落实情况；③在月考中不过关达D的同学，每天师友互助过关；④布置班级文化、营造会考氛围，树立学生会考必胜信心。（曲素云、李军风、级部管理干部、生物教师）

(8)学习部：①继续做好早晨和中午迟到和到校后的学习秩序进行检查量化。②加强对教师候课、课堂常规及早午自习任务、学习质量的检查力度。③每天潜力生群的检查和作业质量的反馈的汇总，统一检测和课堂一测的检查落实。（李军风、级部管理干部、班主任、学习部）

(9)宣传部：举行硬笔汉字和英文书法展，评选20个优胜班级。（曲素云、李军风、级部管理干部、班主任，宣传部）

⑩根据微机模拟考试成绩，调整中午辅导名单，对不及格学生逐个过关。加强微机理论的背诵，班主任和微机老师做好检查落实。（曲素云、李军风、级部管理干部、班主任，微机老师）

（三）初三级部（华军）

1.德育工作（孙仕正、万健）

(1)召开联合中队部长例会。时间：第七周周一中午；地点：1号楼集备室；内容：①通报上双周各部工作情况。②规范各部上岗时间。（孙仕正、万健、于明涵、联合中队中队长及各部部长）

(2)艺体部加强跑操质量的检查评比。要求带队迅速，队列整齐，口号响亮，保证出勤人数。（孙仕正、万健、宋成平）

(3)防疫部加强晨午检督查，督促学生上放学路上戴好口罩。（孙仕正）

(4)公物部加强节约用电、爱护公物的宣传力度，及时检查各班白天开灯和室外课开投影现象，并及时通报。每天中午11:50和18:15两次检查值班室空调和其他电器关闭情况。（孙仕正）

(5)卫生部通知各班严格按标示进行自行车摆放，对摆放不整齐的班级及时通报。

(6)安全部每天下午放学后按时清楼，检查楼内开关关闭情况，及时将情况汇报级部。（唐绪诚）

(7)路队部严查上放学秩序，按时上岗，尽职尽责。（万健）

(8)宣传部督促各班将文化墙破损部分重新张贴。（宁博）

(9)生活部严查中午配餐秩序，清点各班就餐人数，并及时通报检查结果。（于明涵）

(10)纪检部协助艺体部检查课间操带队秩序，加强检查量化力度。（于明涵）

(11)信息部督促各班及时完成安全教育平台安全提醒发送和阅读。（唐绪诚）

(12)组织部协助级部组织好周五演练以及各类考试活动，保证活动纪律。（万健）

5.教学工作（李武军）

(1)召开备课组长会。时间：4月12日下午16:30；地点：集备室；主题：①收集各学科阶段性测试反馈出的问题，并及时调整教学措施。②研究教学进度和迎接区一模测试的复习措施；③研究并指定对音体美特长生的辅导措施。（华军、李武军、级部管理干部、备课组长）

(2)召开班级协调会。第七周：2班。第八周：18班。班主任提前定好时间，告知级部和任课教师。地点：集备室或本班教室地点。具体落实人——唐绪诚。（华军、李武军、级部管理干部、相关教师）

(3)召开班主任会。时间：每周五下午第七节；地点：集备室；主题：①结合阶段性测试各班反馈出的问题，提出级部的管理要求和教学安排。②通报艺体专业学生拿证情况，分类进行专项的文化课和心理辅导，稳定学生情绪。③逐个班级汇报落实针对艺体特长生的专项辅导措施。分楼层提前通知班主任，提前做好准备，落实发言。（华军、李武军、级部管理干部、班主任）

(4)召开全体教师会。①反馈教育教学过程中存在问题，提出整改措施；②迎接区一模测试整体要求和考务安排。（华军、李武军、全体教师）

(5)召开级部管理干部会。时间：每周四下午；内容：汇总本周工作，提出新的工作整改方案，形成周五班主任会工作明白纸，布置一模测试考务安排。（华军、李武军、级部管理干部）

(6)切实抓好英语口语上机训练。①继续做好学生口语上机训练，每班每周一节；②加大口语作文背诵力度，学习部组织进行口语作文背诵挑战赛，时间：第7周周五中午13:10—13:30，具体比赛细则见级部通知。（华军、李武军、备课组长）

(7)切实抓好艺体特长生和后30%学生文化课辅导。①对艺体特长生的文化课进行专项辅导，逐个分析学生的特长和短板，从科任教师到班主任，从师傅的配备到家长的配合，全面提升这部分学生文化课的竞争力。②学习优秀教师的经验和做法，

从课堂教学到课后作业指导，加大对班级后 30% 学生的辅导成效。（华军、李武军、万健、全体教师）

(8)关于艺术测试：①统一协调好艺术测试的培训时间和内容，在不影响整体教学复习节奏的前提下，确保所有学生能顺利通过艺术测试过关考试。②组织好 4 月 25 日至 29 日的中考艺术测试考试。（华军、李武军、万健、级部管理干部、音乐和美术组老师）

(9)艺体部：①结合学生中考报名体育测试的项目，体育课专项训练薄弱项目。②利用体育课时间对四选一项目和球类项目进行测试，班主任随时跟进，及时通报学生的成绩给家长，督促家长配合学校加强训练。③加强体育课和室外课带队秩序的检查和通报。（华军、李武军、级部管理干部、体育教研组、班主任、艺体部）

(10)学习部：组织每周五中午的英语口语作文背诵比赛。第七周每个班级随机抽取背诵的作文，学习部分工进行检查并打分，操作细则见级部通知。（华军、李武军、万健、学习部、宣传部）

(11)严谨、认真、细致地做好 4 月 22 日和 23 日的一模测试工作，根据学校自主招生推荐方案，确定自主招生名单。（华军、李武军、万健、级部管理干部）

（四）博学楼教学区（孙义智）

1.德育工作（王存星）

(1)防疫部协助做好疫情高风险地区摸排，做好防疫常态化工作，要求上放学戴好口罩。（刘振丽）

(2)组织部做好升旗带队秩序、集会秩序、红领巾佩戴、唱国歌及喊口号的检查评比。（李庆礼）

(3)路队部及时上岗,要求路队不得两人并行,出北门后继续按路线行走。(刘振丽)

(4)纪检部加强课间秩序巡视，加强卫生间秩序检查，要求所有同学不得在卫生间玩水。（辛晓光）

(5)艺体部加强各班带队路线、带队速度及秩序检查评比，要求必须按照级部规定路线带队。（辛晓光）

(6)卫生部做好室内外卫生评比，对卫生区内出现的杂草尽早清理。（宫旭东）

(7)安全部做好春季防溺水安全、交通安全、食品安全宣传工作，要求不得购买路边小吃。（宋杨）

(8)公物部及时统计室内公物损坏情况，每天及时检查通报各班关灯、关多媒体情况。（宫旭东）

(9)生活部加强午自习及午休秩序的检查，要求洗刷同学提高速度，12 点 10 分

必须回到教室学习。（宋杨）

⑩信息部及时完成安全平台相关专题，及时发送安全提醒并督促所有同学完成阅读。（王存星）

⑪宣传部对各班墙报破损部分及时更新并做好评比。（李庆礼）

2. 教学工作（宋继昌）

(1)继续组织好各学科和谐互助先行课的听课评课活动，督促老师虚心学习，积极参与，充分挖掘师友互助的优势，提高教学成绩。（宋继昌、宋杨、级部长）

(2)各学科对第一次诊断性检测进行质量分析，精准把握前阶段的教学情况，查漏补缺，做好期中复习。（孙义智、宋继昌、王存星、宋杨、级部长）

(3)召开班级协调会。第7周，曹建建的35班；第8周，辛宁的37班。各班结合新学期第一次诊断性检测，做好学情分析，协调各任课老师抓好课堂教学，合理布置作业并及时反馈，组织好期中复习。（宋继昌、宋杨、李庆礼、班主任）

(4)学习部：①协助任课老师组织好期中检测复习，充分发挥师友互助的优势，调动全体同学的复习热情。②继续配合级部做好对班级各学科家庭作业布置情况的检查，发现不合理的情况及时上报。③做好对各班的晨读、课间秩序、中午自主学习的检查并及时反馈给相关班主任。④每周一按时召开学习部成员例会，总结反馈上一周工作及检查情况，表扬优秀，指出不足，完善工作流程。（孙义智、宋继昌、学习部）

(5)对新岗教师和第一次诊断性检测成绩较弱老师进行推门听课并及时评课，督促老师们虚心学习，提高责任心，主动发挥师友互助的优势，提升业务能力。（宋继昌、宋杨、级部长）

(6)每周三下午第四节召开管理干部碰头会。①总结上周各项工作及汇总联合中队各部运行情况，查找不足并及时完善，提高各部工作效能。②根据实践基地的对接通知，结合级部实际，研究活动批次、班级课程及带队安排。（孙义智、宋继昌、王存星、宋杨、级部长）

三、处室工作（孙义智、周娟、王友森、曲素云、华军）

（一）政教处/团委/少先队（华军）

1. 加强和谐互助自主管理。（华军、解斌斌、相关干部、学生会）

(1)联合中队各部要做到人人有事做，事事有人管，各部负责干部及时召开例会，对学生会各项工作进行总结，发现问题及时整改。

(2)在继续加大跑、走操，路队检查同时，第7周为文明礼仪教育周，第8周为路队提升周，各级部评选和谐互助文明礼仪、路队先进班，第8、9周升旗仪式分别进行表彰。

2.组织好专题教育活动。（华军、解斌斌、相关干部、组织部、宣传部）

(1)区爱卫办会同区文明办、健康中国行动即墨推进办制定了《青岛市即墨区第33个爱国卫生月活动方案》，结合学校工作实际制定实施方案，确保爱国卫生月活动真正取得实效。

(2)第7周周一每个级部上交5份"文明礼仪从我做起"优秀稿件，在"和谐之声"广播站播出，对学生进行文明礼仪教育。

3.各级部和前后勤将"教师学雷锋标兵"、各级部将"学生小雷锋"名单报政教处，筹备召开学雷锋主题活动月总结表彰会。

4.切实抓好青岛市安全教育平台各项数据的完成情况，对于未能按时完成的班级进行通报并量化，由级部干部找相关班主任谈话，信息部跟进，及时整改。（华军、解斌斌、相关干部、信息部）

5.组织好新一批入团积极分子上好第二次团课，学校团委、各班主任要规范入团积极分子审批、发展程序，严格把关，规范运行。（解斌斌、逄雪、戴小珊）

6.伙房与配餐（周娟、华军）

(1)伙房工作：①做好迎接省食品安全区复审工作。②严格食材入库手续，做好库房防鼠、防腐、防霉工作。（孙仕正、孙营国）

(2)配餐工作：①生活部进行常规管理检查，及时通报评比。（生活部成员）②做好近期配餐质量反馈，总结出优点缺点，反映给配餐公司。（相关干部、生活部）

（二）教务处/教科室：（周娟、王友森）

1.师德师风常态化教育：全体教师要深入贯彻《中共山东省委 山东省人民政府关于全面深化新时代全省教师队伍建设改革的实施意见》精神，严格执行青岛市即墨区教育和体育局《"树师德、正师风"治理教师有偿补课专项活动的通知》。

2.进一步规范外出教研活动：每次安排外出参加教研活动，各教研、备课组不得随意改变，以免影响正常教学秩序。教研组长接通知后及时做好安排，参加教师要报名、扫码。外出参加教研活动的骨干教师，要保证出勤，认真记录，回校后要及时对其他教师进行培训，共享资源。（周娟、陈伟、级部主任、教研和备课组长）

3.组织好三个年级的阶段性检测及复习工作：积极对接教研室，及时接收相关考试信息，协调组织好4月22日—23日的九年级全区第一次模拟测试；按照上级要求，八年级的青岛市统一抽测时间初定于4月29日—30日，七年级的期中检测时间与八年级抽测时间一致，基础年级做好复习计划，按照"和谐互助"复习课的要求继续进行每人一堂课活动，保证复习质量。（周娟、陈伟、李武军）

4.根据教研室教学视导反馈会议的信息，教务处印发明白纸，指导和规范各项教师教学常规，在继续做好教师课堂查评工作的基础上，对学期初布置的和谐互助教案和集备记录、作业批改情况进行检查评比。（周娟、陈伟、级部主任）

5.做好自主招生方案的公示，进行自主招生学生公平公开选拔及上报。（周娟、华军、陈伟、李武军、万健）

6.第八周进行"和谐互助"展示课活动，出课学科：七年级历史。学校和级部组成磨课团队，挂科干部负责出课质量和听评课活动的组织，级部主任负责通知教师参加活动，教务处负责点名并及时通报。

7.对理化生实验操作成绩信息资料进行二次核对并存档，审核无误后4月19日报送教研室考试成绩库。（周娟、陈伟、李武军、李军凤、李健）

8.教育集团：准备参加青岛市教育局对实验集团的调研，继续开展即墨28中教育集团校际听评课和送教上门活动。（周娟、陈伟）

9.根据前期任务分工，做好"和谐互助自主管理"课题申报工作。（周娟、王友森、华军、蔡紫燕、陈伟、解斌斌、刁晓辉）

（三）总务处（孙义智）

1.提前联系供电公司，做好各类考试的保电工作。（董胜利、王崇浩）

2.根据上级要求，开展房屋建筑和玻璃幕墙安全排查工作，建立健全各项规章制度及排查整改档案。（董胜利、王崇浩）

3.做好全国现场会的各项准备工作。（孙义智、崔帅、董胜利、孙仕正）

4.做好雨季防汛安全隐患排查工作，确保排污井、雨篦正常疏通。（董胜利、王崇浩）

5.做好各类考试用疫情防疫物资筹备工作。（董胜利、许立新、王崇浩）

6.公物部检查各级部、处室空调外机搁物及值班室空调运转情况，严禁在外机上放置物品，严禁室内无人开空调。（董胜利、解斌斌、公物部）

7.更换博学楼网络监控中控室地板，粉刷墙壁。（孙仕正、蓝孝骞、张维峰）

（四）办公室、工会、妇委会（王友森、曲素云）

1.根据学校规定，审核、统计好各处室人员加班情况。重大工作、临时工作、紧急工作可申请加班，各负责人提前到办公室申请、报备，结束后立即填好加班申请、审核单，分管副校长、主管副校长签字后办公室汇总存档，每月公示，学期汇总一律以公示为准。工作日延长时间、周末加班按工作量计入考核，法定假日、寒暑假

加班另行统计。（王友森、蔡紫燕、各相关责任人）

2.及时、高效做好各项文件收转工作，及时督促、提醒重要事项，确保学校各项工作圆满、顺畅完成。（蔡紫燕、相关人员）

3.定期督查学校公众号转发情况；加强教师办公室办公秩序卫生和停车情况检查通报。（王友森、蔡紫燕、级部主任）。（蔡紫燕、学生会综合事务部）

4.持续开展教师团队建设活动。（曲素云、级部主任、兰瑞清）

四、艺体工作：（王友森、曲素云）

（一）体育、美术（曲素云）

1.完成基础年级体质检测，对基础年级进行专业运动员选拔。（刁晓辉、柳先锋、体育教师）

2.做好青岛市中小学生阳光体育联赛竞赛报名和比赛，争取好成绩。（刁晓辉、柳先锋、体育教师）

3.组织好4月25日—4月29日的初中学业水平考试艺术学科考试。（万健、王天磊、美术教师）

4.做好青岛市艺术考试美术学科备考工作，按时上传九年级美术过程性评价成绩。初三美术教师对照已下发的美术试题，做好讲评工作。（万健、王天磊、初三美术教师）

5.及时自查督导材料准备情况，查出问题及时通报。（万健、王天磊、美术教师）

（二）音乐（王友森）

1.第8周周一上午召开教研组活动，汇报上两周工作情况，做好下双周工作安排，汇总艺术节比赛项目准备情况。（王友森、解斌斌、音乐教师）

2.提前做好2021年青岛市初中学业水平考试艺术学科考试各项工作。（王友森、解斌斌、于峰燕、音乐教师）

附13：即墨28中为雷锋像佩戴红领巾仪式样本

主持人：即墨二十八中雷锋班为雷锋像佩戴红领巾仪式现在开始！仪式进行第

一项，走近雷锋！齐步走（音乐起）！（到指定位置站好后）立定！相左向右转。

第一步：走近雷锋（背景音乐：接过雷锋的枪）

1. 师友入场。全班学生着校服、戴红领巾列队入场。

2. 雷锋事迹。主持人介绍班级事迹。

主持人：仪式进行第二项，致敬雷锋！请优秀学生代表为雷锋像佩戴红领巾（三人回点后）敬礼！（至音乐停）礼毕！

第二步：致敬雷锋（背景音乐：我们要做雷锋式的好少年）

1. 红旗一角。六名同学出场，第一排三名持队旗，第二排三名手捧红领巾。三名持队旗同学站在雷锋像西侧，三名捧红领巾同学前行到雷锋像前，为雷锋像佩戴红领巾。

主持人：（三名同学回到原点位）敬礼！（音乐结束后）礼毕。

2. 庄严敬礼。指挥员发出口令：敬礼！所有同学向雷锋像敬少先队队礼。播放音乐，待音乐结束后，听到口令礼毕后，手放下。

主持人：仪式进行第三项，闪亮雷锋，下面由我宣读和谐师友，他们是（名单略）

第三步：闪亮雷锋

1. 和谐师友。宣读优秀师友名单、颁奖。（奖励：雷锋奖章或雷锋日记本）

主持人：下面请师傅面向你的学友，伸出你的右手，握手加油。相信这次握手能够增加师友的感情。

2. 互助共勉。师友互赠纪念品，师傅给学友一封激励信，学友给师傅一封感谢信。

主持人：仪式进行第四项，唱响雷锋。（主持人到中间，音乐起领唱）

第四步：唱响雷锋

1. 歌声嘹亮。合唱：学习雷锋好榜样

2. 铮铮誓言。指挥员发出口令："请同学们跟我宣誓！"（全班同学举起右拳，随指挥员宣誓）我是和谐互助优秀班集体的一员，我在雷锋像前宣誓：传承雷锋精神，争做和谐师友。励志勤学，遵纪健美，和谐互助，开启未来。

主持人：仪式进行第五项，印象雷锋，请雷锋班与雷锋像合影留念。

第五步：印象雷锋

1. 精彩永恒。雷锋班与雷锋像合影留念

主持人：下面我宣布即墨二十八中学雷锋先进班为雷锋像佩戴红领巾仪式到此结束，请师友退场。（音乐起）

2. 师友退场。师友有序退场，仪式结束。

第八章 / 魅力校园 追求永不止步

第9—11周（4月26日—5月16日）工作安排

工作重点：

1.持续开展好学党史办实事专题教育活动；
2.严格执行各项安全、防疫规定，突出抓好"五一"假期安全教育与管理；
3.扎实组织好艺术中考、微机会考、青岛市监测和期中阶段检测，抓好各项数据评价分析。

一、党建与防控工作（周娟、王友森、华军）

（一）党建工作（王友森）

1.理论学习（王友森、党支部书记、党小组长）

(1)《习近平在庆祝中国共产党成立95周年大会上的讲话》（《求是》2021年第8期）。

(2)《习近平在博鳌亚洲论坛2021年年会开幕式上的主旨演讲》（2021年4月20日《学习强国》平台）。

(3)《习近平反对历史虚无主义的思想结构与启示》（《马克思主义与现实》2021年4月21日）；全体党员做好学习笔记。

2.严格按照党员发展程序，严格做好党员发展对象培养。（王友森、党支部书记、蔡紫燕）

3.组织一次党史学习教育专项主题党日活动。主题：学党史 办实事；以党支部为单位组织全体党员开展主题活动，做好相关稿件报送工作。档案整理：记录表、签到表、照片。（王友森、党支部书记、蔡紫燕）

（二）防疫与安全（周娟、华军）

1.疫情防控常态化。（全体师生）

(1)外来人员实名登记，实行"测温+健康绿码"，身份确认、信息登记齐全后方可入校。

(2)全体师生入校需佩戴口罩，配合测温人员测温后入校。

(3)根据上级通知，随时提醒教师到指定地点接种疫苗。

2.加强春季校园安全教育管理，严防安全事故发生。

(1)根据《青岛市即墨区防范中小学生欺凌专项治理实施方案》要求，对学生进行防欺凌专题教育，做好各项档案材料的准备工作。

(2)严格防溺水安全教育，通过上好防溺水"六不一会"主题班会课、给家长发放防溺水安全微信、防溺水安全责任书等形式，级部做好材料留存工作，班主任将教育内容记在班级安全记录本上。

(3)组织好第二批（初二）家长护学岗协助学校做好学生上放学安全防护工作，做好签到和照片留存工作。

(4)五一假期白夜班值班干部教师务必做好交接班、升降国旗及信息上传下达工作。相关人员确保手机24小时开机。（华军、解斌斌、相关干部、学生会）

二、级部工作（孙义智、华军、曲素云、崔帅）

（一）初一级部（孙义智、崔帅）

1.德育工作（李颖、王存星、孙典巧、宋扬）

(1)召开联合中队部长例会。时间：第九周周二课间操；地点：2号楼西厅；内容：①安排各部检查的重点。②各部组织上交上双周材料。（李颖、孙典巧、法琳琳、武宝嘉、联合中队中队长、各部部长）

(2)艺体部：①走操班级加强课间操走操训练，充分利用体育课时间，规范动作的协调性和统一性。②体能训练的班级，规范跳绳的基本动作与技巧，初步开展花式跳绳训练。（李颖、孙典巧）

(3)组织部：①第9周周二班会课，各班召开实践基地培训会，强调去实践基地的各项问题。②联合艺体部强化升旗仪式带队、站位、唱国歌的检查评比。（李颖、孙典巧、班主任）

(4)信息部：①按时收发五一假期安全责任书。②协助级部组织收发去实践基地的报名材料。（李颖、武宝嘉）

(5)宣传部：①第九周周三组织评比以"传承五四精神，弘扬民族文化"为主题

的墙报。②利用五一假期开展"十个一活动",号召学生参加一次劳动,参与一次志愿服务。(李颖、武宝嘉)

(6)纪检部严查课间秩序,尤其加强卫生间秩序的检查评比。(李颖、法琳琳)

(7)卫生部:①规范自行车摆放秩序,加强检查评比。②第十周室外卫生评比活动,加强篮球场及花坛草坪内垃圾的清理。(李颖、孙典巧)

2.教学工作(刘华、宋继昌)

(1) 召开备课组长会。①时间:第9周周三下午最后一节 内容:规范五一小长假作业,备课组提前设计,级部审核;反馈规范办学材料准备情况。②时间:第11周周一下午最后一节 内容:分析期中诊断性测试各备课组的成绩。③研究后30%学生的有效提升措施。(孙义智、崔帅、刘华、宋继昌、备课组长)

(2) 召开班级协调会。地点:集备室;时间:第9周14班,第10周15班。干部分工:刘华14班,刘华、武宝嘉13班。(孙义智、崔帅、刘华、孙典巧、班主任、任课教师)

(3) 召开班主任会。地点:报告厅;时间:第9周周五第七节。内容:期中阶段性检测班级质量分析;实践基地培训会。时间:第11周周五第七节。内容:①优秀班主任经验介绍,发言人:任瑞美。(孙义智、崔帅、刘华、宋继昌、班主任)

(4) 召开全体教师会。时间:第9周周五阳光体育活动;内容:①强调师德师风建设;②期中阶段性检测全体教师质量分析。(孙义智、崔帅、刘华、宋继昌、级部管理干部、初一全体教师)

(5) 召开级部干部工作会。时间:每周四下午阳光体育活动时间。地点:报告厅 内容:①反馈本周各自分管的学科听课情况、各部工作情况,研究班主任明白纸内容;②根据期中阶段性检测成绩,实行干部包干。会议记录人:法琳琳。(孙义智、崔帅、刘华、宋继昌、级部干部)

(6)加强和谐互助教学常规和学生课堂常规检查和通报。(孙义智、崔帅、刘华、宋继昌、级部长)

(7)继续开展好和谐互助展示课活动。(孙义智、崔帅、刘华、宋继昌、文化课教师)

(8)5月4号,各班线上家长会。时间:8:30—9:00;内容:①各班结合下学期学生表现和期中检测,以表扬为主,充分肯定师友的进步;②传达五一之后参加中学生实践基地活动的要求。(孙义智、崔帅、刘华、宋继昌、级部干部、班主任)

(9)五一假期期间,通过电话、微信等形式加强与学生和家长的交流,加强对学生安全与学习的指导,促进家校协作与交流。(孙义智、崔帅、刘华、宋继昌、文化课教师)

⑩学习部:①评选期中检测挑战成功的班级;②开展"记好一篇日记""诵读

一首诗"活动。③协助文化课老师调整师友划分,调动全体师友的学习热情。(刘华、宋继昌)

(11)初一赴中学生实践基地班级安排。每批12个班,第一批带队干部:李颖、武宝嘉,第二批:孙典巧、法琳琳,第三批:王存星、辛晓光,第四批:李庆礼、宋扬。(孙义智、崔帅、刘华、宋继昌、级部干部、全体班主任、体育和音乐教师)

(二)初二级部(曲素云)

1.德育工作(刁晓辉)

(1)召开八年级联合中队中队委员会。时间:第九周下午第八节,地点3号楼2楼集备室。(刁晓辉、华鹏鹏、联合中队各部长)

(2)防疫部严格晨午检检查标准,纪检部加强对学生校服、发型等仪容仪表的检查,及时反馈通报;组织部协助级部组织好微机会考、期中质量检测考场布置工作;信息部督促各班安全平台及时完成;宣传部检查评比"劳动节主题墙报"12个优胜班;安全部加强防溺水教育,协助信息部督促完成安全平台防溺水专题学习;艺体部组织课间操观摩比赛,加强室外课带队的检查和整改力度。(刁晓辉、华鹏鹏)

(3)卫生部严格各班自行车摆放,对摆放不整齐、摆放不及时的班级进行督促和通报;路队部抓好路队检查,每天公正评比量化并指出班级问题所在,加快改进力度。(刁晓辉、孙吉超)

(4)公物部课间加强对教室、厕所断电情况进行通报,放学对班级断电和关窗进行检查并整改。(林忠奇)

(5)生活部加强中午在教室就餐学生安全和出勤管理,每天进行量化公示。(刁晓辉、林忠奇)

2.教学工作(李军风)

(1)召开备课组长会。时间:周一下午第七节。地点:集备室。内容:①备课组长针对青岛统考试卷,分析考点和思路,查漏补缺,布置好五一假期作业和返校后的检查落实;②备课组长组织好组内老师的阅卷,严格按照要求完成统一阅卷;③强调课件和教案按照规范办学要求,渗透爱国教育思想等内容。(曲素云、李军风、华鹏鹏、教研组长、备课组长、级部干部)

(2)召开班级协调会。时间:第九周27班,第十一周13班。地点:集备室。落实人:林忠奇。(曲素云、李军风、级部管理干部)

(3)召开班主任会。时间:周五下午第三节,地点:体育楼。内容:①总结反馈微机和青岛市六科统考、地生一摸的抽测的得失;反馈教学常规检查情况,对存在的问题提出整改意见,布置下一阶段工作。②重点关注地生达B和C的边缘生学生,

利用师友互助,协助地生老师不掉每一个学生。(曲素云、李军风、刁晓辉、华鹏鹏、级部管理干部)

(4)召开全体教师会。时间:第九周周五。内容:①组织好考务会,培训落实到每一位老师并通报监考情况。②强调好五一假期安全、线上答疑要求和作业的检查,加强地生指导,提升整体质量。(曲素云、李军风、级部管理干部、全体教师)

(5)召开级部管理干部会。①细致分工考务,高质量完成考务活动,汇总各楼层课间候课,各班主任靠班情况。②根据分工全面负责所包班级的地生成绩和后30%学生学习的督促和落实。(曲素云、李军风、级部管理干部)

(6)分批召开地生会考学科动员大会和假期地生边缘生家访,激发会考学科师生斗志。(曲素云、李军风、级部干部、班主任、地生教师)

(7)组织好4月26号、27号的信息技术考试、4月28、29号的青岛市统考和4月30日即墨区地生一模考试,细致分工,严格按照考务要求,确保有序顺利完成。(曲素云、李军风、级部管理干部、班主任、全体教师)

(8)学习部:①继续抓好晨午自习的学习效率,尤其是抬头率,进行检查量化。②加强对教师候课、课堂常规及早午自习迟到的检查力度。③每天潜力生群,各学科统一检测的等级评价和课堂一测的检查落实。(李军风、级部管理干部、班主任)

(9)五一期间,通过家访、电话、微信等形式加强与学生和家长的交流,加强对学生安全与学习的指导,促进家校协作与交流。(曲素云、李军风、级部管理干部、班主任,全体老师)

(三)初三级部(华军)

1.德育工作(孙仕正、万健)

(1)召开联合中队部长例会。时间:第九周周一中午;地点:1号楼集备室。(孙仕正、万健、于明涵、联合中队中队长及各部部长)

(2)卫生部督促各班彻底清扫室内外卫生,各班按要求将自行车摆放整齐,加大检查通报力度;艺体部继续加强跑操质量的检查评比。评选十个跑操优胜班。(孙仕正、万健、宋成平)

(3)公物部通知入夏后根据天气情况发布通知统一开空调,着重检查空调关闭情况;防疫部检查督促学生上放学路上戴好口罩。(孙仕正)

(4)安全部加强晚放清楼检查,及时通报;信息部督促各班及时完成安全平台安全提醒发送和阅读,及时完成专题学习。(唐绪诚)

(5)路队部按时上岗,将路队违纪学生及时记录下,并通报给各班主任。(万健)

(6)宣传部督促各班利用五一假期的时间办好新一期手抄报,并及时更换墙报。(宁

博）

(7)生活部严查中午配餐、午休秩序，清点人数，及时通报检查结果；纪检部加强厕所秩序的检查力度，避免出现厕所聚集现象。（于明涵）

2.教学工作（李武军）

(1)召开备课组长会。时间：4月26日下午第七节；地点：集备室；主题：①分析一模阶段性测试各备课组的成绩。②研究后期复习措施。③专题研究音体美特长生的辅导措施，定班级、定辅导次数和辅导内容、定辅导教师。④研究五一假期作业的布置和教师线上答疑要求。（华军、李武军、级部管理干部、备课组长）

(2)召开班级协调会。根据一模诊断性测试成绩确定，提前通知班主任和任课教师。地点：集备室或本班教室地点。具体落实人——宁博。（华军、李武军、级部管理干部、相关教师）

(3)召开班主任会。每周五下午第七节，地点：集备室。主题：①分析班级一模诊断性测试成绩。②专题分析音体美学生的一模成绩，调整帮扶措施。③结合一模成绩，分层次召开班主任座谈会，了解班主任的困惑和需求，提出整改措施。（华军、李武军、级部管理干部、班主任）

(4)召开全体教师会。一模诊断性测试级部整理质量分析会。（华军、李武军、全体教师）

(5)召开级部管理干部会。时间：每周四下午；内容：汇总本周工作，提出新的工作整改方案，形成周五班主任会工作明白纸，布置一模测试考务安排。（华军、李武军、级部管理干部）

(6)切实抓好英语口语上机训练。①继续做好学生口语上机训练，每班每周一节；②加大口语作文的背诵力度，学习部组织进行口语作文背诵挑战赛，每周五中午学生入校后到第一节课上课前，各班抽查5名学生的口语作文背诵，成绩计入班级量化。③抓好学生入校后的晨读，每周一、三、五英语、每周二、四语文。（华军、李武军、张淑娟、刘德莉、班主任、全体英语教师）

(7)切实抓好艺体特长生和后30%学生文化课辅导。结合一模诊断性测试成绩，艺体拿证学生合理分班，成立专题辅导班，级部干部任班主任。①线上辅导：每周六线上辅导，干部全程靠班。②线下辅导：合理搭配师资，精心设计辅导内容，每天中午和晚自习时间分学科对学生进行辅导。③做好学生的思想工作，调动学生积极性，协调家长的配合，家校携手共同促进学生的成绩。（华军、李武军、万健、全体教师）

(8)做好诊断测试的质量分析，用数据说话，让老师们能全面透彻的了解自己的

优势和短板，及时调整教学措施。时间：各学科集备时间。（华军、李武军、万健、级部管理干部）

(9)关于艺术测试：①统一协调好艺术测试复习培训时间和内容，确保所有学生能顺利通过艺术测试过关考试。②严谨、认真、细致地组织好4月28至4月29日的中考艺术测试考试。（华军、李武军、万健、级部管理干部、音乐和美术组老师）

(10)艺体部：①利用体育课时间对四选一项目和球类项目进行测试，体育课专项训练薄弱项目。②召开体育教师协调会，重点抓好体育边缘生的训练。（华军、李武军、级部管理干部、体育教研组、班主任）

(11)学习部：落实、细化教学常规的检查、督促。①对晨读质量进行检查量化，有任务安排、有专人组织、积极投入。②坚持每天中午英语听力训练。③重点检查课堂常规：候课及时、全面使用和谐互助（课件、师友搭配）、教师教学行为规范、学生课堂听讲等。（华军、李武军、万健）

（四）博学楼教学区（孙义智）

1.德育工作（王存星）

(1)召开联合中队部长例会。第九周周一课间操，二楼西厅。（王存星、宋杨、联合中队各部长）

(2)防疫部收好三表，加强口罩佩戴检查，做好教室通风；路队部加强对校内溜车和打闹现象监督检查，及时通报到相关班级。（刘振丽）

(3)组织部协助级部做好期中考试，对各班书包摆放进行评比；宣传部做好"劳动最光荣"宣传活动，指导学生列出家庭劳动清单，利用五一假期期间帮助父母开展家务劳动，并拍照汇总，推选五一劳动标兵。（李庆礼）

(4)纪检部加强课间秩序巡视，对不穿校服，吃零食乱扔垃圾现象监督检查；艺体部对各班花样跳绳练习情况及时反馈、量化。（辛晓光）

(5)卫生部加强对墙壁乱涂乱画现象的监督检查，发现问题及时通报整改；公物部加强对公共区域公物检查，发现问题追责报修。（宫旭东）

(6)安全部组织签好"五一安全保证书"，确保一份不少，上交政教处存档；生活部做好5月份就餐人数统计，组织配餐满意度问卷调查，加强就餐及午休秩序的检查；。（宋杨）

(7)信息部及时收集上交五一假期各类活动材料，及时发送安全提醒。（王存星）

2.教学工作（宋继昌）

(1)认真落实期中诊断性检测相关考务工作，严肃考风考纪，确保检测及阅卷工作顺利进行。（孙义智、宋继昌、王存星、宋杨、级部长）

(2)组织好各学科期中诊断性检测质量分析，精准掌握现阶段教师的教学情况，总结经验，查找不足，进一步提升教学质量。（孙义智、宋继昌、王存星、宋杨、级部长）

(3)对期中诊断性检测成绩较弱老师进行推门听课并及时评课，督促老师认真查找不足，虚心学习，提高责任心，主动挖掘师友互助的优势，提升业务能力。（宋继昌、宋杨、级部长）

(4)各学科分层次合理布置"五一"假期作业，确保学生假期自学质量。（宋继昌、宋杨、备课组长、班主任）

(5)学习部：①协助班主任及任课老师做好班级期中检测分析，调整师友划分，充分调动全体同学的学习热情。②配合级部做好对班级各学科"五一"假期作业布置情况的检查，发现不规范的情况及时上报整改。③继续做好对各班的晨读、课间秩序、午自习的检查并及时反馈给相关班主任。④每周一按时召开学习部成员例会，总结反馈上一周工作及检查情况，完善工作流程。（孙义智、宋继昌）

(6)召开班级协调会。第9周，朱振华的40班；第11周，李发发的43班。各班结合期中诊断性检测，做好学情分析，协调各任课老师抓好各教学环节，合理布置作业并及时反馈，做好分层次教学。（宋继昌、宋杨、李庆礼、班主任）

(7)每周三下午召开管理干部碰头会，总结上周各项工作及汇总联合中队各部运行情况，查找不足并及时完善，提高各部工作效能。（孙义智、宋继昌、王存星、宋杨、级部长）

三、处室工作（孙义智、周娟、王友森、曲素云、华军）

（一）政教处/团委/少先队（华军）

1.加强和谐互助自主管理。（华军、解斌斌、相关干部、学生会）

(1)周五德育例会各楼各部负责干部汇报所负责学生会的优秀做法及发现的问题，及时解决；

(2)德育管理部加强对各级部午休、跑走操、自行车摆放等常规检查评比。

2.开展专题教育活动。（华军、解斌斌、相关干部、组织部、宣传部）

(1)开展防溺水专题教育，各级部每周向学生和家长发送一条以上防溺水警示微信。级部进行防溺水专题手抄报比赛，每班上交1篇优秀手抄报作品电子照片；

(2)初一各中队积极组织开展"五一国际劳动节"相关主题活动，每中队上交一份手抄报评比；

(3)各班开展母亲节"四个一"感恩教育活动("为父母洗一次脚""帮父母做一次有意义的家务""给父母送一件自制礼物""给父母写一封感恩信")。各级部要加强组织指导评比量化,组织一次"感恩"主题班会、办一期"感恩"主题手抄报。以班级为单位照片、文字、影像资料1个文件夹压缩上交级部,各级部电子稿报政教处存档。

3.第九周周二发签订"五一"假期安全保证书,确保不遗漏一名学生,周四前各级部收齐交政教处留存;假前各楼安全部对各楼水电门窗关闭情况进行检查,政教处放学后对各楼落实情况检查通报。(华军、解斌斌、相关干部、信息部)

4.第十周联合级部进行安全隐患大排查,重点排查火灾隐患,发现隐患及时排除。(华军、解斌斌、董胜利、级部干部、安全部)

5.各级部排查特殊学生,建立特殊学生档案,级部干部在手机上记录家长手机号并备注相关情况,并将学生档案发政教处留存,要求内容详细,发现情绪波动较大的学生及时联系兰瑞清老师对相关学生进行心理疏导,避免发生极端事件。(华军、解斌斌、相关干部、兰瑞清)

6.团委积极组织开展"五四青年节"网上志愿服务活动;利用云端课堂,发送两期"五四"主题网上团课课件,全体团员、入团积极分子认真学习,并将学习照片上交团委存档;严格按照入团流程组织好新一批团员的审批工作,确保公平公正;组织好新团员入团仪式。(华军、解斌斌、戴小珊、逄雪)

7.组织好初一新生到青少年实践基地参加实践活动,提前签订安全责任书,落实好参加活动及不参加活动学生的安全问题,确保活动顺利进行。(华军、解斌斌、初一相关干部)

8.伙房与配餐(周娟、华军)

(1)伙房工作:①做好早、午餐服务,营造良好的就餐环境。②检修炊事设备,保证运转正常。(孙仕正、孙营国)

(2)配餐工作:①梳理完善各项档案,迎接省食品卫生检查。(解斌斌、各挂级部干部)②生活部做好常规检查,注意做好配餐质量调查,及时反馈。(生活部)

(二)教务处/教科室(周娟、王友森)

1.师德师风常态化教育(周娟、陈伟、级部主任)

(1)严格约束教师教学常规行为,严禁教师带手机进课堂,注意课堂教学行为,严禁体罚和变相体罚学生;合理布置课后作业,杜绝重复性惩罚性作业,不用微信群布置作业。

(2)严禁向学生推荐或变相推荐《目录》外的教辅资料,不用《目录》外的教辅资料统一练习、统一布置作业。

(3)教师要注意办公室卫生,加强节水节电,及时关灯锁门,加强安全防范意识。

2.明确分工,严密组织好各级各类考务工作,确保做到零失误。(周娟、相关干部)

(1)九年级艺术中考(28、29日)——学校考务由周娟、王友森、陈伟、万健、解斌斌负责,级部考务由华军、李武军负责。

(2)八年级信息技术考试(26、27日)——学校考务由周娟、孙义智、崔帅、孙仕正负责,级部考务由曲素云、李军风负责。

(3)八年级青岛抽测(语数英物政史)、青岛市质量检测、区地生一模考试(28、29、30日)——曲素云、李军风负责。

(4)七年级期中检测(25、26日)——崔帅、刘华、宋继昌负责。所有考试期间,博学楼秩序王存星负责;各考务负责人可以在教室门口巡查考场,不得进入教室;启用监控室对各项考务情况进行检查;任何人不得带手机进入考场,各级部一律不得在考试时间段给老师(特别是班主任)下通知,试卷分发回收都在1、2、3号楼主任室,由级部主任亲自负责。

3.做好各年级诊断性测试质量分析工作,开好四个会:备课组质量分析会、对级部教师的质量分析会、对班级的质量分析会、班主任召开的各班学生成绩分析班会,进一步抓好期中检测后的教学工作。(周娟、陈伟、级部主任、挂科干部、班主任、备课组长)

4.结合期中诊断性测评情况,级部有针对性地对部分老师进行诊断性听课指导和座谈交流。级部主任负责做好协调安排,大学科2~3人,小学科1~2人,原则上挂科干部到所在级部进行听课和谈话。听课和交流名单5月6日前报教务处李健老师,并提前交给本级部干部和挂学科干部。(周娟、陈伟、级部主任、相关干部)

5.各级部开展教师硬笔、粉笔字练习、比赛,评选最美教师板书,以级部为单位留存过程照片和获奖资料。(周娟、陈伟、级部主任)

6.根据区教育督导室文件要求做好4月份督导工作的总结和5月份督导任务的计划分工。(周娟、陈伟)

7.各级部认真设置好"五一"假期作业,合理布置预习、巩固作业,以阅读、探究、实践作业为主要内容。作业分为必做题和选做题。严格控制作业量,各备课组长于4月30日将电子稿上报主任室审查,让学生过一个轻松愉快的假期。(周娟、陈伟、级部主任)

8.教育集团:继续开展好青岛市实验学校项目、李志刚领航工作室、教育集团的教研交流活动。(周娟、相关干部)

9.按时完成山东省年度教育教学研究课题申报。（周娟、王友森、王品）

10.做好艺体调研工作的安排与落实。（曲素云、王友森、刁晓辉、万建、解斌斌）

（三）总务处：（孙义智）

1.做好艺术和信息技术会考保电、疫情防控物资等各项考前准备工作。（孙义智、董胜利、孙仕正、王崇浩、许立新）

2.对学校围墙及门垛进行检查，如发现裂缝、倾斜现象及时维修。（董胜利、王崇浩、许立新）

3.检查排除老式灯管及吊扇存在脱落的安全隐患。（董胜利、王崇浩、管理干部）

4.维修操场音响，维修音响操作平台，做好防雨。（孙义智、孙仕正、张维峰）

5.根据上级文件要求，按程序做好2021年学校固定资产处置前期准备工作。（孙义智、崔帅、董胜利、孙仕正）

6.安装北校门车牌识别装置，强化车辆出入校门规范管理。（孙义智、董胜利、孙仕正）

7.调整2021年学校预算，调出经费用于行政楼改造。（孙义智、崔帅、董胜利）

8.做好行政楼各处室人员办公点安排和物品归置点安排，为行政楼改造做好前期准备。（孙义智、王友森、董胜利、处室主任）

（四）办公室、工会、妇委会（王友森、曲素云）

1.严格做好聘任制教师入编工作；做好财政供养人员信息上报工作；做好副高职称以上教师干部履历表信息采集上报工作；做好假期文件收转。（周娟、王友森、蔡紫燕、各相关责任人）

2.完成综合事务部新成员培训，持续抓好教师办公室、教师停车情况检查与通报。（蔡紫燕、学生会综合事务部）

3.组织教职工参加义务献血活动。（王友森、各级部处室主任）

4.分批次开展音、体、美、微组的教师团队活动。（曲素云、解斌斌、刁晓辉、万健）

四、艺体工作（王友森、曲素云）

（一）体育、美术（曲素云）

1.加强运动员训练，迎接第五届青岛市运动会，争取好成绩。（刁晓辉、柳先锋、田径教练员）

2.做好体育中考准备工作，对学生进行考前器材、场地使用指导。（刁晓辉、

柳先锋、孟德良）

3.收齐各类规范化办学和督导检查材料,对于检查不合格的老师,及时退回修改。（万健、王天磊、美术教师）

4.做好美术拿证学生的一模成绩统计工作,再次召开美术拿证学生会议,指导学生志愿填报。（万健、王天磊）

（二）音乐：（王友森）

1.第9周周一上午召开教研组活动,做好下双周工作安排,做好艺术节、合唱比赛准备工作。（王友森、解斌斌、音乐教师）

2.做好2021年青岛市初中学业水平考试艺术学科考试各项工作。（王友森、解斌斌、于峰燕、音乐教师）

3.做好音乐拿证学生的一模成绩统计工作,召开音乐拿证学生会议,指导学生志愿填报。（王友森、解斌斌、于峰燕、音乐辅导教师）

五、其他工作（周娟）

1.完成学校彩页的定稿和印刷。（周娟、解斌斌、陈伟、宋继昌、刁晓辉、武宝嘉）

2.准备筹备初三年级毕业典礼。（全体干部）

3.完善学校"十个一"工作配档表,根据内容要求开展好各项活动,打造成为学校新亮点。（周娟、华军、王友森、曲素云）

4."五一"放假安排：4月25日（周日）上班,补周一的课；5月1日（周六）—5月5日（周三）放假；5月8日（周六）上班,补周一的课。各级部合理安排假期作业,政教处做好安全教育。（全体干部）

5.5月6日开始调整作息时间,上午时间不变,下午13:30开门,13:40午检,13:50—14:30第五节课,14:40—15:20第六节课,15:30—16:10第七节课,16:20—17:00阳光体育活动。三个级部错时放学。教务处负责调整信号,告知全体教职工,印发作息时间表；级部主任负责通知到全体学生及家长；政教处负责安排好门口值班,规定好上岗时间。（周娟、华军、陈伟、解斌斌、级部主任）

6.筹备召开高水平的即墨28中"和谐德育"暨"和谐教学"现场会,全方位展示我校教学、德育的亮点。时间是5月23—25日,详细工作布置见分工表。（全体干部）

附 14：即墨 28 中级部阶段性检测质量分析会样本

会议主讲：级部主任
会议参与：级部全体任课教师
会议提示：课件准备，黑板准备。
会议内容：

一、级部主任进行成绩分析

1.备课组之间对比分析：各学科级部总平均分、级部总优秀率、级部总及格率、入围人数统计、最高分与最低分的分差，共五个方面。

注：入围人数可以反映出某个学科的优秀生和边缘生的情况；各科的分差可以反映出备课组整体的发展情况。

2.各科教师的成绩分析：平均分优秀教师、优秀率优秀教师、及格率优秀教师、实入围优秀教师，各项指标进步大的教师共五类。

注：确定各项指标优秀教师的人数，要根据学科达到平均成绩以上有多少人；优秀教师的排名，超工作量或满工作量的教师排在前面；在宣读优秀教师名单时，级部主任要有选择地表扬日常工作中的突出典型，特别是师徒结对的榜样。

3.各班成绩分析：各班平均分、优秀率、及格率在级部的情况；各项指标进步大的班级；各班入围人数情况；每个班级各学科的成绩；共四项。

注：在级部二分之一以上的班级都注明名次，其他班级不标名次；进步大的班级要选准进步点进行表扬，推广经验；要指出和谐互助的运用与班级发展的关系；每个班级各学科成绩分析要反映出班级横向对比的情况，帮助班级确立前进目标。

二、备课组长介绍经验

各备课组长总结备课组的优秀做法；介绍贡献大的教师和进步大的教师的事迹；提出备课组的目标。级部主任在黑板记录。

注：级部主任的记录要简明扼要，清楚完整，方便各个备课组之间现场学习。

三、级部主任工作分析

1.成绩包括教学创新、德育管理、常规工作的突破、和谐互助的实际运用、家长反馈、群众满意度等等。

2.问题包括体罚或变相体罚学生、上课接打手机、作业超量布置、作业批改无激励语言、有偿家教、办公纪律、指导师友互助消极、师友评价缺乏常态、与家长沟通不经常等等。

会议反馈：在教学会议上，三个级部进行沟通，找出共性问题，制定措施；向学校反映教师的合理化建议，以便改进工作。

12—13周（5月17日—5月30日）工作安排

工作重点：

1.落实到党支部、党员"双报到"工作任务。
2.加强安全和学生自主管理，全力筹备、召开现场会。
3.组织好阶段检测后各项数据分析和跟踪指导。

一、党建与防控工作（周娟、王友森、华军）

（一）党建工作（王友森）

1.理论学习：（王友森、党支部书记、党小组长）

(1)《习近平在福建考察的讲话》精神。
(2)《习近平在河北阜平考察扶贫开发工作时的讲话》(《求是》2021年第4期)；
(3)《习近平谈党的传家宝—调查研究》(《学习强国》平台2021年5月12日)。
全体党员做好学习笔记。

2.认真按照上级"社区一线党旗红"主题实践活动深化"双报到"工作要求，

积极与联系社区对接，做好党员志愿服务活动。（王友森、党支部书记、全体党员）

3.召开一次支部党员大会。主题：学党史 办实事；以党支部为单位组织全体党员开展主题活动，做好相关稿件报送工作。档案整理：记录表、签到表、照片。（王友森、党支部书记、蔡紫燕）

4.坚持开展好"第一形态"谈心谈话工作，防患于未然，营造学校风清气正的良好氛围。（党总支委员）

（二）防疫与安全（周娟、华军）

1.疫情防控常态化。（全体师生）

(1)外来人员实名登记，实行"测温+健康绿码"，身份确认、信息登记齐全后方可入校。

(2)各级部强调师生上放学路途均需佩戴口罩，配合测温人员测温后入校。

(3)做好现场会期间的防疫工作。

(4)根据上级通知，未接种第二针的教职工到指定地点接种疫苗。

2.加强夏季校园安全教育管理，严防安全事故发生。

(1)各级部处室要严厉强调驾驶机动车辆教师在进出校门时做到慢行不抢行，注意避让行人。

(2)严禁驾车从教学楼西经过；严禁将车辆停放在停车位以外的地方。

(3)继续开展防溺水、交通安全、食品安全专题教育，班主任、教师要时时处处进行强调教育，安全部做好记录。

(4)加强对特殊学生的监控与管理工作。各级部各班级排查摸清特殊学生信息，及时掌握并解决各种矛盾冲突，防止打架欺凌等严重违纪事件发生。（华军、解斌斌、相关干部、学生会）

二、级部工作（孙义智、华军、曲素云、崔帅）

（一）初一级部（孙义智、崔帅）

1.德育工作（李颖、王存星、孙典巧、宋扬）

(1)召开联合中队部长例会。时间：第十二周周二课间操；地点：2号楼西厅。（李颖、孙典巧、法琳琳、武宝嘉、中队长、各部部长）

(2)防疫部严查晨午检和通风消毒记录，严格要求学生上放学佩戴口罩。艺体部①十二周周五午自习组织各班练习唱国歌、背诵社会主义核心价值观。②加强室外课带队秩序的检查，明确周一升旗仪式各楼层带队路线，定点检查。组织部强化升旗仪式站位、唱国歌检查评比。卫生部进一步规范自行车的摆放。③第十二周周三进行室内外卫生评比。路队部严查早到校情况，号召学生严格遵守上放学时间。（李颖、孙典巧）

(3)信息部①第十二周周二收缴防溺水安全手抄报。②协助级部组织收缴各班在实践基地参加的各类活动的照片。生活部加强用餐秩序、午休秩序、午休人数的检查。宣传部第十二周周四组织进行室内文化墙检查，督促各班补充、修改、完善。（李颖、武宝嘉）

(4)纪检部①每天课间操，检查红领巾佩戴，要求全体同学必须佩戴红领巾。②加强课间秩序和卫生间秩序的检查评比。公物部①统计各班公物破损情况，及时组织上报维修。②晚放按时清楼，及时检查水电门窗的关闭情况，尤其是卫生间水阀的关闭情况。（李颖、法琳琳）

2.教学工作（刘华、宋继昌）

(1)召开备课组长会。时间：周一下午阳光体育活动。①第12周反馈居家晨读和后30%学生背诵提纲完成情况，反馈现场会和谐互助通案上交情况。②第13周反馈晨读、午托、自习统一内容布置情况，后30%学生群使用情况和激励措施。（孙义智、崔帅、刘华、宋继昌、备课组长）

(2)召开班级协调会。地点：集备室；时间：第12周14班，第13周15班。班主任提前通知级部和任课教师，班主任和任课教师精心准备。干部分工：刘华15班，刘华、孙典巧14班。（刘华、孙典巧、班主任、任课教师）

(3)召开班主任会。地点：报告厅。第12周周五第七节。内容：①实践基地活动总结；②现场会各班相关准备工作推进情况、问题和整改；③先进班级班主任经验分享。第13周周五第七节。内容：①反馈居家晨读、午自习、午托和课堂常规秩序，出现的问题和整改措施；②确定期末挑战、应战班级名单；③表彰后30%群利用好的班级，推广优秀做法。发言人：任瑞美。（孙义智、崔帅、刘华、宋继昌、班主任）

(4)召开全体教师会。时间：第12周周五阳光体育活动时间。内容：①配合班级展开晨读、午自习的学习内容落实与课堂检查、反馈。②重视后30%学生的课堂基础知识检查和激励。③课堂上用好和谐互助，重视师友的多样化评价。④办公室卫生检查情况反馈。（孙义智、崔帅、刘华、宋继昌、级部管理干部、初一全体教师）

(5)召开级部干部会。时间：周四下午阳光体育活动。内容：①期中检测后整改措施推进情况；②干部分学科听课情况、问题整改情况反馈；③分管各班后30%群使用情况汇总。会议记录人：法琳琳。（孙义智、崔帅、刘华、宋继昌、级部干部）

(6)新岗教师会。第13周周二班会课。①通报手写教案检查情况。②干部听课

情况反馈。（孙义智、崔帅、刘华、宋继昌、级部长）

(7)结合期中诊断性检测成绩，级部管理干部联合备课组长对成绩薄弱的老师和退步大的教师进行推门听评课，发现问题及时解决。分工约谈每个学科后三名的教师。（孙义智、崔帅、刘华、宋继昌、级部干部、备课组长）

(8)继续开展"和谐互助展示课"的听评课活动。各学科集备时间的第一节课听课，第二节课评课、集备。（孙义智、崔帅、刘华、宋继昌、级部干部、备课组长、全体文化课教师）

(9)加强师生出勤的检查力度，落实每一位学生去向，杜绝空堂、候课不及时现象。（刘华、宋继昌、级部管理干部、全体教师）

(10)集中检查教师听课本。13周周五上午9:00前以备课组为单位上交听课本，本次检查结果计入个人考核。要求：听课本项目填写完整，书写认真，有听评课记录。（刘华、宋继昌、级部干部、全体文化课教师）

(11)学习部开展"最美阅读笔记"评选活动，每班评选优秀笔记2个，升旗进行表彰。（刘华、宋继昌、学习部）

（二）初二级部（曲素云）

1.德育工作（刁晓辉）

(1)召开联合中队部长例会。时间：第十二周阳光体育活动时间。地点：集备室。（刁晓辉、华鹏鹏、联合中队各部部长）

(2)防疫部严格晨午检检查标准，检查各班通风消毒记录和晨午检记录，严格落实学生上放学口罩佩戴，及时反馈通报。纪检部加强教学楼西厅，厕所聚集现象的检查力度，并在级部通报并整改。信息部督促通报各班安全平台关于中小学防灾减灾专题活动及时完成。宣传部进行室内外文化墙和文明礼仪的检查评比，并就三个专题"建党100周年""和谐互助""优秀作品展"在级部进行量化评比。安全部加强防溺水教育和校园防欺凌专题教育，各班级召开主题班会并留痕。艺体部协助组织部抓好周一升旗仪式各班级带队速度和带队路线，并跟进检查。组织部协助级部组织好周一升旗仪式工作，检查各班委员袖章佩戴情况并统一操场站位。（刁晓辉、华鹏鹏）

(3)卫生部彻底整改各班级室内外卫生区，对整理不到位、卫生状况不达标的班级进行督促和通报。公物部统一时间对各班级的使用公物数量进行清点，并在每天放学对教学楼和班级断电和关窗，厕所关水等进行检查并整改。路队部继续抓好路队检查，检查上放学路上口罩佩戴，校服穿戴，及时上岗，及时量化通报，以便加快改进力度。（刁晓辉、孙吉超）

(4)生活部加强 12:00—12:10 就餐后至吹哨前的纪律检查，清点各班人数，每天进行量化公示。（刁晓辉、林忠奇）

2.教学工作（李军风）

(1)召开备课组长会。时间：周一下午第七节；地点：集备室；内容：主题：①期中成绩优秀备课组共享优秀做法，期中成绩落后组分析主观原因、确定具体改进措施。②布置下阶段复习工作。③反馈现场会教学工作准备情况，强调现场会课件通案提前组内打磨，在 12 周周五前统一听课修改，充分准备周一现场会推门听课。（曲素云、李军风、华鹏鹏、教研组长、备课组长、级部干部）

(2)召开班级协调会。第七周 7 班，第八周 14 班，落实人：林忠奇。（曲素云、李军风、级部管理干部）

(3)召开班主任会。时间：周五下午第三节；地点：体育楼；内容：①班级成绩进步大的班主任进行经验介绍。②专题的培训：如何利用早晨学生到校后的自主学习和午自习时间提高地生边缘生的成绩。③开展好任课老师进教室参与的学生质量分析会。④充分利用和谐互助课堂，提升成绩，现场会推门听课，按照要求认真执行。（曲素云、李军风、刁晓辉、华鹏鹏、级部管理干部）

(4)召开全体教师会。内容：召开全体教师会。时间：第六周周五。①介绍期中阶段检测成绩优秀和进步大的教师的典型做法。②加强对教学和工作常规的要求。（曲素云、李军风、级部管理干部、全体教师）

(5)召开级部管理干部会。①根据期中阶段性检测成绩，级部管理干部继续对成绩薄弱的老师和退步大的教师进行约谈。推门听课、评课，帮助老师们查找原因、解决问题。②级部管理干部根据分工，进地生所包班级听课和落实反馈地生潜力生群和晚托质量；③干部提前完成现场会的分内工作。（曲素云、李军风、级部管理干部）

(6)地生复习：①根据期中检测成绩划分等级、调整地生复习策略，分层提高学生地生成绩，班主任和任课老师包干到人，关注边缘学习和思想动态，重点关注，重点辅导。每天的辅导确保实效，出现问题，及时解重点重视 A，缩小 C、D 等级的数量。②对地生一模测试成绩薄弱的老师和退步大的教师的听课和评课，干部分工听课后及时评课。③级部管理干部根据分工加强每天的检查和反馈力度，主抓课堂效率和晚托质量，帮助老师们分析原因，端正态度，树立信心争取全部达 C。（曲素云、李军风、级部管理干部、生物教师）

(7)开展各学科问题学生的谈话活动，加强与家长的主动交流，落实级部自查满意度电话反馈问题，提高满意度。（曲素云、李军风、级部管理干部、全体教师）

(8)按中考要求组织好学生体育测评,为及时上传平台做好准备。(曲素云、李军风、级部管理干部、班主任,微机老师)

(三)初三级部(华军)

1.德育工作(孙仕正、万健)

(1)召开联合中队部长例会。时间:第12周周一中午;地点:1号楼集备室。(孙仕正、万健、于明涵、联合中队中队长及各部部长)

(2)防疫部按要求检查通报晨午检情况;公物部通知各班中午休息时间关闭投影仪,每周抽查通报。艺体部加强课间操的检查,及时通报检查结果。路队部按时上岗,认真履行职责,积极主动纠正路队违纪并记录通报。组织部检查及时通报升旗纪律、唱国歌情况并量化。卫生部查找室内外卫生死角并督促各班彻底清理;各班按上报数量将自行车均匀整齐的排满各班区域。(孙仕正、万健、宋成平)

(3)安全部要检查通报教室和教师办公室晚放断水断电并及时反馈检查结果;第12周周二检查各班安全记录本并通报。信息部要及时提醒安全平台最新任务,每周督促发送安全提醒并及时阅读。(唐绪诚)

(4)生活部检查各班就餐纪律和人数,严禁午托学生私自外出,发现问题及时通报。纪检部检查课间打闹、厕所聚集现象,及时通报违纪情况。(于明涵)

(5)宣传部做好迎接现场会的墙报美化工作,及时检查、督促、整改,检查评选十个优胜班。(华军、李武军、万健、宁博)

2.教学工作(李武军)

(1)召开备课组长会。时间:5月19日下午第七节和5月24日下午第七节,地点:集备室;主题:①反馈前期迎接现场会教学工作准备情况,严格具体教学常规要求。②分析二模阶段性测试各备课组成绩;研究二模后总复习措施。(华军、李武军、级部管理干部、备课组长)

(2)召开班级协调会。根据二模诊断性测试成绩确定,具体落实人——宁博。(华军、李武军、级部管理干部、相关教师)

(3)召开班主任会。时间:每周五下午第七节;地点:集备室;主题:①中考志愿填报的培训。②反馈前期迎现场会的相关德育和教学工作的准备情况。③布置现场会期间的具体常规要求。④分析班级二模诊断性测试成绩。(华军、李武军、级部管理干部、班主任)

(4)召开全体教师会。①反馈前期迎接现场会的相关教学常规工作的准备情况,布置现场会期间的具体教学常规要求。②反馈二模诊断性测试的问题,布置后期复习中应注意的问题及整改措施。(华军、李武军、全体教师)

(5)召开级部管理干部会。时间：每周四下午；内容：现场会级部各项管理分工；汇总本周工作，提出新的工作整改方案；二模成绩分析。（华军、李武军、级部管理干部）

(6)切实抓好英语口语上机训练。①继续做好学生口语上机训练，每班每周一节，结合人机对话模拟测试的情况，训练学生临场能力。②抓好学生入校后的晨读，每周一、三、五英语，每周二、四语文。③结合二模成绩，抓好边缘生和偏科生的口语训练。（华军、李武军、张淑娟、刘德莉、班主任、全体英语教师）

(7)切实抓好艺体特长生辅导和后30%学生文化课辅导：合理搭配师资，精心设计辅导内容，每天中午和晚自习时间分学科对学生进行辅导；及时进行检测，做好反馈；针对思想和成绩波动大的学生，及时做好思想工作，争取家长的配合。（华军、李武军、级部管理干部、全体教师）

(8)关于第二次阶段性模拟测试；时间：5月17日至18日测试，严肃考风考纪；5月19日上午11:00前阅卷结束，质量分析，及时调整教学措施。（华军、李武军、万健、级部管理干部）

(9)认真组织好中考志愿填报和确认工作。时间节点安排：5月18日下午17:40召开全体学生培训会，5月19日晚上召开线上全体家长培训会；5月20日至5月22日中考志愿网络报名；5月23日至5月24日中考志愿确认。（华军、李武军、万健、张毅、全体班主任）

⑽5月17日下午17:40召开面向全体学生的中考考前心理辅导讲座，提前调试设备，确保各班都能接收信号。主讲人：兰瑞清。报告厅：孙仕正、李武军、张毅；分会场：万健、于明涵、宁博、宋成平、刘振丽。（华军、李武军、级部管理干部、班主任）

⑾学习部：落实、细化教学常规。①对晨读质量进行检查量化（有任务安排、有专人组织、积极投入）。②继续坚持每天中午英语听力训练、中午午自习练习情况，每周五中午的英语口语作文背诵比赛。（华军、李武军、万健、学习部）

（四）博学楼教学区（孙义智）

1.德育工作（王存星）

(1)召开联合中队部长例会。时间：第十二周周一中午12:10分；地点：二楼西厅。（王存星、宋杨、联合中队各部长）

(2)防疫部组织体温计抽查，监督落实各班晨午检质量；路队部规范着装及时上岗、严查路队秩序。（刘振丽）

(3)生活部严查午休秩序，监督好学生就餐箱子摆放；安全部落实好放学楼层关窗、

班级断电、厕所断水。（宋杨）

(4)纪检部严查课间秩序及文明礼仪；艺体部对各班中午国歌、口号及鼓掌训练进行查评。（辛晓光）

(5)卫生部加强教室、卫生区及教师办公室卫生检查力度，发现问题及时通报整改；公物部进行公物损坏排查，及时上报维修。（宫旭东）

(6)宣传部对各班墙报及时查评，不合格班级及时通报整改；组织部对升旗仪式各班秩序进行检查评比，确保带队秩序及会场纪律。（李庆礼）

(7)信息部及时落实完成安全平台相关任务，各种材料及时下发回收。（王存星）

2.教学工作（宋继昌）

(1)进一步完善现场会相关准备工作。重点抓好和谐互助课堂教学、室内外文化墙及公示栏。（孙义智、宋继昌、王存星、宋杨、级部长）

(2)协助并监督各班使用好后30%潜力生学习群，落实好各学科学习任务并及时反馈，确保效果。（宋继昌、王存星、宋杨、级部长）

(3)约谈期中诊断性检测各学科成绩较弱老师，进行推门听课及时评课，督促老师虚心学习，提高责任心，查找不足，动挖掘师友互助的优势，提高业务能力。（孙义智、宋继昌）

(4)学习部：①协助班主任做好期末班级挑战，确定挑战班级，设计好挑战书；②配合级部做好现场会展示"和谐互助"课堂及师友互助的相关准备工作。（孙义智、宋继昌、学习部）

(5)召开班级协调会。第12周，王倩的46班；第13周，刘妮娜的47班。各班结合期中诊断性检测，做好学情分析，协调各任课老师抓好各教学环节，合理布置作业并及时反馈，做好分层次教学。（宋继昌、宋杨、李庆礼、班主任）

三、处室工作（孙义智、周娟、王友森、曲素云、华军）

（一）政教处/团委/少先队（华军）

1.加强和谐互助自主管理。（华军、解斌斌、相关干部、学生会）

(1)德育管理部每周5课间操时间召开例会，对现场会前及现场会期间各项工作进行布置并落实。

(2)周五德育例会各楼各部负责干部汇报日常检查情况以及下一步工作重点。

(3)德育管理部对学校各处卫生死角再次进行检查，将检查结果通报到级部，限期整改，确保现场会期间各项常规最高质量。

2.开展专题教育活动。（华军、解斌斌、相关干部、组织部、宣传部）

(1)初三开展"感恩母校拼搏中考"主题活动，出一期墙报。

(2)初一、初二开展"'丹心一片 风华百年——听老党员讲那过去的故事'进校园"活动。初一开展"课前10分钟，故事记心中"活动；初二开展"寻找红色传承"学生实践走访活动。

3.夯实常规提质量。（华军、解斌斌、相关干部、学生会）

(1)开展"共建美丽校园"活动。①各班级开展"弯腰行动"清洁楼内外卫生评比活动，切实抓好教室内务整理评比，室外卫生重点清理沙土碎石杂草沉积落叶落花等杂物。②各楼管理干部、校值日生要加大对学生乱扔食品袋、纸花等杂物现象的监督检查量化，对学生主动清除墙角灰网、口香糖残迹、纸花等杂物、杂草沙砾、下水道内垃圾的班级加大表扬量化加分力度。第12周各级部评选12个卫生先进班。③各班级排查在书桌等处所乱写乱画学生，并进行处分赔偿教育。

(2)强化课间秩序与学生文明礼仪管理。各级部干部要分楼层不断巡查评比量化各班级每天课间教室、楼层、上下楼安全文明安静管理状况，使学生做到不喊叫不跑跳不打闹，做到靠右慢行礼让老师先走。

4.高标准迎接现场会。（华军、解斌斌、级部干部、张晓鹏、学生会）

(1)加大周一升旗和为雷锋像佩戴红领巾各队伍及各环节的训练力度，增强整体仪式感。

(2)加大唱响国歌、喊响口号和整个升旗环节学生纪律、整齐度检查量化力度。

(3)组织"和谐之声"广播站学生进行演讲比赛，选拔优秀学生利用中午时间进行雷锋事迹、文明礼仪等进行广播。

5.严格按照入团《即墨28中发展新团员实施方案》组织好新一批团员组织团课考试，按照规范流程填写团员证、入团志愿书，将各类材料上报局团委。（华军、解斌斌、戴小珊、逄雪）

6.关于开展2021年"十个一"项目之"中华经典诵写讲画"主题系列活动，将"十个一"行动计划之"精读一本书、诵读一首诗词、进行一次演讲"等活动与传承中华优秀文化结合起来，通过朗诵、吟诵的形式，引导广大教师、学生、市民挖掘了解我国节日的特色文化，培育爱国主义精神，增进文化自信和国家认同。（华军、解斌斌、级部干部）

7.伙房与配餐（周娟、华军）

(1)伙房工作：①合理搭配菜品，为老师提供可口饭菜。②进行一次食品安全培训，进一步增强食品安全意识。（孙仕正、孙营国）

(2)配餐工作：①生活部进行常规管理检查，及时通报评比。②做好近期配餐质量反馈，总结优缺点，反映给配餐公司。（相关干部、生活部）

（二）教务处/教科室（周娟、王友森）

1.师德师风常态化教育（周娟、陈伟、级部主任）

(1)严守山东省规范办学十五条的有关规定，科学设计作业，不布置重复性和惩罚性作业；教师对诊断反馈性作业全批全改，不给家长布置作业或要求家长评改作业，不得用手机布置作业或要求学生利用手机完成作业。

(2)全面实行等级评价，不以任何方式公布学生成绩及排名。

(3)坚持在国家和省定目录内选用教材和教辅，坚持"一科一辅"原则，不以任何形式强迫学生订购教辅材料。

(4)加大对教师办公室秩序的检查，同时整理好办公室卫生，保证教师以积极向上的精神面貌迎接现场会。

2.根据山东省关于开展教育评价改革"十个不得，一个严禁"专项督导，对照内容要求，全面开展自查自纠工作，形成自查报告上报区政府教育督导室。（周娟、陈伟、级部主任）

3.各备课组利用集备时间充分讨论打磨现场会和谐互助教学课件通案，挂级部校长、级部主任审核把关后，5月18日前上交教务处检查。（周娟、陈伟、级部主任、挂科干部、备课组长）

4.中考、会考在即，各级部要加强对和谐互助集体备课的检查督促力度，充分发挥我校群策群力的优势，研究试题、研究学情，级部干部要靠上，指导的准，全体教师要多出金点子，为中考和会考的胜利打下坚实的基础。（周娟、陈伟、级部主任、备课组长）

5.继续开展对课堂常规、教师备课、听课、作业批改等教学常规的检查，及时通报反馈，各级部结合学校抽查要加大自查力度，保证规范高效的教学秩序。（周娟、陈伟）

6.教育集团：继续开展好青岛市实验学校项目、即墨28中教育集团、移风与灵山中学协作体的教研交流活动。（周娟、相关干部）

7.学习事务部例会，反馈阶段查评工作情况，评选优秀值日情况记录清单。（陈伟、学习事务部）

8.完成山东省课题结题工作，按时上报结题材料。（王友森、王品）

（三）总务处（孙义智）

1.配合供电公司专业人员检查学校配电室及用电设施，确保中考、会考、现场

会顺利进行。（孙义智、董胜利、孙仕正、王崇浩、许立新）

2.根据初三公物档案对公物进行检查核对，对损坏严重的桌椅要按规定进行赔偿。（董胜利、孙仕正、许立新、初三班主任）

3.结合学校安全检查情况上报学校房屋使用情况安全排查表。（孙义智、董胜利）

4.各级部视天气情况开走廊窗，教室门要用挡门砖固定好，开关门注意安全，避免损坏玻璃及发生伤害事故。（董胜利、级部干部）

5.准确及时完成网上学校信息及校舍信息平台的填报工作。（董胜利、孙仕正）

6.上报2021年预算调整报告，调出资金进行行政办公楼改造。（孙义智、王友森、崔帅、董胜利、万初俊）

7.逐步推进2021年固定资产报废工作。（孙义智、崔帅、董胜利、孙仕正、许立新、江志忠）

8.检查测量校园围墙高度，为补足2米高度做好设计准备工作。（孙义智、董胜利）

9.清理排污，检修古力盖，做好汛期校园雨水排泄。（董胜利、王崇浩）

（四）办公室、工会、妇委会：王友森、曲素云）

1.做好副高职称以上教师干部履历表信息核对工作；完成山东省机构信息校验核对。（周娟、王友森、蔡紫燕、各相关责任人）

2.做好现场会各项准备、协调工作。（王友森、蔡紫燕）

3.加大学生会综合事务部检查力度，督促教师以良好面貌迎接现场会。（蔡紫燕、学生会综合事务部）

4.继续开展教师团建活动。（曲素云、兰瑞清、级部主任）

四、艺体工作（王友森、曲素云）

（一）体育、美术（曲素云）

1.召开体育教研组会议。总结市运会情况、举行体育专项选拔赛，做好基础年级的体育生选拔与训练。（刁晓辉、柳先锋、教练员）

2.做好体育拿证学生的一模成绩统计工作，召开体育拿证学生会议，指导学生志愿填报。（刁晓辉、柳先锋、孟德良）

3.整理好美术长廊、补充部分手工制作作品，胜利迎接现场会。（万健、王天磊）

4.指导学生填写完善中学生素质测评手册各项内容，美术教师准备好各项检查项目，迎接上级对我校美术工作的视导检查。（万健、王天磊、美术教师）

5.做好迎接艺体检查的准备工作。（周娟、王友森、曲素云、解斌斌、刁晓辉、

万健）

　　（二）音乐（王友森）

　　1.第12周周一上午召开教研组活动，汇报上两周工作情况，做好下双周工作安排。（王友森、解斌斌、音乐教师）

　　2.做好军乐队、管乐队训练工作。（王友森、解斌斌、于峰燕、音乐教师）

五、其他工作（周娟）

　　全力以赴办好即墨28中"和谐德育"暨"和谐教学"现场会，展示我校教育教学亮点、师生风采。时间：5月23、24日。会务分工：防疫与安全、校园环境——华军、解斌斌、挂级部干部；"和谐互助"课堂、楼内秩序与文明礼貌——各楼长、级部主任；外来参观——孙义智、曲素云；德育亮点——华军、解斌斌、挂级部干部；后勤保障——崔帅、董胜利；来宾接待——王友森、蔡紫燕；会务协调——周娟、陈伟。

附15：青岛即墨28中"和谐德育"暨"和谐教学"全国现场会活动样本

一、防疫（周娟、孙义智）

　　1.制定防疫工作方案和应急预案，准备好外来人员入校的测温安排，做好会议场所的定时消毒、开窗通风，准备隔离室等：周娟、孙义智、解斌斌、董胜利、防疫级部长、相关人员。

　　要求：各种备用的防疫用品要提前对接总务处；两名校内防护人员要全程在岗。

　　2.明确学校防疫的主体责任，并纳入会务手册中：周娟、孙义智、陈伟。

二、安全与德育展示（华军、崔帅）

　　1.校园卫生、教学楼卫生（含教师办公室卫生、教师和学生卫生间）、教室内务、硬件设施。（解斌斌、董胜利、级部管理干部、总务处维修人员）

　　重点是教学楼、博学楼、操场（杂草、下水道杂物）、环校路周边、怡学楼、体育楼周边、体育楼内部、教师停车场周边、垃圾屋周边、伙房周边、音乐广场周边；水电暖硬件维修、校园地面砖维修、门把手、挡门砖等。

要求：会议前彻底清除杂物，没有任何卫生死角；会议期间及时打扫，保持整洁，做到无缝隙管理；所有需要维修的地方全部整修完毕。

2.学生自主管理展示（路队部、纪检部、艺体部、组织部、宣传部等）、教学楼秩序、校园内外安全、交通秩序：解斌斌、级部管理干部、全体值日干部。

要求：级部干部保证学生楼内秩序井然，安排好学生会干部，提醒检查路队纪律；政教处提前联系派出所、交警中队等，指挥好校门口与会车辆的停放；培训好校警、传达。

3.学生仪容仪表、文明礼仪、卫生间、参观路线卫生、自行车排放：崔帅、解斌斌、挂级部干部负责。

重点是教师机动车、自行车的排放；所有卫生间都要进行彻底打扫，不留死角，并且随时冲刷，保持好洁净。

4.升旗仪式：

(1)精心设计颁奖项目；确定颁奖嘉宾；选准主持人、讲话教师；保证管乐、军乐团演奏质量；设计颁奖内容；训练礼仪学生；确保音响正常。——周娟、解斌斌、孙仕正、潘宁、李颖负责。

(2)教师站队、教师集合速度、队形——挂级部副校长、级部主任负责。

(3)学生队伍秩序、精神面貌、唱国歌、呼喊学校口号。——挂级部副校长、级部主任负责。

6.给雷锋塑像佩戴红领巾活动：周娟、解斌斌、李颖负责。

三、教育教学展示（周娟、挂级部校长）

1.报告厅课堂展示及评课、学科模式解读：周娟、陈伟负责。

2.教学楼课堂展示：挂级部校长、级部主任负责。

要求：(1)级部主任提前准备好5月24日（周一）的课程表，所有班级、所有课堂全部用"五步十环节"上课。（备课组通过集体备课研究出通案，各学科2个通案，备课组长审核后上交级部，挂级部校长、级部主任共同把关，逐科审核通过，5月18日电子稿打包上交陈伟，学校再次审验。

(2)教室内整理好"和谐互助"专栏，有体现"和谐互助"的班级文化；结合期中检测，教学楼走廊呈现"师友风采"等和谐文化。

(3)教师要做好候课，不准罚站学生，一律使用普通话讲课。所有课堂全部开放，不允许拒绝推门听课，不允许随意调换统一要求的教学课件。

(4)规范好教学楼内的教师办公秩序、课间秩序、室外课带队秩序（特别是带回秩序）；安排好到报告厅上课的学生，要确定学生人数、保证往返安全；各级部准备100条凳子放在一楼西厅。

3.学校彩页的定稿和印刷。（周娟、蔡紫燕、陈伟、解斌斌、武宝嘉）

四、会场设置（孙义智、崔帅）

1.会场主持：

报告厅——赵国忠（周日上午）、周娟（周日下午）、陈伟（周一上午）、孙义智（周一下午）；

团队活动室——崔帅（周日下午）、解斌斌（周一上午）、刁晓辉（周一上午）。

2.会场组织：

通实会场——周娟、蔡紫燕、孙仕正负责；

28中报告厅——孙义智、陈伟、孙仕正、董胜利、宋成平、李健、张维峰负责；

团队活动室——崔帅、解斌斌、刁晓辉、兰孝骞负责。

要求：(1)各会场要做好讲座的一切服务工作，包括定时消毒和通风、会场秩序、及时开锁门、音响、卫生、摆放凳子、人员组织、讲座人的饮水等。5月23日下午的开门时间为13:30；5月24日上午的开门时间为7:30。各会场要安排专人及时给领导、讲座人员添热水，要在每天上午、下午的会议结束后，安排专人马上整理好会场卫生，进行防疫消毒，确保干净整洁。

(2)报告厅：主持会议各个流程，包括介绍主讲嘉宾、随时解答参会者疑问、满足参会者提出的要求等等，准备好宣传屏、电子会标；告知提前到报告厅的与会代表提前去洗手间；提前安排4个人周日13:30前到报告厅持话筒分别在4个门维持秩序。

分会场：设计并呈现出电子会标（使用PPT）。

(3)现场会意见反馈表由陈伟、解斌斌负责回收，回收时间是5月24日上午；学习证由武宝嘉、宫旭东各负责北门、东门的回收，回收时间是5月24日下午验证进门后。

3.后勤服务：各会场饮用水、纸杯由董胜利、许立新、王崇浩负责。

4.会场卫生：博学楼、体育楼的会场卫生（含洗手间）由王存星和宋杨（博学楼）、解斌斌和刁晓辉（体育楼）、物业人员负责。

五、参观解说（孙义智、曲素云）

1.组织解说：即墨以外参观组织由孙义智、曲素云、华鹏鹏、宫旭东负责，集团校参观组织由蔡紫燕、孙典巧、初晓彤负责。

要求：(1)提前安排好参观分组并在报到当天告知外来参观者；培训好各参观组的引领教师及引领学生（每个参观组1名教师1名学生，佩戴口罩）；准备好导引牌；会议第一天提前检查遍参观路线，做好消毒，安排定点解说学生提前到位，并配备绶带、扩音器。

(2)完善学校参观路线解说词，培训解说学生，要充满感情地熟练解说。

2.展室布展：王友森

具体分工：教学展室、和谐互助展室——陈伟、李武军；雷锋展厅、德育展室——解斌斌、万健；荣誉室——蔡紫燕、兰瑞清；教育集团展室——陈伟、李颖；艺术长廊——万健、王天磊；博学楼展牌——解斌斌、王存星。

要求：展室要安排专人消毒通风。

3.音响：升旗音响由孙仕正、张维峰负责；校园广播站音响（包括播音内容）由潘宁负责。

六、会议准备（周娟）

1.报到准备——陈伟：提前安排好各个酒店负责报到的干部、报到用的所有物品（包括防疫用品、横幅或电子屏——酒店制作）；负责准备会议材料、材料装袋，并提前送至各报到点；负责建立与会人员的微信群，编写会议提醒信息及时发送。

2.宣传准备——刁晓辉：在学校大门口摆放宣传牌；安排照相、录像。

(1)微信制作、照相、录像——崔帅、刁晓辉、李健、张维峰负责。

(2)5月23日（周日）13：30，准时在学校大门口摆放会议宣传牌，负责照相的教师要到位。

七、领导来宾接待（王友森）

八、报名和验证（全国学校品牌发展联盟）

第九章 / 感恩校园 毕业季感恩季

14—15周（5月31日—6月13日）工作安排

工作重点：

1. 开展好党组织、党员"双报到"工作。
2. 加强防溺水安全教育、抓好常态化疫情防控。
3. 做好中会考前期工作，严格落实教育部"五项管理"规定。
4. 迎接2020—2021学年基层单位工作综合考核。

一、党建与防控工作（周娟、王友森、华军）

（一）党建工作（王友森）

1. 理论学习：（王友森、党支部书记、党小组长）

(1)《习近平：用好红色资源，传承好红色基因 把红色江山世世代代传下去》(中国共产党党员网)。

(2)《习近平在广西考察的讲话精神》（中国共产党党员网）。

(3)《习近平在全球健康峰会上的讲话》(《学习强国》平台2021年5月21日)；全体党员做好学习笔记。

2. 严格按照深化"双报到"工作通知要求，组织在职党员到居住地社区报到，做好党员志愿服务活动，发挥党员先锋作用。（王友森、党支部书记、全体党员）

3. 召开一次支部委员会。主题：我为群众办实事；以党支部为单位组织委员开展主题学习和实践活动，做好相关稿件报送工作。档案整理：记录表、签到表、照片。（王友森、党支部书记、蔡紫燕）

4. 强化学习强国学习情况通报，提醒督促每位教师持续坚持学习。（王友森、解斌斌、级部主任、全体教师）

（二）防疫与安全（周娟、华军）

1.疫情防控常态化。（全体师生）

(1)外来人员实名登记，实行"测温+健康绿码"，身份确认、信息登记齐全后方可入校。

(2)临近中会考，疫情防控尤其要加强，各级部强调师生进出校门均需佩戴口罩，配合测温人员测温后入校。

2.加强夏季校园安全教育管理，严防安全事故发生。

(1)持续加强专项安全教育力度。①交通安全专题。拒乘三无车辆、三轮助力车等违规车辆，严格遵守交通规则，不骑车带人、不撒把骑车、不并排骑车，密切注意周边、身后交通情况。大风、暴雨天气要远离围墙、广告牌、大树、积水处通行。②防溺水专题。班主任要重点宣讲防溺水注意事项，用好青岛市安全教育平台开展防溺水知识和技能教育，严格按安全责任书要求，上好防溺水主题班会，每周不间断教育，让每名学生熟知防溺水"六不一会"。③饮食安全专题。不暴饮暴食，特别是冷饮、冷品，不购买三无食品和五毛钱食品、街边摊点小吃。联系公安、交警、城管等部门加强学校周边环境治理。④按照《关于全面加强校园消防安全工作的通知》，加强校园消防安全排查、整改工作。（华军、解斌斌、相关干部、学生会）

二、级部工作（孙义智、华军、曲素云、崔帅）

（一）初一级部（孙义智、崔帅）

1.德育工作（李颖、王存星、孙典巧、宋扬）

(1)召开联合中队部长例会。时间：第十四周周二课间操；地点：2号楼西厅。（李颖、孙典巧、法琳琳、武宝嘉、联合中队中队长、各部长）

(2)防疫部严查晨午检记录、通风消毒记录、因病缺勤追踪记录。路队部号召学生严格遵守上放学路线、上放学时间和上放学秩序，严查早到校。组织部加强升旗仪式唱国歌环节的检查评比。（李颖）

(3)卫生部规范自行车的摆放；第十四周周三进行室内卫生评比；第十五周周三进行室外卫生评比。安全部加强教师办公室饮水机和电源关闭情况的检查；加强防溺水安全、交通安全和防校园欺凌专题教育。艺体部加强升旗仪式和室外课带队秩序检查；协助级部强化走操训练和体能训练。（孙典巧）

(4)信息部及时收发端午节安全责任书。生活部加强用餐秩序、午休秩序、人数检查。宣传部号召全体同学爱护公物、节约水电。（武宝嘉）

(5)纪检部检查红领巾佩戴情况;加强课间秩序的巡视,严禁窜楼层;严查卫生间秩序。公物部规定午休期间各班必须关闭投影设备和电灯;每个课间检查卫生间水阀的关闭情况;下午放学及时检查水电门窗的关闭情况。(法琳琳)

2.教学工作(刘华、宋继昌)

(1)召开备课组长会。时间:周一下午阳光体育活动时间;地点:集备室;内容:①端午节、中会考期间作业按天布置,严控作业总量,级部审核。②落实好各学科复习计划和复习提纲,第15周每组出示一节复习示范课。③反馈各学科听课、集备出勤和新岗教师备课本检查情况,布置下一阶段的工作。(孙义智、崔帅、刘华、宋继昌、备课组长)

(2)召开班级协调会。地点:集备室;时间:第14周16班,第15周17班。班主任提前通知级部和任课教师,班主任和任课教师分工包干本班后30%潜力生并研究帮扶措施和方法。干部分工:刘华16班,刘华、武宝嘉17班。(孙义智、崔帅、刘华、孙典巧、班主任、任课教师)

(3)召开班主任会,地点:报告厅;时间:第14周周五第七节。内容:①细化课堂常规检查,有效提高课堂效率。②每周每学科评选师友,不限数量,每周班会课汇总公布。③天气渐热,关注个别学生浮躁心理,及时发现,耐心疏导。④保证音体美信息技术课开齐上足,不允许私自调课。第15周周五第七节。内容:①充分利用各班"四位一体小组"落实端午节安全、作业和文化课学科的系统复习;②严查手机进校园,排查周末沉迷网络和游戏的学生,与家长建立长期联系,尽早戒除网瘾。(孙义智、崔帅、刘华、宋继昌、班主任)

(4)召开全体教师会。时间:第14周周五阳光体育活动。内容:①严格落实备课组的复习计划,全面展开期末复习。②用好和谐互助,重视师友的多样化评价,重视后30%学生的课堂基础知识检查和激励。③严临近期末,控作业总量,认真批改反馈作业。(孙义智、崔帅、刘华、宋继昌、级部管理干部、初一全体教师)

(5)召开级部干部会,时间:周四下午阳光体育活动。内容:①干部包干听课评课情况反馈。②总结反思本周级部活动,各楼层课间秩序、候课、室外课带队、班主任靠班情况。议记录人:法琳琳。(孙义智、崔帅、刘华、宋继昌、级部干部)

(6)在各学科开展"和谐互助复习展示课"的听评课活动。出课人:备课组长或骨干教师。级部挂科干部、同学科全体教师参加,当场打分,成绩计入个人考核。(孙义智、崔帅、刘华、宋继昌、备课组长、全体文化课教师)

(7)加强对教师出勤、候课、和谐互助课堂常规、听课本、作业布置及批改的检查和通报力度。检查结果计入教师个人量化考核。新岗教师备课本每周三收齐检查,

找出问题并约谈相关教师。（孙义智、崔帅、刘华、宋继昌、备课组长、全体文化课教师）

(8)重视后 30% 学生的基础知识落实。①用好后 30% 学生的学习提高群，级部每天检查通报。②开展各学科后 30% 学生的谈心工作，加强家校沟通，确保群众满意度落到实处。

(9)学习部：继续加强对迟到、候课、课间秩序、晨读、午托和午自习的检查力度。检查结果及时公示，发现问题及时反馈、整改。周一 13:35—13:45 对一周各班的课堂常规检查情况进行通报。（孙义智、崔帅、刘华、宋继昌、级部管理干部、学习部）

（二）初二级部（曲素云）

1.德育工作（刁晓辉）

(1)召开八年级联合中队部长例会。时间：第13周周一中午，地点3号楼2楼集备室，主题：安排各部工作，重点防疫、安全和课间秩序。（刁晓辉、华鹏鹏、联合中队各部长）

(2)防疫部抽查体温计佩戴情况，检查各班口罩佩戴情况，及时反馈通报检查结果。艺体部进行课间操跑操比赛，13周周三进行比赛，评选14个跑操优胜班；继续加强对室外课带队检查，每天进行检查通报。路队部做好学生交通等安全工作，强调严禁横穿马路，级部不定时抽查纳入量化。纪检部加大课间巡查力度，特别加强卫生间秩序的管理，严禁在卫生间聚集。公物部及时检查督促各班和各办公室的节水节电工作，杜绝浪费，每天检查通报。安全部对组织召开防溺水主题班会，并做好记录。宣传部"阳光体育"主题墙报，第14周检查落实。组织部强化升旗仪式带队、站位、唱国歌的检查评比。信息部督促各班完成安全平台作业和安全提醒。（刁晓辉、华鹏鹏）

(3)卫生部对卫生区绿化带内塑料垃圾进行清理，并及时整改。（刁晓辉、孙吉超）

(4)生活部加强配餐秩序、午休秩序的管理，严抓各班午休纪律午休状况。（刁晓辉、林忠奇）

2.教学工作（李军风）

(1)召开备课组长会。时间：周一下午第七节；地点：集备室；内容：①制定具体的课时计划，做好最后阶段的复习，迎接期末诊断性测试。②地生学科合理安排线上复习计划，根据二模成绩，做好后期的达C的强化复习。③端午节假期作业布置与学习活动安排。（曲素云、李军风、华鹏鹏、教研组长、备课组长、级部干部）

(2)召开班级协调会。第十四周33班，第十五周11班，落实人：林忠奇。（曲素云、李军风、级部管理干部、班主任）

(3)召开班主任会。时间：周五下午第三节；地点：体育楼；内容：①班主任如何指导学生制定合理的复习计划，提高学习效率。②布置地理生物考试的相关考务事项；③充分利用三位一体和谐互助小组落实端午节安全、作业和地生会考学科的系统复习。（曲素云、李军风、刁晓辉、华鹏鹏、级部管理干部、班主任）

(4)召开全体教师会。时间：第十四周周五。①介绍期中阶段检测成绩优秀和进步大的教师的典型做法。②反馈两周来教师的办公秩序、出勤、卫生检查情况；布置下一阶段的工作。③要求全体教师中考期间和考试结束后，保持电话畅通，服从学校工作安排。（曲素云、李军风、级部管理干部、全体教师）

(5)召开级部管理干部会。时间：每天晚放后。①每个干部汇报负责楼层常规等检查中存在的问题，并商讨对策；②汇报负责学科教学复习、后30%辅导、地生微机复习督促情况；③布置下一阶段的工作。（曲素云、李军风、级部管理干部）

(6)加大地生微机会考学科的备考质量。①级部管理干部分工：地理——李军风、刁晓辉；生物—曲素云、林忠奇。②5月30日—6月1日进行地生二模考试，结合二摸排测试成绩，干部进班听课，及时督促整改；扎实推进地生复习策略，及时调整课间C、D等级辅导的学生，并做好与家长的及时对接。组织地生模拟考试：第14周周一生物、周二地理。③结合二摸排测试成绩，干部进班听课，及时督促整改。（曲素云、李军风、级部管理干部、生物教师）

(7)分层抓好各类学生。①按照级部后30%学生的提分方案，抓好后30%学生的学习。②抓好地生学科偏科和成绩较差学生的针对性辅导。③继续开展开展各学科问题学生的谈话活动，加强与家长的主动交流，落实级部自查满意度电话反馈问题，提高满意度。（曲素云、李军风、级部管理干部、全体教师）

(8)学习部：①继续做好早晨和中午迟到和到校后的学习秩序进行检查量化；②继续加强对教师候课、课堂常规及早午自习任务、学习质量的检查力度；③及时汇总通报每天潜力生群的检查和作业质量的反馈的汇总，统一检测和课堂一测的检查落实。（李军风、级部管理干部、班主任，学习部）

(9)对学生进行会考考试培训。时间：6月11日。①诚信应考、考试纪律的培训。②考试答题技巧、规范性、时间把握等培训。③考试用具的准备。（曲素云、李军风、级部管理干部、班主任）

(10)按中考要求组织好学生体育测评的数据数据及时上传平台。（曲素云、李军风、级部管理干部、班主任，体育老师）

（三）初三级部（华军）

1.德育工作（孙仕正、万健）

(1)召开联合中队部长例会。时间：第13周周一中午；地点：1号楼集备室；内容：

①通报各部现场会期间工作情况。②布置下双周工作重点。（孙仕正、万健、于明涵、联合中队中队长及各部部长）

(2)防疫部严格落实学生上放学路上戴口罩情况，加强检查通报力度。公物部清查各班桌椅损坏情况，上报级部统计。艺体部加强课间操的检查，以及室外课带队秩序的检查。路队部及时上岗，尽职尽责将违纪学生记录下来，并及时通报。宣传部确认各班毕业纪念册学生姓名等信息，确保信息无误。组织部做好升旗仪式唱国歌环节的检查力度。卫生部督促各班保持室内外卫生，加大自行车摆放检查力度。（孙仕正、万健、宋成平）

(3)安全部做好夏季防溺水安全和交通安全的宣传，并及时将安全主题班会内容记录到班级安全记录本。信息部每周督促发送安全提醒并及时阅读。（唐绪诚）

(4)生活部严查各班午休人数，严禁午托学生私自外出，发现问题及时通报。纪检部做好各班考前学生情绪稳定工作，强调纪律，维持班级纪律。重点检查厕所聚集现象，及时通报违纪情况。（于明涵）

2.教学工作（李武军）

(1)召开备课组长会。时间：6月7日下午第七节；地点：集备室；主题：①布置考前辅导内容和辅导时间。②提前安排好中考阅卷教师，确保中考阅卷顺利进行；③整理好一学期的课件、教案，提前一周汇总检查后发给教务处，做好教学资源库的整理存档。（华军、李武军、级部管理干部、备课组长）

(2)召开班主任会。时间：每周五下午第七节，地点：集备室。主题：①中考前关注学生的状态，做好学生的思想疏导。②布置中考考务相关事宜。③布置中考结束后的学生安全管理措施，与学生提前签定中考结束后安全协议。（华军、李武军、级部管理干部、班主任）

(3)召开全体教师会。①加强最后两周各学科试卷等复习资料的管理，提高复习效率。②对中考期间考前进班的指导作出明确要求；落实好6月12日各学科考前指导方案。③要求全体教师中考期间和考试结束后，保持电话畅通，服从学校工作安排。（华军、李武军、全体教师）

(4)提前确定并公布中考监考、阅卷教师的名单，以及相应的候补人员名单，确保中考监考和阅卷的顺利进行。（华军、李武军、全体教师）

(5)切实抓好英语口语上机训练：①抓好学生口语上机训练，结合人机对话模拟测试的情况，训练学生临场考试能力。②抓好课堂上的口语情况。③抓好6月16日英语线上口语考前辅导。（华军、李武军、张淑娟、刘德莉、班主任、全体英语教师）

(6)切实抓好艺体特长生和后30%学生文化课辅导。（华军、李武军、级部管理干部、

全体教师）

(7)对学生进行中考考试培训。时间：6月12日。①诚信应考、考试纪律的培训；②考试答题技巧、规范性、时间把握等培训；③考试用具的准备。（华军、李武军、万健、级部管理干部）

(8)认真组织好6月13日至6月15日的中考笔试,6月17日至6月19日的英语人机对话测试。（华军、李武军、万健、张毅、全体班主任）

(9)提前分工踩点，安排好中考期间各班教室位置、自行车摆放位置，安排考试期间各工作的时间节点，定点定位，级部干部分工包干。（华军、李武军、级部管理干部、全体教师）

（四）博学楼教学区（孙义智）

1.德育工作（王存星）

(1)召开联合中队部长例会。时间：第十四周周一中午12:10；地点：二楼西厅。（王存星、宋杨、联合中队各部长）

(2)防疫部做好防疫常态化工作，加强晨午检检查；路队部加强培训，要求学生及时到岗，认真履行管理职责。（刘振丽）

(3)生活部做好6月份配餐数量统计，进行一次配餐满意度调查；安全部签订端午节安全保证书，收齐交政教处存档。（宋杨）

(4)纪检部加强着装检查，要求外面秋季校服里面夏季校服；艺体部加强课间操评比，提高锻炼效果，提高学生身体素质。（辛晓光）

(5)卫生部继续严格查评，保持现场会卫生清扫战果；公物部及时检查并整改各班室外课断电，及时关闭卫生间水龙头。（宫旭东）

(6)信息部每周及时发送安全提醒，及时完成安全平台相关作业。（王存星）

(7)宣传部进行防溺水安全宣传、考前心理健康宣传；组织部加强升旗检查培训，确保站位整齐，袖标规范，国歌检查有效。（李庆礼）

2.教学工作（宋继昌）

(1)继续对期中诊断性检测各学科成绩较弱老师进行推门听课及时评课，督促老师虚心学习，提高责任心，查找不足，动挖掘师友互助的优势，提高业务能力。（孙义智、宋继昌）

(2)汇总反馈各班后30%潜力生学习群的使用情况，完善使用方式，确保各学科学习效果。（宋继昌、王存星、宋杨、级部长）

(3)学习部：①继续做好对各班的晨读、课间秩序、午自习的检查并及时反馈给相关班主任。②配合级部做好对学生家庭作业的跟踪反馈，发现不规范的情况，及

时上报级部对接整改。③协助班主任更新后黑板及室内外文化墙内容，营造全力备战期末的氛围。（孙义智、宋继昌、学习部）

(4)监督各学科合理设计端午节作业，突出重点，分层次布置，并落实好每天的作业反馈，确保假期学生学习效果。（宋继昌、班主任、学习部）

(5)召开班级协调会。第14周，48班和29班；第15周，30班和31班。（宋继昌、宋杨、李庆礼、班主任）

(6)每周三下午召开管理干部碰头会，提高工作效能。（孙义智、宋继昌、王存星、宋杨、级部长）

三、处室工作（孙义智、周娟、王友森、曲素云、华军）

（一）政教处/团委/少先队（华军）

1.加强和谐互助自主管理。

(1)德育管理部周五课间操召开例会。

(2)临近中、会考，学生容易浮躁，纪检部、路队部、生活部等各部加大检查力度，发现问题及时上报，各级部加强对特殊学生的关注和管理。（华军、解斌斌、相关干部、学生会）

2.开展专题教育活动。

(1)各级部做好六月初法制宣传教育工作信息上传工作。

(2)基础年级开展"我们的节日——端午节"活动，传承弘扬中华民族优秀传统。初一每班上交一份活动手抄报，初二每班上交一篇活动学习感悟。

(3)初三开展诚信教育和毕业季感恩班级感恩学校感恩教师争做优秀毕业生活动。（华军、解斌斌、相关干部、组织部、宣传部）

3.相关干部教师做好端午节放假期间白夜班值班、值班室卫生及垃圾清除工作，白班干部督促白班教师及时升降国旗；第13周周三前下发"端午节假期安全保证书"，各级部班级学生签订，确保不遗漏一名学生。（华军、解斌斌、相关干部、信息部）

4.三个级部提前梳理更新"四位一体网络安全小组"，确保信息准确，第14周周五之前上报。（华军、解斌斌、相关干部、信息部）

5.落实常规要求，提高学生自主管理水平。

(1)继续开展"共建美丽校园"活动。各级部管理干部、卫生部要切实加大对卫生区清扫的检查量化通报反馈力度；继续加大对教室课间地面卫生的检查评比，确保干净整洁。

(2)纪检部加强学生上下楼梯和走廊靠右行秩序的检查。

(3)安全部、公物部做好每天放学时的卫生间、教室门窗水电关锁的检查量化工作,各级部督促学生快速离校,不在校园逗留。

(4)各级部各班级要严抓学生尤其是学困生的出勤管理,每天及时更新出勤栏内容。课间时要加强对卫生间的巡查,防止学困生聚集。(华军、解斌斌、相关干部、卫生部、安全部、公物部)

6.按照现场会标准,组织好周一升旗仪式、为雷锋像佩戴红领巾仪式、"和谐之声"广播站等各项常规工作。(华军、解斌斌、相关干部、组织部)

7.伙房与配餐(周娟、华军)

(1)伙房工作:①合进一步加强工作人员岗位培训,增强食品安全意识,确保食品安全;②及时清点库存,处理过期原料,严防过期原料出库。(孙仕正、孙营国)

(2)配餐工作:①生活部进行常规管理检查,及时通报评比。(生活部成员)②做好全校配餐质量反馈,梳理出问题,约谈配餐公司。(华军、解斌斌、生活部)

(二)教务处/教科室(周娟、王友森)

1.师德师风常态化教育:(1)严禁教师组织有偿家教及到社会辅导班兼职等活动;注意课堂教学行为,严禁体罚或变相体罚学生、心罚学生。(2)严禁向学生推荐或变相推荐《目录》外的教辅资料,不用《目录》外的教辅资料统一练习、统一布置作业。(3)严格管理教师出勤和办公秩序,营造良好的办公效果,保证期末复习。(周娟、陈伟、级部主任)

2.巩固现场会和谐互助教学成果,各级部继续严格抓好教师课堂教学常规、备课组精心研磨和谐互助课件,加强教师的学习与培训,教务处将继续高标准对每双周的课件资源库进行检查验收。(周娟、陈伟、级部主任)

3.各级部对教师和谐互助教案、集备记录、教师听课本、工作不满三年新教师备课本、七八年级语文阅读课相关教学资源的整理与汇总。(标准见视导材料明白纸)教务处于第16周周五进行抽查评比。(周娟、陈伟、级部主任、备课组长)

4.严密安排中考会考的考务工作。6月13日至6月15日的中考笔试、6月16日地生会考、6月17日至6月19日的英语人机对话测试。同时,八、九年级全面深入开展中考、会考诚信法纪教育,增强法制意识、诚信意识、自律意识,端正应考态度,树立良好学风、考风,营造诚实守信、公平正义的考试环境,确保我校中会考考试安全顺利,争获优秀考点。保存教育活动过程材料(详见青岛市招考院关于集中开展诚信应考教育活动的通知)交由教务处汇总整理后上报局招考办。同时做好考前心理辅导工作,克服考试焦虑等不良症状,帮其激昂斗志,树立信心,提高复习质量。

（周娟、陈伟、李武军、李军风）

5.中考会考及阅卷期间，全体教师都要自觉服从学校的工作安排，不准以各种借口推脱学校安排的工作。有关教师关键时刻能以工作大局为重，服从上级和学校的工作安排，认真履行好自己的职责。凡不服从安排给学校声誉造成重大影响者，按考核规定取消评优资格。参加中考、会考监考、阅卷和带队的教师将按规定考核加分。（周娟、华军、曲素云、李武军、李军风）

6.根据区人社局的统一安排，做好2021年《公需科目》培训教材的发放和组织教师学习，根据通知要求记好5000字的学习笔记。公需科目学习培训工作日程暂将安排如下：5—6月为个人自学；暑假前审验学习笔记；8—9月组织统一考试，具体要求及时间安排另行通知。

7.教育集团：借现场会影响力，深入开展好和谐互助教学在区域内的教研活动，开展好青岛市实验学校项目、即墨28中教育集团工作。（周娟、相关干部）

8.做好山东省基础教育教学改革项目结题工作。（周娟、陈伟、王品、唐绪诚）

（三）总务处（孙义智）

1.督促检查绿化工人对所有草坪、树木进行浇水、锄草、消毒等；补种枯死树木。（董胜利、王崇浩、绿化人员）

2.做好饮水机维护工作，及时更换滤芯，排除滞留水，加强消毒，保证饮水质量。（董胜利、王崇浩）

3.根据市委市政府垃圾分类政务督查通报文件要求，对垃圾分类设施进行维修更换，加大垃圾分类的宣传工作。（董胜利、解斌斌）

4.准备好报废物品，配合区财政局、教体局做好报废物品的联合查验回收工作。（孙义智、崔帅、董胜利、孙仕正、许立新、江志忠）

5.做好中考、会考保电和其他后勤服务工作。（董胜利、王崇浩、许立新）

（四）办公室、工会、妇委会（王友森、曲素云）

1.认真做好做好各项考务文件通知的上传下达工作，保障中考、会考顺利。（王友森、华玉冈、张平）

2.严格各项外出活动派车、租车申报与管理，及时走好各项网络审核流程。（王友森、蔡紫燕、华玉冈）

3.综合事务部加强检查，巩固好教师办公室卫生秩序和校园停车成果。（蔡紫燕、学生会综合事务部）

4.开展前后勤教师团建活动。（曲素云、兰瑞清、蔡紫燕）

5.评选青岛市即墨区妇女联合会关于寻找命名全区百名"最美女性"，每处室

推荐一名，上报时间截至 6 月 2 号上午 11 点。（曲素云、李军风、处室主任）

四、艺体工作（王友森、曲素云）

（一）体育、美术（曲素云）
1. 整理完善体育调研迎检材料。（刁晓辉、柳先锋、体育教师）
2. 组织第十九届运动会报名工作与训练，积极参加即墨区排球、游泳比赛争取好成绩。（刁晓辉、柳先锋、体育教师）
3. 做好美术督导检查的准备工作，每人准备一堂精品课。（万健、王天磊、备课组长、美术教师）
4. 完成本学期素质测评手册填报工作。（万健、王天磊、美术教师）

（二）音乐（王友森）
1. 第 14 周周一上午召开教研组活动，梳理 2021 年初中学段艺术教学调研相关档案材料。（王友森、解斌斌、音乐教师）
2. 做好军乐队、管乐队训练工作。（王友森、解斌斌、于峰燕、音乐教师）

五、其他工作（周娟）

1. 全力迎接"五项管理"的督导。认真落实上级关于学生睡眠、体质健康、作业管理、手机管理、课外读物管理等五方面管理规定，备齐各项档案材料，高标准迎接督导。（周娟、挂级部校长、陈伟、级部主任）
2. 全力以赴做好迎接 2020—2021 学年度基层单位工作综合考核工作。（全体干部）
3. 做好中会考外派监考教师的培训，严格纪律尽职履责。做好 28 中会考最后阶段的复习安排以及中考会考师生带队组织。（孙义智、王友森、华军、曲素云）
4. 组织好艺体视导，确保不失分。（王友森、曲素云、解斌斌、万健、刁晓辉、音体美组长）

附 16：即墨 28 中 2019 年毕业典礼活动样本

男 毕业典礼开始之前，请大家欣赏学生们表演的几个节目，首先请欣赏舞蹈《美丽的花季》。

女 接下来请欣赏我校健美操队的表演。

（LED 出开场静片）

男 尊敬的各位领导、各位来宾；

女 亲爱的老师、同学们，大家

合 下午好！

男 和谐互助育英才

女 师生携手启未来。

男 在这样一个传播感动、孕育收获的日子里，我们相聚在一起，隆重举行即墨二十八中 2019 届初三学生毕业典礼。

女 今天参加毕业典礼的都是咱们自家人，有初三级部 1458 名同学和你们的家长，有在初三奋战一年的 111 名教师。

男 我们敬爱的李校长带领学校党总支成员也来参加我们的毕业典礼！28 中的发展成就里，有在座每一位付出的努力！让我们以热烈的掌声为自己喝彩！

女 下面我宣布即墨二十八中 2019 届初三学生毕业典礼（合）现在开始！（起伴奏激昂音乐。）

第一篇章 感恩同学

男 （起背景音乐《我不想说再见》）三年前，稚气未脱的你来到了 28 中，遇见了可敬的老师，结识了可爱的同学，领略了师友互助的友爱和谐。

女 曾记得，升旗仪式上，一对对优秀师友高高举起的喜报。师傅们，你无比自豪地接受过挑战，学友们，你手持奖状向父母报喜。运动会上，师友一起拼搏欢呼；艺术节上，师友共同展示才华。

男 我们一起留下了太多美好的回忆，在笃学楼的每一间教室里，在校园的每一

处角落里。（LED 出《二八 最美好的时光》，节目开始）

女 （起背景音乐《刚好遇见你》到篇章结束）还记得你第一次成为小师傅吗？还记得你手里第一张优秀学友的喜报吗？多少次的挫折都没有使你消磨斗志，因为你一直朝着自己的目标不断努力。

男 三年来，师友们有过欢笑，有过争吵，有过误解，有过体谅。忘不了初进校门时彼此陌生的面孔，忘不了难过时友善的安慰，忘不了遇到困难时互相的帮扶，更忘不了进步时喜悦的分享。今天，就要分别了，同学们，你舍得吗？请初三师友起立！面对着朝夕相处的伙伴，一起握握手，向对方真诚地说一声：谢谢！请师友拉起对方的手，再说一说离别的话。（主持人停顿1分钟）下面就让我们的师傅和学友互相赠送他们亲手制作的毕业礼物。让我们互道珍重，我们携手拼搏过的日子，就是人生难忘的历程！

女 请师友们把礼物高高举起！（初三学生举礼物）让我们把最美好的祝愿送给彼此，祝同学们一路凯旋！（LED 出字幕 和谐互助 开启未来，全场齐喊两遍。）请坐！

第二篇章 感恩父母

男 师友互助，营造着和谐；师友互助，见证着成长。在我们的人生旅途中，师友互助将是浓墨重彩的一笔，它彰显了我校和谐互助教学策略的神奇魅力。

女 如今，二十八中已经成为全国教育的品牌。在学校不断发展的过程中，有一个人坚持率先垂范，他的真诚奉献感染着老师们，他的睿智勤勉激励着同学们，他让每一个二十八中人都感受到了追求卓越的幸福！他就是我们敬爱的李志刚校长！

男 今天，在这个特殊的日子里，让我们以热烈的掌声欢迎李校长讲话。（起上场音乐）

李校长讲话。

女 谢谢李校长！同学们，听着李校长的讲话，我流泪了。这是一位怀有博爱之心的长者给予同学们的期盼，盼你成才，盼你有颗感恩父母的心。

男 我们的父母付出很多，却从不说自己的辛苦。他们的言语行动中，满满地，都是爱！（播放视频）

女 （主持人带头鼓掌，起背景音乐《时间都去哪了》持续到女主持人说完）同学们，这些话，在家你听过好多遍吧，今天你流泪了，你知道吗，哪有什么岁月静好，只不过有人在为你负重前行。现在请家长们原地不动，请初三同学起立，递上你们满怀真诚写的信,给你的父母长辈捶捶背、揉揉肩。请家长打开信封,读一读孩子们对您说的心里话。(学生双手递信,侧身做捶背揉肩动作,直至主持人下达家长起立的口令,LED捕捉现场感人镜头2—3分钟)请家长们起立,请初三同学面对父母,(观察现场)向深深爱着我们的爸爸妈妈深鞠躬!(鞠躬3—5分钟,LED继续捕捉现场感人镜头)

男 同学们,每一个生命,从呱呱坠地到长大成人,都凝聚着父母无尽的心血和汗水。是谁半夜里为我们盖上蹬掉的被子?是谁大清早为我们准备香喷喷的饭菜?是谁替我们擦去伤心的泪水?是谁为我们抚平跌倒的伤痛?是谁,你受罪了他比你更难过?你高兴了,她比你更开心?是父母。只有父母,舍得用山一般的厚重为儿女护航;只有父母,舍得用海一样的广阔送儿女远行。回想这三年来,多少个日日夜夜,多少次风风雨雨,爸爸、妈妈时刻陪伴在我们身边。同学们,感恩父母吧,有了他们的辛苦体贴,才有了我们的健康快乐;有了他们的呵护荫庇,才有了我们的灿烂骄傲。这些年来,他们是儿女的守护神,无所不能,可是他们也会在生活的磨练中渐渐老去。(起背景音乐《当你老了》循环播放一直到结束)当他们老了,头发白了,走不动了,眼眉低垂,腰弯背驼……我想,等到那时,你们就是他们的守护神,你们要用自己的翅膀为他们撑起一片更大更广阔的蓝天。

女 请家长们也看看自己的孩子,也许他们曾因为你的絮叨心生厌烦,也许他们曾因为你的严厉感到不满,也许他们曾因为你的管束而不停叛逆。但今天,他们用虔诚的姿态向您致敬,感谢您的养育之恩!他们时刻都铭记着,您是生养他们的双亲,他们永远是您的孩子!为了能顺利完成学业,为了取得好成绩让您高兴,春夏秋冬,寒来暑往,他们上好每一节课,完成每天的作业。他们为每一次考试忙碌,为每一丝希望拼搏努力!……三年了,他们还未脱稚嫩,但已踌躇满志;他们依然单纯天真,但已开始思考人生。在一次次痛苦与顿悟中,他们突破极限,完成了破茧成蝶!今天他们即将完成初中学业,他们没有让你们失望,他们是你们和老师的骄傲!我们真的也应该感谢孩子们!

男 礼毕!同学们,请拥抱爸爸妈妈,拥抱亲人吧,把你感谢、感恩、感激的心情大声地说出来吧。(3分钟)(备用词:同学们,请再一次投入父母的怀抱吧,那里永远是你们温暖幸福的港湾!让我们拥抱父亲那山一般坚韧的臂膀,拥抱母亲那海一样深情的胸怀。羔羊跪乳,让我们感念母恩;乌鸦反哺,人世间传为美谈。同学们,让我们告诉父母:感谢他们在阳光灿烂的日子,送我们一片明媚的晴空;在飘雨落雪的时节,为我们撑起一把温情的伞。虽然他们从不倾诉工作的辛苦,从不言语生活的心酸。但是做儿女的懂得,父爱之恩,与江河同流,母爱之情,与日月同辉。同学们,紧紧拥抱着我们的父母吧,亲情永驻,血脉相连。)

女 此情此景难以忘怀,此时此刻永记心头。让我们一起为天下所有的父母祈福,祝愿所有的父母身体健康,快乐幸福!大家请坐。(音乐声渐弱)

第三篇章 感恩老师

男 陪伴是最长情的告白,三年来班主任对大家"不是父母,胜似父母",在班主任的心中,每一个同学都是他们的亲人!

LED 出班主任视频。

女 (起背景音乐《老师我想你》直至结束)只要你过得比我好,这是每一位老师的期望。每一位老师,当他走上讲台时,他就忘记了他自己身体的不舒服,忘记了孩子还在教室外等着他送上小学,忘记了昨晚给亲人陪床的劳累,忘记了生活中的困难与烦恼。他的心里只有学生,只有课堂!

两位主持人走向舞台中央。

男 师恩如山重,师恩似海深。我们要用我们的心去感谢老师。

两位主持人走到台中,引领全体学生。

女 请全体同学和老师起立!请老师面向同学们。请同学们把手臂高高举到头顶,最热烈的掌声响起来!

(学生鼓掌)男主持做动作。LED 出现字幕:"老师,您辛苦了!"。掌声持续 10 秒后,

女 请用你最嘹亮的声音喊出来,谢谢老师!

全体学生 谢谢老师!谢谢老师!谢谢老师!

LED 出现字幕:"老师,我们永远感谢您!"学生说完后继续高举双手再鼓掌。

女 老师、同学们请坐!祝愿老师们永远年轻,永远快乐,培养出更多更优秀的社会栋梁!

第四篇章 感恩母校

男 做栋梁之才!做优秀教师!和谐互助的校园里,有拼搏的印迹,有只争朝夕的努力!

播放画外音,LED 出示奋进二八,然后逐屏出示学校亮点。

亮点 1. 校荣我荣凝心聚力谋突破。本学年,青岛市初中语文、化学、物理、音

乐等多个学科现场会在我校召开。山东省科技教育专项课题、山东省基础教育改革项目等两个课题成功立项。学校先后获评山东省文明单位、山东省绿色学校、山东省国防教育示范校、山东省优秀家校合作示范基地、青岛市教育改革创新校园等多项省市级荣誉。

亮点2.名家论坛和谐互助展魅力。由山东省教科院主办的山东省名师名校长专业委员会成立大会暨首届齐鲁名家教育论坛——即墨28中"和谐互助"课堂教学现场会在我校隆重举行,李志钢校长"和谐互助"专题报告和"和谐互助"精彩课堂赢得了与会人员的最高评价!全国各省市、香港特别行政区等外来参观团络绎不绝,网站点击量已突破800万人次,学校影响力不断提升。

亮点3.中考初战成绩骄人显辉煌。在上学期末全区统考中,全区前10名我校有9人,全区前23名我校有20人(3人并列),前30名我校有24人。在2019年艺体专业考试中,音乐专业取证人数全区第一,取证率近60%!体育专业取证率达到75.8%,再创新高;美术专业取证人数129人,取证率达96%。28中又一次用实力书写传奇。

亮点4.多元合作教育集团创新高。28中教育集团从最初4所学校发展到现在的7所学校,集团化办学经验获得山东省优秀科研成果一等奖,教育集团办学经验在国家级刊物《教育家》杂志发表。

亮点5.家访交流家校合作强助力。登门家访成为28中家校合作新常态,寒暑假、周末、节假日,校长亲自带领干部教师进行走访,与家长、学生一起,面对面找问题、树目标、鼓志气,成为墨城佳话。学校还积极发挥家长委员会力量,开展家长开放日、家长会、社区家庭教育咨询服务等活动,为提升家庭教育质量助力。学校被评为山东省家庭教育示范基地。

亮点6.学习雷锋文明校园出精彩。学校以雷锋精神为校魂,全体教职工担任志愿者执勤500多人次,全校有700多支学生学雷锋活动小组。学校周周有活动、月月有精彩,各类征文、科技、书画等比赛定期举行。3名同学获得省级奖励,100多位同学获青岛市表彰,区级以上获奖师生逾500人次,学校顺利通过省文明校园复评。

亮点7.社团活动艺术教育绘青春。学校将艺术课程纳入学生阶段检测,抓基础促美育。在刚刚结束的全区中小学生艺术节比赛中,学校囊括四项比赛一等奖!在山东省墨香书法活动、山东省社团节书画大赛中有20多名同学获奖。学校获得第二届山东省美术书法大展优秀组织奖。

亮点8.阳光体育竞技赛场传捷报。学校在山东省田径联赛中获初中组女子团体总分第一名,在山东省健美操大赛中获初中组一等奖和最佳团队奖。2019年青岛市中学生田径运动会，28中代表队以304分的绝对优势蝉联冠军，超越第二名161分。学校还获得青岛市武术比赛一等奖、啦啦操比赛特等奖，在即墨区排球、马拉松、羽毛球、男篮、乒乓球、跆拳道、自行车等多项比赛上均夺得冠军。

亮点9. 开学典礼仪式教育铸温度。新学年开学典礼暨教师节庆祝大会，以感恩为主线，分设"和谐师友、和谐教师、和谐团队、和谐校园、和谐社会"五大篇章进行。李志刚校长近半个小时脱稿演讲，精彩的话语引发全场共鸣。建队仪式、入团宣誓、励志团课，誓师仪式……系列教育活动持续激荡青春热血。

亮点10. 校舍美化操场改造创样板。经积极争取，多部门协调，学校操场维修改建列入区政府要办的大事之一。由区政府招标，区财政出资，操场的维修改建工作已启动，项目建设总面积32000多平方米，总投资920余万元，已于5月10日开始封闭施工，完成后篮球场、排球场、足球场将焕然一新，学校操场将改建为青岛市乃至全国一流中学样板。

女 让我们用热烈的掌声为自己喝彩！学校的成就里凝聚着老师们辛勤的汗水，也离不开在座每一名初三同学的不懈努力！

（领誓人上台）

男 同学们请坐，谢谢同学们！母校会永远以你们为荣！

女 我们每个毕业班还为母校准备了临别赠言，同学们用朴素感人的语言表达出了对母校的感念和留恋。（班级代表上场，起背景音乐《我不想说再见》，台上学生变换队形。）

男 感谢大家的衷心祝福！请相信无论你们走到哪里，无论你们离开多少年，母校将永远关注着你们！

第五篇章 感恩社会

女 今年毕业的每一位同学都将是最优秀的毕业生！（礼仪学生上场）

男 接下来有请毕业班代表上台，（马上播放上场音乐，毕业班代表上场结束再说请李校长）让我们掌声欢迎孙义智副校长、江平主任为毕业生代表颁发毕业证书。（起颁奖音乐循环播放直至颁奖结束）

女 感谢孙校长、江主任，我们全校师生会继续拼搏，在教学改革的步伐中，在辛勤育人的耕耘中，做一名幸福的28中人，让28中全国名校的旗帜高高飘扬！

男 感谢初三全体同学三年来的努力和付出，正是因为有了我们全校师生的共同努力，学校已经成为全国初中课改最典型学校，"和谐互助"教学策略传遍大江南北。

女 同学们，28中今天的成就里有你们的努力，28中明天的辉煌里还会有你们的贡献！毕业是人生一个阶段的终结，更是一个阶段的开始！今天，你们带着充实走出母校；明天，你们将带着各自的梦想，乘风破浪，搏击长空，去开创新的人生。未来属于你们！请喊出我们的豪情壮志吧！（全体学生喊响社会主义核心价值观口号。）

音诗舞《中国少年说》（LED呈现节目背景）节目结束后舞蹈演员后撤，留在舞台上定型。

男 今年是我们伟大的祖国建国70周年，我们每一个中国人都在用自己的行动传递着爱国的力量！

合唱《我和我的祖国》（LED出现画面和歌词）

16—18周（6月14日—7月4日）工作安排

工作重点：

1. 开展好庆祝建党100周年庆祝活动和争创全国文明校园工作。
2. 加强防溺水等各项安全教育、抓好常态化疫情防控。
3. 组织好中考会考及期末阶段检测。

一、党建与防控工作（周娟、王友森、华军）

（一）党建工作（王友森）

1. 理论学习：《论中国共产党历史》《毛泽东邓小平江泽民胡锦涛关于中国共产党历史论述摘编》《习近平新时代中国特色社会主义思想学习问答》《中国共产党简史》；全体党员做好学习笔记，反应学习过程。（王友森、党支部书记、党小组长）。

2. 根据"双报到"重点项目清单安排，组织党员志愿者到报到社区开展招生政策咨询服务活动。（王友森、党支部书记、相关党员）

3. 进行一次主题党日活动，庆祝中国共产党建党100周年；上一次党党教育党课；根据上级安排组织、参加好相关庆祝仪式，做好相关稿件报送工作。档案整理：

记录表、签到表、照片。（王友森、党支部书记、党小组长）

4.制定学校"廉洁文化进校园"活动方案，开展系列师生廉洁教育活动，按要求做好各项资料汇总及上报工作。（王友森、党小组长）

（二）防疫与安全（周娟、华军）

1.疫情防控常态化。（全体师生）

(1)外来人员实名登记，实行"测温＋健康绿码"，身份确认、信息登记齐全后方可入校。

(2)做好中、会考期间的测温、通风、消毒工作，确保考试顺利进行。

2.开展2021年"安全生产月"活动，加强各项安全教育管理，杜绝安全事故发生。

(1)抓好中考、会考安全教育，开展平安考试活动。①各级部各班级加强学生安全教育管理，确保不发生学生溺水、交通、食物中毒等安全事故。②各级部督查班主任给学生家长发短信，提醒家长注意学生中考会考期间的各种安全事项，消除因校外玩耍、违反交通规则、午休漏管失控溺水伤亡、校外伤害等恶性事故隐患。③各级部中考会考期间要充分发挥好班级安全网络小组的监管作用。初三级部要建好干部教师包干分班分组安全网络监管小组，做好中考后后续防溺水、交通等各项安全管理工作。班主任通过微信、青岛市安全教育平台等形式给每位学生家长发送安全要求，确保在第一时间上传下达安全信息，保证信息畅通。④各班级开展加强接送学生车辆管理宣传教育活动，严禁学生骑乘电动车等其他违规车辆上放学，一经发现立即约谈家长，并内入量化。

(2)加强中会考期间校内安保及校外巡防。校警及护校队加大校园及门口巡查力度，教学楼外校警门卫、护校队负责，上、下午各至少巡查2次；楼内由纪检部和级部按楼层分工负责课间及上课期间不定期巡查。（华军、解斌斌、相关干部、学生会）

二、级部工作（孙义智、华军、曲素云、崔帅）

（一）初一级部（孙义智、崔帅）

1.德育工作（李颖、王存星、孙典巧、宋杨）

(1)召开联合中队部长例会。时间：第16周周四课间操；地点：2号楼西厅。（李颖、孙典巧、法琳琳、武宝嘉、联合中队中队长、各部长）

(2)防疫部及时收发晨午检记录表、通风消毒记录表、因病缺勤追踪记录表。路队部为响应创建全国文明校园号召，学生严格遵守上放学时间、路线，提升放学秩序，

放学后严禁在校园内及校园周边逗留，严禁购买路边摊三无产品。（李颖）

(3)卫生部为创建全国文明校园持续开展"卫生清理无死角活动"，第十七周周三进行室内外卫生评比。安全部第十七周周五前完成"四位一体安全小组"的补充完善，准确核实学生住址、家长电话信息，明确小组长督查汇报责任，充分发挥安全委员职能；加强防溺水安全、食品安全、交通安全教育，加强假期安全教育，第十八周周一各班上交安全记录本。艺体部加强室外课带队秩序检查评比。（孙典巧）

(4)信息部及时收发假期安全责任书，确保一份不少；提醒师生及时学习安全教育平台相关内容。生活部为创建全国文明校园开展"光盘行动"，加强用餐秩序、午休秩序、人数检查。宣传部为创建全国文明校园，整改教室和走廊文化墙。（武宝嘉）

(5)纪检部检查红领巾佩戴、夏季校服规范穿着及校园文明礼仪情况；加强课间秩序的巡视，严禁串楼层、串楼；严查卫生间秩序。公物部及时检查各班空调、风扇的开关情况；假前彻底清查楼内及各班公物破损情况；假前彻底排查卫生间水阀、水管是否漏水，彻底检查水电门窗的关闭情况。（法琳琳）

2.教学工作（刘华、宋继昌）

(1)召开备课组长会。时间周一下午阳光体育活动时间。地点：集备室。①各学科汇报复习计划和措施，反思目前存在的问题，共享复习期间好的经验做法。②反馈中会考期间学生作业情况。③认真梳理本学期各学科和谐互助课件，按照教务处统一标准，备课组长审核后级部审核汇总。（孙义智、崔帅、刘华、宋继昌、备课组长）

(2)召开班级协调会。地点：集备室；时间：第16周18班，第17周19班、20班。班主任提前通知级部和任课教师，班主任和任课教师精心准备。干部分工：刘华16班，刘华、武宝嘉17班。（孙义智、崔帅、刘华、孙典巧、班主任、任课教师）

(3)召开班主任会，地点：报告厅。时间：第16周和第17周周五第七节。内容：① 总结中会考期间学生和谐互助四位一体小组活动情况。② 继续开展收心教育，严抓课堂常规，各班建立违纪学生清单，先任课教师、班主任约谈，再级部分楼层干部约谈。③ 布置期末检测考场整理要求，特别是答题卡填涂要求，开好考务会。④ 第17周周五之前完成素质评价手册并交各楼主任室。（孙义智、崔帅、刘华、宋继昌、班主任）

(4)召开全体教师会。时间：第16周、第17周周五阳光体育活动。内容：① 强调师德师风建设，特别是严禁任何形式的有偿家教。② 总结反馈中会考期间老师们对学生作业检查的落实情况、分享复习阶段提高课堂的优秀做法。③ 落实中会考结束后的复习计划，全面展开期末复习。针对不同题型，强化做题技巧和做题方法，强调书写。④ 期末检测考务会。（孙义智、崔帅、刘华、宋继昌、级部管理干部、

初一全体教师）

(5)召开级部干部会。时间：周四下午阳光体育活动。内容：① 干部反馈包干楼层师生文明校园相关知识落实情况。② 各楼层文明礼仪教育情况反馈、文化墙整理情况。③ 讨论修订家长会主题和内容。会议记录人：法琳琳。（孙义智、崔帅、刘华、宋继昌、级部干部）

(6)统一组织好微机（6月21日—6月25日随堂考打字和表格操作），音乐、美术和体育汇总整理数据，做好公示，计入期末考试成绩。做好音、体、美过程管理成绩的公示。（孙义智、崔帅、刘华、宋继昌、班主任、音体美微机备课组长、相关教师）

(7)利用课间操时间，对学生进行答题卡填涂技巧和答题技巧培训，利用教室多媒体具体案例进行指导，以保证答卷质量。（孙义智、崔帅、刘华、宋继昌、班主任）

(8)准备召开初一全体学生线上家长会。（孙义智、崔帅、刘华、宋继昌、班主任）

(9)做好期末考务、阅卷、试卷讲评等各项工作。严谨、有序、有效组织好期末诊断性检测。要求学生诚信应考，考试中加强检查通报，考试后及时完成阅卷任务，做好试卷讲评工作。（孙义智、崔帅、刘华、宋继昌、班主任、全体教师）

(10)做好素质评价手册的检查评比工作，各班于第17周周五前将手册交到检查人手中，干部根据分工进行检查评比，结果纳入期末量化。分工：1—7班李颖，8—14—10班孙典巧，15—21班武宝嘉，22—28班法琳琳，29—33班王存星，34—38班宋扬、39—43班李庆礼，44—48班辛晓光。（孙义智、崔帅、刘华、宋继昌、级部管理干部、班主任）

(11)按照学校要求做好暑假各种形式家访的准备工作。（孙义智、崔帅、刘华、宋继昌、级部管理干部、班主任）

(12)做好本学期各种考核数据统计汇总工作，及时公示学期考核结果。（孙义智、崔帅、刘华、宋继昌、级部管理干部）

(13)学习部第17周周四下午放学后召开总结大会，表彰本学期突出贡献班级、工作认真负责、成绩突出的优秀成员。分享优秀成员的经验，传达暑假工作计划，鼓励大家以更好的精神面貌迎接新学期。（孙义智、崔帅、刘华、宋继昌、学习部）

（二）初二级部（曲素云）

1. 德育工作（刁晓辉）

(1)召开八年级联合中队部长例会。时间：第16周周四中午，重点为创建全国文明校园开展的各项活动落实和期末纪律检查。（刁晓辉、华鹏鹏、各部长）

(2)防疫部加大考前检查力度，做好通风消毒记录和晨午检检查通报，检查口罩佩戴，及时通报检查结果。艺体部检查课间上下楼秩序，并及时通报整改。路队部做好学生交通等安全工作，强调严禁横穿马路，级部不定时抽查纳入量化。纪检部加大卫生间秩序的管理，加大课间巡查力度。公物部检查各班公物损坏情况，并汇总上报。安全部组织召开防溺水、校园方欺凌主题班会，并做好记录，假期收齐安全记录本。宣传部做好"诚信应考"宣传，组织召开"诚信应考主题班会"和全国文明校园宣传工作。信息部督促各班完成安全平台作业专题和安全提醒。组织部检查学生迟到，督促学生10分钟进教室，迅速进入学习状态。（刁晓辉、华鹏鹏）

(3)卫生部对卫生区彻底整改，不留任何死角。（刁晓辉、孙吉超、卫生部）

(4)生活部加强配餐秩序、午休秩序的管理，严抓各班午休纪律午休状况。（刁晓辉、林忠奇、生活部）

2. 教学工作（李军风）

(1)开备课组长会。时间：周一下午第七节。地点：集备室。内容：①布置假前相关工作，落实时间和责任人。②布置安排好11号学生在校地生上课安排及要求。③13日—15日学生在家地生上线上课安排及要求，做好后期的强化复习。④布置收取本学期的教学课件和教案，级部干部分科验收，合格后上交教务处。（曲素云、李军风、华鹏鹏、教研组长、备课组长、级部干部）

(2)召开班级协调会。第16周21班，班主任提前定好时间，告知级部和任课教师，地点在集备室，级部干部根据分工参加，无课班主任参加。落实人：林忠奇。（曲素云、李军风、级部管理干部）

(3)召开班主任会。时间：周五下午第三节，地点：体育楼。内容：①中会考考场考务安排。②布置地生学科线上教学的相关要求安排和会考结束后的学生思想工作。③布置6月15日下午4:00全体班主任和每班10名学生返校，整理会考考场。④布置期末评优选先、家长会的相关事宜；核实完善和谐互助四位一体信息小组，落实素质评价手册的填写，布置假期工作。（曲素云、李军风、刁晓辉、华鹏鹏、级部管理干部）

(4)召开全体教师会。内容：召开全体教师会。时间：第16、17周周五。①反馈教师课堂质量，作业量和批改情况。②反馈两周来教师的办公秩序、出勤、卫生检查情况；布置下一段的工作。（曲素云、李军风、级部管理干部、全体教师）

(5)召开级部管理干部会。内容：①每个干部汇报负责楼层常规等检查中存在的问题，并商讨对策。②汇报负责学科教学复习、后30%辅导、地生线上复习督促情况；③布置下一阶段的工作。（曲素云、李军风、级部管理干部）

(6)全力地生会考学科的备考质量。①组织好地生学科6月11在校辅导。指导学生查漏补缺。②组织好中考期间线上答疑。③级部干部、班主任协助任课教师做好答疑期间的管理。④做好考前辅导，详见安排表。（曲素云、李军风、级部管理干部、班主任、地生教师）

(7)会考考前培训：时间：6月11日。①诚信应考、考风考纪培训；②答题注意事项培训；③考试用具的准备；④做好会考防疫工作。（曲素云、李军风、级部管理干部、班主任、地生教师）

(8)组织好6月16日的会考和学期的期末诊断性测试工作，做好后续的阅卷和成绩分析工作。（曲素云、李军风、级部干部、全体教师）

(9)公平公正公开，做好期末评优工作，7月2日下午4:00前各班上报评选结果。（李军风、级部管理干部、班主任）

(10)及时公布考核数据，做好班级和教师的期末考核工作。（曲素云、李军风、级部管理干部、全体教师）

(11)准备好7月4日的家长会。讲座落实人：李军风。（曲素云、李军风、级部管理干部、全体师生）

(12)做好音、体、美过程管理成绩公示，提前协调，学生考试返校时进行体育特长生选拔，安排好暑假集训。（曲素云、李军风、级部管理干部、音体美教师）

（三）初三级部（华军）

1. 德育工作（孙仕正、万健）

(1)信息部收齐学生假期安全承诺书，确保一份不缺，全部家长签字。安全部提醒各班同学注意假期安全，提醒家长关注学生中考后的防溺水以及交通安全等，并要及时提醒同学们按时阅读安全教育平台安全提醒。（孙仕正、万健、唐绪诚）

(2)纪检部协助级部干部做好中考期间和英语口语考试期间的学生秩序，禁止串楼层。（于明涵）

(3)路队部根据级部布置，将本班在博学楼的位置和上放学以及入场的路线通知到每位同学，要求所有同学必须按照既定路线行走。组织部按照级部安排及时将班级雷锋书橱的图书捐赠给学弟学妹。（万健、宁博）

(4)卫生部中考结束后安排学生将博学楼班级卫生清理干净，并进行检查通报。（宋成平、于明涵）

(5)公物部强调考试期间一定要爱护博学楼班级公物，及时上报公物损坏情况。（孙仕正）

2. 教学工作（李武军）

(1)召开班主任会。6月11日下午第七节和中考期间。主题：①中考考务、考场安排。

②布置中考期间各时间节点的工作安排。③布置中考结束后的学生安全管理措施。④布置中考成绩下发后，第一时间统计学生的成绩并汇总。⑤及时分发录取通知书、毕业证；组织学生做好中职二次网上志愿报名等工作。⑥统计好学生最新联系方式，确保紧急通知能第一时间联系。（华军、李武军、级部管理干部、班主任）

(2)召开全体教师会。6月11日下午阳光体育活动时间。①对6月12日考前辅导和考前进班指导作出明确要求。②全体教师遵守学校要求，保持电话畅通，服从学校工作安排，及时回校参加全校教师大会。③教育全体教师遵守师德要求，严禁有偿家教，严禁动员、组织学生参加社会辅导班。（华军、李武军、全体教师）

(3)切实组织好6月17日至6月19日的英语人机对话测试。①6月15日下午中考笔试结束后，做好学生的复习动员，抓紧考前最后的练习时间。②精密安排好6月17日至6月19日的考前辅导和测试。（华军、李武军、张淑娟、刘德莉、班主任、全体英语教师）

(4)对学生进行中考考前培训。时间：6月12日下午。①诚信应考、考试纪律的培训。②考试答题技巧、规范性、时间把握等培训。③考试用具的准备。（华军、李武军、万健、级部管理干部）

(5)认真组织好6月13日至6月15日的中考笔试。做好中考期间学生的考前辅导，各学科老师根据考试安排及时进教室对学生进行考前辅导。具体详见考前明白纸。（华军、李武军、级部管理干部、全体教师）

(6)安排好6月12日—6月15日中考期间，各班在博学楼的位置，进出校门的路线，考试入场路线和级部管理干部分工，提前告知班主任和全体教师。（华军、李武军、级部管理干部、全体教师）

(7)做好毕业证发放的工作。严格按照上级和学校规定，对符合条件的学生及时发放毕业证书；对于考试不及格的学生，缓发毕业证书；及时地组织补考，对于补考不及格或者是多次违纪的学生，颁发结业证书。（华军、李武军、级部管理干部、班主任）

(8)按照上级要求，分阶段做好中职招生的工作，完成招生任务。（华军、李武军、级部管理干部、班主任）

(9)6月15日下午4：30组织好学生离校欢送仪式。（华军、李武军、级部管理干部、班主任）

(四) 博学楼教学区（孙义智）

1.德育工作（王存星）

(1)召开联合中队部长例会。时间：第十六周周一中午12：10分。内容：总结学

期工作，表彰先进。（王存星、宋杨、联合中队各部长）

(2)防疫部认真组织晨午检，规范三表填写；路队部及时到岗，对违纪情况做好记录，及时通报反馈。（刘振丽）

(3)生活部加强午休秩序管理，保证休息质量，提高下午课堂效率；安全部签订暑假安全保证书，确保一份不少上交政教处存档。（宋杨）

(4)纪检部加强课间秩序检查，创造考前良好学习环境；艺体部加强课间操巡视，对动作拖沓、活动应付同学进行记录通报。（辛晓光）

(5)卫生部查找卫生死角，通报相关班级及时整改；公物部对各班空调、多媒体、电灯使用情况及时检查，确保人走电断。（宫旭东）

(6)信息部及时布置假期相关任务，对假期需要上交的材料提前分工，责任到人，确保及时上交。（王存星）

(7)宣传部做好文明校园创建宣传，对各班板报进行评比；组织部组织好期末评优选先，确保公平公正。（李庆礼）

2.教学工作（宋继昌）

(1)加大对新岗教师备课、课堂教学及作业的检查力度，推门听课及时评课，督促指导新岗老师做好期末复习。（孙义智、宋继昌）

(2)继续汇总反馈潜力生学习群使用情况，督促教师重视并落实好相关工作，确保各学科学习效果。（宋继昌、王存星、宋杨、级部长）

(3)学习部：①配合级部做好对中会考期间家庭作业的布置及反馈，发现不规范的情况，及时上报级部对接整改。②继续做好对各班的晨读、课间秩序、午自习的检查并及时反馈给相关班主任。③协助班级更新完善后黑板及室内外文化墙内容，增加创建文明校园及备战期末相关内容。（孙义智、宋继昌、学习部）

(4)做好中会考期间学生居家自学检查及反馈，落实好每天作业完成情况，及时批改并强调重难点，确保居家学习效果。（宋继昌、班主任、任课教师）

(5)按要求认真组织期末诊断性检测相关考务准备、监考及阅卷工作，提高标准，严肃考风考纪，确保工作顺利进行。（宋继昌、宋杨、李庆礼、班主任）

(6)各备课组合理设计暑假作业，做到复习和预习结合，层次分明，重点突出，分阶段进行检查反馈，确保假期学生学习效果。（宋继昌、备课组长、班主任）

(7)做好期末班级及学生各类评优选先工作，确保数据准确无误，公平公正。（孙义智、宋继昌、王存星）

(8)做好本学期教师各项考核数据的计算汇总，确保数据准确无误，并及时公示。孙义智、宋继昌、王存星）

(9)召开管理干部碰头会，汇总上周各项工作开展及联合中队各部运行情况，查找不足并及时整改完善；协调安排假前教学和管理各项工作,确保有序推进。(孙义智、宋继昌、王存星、宋杨、级部长)

三、处室工作（孙义智、周娟、王友森、曲素云、华军）

（一）政教处/团委/少先队（华军）

1.加强和谐互助自主管理。（华军、解斌斌、相关干部、学生会）

(1)德育管理部周五课间操召开例会。

(2)加强学困生监控与管理。各级部排查并及时解决各种矛盾冲突，防止打架等严重违纪事件发生。①各级部、班主任要重视对个别学生跟踪教育，细致摸排携带管制器具及火机烟卷情况，消除安全隐患。②初三要继续加强对学困生的管理力度，强化管理责任，做好中考前后的稳定工作。违者政教处、级部严扣"十无"分数。③特别要做好事后调解处理，级部全体干部和有关班主任要积极主动做好相关家长和学生工作，维护好学生权益与学校形象。

2.加强常规检查通报量化督促整改力度，提高管理质量。

(1)各级部、学生会要继续加强学生文明礼仪、课间秩序、教室内务、楼外卫生区等的常规检查，做到不喊叫不跑跳不打闹，创设文明安静安全有序氛围。

(2)各级部管理干部要加大对楼内外卫生区的监督检查量化力度,确保清洁干净。初三、初二要做好中会考期间卫生保洁工作，教育并监管好学生不乱扔纸花；初三考试结束后，要组织各班团干部开展魅力校园卫生清洁活动，把楼内外卫生区打扫干净。

(3)初一初二做好中考后初三卫生区的保洁工作。（华军、解斌斌、相关干部、班主任、学生会）

3.加强期末、暑假前与假中安全教育与管理,严防事故发生。(全体干部、班主任、教师、学生)

(1)加强校门口学生上放学安全值日管理，严禁学生早到校，值日人员要提前上岗维持秩序，疏导车辆，确保路队安全。门卫人员加强外来人员巡查登记力度，严禁无关人员入校。

(2)各级部班主任要坚持做好每天放学前5分钟防溺水、交通安全教育，安全员做好每天安全教育记录，第17周周三前上交安全记录本，级部检查评分量化。要使全体师生熟知交通安全注意事项、防溺水"六不一会"内容（不私自下水游泳；不擅自与他人结伴游泳;不在无家长或老师带队的情况下游泳;不到不熟悉的水域游泳;不到无安全设施、无救护人员的水域游泳;学会科学合理的应急、求助、报警方法)。各班级每周至少在家长群发送一次防溺水提示信息。

(3)各级部各班主任要认真核对学生四位一体网络小组学生家长手机号码、家庭住址等信息,确保无误无遗漏,各级部要明确小组长和包组级部干部、教师的职责,班主任通过微信(短信)、青岛市安全教育平台等形式给每位学生家长发送安全要求,确保在第一时间上传下达安全信息,保证信息畅通。

(4)做好学生情绪的监控疏导,及时排查学生之间的矛盾苗头,发现问题班主任和级部干部要及时正确疏导,避免小事变大,杜绝激烈冲突事件。出现严重问题班级期末考核、评先选优一票否决。

(5)签订学生暑假安全保证书,各级部确保各班级不遗漏任何一名学生,班主任签字、级部干部签字后,收齐上交政教处存档。

(6)18周周三前安排好暑假值班,带班干部要提前通知值班教师到岗时间和值班要求,值班人员若因事(病)要自己提前找人调班并告知带班干部。当班值班人员要确保全程在岗值班,讲好值班室内外卫生,当班的垃圾要倒到垃圾屋里。

(7)行政楼由政教处负责,各级部楼由级部主任室负责每周对各楼值班室的被褥、床垫至少要晾晒2次以上,确保值班被褥干净舒适。政教处及时联系洗洁公司做好床单被套的每天更换。做好值班巡查记录和信息上传下达工作。

(8)各级部处室师生离校前开展一次门窗水电安全大排查,发现问题立即整改。

4.抓好期末专项德育教育活动。(华军、解斌斌、班主任)

(1)各级部要做好期末评优选先的各项工作,要严格按照要求,做好各项校级先进的评选,评选结果用 Word 文档电子稿汇总后及时上报政教处。

(2)在假前召开期末法制安全教育大会暨防溺水交通安全教育大会。

5.按照《关于在全区中小学推行家务劳动清单的通知》要求,加强家校联动,充分发挥家委会作用,组织研究制定学校推荐家务劳动清单和班级统一家务劳动清单,按每学期组织实施。(华军、解斌斌、相关干部、班主任、学生会)

6.伙房与配餐(周娟、华军)

(1)伙房工作:①喜迎中考会考,全面整理食堂大厅卫生,做好中会考考务用餐工作。②做好毕业生食堂餐卡退费工作。(孙仕正、孙营国)

(2)配餐工作:①根据全校配调查结果,约谈配餐公司负责人,提高配餐质量。(华军、解斌斌、挂级部干部)②初一、初二生活部做好常规检查。(生活部)

(二)教务处/教科室:周娟、王友森

1.师德师风常态化教育

(1)严格贯彻省"五项管理"规定,加强教师对学生睡眠、作业、读物、体质、手机等方面的管理和引导。

(2)强化全体教师大局意识,共同维护我校创建全国文明校园的优秀氛围,全体教师要认清形势,严格禁止参与任何形式有偿补课,禁止向学生推荐教辅资料,禁止体罚或变相体罚学生。

(3)向教师推送学习《山东省义务教育条例》《山东省教育厅关于大力开展师德教育禁止中小学教师从事有偿家教的通知》精神,切实履行《教师职业道德行为承诺书》《自觉抵制有偿补课责任书》。(周娟、陈伟、级部主任)

2.组织好6月13—19日的初三中考、初二会考一切工作。具体安排:6月13—15日(周日—周二)初三中考,6月16日(周三)初二生物、地理会考,6月17—19日(周四—周六)初三人机对话。初三、初二级部要严格组织,认真做好防疫和诚信应考宣传教育工作,争做优秀考点。考点负责人:周娟;考务组长:崔帅;中考带队:华军、李武军、万健、宁博;会考带队:曲素云、李军风、华鹏鹏;异校监考带队:孙义智、王友森;具体安排见考务手册。(周娟、相关干部)

3.组织好中考会考监考、阅卷工作。中考会考及阅卷期间,全体教师都要自觉服从学校的工作安排,不准以各种借口推脱学校安排的工作。有关教师关键时刻能以工作大局为重,服从上级和学校的工作安排,认真履行好自己的职责。凡不服从安排给学校声誉造成重大影响者,按考核规定取消评优资格。参加中考、会考监考、阅卷和带队的教师将按规定考核加分。

(1)做好参加青岛市网上阅卷的准备,阅卷教师由教体局统一选调,不准随意更换人员。(2)参加监考准备,监考教师原则上不能随意调换,如有极特殊情况由本级部主任负责调换人员,报周娟副校长批准,并按规定给请假人员扣除学期考核分的双倍分数。(周娟、华军、曲素云、陈伟、李武军、李军风)

4.组织好基础年级期末学业水平测试及阅卷工作,对接区教研室,基础年级期末测试时间初定于6月28—29日(周一、周二)两天,具体时间科目安排见教研室通知。①期末学业水平测试均以级部为基本单位自行安排考场和监考教师,开好考务会,考完后各级部按要求自行装订、阅卷、处理考试数据。②教务处负责试卷的领取、清点、发放及考试信号工作。考前以级部为单位到致学楼教科室领取试卷(严禁派学生领取)。③各级部要认真准备,严密组织,严格监考,规范阅卷,为诊断本学期教与学的基本情况和学期考核提供真实数据。凡与考务有关的所有教职工都要积极参加监考、阅卷工作,请假按双倍扣分。学校因其他工作确实需要临时抽调考务人员的，一律报周娟副校长批准后统一安排。④期末基础年级进行体育、音乐、美术、微机（初一）学科学业水平测试，满分50分。成绩分别为优秀、合格、不合格（体育优秀30分、良好24分、合格18分、不合格0分；音乐、美术卷面分50分，各按5分之1折合纳入期末成绩；微机优秀为10分，合格为6分，不合格0分）。测试内容、时间级部自定。测试分数纳入期末总考核成绩。（周娟、陈伟、级部主任）

5.级部、各备课组抓紧完善"和谐互助"教学资源库。各备课组整理好本学期的教学通案（包括新授课、复习课、讲评课课件及教案），数量齐，质量高。各备课组长负责收齐、汇总，级部负责评选出优秀备课组、优秀教师，名单、课件以级部汇总后于17周周五下午放学前将电子稿交给教务处。发现缺漏或应付现象，由相关级部主任组织相关备课组长和相关教师加班补齐后才能放假。（周娟、陈伟、级部主任）

6.组好2021年义务教育学校秋季学习用书订数的填报工作。（周娟、陈伟、王毓青）

7.按区委统战部《关于开展坚守初心庆华诞，砥砺前行勇担当》主题征文活动要求，组织教职工撰写优秀作品申报，保证获奖。（周娟、陈伟、级部主任）

8.做好暑假教师培训相关工作。（周娟、挂级部校长、陈伟、级部主任）

9.教育集团

(1) 6月21日（周一）召开李志刚齐鲁名校长工作室活动和即墨28中教育集团办学成果推介会，具体日程见会议安排，全校课堂全面开放。（孙仕正、万健）

(2)积极筹备青岛市实验教育集团成果展示会，上报材料于6月15日中午前发到基地校。（蔡紫燕、陈伟）

10.继续做好和谐互助教改成果资料的研究和梳理，6月25日前完成上报。（周娟、陈伟、王品、唐绪诚）

（三）总务处（孙义智）

1.配合教体局做好改建教室设备采购项目招投标工作。（孙义智、董胜利、孙仕正、王崇浩、许立新）

2.委托第三方做好改建教室基建项目预算及教育网项目公示等工作，做好招投标准备工作，确保及时施工。（孙义智、董胜利、孙仕正、王崇浩、许立新）

3.将本学期各班公物损坏及维修情况进行反馈，将结果纳入班级量化管理。（许立新、王崇浩）

4.初三完成物资整理及交接工作，对初三各班公物桌椅进行维修，为初一新生入学做好准备。（董胜利、许立新、王崇浩）

5.基础年级各班破损的桌椅务于放假前送交总务处，以便假期集中维修。（许

立新、班主任）

  6.检查教学楼水电等设施，进行情况登记，做好假期维修准备，保证假期使用安全。（董胜利、王崇浩）

  7.做好本学期工作总结，研究制订假期计划，安排好假期各项维修工作和总务人员的值班工作。（孙义智、董胜利、孙仕正、总务人员）

  8.根据区卫健局关于学校饮用水管理的建议函，做好饮用水设备的清洁、消毒工作，及时更换设备滤芯，做好更换登记，并索取涉水产品卫生许可批件。（孙义智、董胜利、孙仕正、王崇浩、许立新）

  9.根据局相关要求，做好2020年报废物资的处置及2021年物资报废手续。（孙义智、崔帅、董胜利、孙仕正、张维峰、许立新、江志忠）

  10.组织开展防范非法集资宣传、调查问卷活动。（孙义智、董胜利、万初俊）

  11.根据上级要求，做好所属窨井盖权属台账或相关资料梳理。（孙义智、崔帅、董胜利、王崇浩）

  （四）办公室、工会、妇委会（王友森、曲素云）

  1.严格按上级要求完成好教师岗位管理手册信息填报工作。（周娟、张平）

  2.重新统计教职工联系方式；做好期末各项考核数据汇总整理，保证考核数据核算；做好前后勤各项考核数据核算。（王友森、蔡紫燕）

  3.召开综合事务部学期总结会，表彰积极先进，强化教师办公室秩序和校园停车检查。（蔡紫燕、学生会综合事务部）

  4.组织各处室人员参加红色"答"人团体竞赛活动。（王友森、各处室主任）

  5.落实妇委会关于寻找最美女性的工作。（曲素云、李军风）

四、艺体工作（王友森、曲素云）

  （一）体育、美术（曲素云）

  1.组织好体育期末测试和训练，迎接即墨区篮球、排球比赛。（刁晓辉、柳先锋、教练员）

  2.召开体育教师会，对本学期体育教学及训练工作进行总结，研究制定切实可行的暑假"青青义教"训练方案。（刁晓辉、柳先锋、教练员）

  3.会考结束后再次选拔初二运动员，备战第十九届全运会。（刁晓辉、柳先锋、教练员）

  4.及时上交"庆祝建党100周年"书画比赛作品。（万健、王天磊）

5.组织基础年级美术测试。（万健、王天磊、备课组长）

（二）音乐（王友森）

1.音乐教研组集备。第18周周一上午召开全体音乐教师教研会。总结前阶段工作，布置下阶段相关工作安排。（王友森、解斌斌、于峰燕、全体音乐教师）

2.组织基础年级音乐测试。（王友森、解斌斌、于峰燕、基础年级音乐教师）

五、其他工作（周娟）

1.做好即墨区教体局对基层单位的年度考核，一定高度重视，做到零失误，确保各项考核第一名。具体分工见安排表。（全体干部）

2.学校第31期校报6月28日定稿印刷，要求负责人员在6月22日（周二）完成上报内容。

1号楼版面万健，2号楼版面李颖，3号楼版面刁晓辉，学校亮点：华军——德育，周娟——教学，孙义智——总务，王友森——学校荣誉，蔡紫燕——前后勤、工会、中缝内容，万健——音体美，解斌斌——师生荣誉。6月22日陈伟汇总，凡是影响工作不如期上报或上报内容质量原因没有被采纳，版面缩减或取消。（周娟、相关干部）

3.做好放假前、暑假期间、假期返校工作安排。放假前工作安排—周娟，暑假期间工作安排—华军，假期返校工作安排——周娟，暑假教师值班及学生护校安排—华军。（周娟、华军、相关干部）

4.做好本学期工作总结和新学期工作计划相关准备工作，各级部、处室务必于规定时间前将本部门总结、计划电子稿分报陈伟、刁晓辉。具体分工：工作总结—周娟、王友森、崔帅、蔡紫燕、陈伟、唐绪诚、蓝孝骞。新学期工作计划—华军、曲素云、刁晓辉、万健、解斌斌、姜妮妮。（周娟、华军）

5.做好教职工学期考核和绩效考核工作。（相关干部）

6.按照上级工作布置，2021年7月5日（周一）暑假开始，学生报到时间为2021年8月29日（周日），8月30日（周一）上课。教师返校时间见通知。

附17：即墨28中"和谐互助"教学资源库建设活动样本

一、整理时间

每学期第一周提出"和谐互助"教学资源库建设要求及制作标准，发放给全体教师。做好建设本学期"和谐互助"教学资源库建设的心理准备。每学期末教务处进行"和谐互助教学资源库"的汇总、完善工作，要求数量要齐，质量要高，期末学校统一组织检查评比，不合格的备课组假期间返校修改。

二、建设标准

1. 五步十环节的表述要规范，流程要清晰。如"第一步：交流感知""环节1：师友检查""环节2：教师指导"。每一步、每一个环节都这样表述。"第一步"与"环节1"要在同一行上，大小字号分别为36号、32号适宜。英语可以用自己的方式表达。（具体见样板课件）

2. 课件要美观、清晰、实用，版面设计合理，尤其不能模糊不清。字体（一般为宋体）、字号适度，颜色一般3种左右。底色要淡，不要影响主要内容。尽可能不要出现小动画，以免影响学生的注意力。

3. 每1张幻灯片尽可能有"温馨提示"。"温馨提示"文本框位置一般在幻灯片最上一行，要具体、明确，便于教师、师友操作（如何互助？师傅的任务？对学友的要求？）。如："温馨提示：先独立思考，后互助交流。师傅要注意纠正学友出现的错误。""学友再给师傅讲一遍""师傅注意给学友讲清解题的思路""师傅注意帮助学友记好笔记"等等。温馨提示的内容要根据练习的需要和师友互助的要求灵活设计。

4. "教师总结"环节教师要提前整理好本节课的知识提纲，边讲边展示给学生，交给学生一个完整的知识框架，再次强调重点、考点和易错点。"教师总结"不是本节课的结束语。

5. 问题设计要具体、有梯度，不能太大、太笼统，学生无从回答。教材挖掘要有深度，问题设计有价值，由浅入深、由点到面。

6.五步十环节时间分配合理。限时完成师友的学习任务。

三、准备过程

1.集体备课打好基础。每次集备时要对中心发言人进行点评，全体成员要积极参加讨论，力争撞出"和谐互助"的智慧火花。备课组教师既要用好已有"和谐互助"教学资源，又要根据所教班级学生实际情况进行修改，寻找最佳教学方法，形成个人风格。教务处要组织级部主任和各挂科干部加强对集体备课的检查与指导，挂科干部必须参加所挂学科的集体备课，尤其是初三中考学科和初二会考学科，级部主任要及时对本级部各学科集备情况进行总结反馈。教务处将每周对集体备课情况进行检查，参与、指导、督促，避免走过程搞形式，切实做到"集体备课高效化，个人备课精细化"。这为新学期"和谐互助"教学资源库建设打下了坚实的基础。这项活动贯穿于学期始末。

2."和谐互助"常态课推进。加强教学模式运用的培训和督查力度，真正达到"人人都能熟练运用"的效果。根据学校要求，所有教师都要积极运用"和谐互助"教学模式上课，原则上每一堂课都使用课件，做到实用简明。级部主任、挂级部校长和挂科干部要按照分工定期及时参与检查，教务处组织级部主任进行检查和评比，检查结果作为优秀备课组评选的依据之一。

3.网络教研提升质量。各备课组高度重视网络教研工作，认真组织校本集体备课，确定好主备人，高质量地完成每学期中网络教研教案编写、课件制作任务分工，按照要求及时上传资源至网络平台。上传资源时要将年级、学科、类型填写准确、完整。根据《网络教研实施方案》要求，每学年按分工撰写上传的教学案及其对应的教学课件等资源，每学年末开展一次网络教研先进集体和个人的评选。

四、管理使用

备课组上交的教学通案(含教案和五步十环节课件,包括新授课、复习课、讲评课、实验课)，数量要足，质量要高。各备课组长负责收齐、汇总，将电子稿交给教务处，学校组织检查。发现缺漏或应付现象，由相关级部主任组织相关备课组长和相关教师加班补齐后才能放假。"和谐互助"教学通案资料是全体教师集体备课的智慧结晶，也是我校重要的教学资料，属内部资料，仅限于校内教师使用，任何人不得外传。

第十章 / 卓越校园 和谐互助铸辉煌

2020 年暑假前工作安排

时间		工作内容	地点	负责人
6.29—7.1 周一至周三上午	2天半	1. 做好从6.16（艺术考试）、6.18（信息技术）、6.28（中考笔试）、7.2（会考）、7.3（英语人机对话）开始到7.17的参与考试师生健康档案、晨午检、晚签到信息的周汇总，专门档案盒盛放。	政教处	周娟 华军、蔡紫燕 潘宁、陈伟
		2. 八年级生物实验考试。	博学楼	周娟、孙义智、华军 邱若德、相关干部
		3. 办理电路改造招投标手续和空调采购手续，进行空调安装。	总务处	孙义智、董胜利 孙仕正、相关人员
6.30 周二	全天	4. 九年级艺术中考。	博学楼	周娟、孙义智、王友森 邱若德、相关干部
7.1 周三	全天	5. 基础年级上报护校学生（志愿者学生名单）名单电子稿，各班完善假期和谐互助"四位一体"网络小组信息。	政教处	潘宁 挂级部干部
		6. 发放、收齐《学生暑假安全保证书》。	教室	
		7. 上报级部常规管理和活动先进集体。	政教处	
		8. 核实教职工电话号码。	办公室	王友森、级部处室主任
		9.17:00召开信息技术考务会。	会议室	周娟、华军、相关干部

续 表

时间		工作内容	地点	负责人
7.1—7.2 周三至周四上午	1天半	10. 九年级中考物理化学实验考试。	博学楼	周娟 孙义智、华军 邱若德、相关干部
7.2 周四	全天	11. 8:10—9:50召开学校行政办公会。	会议室	李志钢、王友森
		12. 八年级信息技术会考。	博学楼	周娟、孙义智、华军 李武军、孙仕正
		13. 核实全校在编教师数，为绩效工资发放做好准备，务必做到数字准确无误。	办公室	周娟、孙义智 级部主任、张平 音体美微教研组长
7.3 周五	全天	14. 初一初二级部召开班主任会议和教师会议，布置期末测试考务和假前工作。	级部会议室	曲素云、华军 李军风、李武军
		15. 学校第28期校报征稿汇总。	政教处 教务处	蔡紫燕、陈伟 级部主任、王品
7.4 周六	全天	16. 各分管干部完成与教体局有关科室对接工作，落实好教体局对我校2019—2020学年度工作完成情况的考核，确保第一的好成绩。	级部处室所在办公室	周娟、孙义智 王友森、曲素云 华军、邱若德
7.5 周日	全天	17. 领取期末测试试卷，回校后组织分卷。	教务处	蔡紫燕、周凯
7.6 周一	全天	18. 初一、初二级部进行期末测试，中午值班干部上岗（两次）。 初一：8:00—11:20、13:50—16:40； 初二：8:00—11:50、13:50—17:10。	级部教室	周娟、曲素云、华军 邱若德、蔡紫燕、李武军 李军风、解斌斌、潘宁
		19. 教务处组织好期末测试卷的扫描上传，初一初二级部做好配合并及时安排学科阅卷。	指定地点	周娟 蔡紫燕、解斌斌 李武军、李军风
		20. 汇总、公示教职工出勤和值班情况。	公示栏	曲素云、相关干部
		21. 下午16:30—17:30召开教学会议，布置学期教师考核、绩效工资核算等工作。	会议室	周娟、蔡紫燕 级部主任 级部教学干部

续表

时间		工作内容	地点	负责人
7.7 周二	上午	22.初一初二进行期末测试（初一8:00—11:20，初二 8:00—11:50），初三学生上课。中午值班干部上岗（两次）。	教室	曲素云、孙义智、邱若德 李军风、江平、解斌斌 华军、李武军、潘宁
		23.挂级部校长组织好初一初二级部的阅卷工作。	教师办公室	华军、曲素云
	下午	24.初一期末测试（13:50—14:50），初二地理生物模拟考试，初三上课。初一 15:10 离校，相关干部上岗。	教室	孙义智、华军 曲素云、邱若德
		25.学校校报定稿。		李志钢、周娟、蔡紫燕
7.8 周三	上午	26.初一学生休息，学科教师继续阅卷。初二初三按照新的作息时间上课，早晨 6:50 开校门，7:05 晨检，中午 1:30 开校门，13:50 午检，14:00 上课，17:30 放学。相关干部中午准时上岗。	教师办公室	孙义智、华军 曲素云、江平 李武军、李军风
		27.8:00—9:00 召开学校行政办公会，布置家长会、假期和师生返校工作。	会议室	李志钢、王友森
		28.8:00—10:00 初一小交警上岗培训	党员活动室	华军、潘宁、周连瑶
		29.初二初三上课，教师继续阅卷，以备课组为单位进一步完善教学资源库。	教室办指定地点	周娟、蔡紫燕、江平 李武军、李军风
	下午	30.初二初三上课。	教室	江平、李武军、解斌斌
		31.14:00 中考考务工作会议。	会议室	周娟、孙义智、华军 邱若德、相关干部
7.9 周四	上午	32.初二初三上课。	教室	江平、李武军、解斌斌
		33.8:00—10:00 级部发放班级学生成绩表，任课教师评选班级各学科优秀师友报给班主任。	级部主任室	华军、曲素云 李武军、李军风
		34.9:00—9:30 外出监考教师会议。	会议室	王友森、曲素云
		35.8:00—8:50 召开前后勤工作人员会议。	党员活动室	王友森、董胜利
		36.10:30 初一初二级部召开班主任会。	级部会议室	华军、曲素云、李武军、李军风
		37.10:30 召开音乐教师会。	会议室	王友森、潘宁

续 表

时间		工作内容	地点	负责人
7.9 周四	上午	38.10:30 召开体育、美术教师会。	德育活动室	邱若德、周连瑶、万健
		39.10:30 召开微机教师会。	教学会议室	孙义智、孙仕正
	下午	40. 初二初三上课。初一学生1:30到校，班主任组织学生核对成绩。班主任组织评选先进，汇总后报级部，级部将优秀名单汇总，电子稿报政教处。	级部教室	孙义智、华军、曲素云 邱若德、江平、李武军 李军风、解斌斌
		41.15:50 初一按照课程表安排两节课讲评试卷、布置作业。		
		42.17:40—18:20 基础年级进行学生评教工作。	报告厅	蔡紫燕、李武军、李军风
7.10 周五	上午	43. 初一按课程表安排讲评课，讲评试卷、布置作业，初二初三上课。	级部教室	江平、李武军 李军风、解斌斌
		44.11:00 前，备课组长完成试卷分析上报教务处。	备课组	蔡紫燕、级部主任
		45.10:00—11:00 集团教师欢送大会。	会议室	李志钢、周娟、江平 李武军、李军风、解斌斌
		46. 完成校报的印刷，准备发放。	办公室	王友森、蔡紫燕
	下午	47.14:00—14:40 学生放假大会。	教室	华军、潘宁
		48.14:40—15:00 班主任强调暑假期间注意事项。	教室	华军、级部主任 班主任、值日干部
		49.15:30 学生放学，值日干部到岗。		
		50.15:30—16:20 全面整理卫生，布置中考会考考场，整理教师办公室卫生、博学楼卫生。	教师办公室	王友森、级部处室主任
		51. 做好假期值班表安排并公示。	级部处室	华军、潘宁、相关干部
		52.16:30—17:30 教师放假大会、师德师风教育会、值班教师会。	报告厅	李志钢、周娟、华军
		53.17:30—18:00 召开党员大会。	报告厅	李志钢、王友森
7.11 周六	上午	54.9:30 初一、初二线上家长会。	钉钉	华军、曲素云、李武军、李军风

第十章 卓越校园 和谐互助铸辉煌 291

续表

时间		工作内容	地点	负责人
7.11 周六	下午	55.各级部处室主任组织级部相关干部，开始本学期工作总结和考核的计算。	各主任室	相关干部
		56.14:00—16:00 收齐防疫的各种档案，特别是中考会考学生和考务所有人员的信息。	政教处	周娟、华军、蔡紫燕、潘宁、陈伟、解斌斌
		57.16:00 各级部进一步整理卫生，关窗锁门断电，学校全面检查考场和候考教室（初三中考和初二会考用）。	各级部各处室	周娟、华军、孙义智全体干部
7.12 周日	全天	58.做好中考会考外出教师带队安排及培训。	指定地点	李志钢、周娟
		59.安排好初二地理生物线上教学	钉钉	华军、李武军
7.13—7.15 周一至周三	3天	60.做好中考考务。（初三候考在博学楼）	1.2.3号楼博学楼	周娟、孙义智华军、相关干部
7.15 周三	下午	61.16:00—17:00 整理会考考场，安排初二学生候考教室。	1.2.3号楼博学楼	华军、李武军解斌斌、刁晓辉
		62.16:30—17:30 举行初三毕业生欢送仪式，仪式结束后整理会考考场。	2号楼	孙义智江平、孙仕正
		63.17:00 召开英语听说人机对话考试考务会。	会议室	周娟孙义智、相关干部
7.16 周四	全天	64.做好会考考务。（初二候考在博学楼）	1.2.3号楼	周娟、华军李武军、相关干部
		65.17:30—18:30 召开教师招聘工作考务会议。	会议室	周娟、孙义智华军、相关干部
7.17—7.19 周五至周日	3天	66.做好英语听说人机对话考试工作。	2号楼博学楼四楼	周娟、孙义智、华军邱若德、相关干部

续表

时间		工作内容	地点	负责人
7.18 周六	上午	67.9:00—11:00 整理教师招聘考试的考场。	1.2.3号楼	江平、李武军、李军风 万健、刁晓辉、周连瑶
	下午	68. 下午14:00—16:30 即墨区教师招聘考试。		周娟、华军 孙义智、蔡紫燕 解斌斌、相关人员
7.19 周日	下午	69. 整理卫生，检查校园门窗关闭等情况。	校园	华军、潘宁、陈伟 相关干部

2020年暑假中工作安排

时间	活动内容	参加人员	责任人
7.11	1.通过家长会、微信等方式，告知家长理性为孩子选择校外培训机构，避免跟风培训、盲目培训。	班主任	周娟* 级部主任
7.12	2.初一级部向全体班主任发送第一次假期学习指导短信，班主任负责转发至每一位家长。	班主任	曲素云* 李军风
7.12	3.初一级部向全体家长发送假期防疫、防溺水第一次安全提示短信。	班主任	曲素云* 周连瑶
7.13—8.30	4.防疫工作：①落实24小时值班和"日报告""零报告"制度，遇突发事件要按程序及时处置上报。②严格门卫管理，外来人员查验身份、实名登记、逐一检测体温，校外无关人员和体温超过37.3℃的人员一律不准入校。③师生要减少不必要外出，研学旅行原则上不前往国外和国内中高风险地区，确需离开居住地的，须向学校报告时间表、路线图。④各班要成立防疫、防溺水、学雷锋、学习"四位一体"小组，每天上报家庭成员健康及外出情况，每周汇总上报班主任。	全体师生	周娟* 华军* 各楼楼长
7.13—8.30	5.党建工作：①假期中继续开展好"三会一课"，定期召开党总支会议，及时研究部署学校党建工作。②充分运用好党员微信工作群，及时部署我校党建工作，及时引领全体党员加强理论学习，积极组织党员开展党建活动。③全体党员每天做好"学习强国"学习工作，各级部处室主任及时检查督促，抓好落实，确保学习成绩。④深入组织好党员线上家访活动，确保线上家访效果，并填写家访记录表。⑤做好灯塔党建管理使用工作。⑥各党支部、党小组认真按照区教育工委和局党组通知精神，及时组织党员开展党建活动，并及时完善档案材料归档。	全体党员	王友森* 各党支部书记 党支部委员 党小组长 级部处室主任 解斌斌 王品
7.13—8.25	6.不得以任何形式参与、动员、组织学生参加各类辅导培训班，禁止和严肃查处教师有偿家教。学校巡查组将定期巡查，及时反馈。 7.深化治理教育领域漠视侵害群众利益问题。	任课教师	周娟* 挂级部校长 蔡紫燕 级部主任

续表

时间	活动内容	参加人员	责任人
7.12—7.30	8. 初一级部做好假期干部、班主任线上家访工作，实行干部教师承包制，了解学生真实情况，有针对性的进行工作，大力提高群众满意度。家访后级部干部汇总情况，进一步制定措施。 家访范围：级部前120名优秀学生，各班前2名。 具体分工：级部前20名—曲素云、李军凤； 级部21-120名，各班前2名—曲素云、李军凤、周连瑶、林忠奇、王存星、孙吉超；（具体分工见级部家访方案）	级部干部 级部长 相关班主任	曲素云* 李军凤 周连瑶
7.13—8.30	9. 及时接收上级电话、文件，及时向领导汇报、按程序和要求转到相关人员手中。	办公室人员	王友森* 华玉冈 张平
7.13—8.30	10. 做好2020年秋季教材和作业本的接收和分拣工作。	教务处	周娟* 蔡紫燕 王毓清 各楼相关级部长
7.13—8.30	11. 严禁酒后开车、参与企业兼职、赌博等违反师德规定行为。	全体教职工	孙义智* 各楼长 处室主任
7.13—7.19	12. 参加局统一组织的防溺水安全宣传教育作品征集评选活动。内容：围绕防溺水进行创作设计。表现形式包括公义广告、微视频、动漫、水品、情景剧、主题征文、家长一封信、宣传图片、漫画、绘画作品、书法作品、摄影作品等。要求：针对性要强、趣味性要浓、知识性要足、原创性要新。初一级部每班一篇，于7月19日前汇报政教处上报。	初一学生	华军* 潘宁 陈伟
7.13—7.18	13. 做好2020年初三中考笔试工作。	初三学生 考务人员	周娟* 孙义智 华军
	14. 做好2020年初二地理、生物会考工作。	初二学生 考务人员	邱若德 相关干部

第十章 卓越校园 和谐互助铸辉煌

续表

时间	活动内容	参加人员	责任人
7.13—7.18	15. 做好2020年初三学生英语口语考试工作。	初三学生考务人员	周娟* 孙义智 华军 邱若德 相关干部
	16. 做好即墨事业编考试组织工作。	教务人员	
7.13—8.30	17. 组织参加青岛市中小学生平安暑假专项作业。组织全体学生登录青岛市安全教育平台，各级部要高度重视此事，上级要对每校完成情况进行通报，学校将每个班级完成情况纳入考核。对不能完成的班级学校将根据情况扣除量化积分。	全体学生班主任	华军* 潘宁、陈伟 周连瑶 刁晓辉 孙仕正
7.13—8.30	18. 开展关工委统一组织"祖国在我心中，传承红色基因"主题征文活动，要求学生800字左右，教师1000字左右。学生征文由初二级部精选5篇，教师征文每级部一篇。假期返校后上交。	初二学生相关教师	华军* 潘宁、 陈伟（学生） 蔡紫燕（教师）
7.13—8.30	19. 每周六晚上组织全体教职工收看《同心防溺水节目》，通过山东教育卫视和微信公众号"安全学习在线"在"同心防溺水水"中打开"防溺水特别节目"观看，同时可通过微信公众号参与互动答题。要求各班上交收看截图于班主任。	全体师生	华军* 挂级部干部
7.13—8.30	20. 参加即墨区第八届"自来水杯"中小学生暑期书画大赛，内容：书法作品：以唐诗宋词或格言名句为主的各类书体，也可以书写本人创作的诗词作品。草书、篆书另附释文。美术作品：只限国画，山水、花鸟、人物均可。规格：书法：四尺宣对开竖式；美术作品：四尺宣对开斗方（亦可同书法）。其他：①每人限报作品1幅，初一、初二级部书法及绘画作品各不少于10幅，所有作品须报原作，不需装裱。②每件作品背面右下角用铅笔正楷字注明姓名、性别、年龄、详细通讯地址、邮编、联系电话、指导老师、学校班级、释文（草书、篆书）等。③所有应征作品不退稿。作品所有权、宣传出版权归组委会，投稿者视为已认可。所有参赛作品一律不收参评费。	初一、初二学生	华军* 潘宁、陈伟 刁晓辉 周连瑶

续 表

时间	活动内容	参加人员	责任人
7.13—8.30	21.2020年"新华杯"暑期读书摘抄活动。 投稿方式： (1)图片投稿：每单位报送优秀作品不超过20件； (2)抖音投稿：关注"即墨教育"抖音号，并参与话题"#即墨学子爱阅读"。发布视频时选择位置为所在学校，视频标题自己确定。	朱妮妮 李永妮	周娟* 级部主任
7.13—8.30	22.级部干部负责督察防疫、学习、安全、活动的"四位一体"综合小组（"和谐互助"学习小组、"和谐互助"学雷锋小组、"和谐互助"防疫安全小组、"和谐互助"防溺水安全小组）的情况。 活动小组的小组长每周向本组的责任教师及班主任汇报情况，班主任及时汇总班内各组情况，填写情况记录，并向负责本班的级部干部每周做出汇报。 级部干部定时抽查分管班级小组的活动情况及班主任、教师的督促情况，将抽查结果填入记录簿。 学生小组长、教师、班主任在检查过程中若发现问题，必须及时逐级上报，包班干部做好过程记录，假后上报政教处存档。	全体 班主任	华军* 挂级部校长 级部主任 挂级部干部
7.13—8.30	23.高度重视学生溺水事故的防范。落实好特殊群体学生管理，建立完善好单亲家庭、外来务工、留守儿童、问题学生等特殊群体学生花名册(含学生姓名、性别、学校、班级、监护人姓名、手机号、帮扶教师姓名、联系电话、帮扶措施、互助学生、帮扶效果等)，明确工作措施、工作责任人，健全相关档案，确保防溺水教育每一个班级、每一名学生。要通过高频率发送微信、钉钉等方式及时提醒家长履行监护责任，引导家长严格看管教育孩子，严禁靠近水域玩耍，切实承担起学生脱离学校监管后的看护责任。要落实此类学生所在的安全小组，一天一报平安。	全体 教师	华军* 挂级部校长 级部主任 级部管理干部 级部长
7.13—8.30	24.征集"廉政主题"优秀师生书画作品。	初一 美术老师	邱若德* 万健 王天磊

续表

时间	活动内容	参加人员	责任人
7.13—7.30	25. 家长要承担起假期学生身体素质和艺术素养提高的任务。要求家长在做好防疫的基础上每天监督孩子进行跑步、引体向上或俯卧冲、立定跳远等锻炼，每天坚持1小时。要学会一首新歌、熟悉一门乐器，要创作一幅关于防溺水和线上学雷锋的图画各一幅。假期结束后，艺体教师要进行素质测试。	初一、初二学生	王友森* 邱若德* 周连瑶 潘宁 万健
7.15	26. 完成第二届经典写讲大赛"诗教中国"诗词讲解网上教师参赛工作。 27. 完成第二届经典写讲大赛"笔墨中国"汉字书写网上师生参赛活动。	语文、美术相关教师	曲素云* 邱若德* 李军风、万健、王天磊
7.17	28. 组织初二级部体育特长生选拔。	相关师生	邱若德* 周连瑶、柳先锋、宋成平
7.19	29. 给全校学生家长发送学校防疫防溺水第一次安全提示短信。（初一第2次）	陈伟	华军* 挂级部干部
7.18—7.31	30. 初二级部做好假期干部、班主任线上家访工作，实行干部教师承包制，了解学生真实情况，有针对性的进行工作，大力提高群众满意度。家访后级部干部汇总情况，进一步制定措施。 家访范围：级部前120名优秀学生，各班前2名。 分工：级部前20名——华军、李武军；级部21—120名，各班前2名——华军、李武军、刁晓辉、唐旭诚、张赛、宋成平。（具体分工见级部家访方案）	相关班主任	华军* 李武军 刁晓辉
7.19	31. 初一各班主任向级部主任反馈班级互助小组学习情况，级部主任汇总后，向全体班主任发送第一次假期学习指导短信，班主任负责转发至每一位家长。初二级部向全体班主任发送第一次假期学习指导短信，班主任负责转发至每一位家长。	班主任	曲素云* 华军* 李军风 李武军
7.19	32. 对学校教室、办公室进行锁门、断水电第一次彻底安全大检查。对全校围墙、体育看台进行第一次安全隐患大检查。	值班师生	孙义智*、华军* 董胜利、潘宁、陈伟、挂级部干部

续表

时间	活动内容	参加人员	责任人
7.19	33.通报放假期间第一阶段值班情况。	潘宁	华军* 值班干部
7.20—8.31	4.严格假期值班管理，做好校级领导和政教处查班工作，规范假期校门口出入登记、测温，认真做好值班记录，保证信息联系畅通，切实做好假期学校防疫与安保工作。	相关人员	华军* 全体干部
7.20	35.认真组织开展好教师研修工作。	相关教师	周娟* 蔡紫燕 级部主任
7.21—8.10	36.做好2020年教师节各类先进评选工作。	相关人员	周娟* 挂级部校长 级部主任 挂级部干部
7.21—8.12	37.做好内控工作，查找风险点，做好固定资产的清查核对，合同、招标、采购程序、档案等规范梳理。	万初俊 周公法 周凯	孙义智* 董胜利 孙仕正
7.21—8.1	38.通过第三方机构进行学校财务审计。		
7.20—8.15	39.固定资产盘点。	周凯	孙义智* 董胜利
	40.协调施工方、监理方、基建科，做好博学楼教室、办公室改造。	王崇浩	孙义智* 邱若德* 董胜利、解斌斌
	41.协调施工方、监理方、基建科，做好艺术长廊里外粉刷。	许立新	孙义智* 邱若德* 董胜利、万健
	42.协调施工方、监理方、基建科，进行教师宿舍装修改造。	王崇浩	孙义智* 董胜利、蔡紫燕
	43.协调施工方、监理方、基建科，进行体育看台维修粉刷。	许立新	孙义智* 邱若德* 董胜利、周连瑶
	44.协调施工方、监理方、基建科，进行体育楼和伙房办公室改造。	王崇浩	孙义智*、周娟* 董胜利、孙仕正

续表

时间	活动内容	参加人员	责任人
7.20—8.15	45.协调施工方、监理方、基建科，进行体育楼地下污水管改造。	许立新	孙义智* 董胜利
	46.协调施工方、监理方、基建科，进行教学楼楼顶、博学楼东墙防水处理。	王崇浩	孙义智* 董胜利 各级部干部
	47.重装教学楼楼门口台阶。	许立新	孙义智* 董胜利 各级部干部
	48.维修学生书包橱和雷锋书橱。	许立新	孙义智* 董胜利
	49.会计室做好会计结账及报表工作。	万初俊	孙义智* 董胜利
	50.做好假期水电、信息等各种费用交付工作。	周公法	孙义智* 董胜利
	51.维修原初三各班学生课桌椅及水电等设施，为初一新生配备课桌椅、班级各种标识牌等，做好入学准备。	王崇浩	孙义智* 董胜利
	52.改造博学楼教室、办公室，归类各种拆卸物品。	许立新 王崇浩	孙义智* 董胜利
	53.非协议定点采购改造教室的讲桌、学生桌凳。	周凯	孙义智* 董胜利
	54.协议定点采购改造教室书橱、办公室作业橱。	周凯	孙义智* 董胜利
	55.水电设施维修。	王崇浩	孙义智* 董胜利
	56.主动联系局相关科室，采购安装改造教室的电视白板、空调。	周凯 张维峰	孙义智* 董胜利、孙仕正
	57.校园室内外零星地面砖破损维修，清除原胀裂面砖，重新铺设相近颜色及的质量的面砖。	王崇浩	孙义智* 董胜利
	58.维修电子白板投影仪维修，更换灯泡。	张维峰	孙义智* 孙仕正
	59.学生计算机及教室多媒体计算机维修。	蓝孝骞	孙义智* 孙仕正

续表

时间	活动内容	参加人员	责任人
7.20—8.15	60. 教室网络维修。	张维峰 蓝孝骞	孙义智* 孙仕正
	61. 学生桌凳维修。	许立新	孙义智* 董胜利
	62. 防静电地板维修。	蓝孝骞	孙义智* 孙仕正
	63. 微机室维修。	蓝孝骞	孙义智* 孙仕正
	64. 学校北大门电动门维修。	王崇浩	孙义智* 董胜利
	65. 环校路路灯地下线路检修更换。	王崇浩	孙义智* 董胜利
	66. 校园地面瓷砖（瓦）更换维修。	王崇浩	孙义智* 董胜利
	67. 教室、专用室瓷砖更换维修。	王崇浩	孙义智* 董胜利
7.25—8.25	68. 体育组组织体育特长生暑期集训，积极备战青岛市第五届运动会。	全体教练	邱若德* 周连瑶、柳先锋
7.26	69. 给全校学生家长发送学校防疫防溺水第二次安全提示短信。（初一第3次）	陈伟	华军* 挂级部干部
7.26	70. 通报假期阶段性值班情况。	潘宁	华军* 值班干部
7.26	71. 初一初二各班主任向级部主任反馈班级互助小组学习情况，级部主任汇总后，向全体班主任发送第三、第二次假期学习指导短信，班主任负责转发至每一位家长。	班主任	曲素云* 华军* 李军风 李武军
7.26—8.1	72. 各口公示教职工考核积分。	解斌斌	周娟* 江平、李武军 李军风、万健 潘宁、周连瑶、 孙仕正、孙义智
7.28—8.10	73. 做好绩效工资的核算。	相关人员	周娟* 解斌斌、万初俊

续 表

时间	活动内容	参加人员	责任人
7.28—8.3	74. 撰写学校新学期工作计划和本学期工作总结，完成初稿。	陈伟、唐绪诚（总结）刁晓辉、解斌斌（计划）	周娟* 华军* 蔡紫燕（总结） 万健（计划）
7.31	75. 上午8:00在三楼会议室召开初一新生招生预备会，布置新生报名系列工作。	招生小组	李志钢* 王友森
8.1—8.16	76. 做好初一新生的招生工作 (1) 7月1日—7月19日家长通过青岛市即墨区义务教育段新生信息采集系统填报相关信息。 (2) 8月1日—8月3日家长持相关证件到学校进行现场确认。 (3) 8月4日—8月9日学校审核报名材料。 (4) 8月10日—8月11日学校将审查通过预招收的学生基本情况（包括学生姓名、年龄、户口所在地、房权具体地址等）进行网上录取。 (5) 8月15日—16日各学校向符合入学条件的学生发放义务教育入学通知书。	招生小组	王友森* 相关干部
8.1—8.7	77. 做好新岗教师招聘信息的第一次发布和第一次招聘面试工作。	级部主任	周娟* 蔡紫燕
8.1	78. 参加庆祝"八一"建军节活动。	相关人员	李志钢* 华军
8.1—8.20	79. 初一初二级部做好假期线上干部、班主任家访工作，实行干部教师承包制，了解学生真实情况，有针对性的进行工作，大力提高群众满意度。家访后级部干部汇总情况，进一步制定措施。 家访范围：潜力生（级部550—800名）每个班级报3人，学困生每班报1—2人。 分工：家访后汇总情况，进一步制定措施。所有家访学生学校将逐个抽查。（具体分工见级部家访方案）	级部干部 级部长 相关班主任	曲素云* 华军* 李军风 周连瑶 李武军 刁晓辉
8.2	80. 初一初二各班主任向级部主任反馈班级互助小组学习情况，级部主任汇总后，向全体班主任发送第四、第三次假期学习指导短信，班主任负责转发至每一位家长。	班主任	周娟* 华军、曲素云 李武军、李军风

续 表

时间	活动内容	参加人员	责任人
8.2	83. 联系马山部队，筹备开学初新生军训工作。	管理干部	华军* 潘宁
8.3—8.20	84. 维修直饮式饮水机，更换滤芯。	王崇浩	孙义智* 董胜利
	85. 采购教师办公用计算机。	许立新 张维峰	孙义智* 董胜利、孙仕正
	86. 采购新学期开学各种日常办公用品。	许立新	孙义智* 董胜利
8.4	87. 对学校教室、办公室进行第二次彻底安全大检查。对全校围墙、体育看台进行第二次安全隐患大检查。	值班师生	孙义智*、华军* 潘宁、董胜利、带班干部
8.8	88. 全体干部修改完善计划总结电子稿，发到邮箱，8月8日下午5:00前修改完成上传。	全体干部	周娟*、华军* 蔡紫燕、万健
8.9	89. 初一初二各班主任向级部主任反馈班级互助小组学习情况，级部主任汇总后，向全体班主任发送第五、第四次假期学习指导短信，班主任负责转发至每一位家长。	班主任	周娟* 华军、曲素云 李武军 李军风
8.9	90. 给全校学生家长发送学校防疫防溺水第四次安全提示短信。（初一第5次）	陈伟	华军* 挂级部干部
8.9	91. 通报假期阶段性值班情况。	潘宁	华军* 值班干部
8.11—8.25	92. 完成食堂食材综合配送和综合服务合同签订工作，做好开餐准备。	高永利	周娟* 刘蕾
8.12—8.20	93. 做好新岗教师招聘信息的第二次发布和第二次招聘面试工作。	级部主任	周娟* 蔡紫燕、相关人员
8.14	94. 接收初三中考成绩和初二会考成绩，及时下发相关学生，初三级部要做好学生去向登记工作，做好中职招生动员发动工作。	初三班主任 初二班主任	孙义智*、华军* 江平、李武军 孙仕正、万健 刁晓辉、级部长
8.16	95. 初一初二各班主任向级部主任反馈班级互助小组学习情况，级部主任汇总后，向全体班主任发送第六、第五次假期学习指导短信，班主任负责转发至每一位家长。	班主任	周娟* 华军、曲素云 李武军、李军风

续表

时间	活动内容	参加人员	责任人
8.16	96.给全校学生家长发送学校防疫防溺水第五次安全提示短信。（初一第6次）	陈伟	华军* 挂级部干部
8.16	97.初三组织学科未及格学生补考，发放录取通知书和毕业证书，做好毕业生去向统计。	江平	孙义智* 级部干部、教师
8.16	98.通报假期阶段性值班情况。	潘宁	华军* 值班干部
8.18	99.对全校教室、办公室门窗关锁情况及安全进行第三次隐患大检查。	值班师生	孙义智*、华军* 潘宁、董胜利 带班干部
8.20	100.修改计划、总结；制作课件。	姜妮妮（计划） 蓝晓骞（总结）	周娟*、华军* 万健、姜妮妮 蔡紫燕、蓝晓骞
8.20	101.各口下午3点前上报第一个双周计划。	相关干部 华玉冈	曲素云* 蔡紫燕
8.22	102.8:00学校全体干部返校讨论计划、总结和第一个双周计划。	全体干部	李志钢 全体干部
8.23	103.给全校学生家长发送学校防疫防溺水第六次安全提示短信。（初一第7次）	陈伟	华军* 挂级部干部
8.23	104.通报假期阶段性值班情况。	潘宁	华军* 值班干部
8.23	105.初一初二各班主任向级部主任反馈班级互助小组学习情况，级部主任汇总后，向全体班主任发送第七、第六次假期学习指导短信，班主任负责转发至每一位家长。	班主任	周娟* 华军 曲素云 李武军 李军风
8.24	106.9:00在学校会议室召开全体挂科干部和文化课教研组长会议，确定教研组质量分析会流程和内容，做好会前准备。	全体文化课 挂科干部 教研组长	周娟* 蔡紫燕 级部主任
8.24	107.15:40—16:4.召开德育干部会议；完成军训准备工作。	德育活动室	华军* 相关干部

注：带*为总负责人

2020 年暑假返校期间工作安排

时间		工作内容	地点	参加人员	负责人
8.27—8.29		108.学校运动队队员、军乐管乐团队员及新初三特长生训练。（共三天）15:30—18:00	操场	柳先锋于峰燕等相关训练教师	邱若德 周连瑶 王友森 潘宁
8.25 周二	上午	109.召开初一新生编班考试考务会；整理1号楼、3号楼考场。9:00—10:30	报告厅	相关教师	周娟、蔡紫燕 相关干部
	下午	110.初一新生入学编班考试，部分教师监考。要求监考教师14:00前到校，相关干部1:30前到校。（14:30-15:30语文 15:50—16:50数学）	1号楼 3号楼	相关干部 监考教师	周娟、蔡紫燕 新初一级部主任
		111.新调入教师、集团教师见面会。4:30—5:30	致学楼会议室	相关教师	王友森
8.26 周三	上午	112.总结假期工作，布置返校期间工作。8:00—8:30	报告厅	全体教师	李志钢
		113.传达学校上学期工作总结。8:30—9:30			周娟
		114.传达学校新学期工作计划。9:40—10:30			华军
		115.级部召开全体教师参与的班级质量分析会。10:40—11:40	级部会议室	全体文化课教师	挂级部校长 级部主任
		116.音体美微机教师会：研究新学期计划。10:40—11:40	1号楼1—4班教室	全体音美、微机教师	挂学科干部 教研组长
	下午	117.全校语文、数学教师及部分教师阅卷、统分。14:00—17:30	2号楼	相关教师	周娟 蔡紫燕、解斌斌

续 表

时间		工作内容	地点	参加人员	负责人
8.26 周三	下午	118. 教研组质量分析会，各学科教研组长介绍中考会考阅卷反思。英语1班、物理3班、化学4班、政治5班、历史6班 14:00—15:40 地理1班、生物3班 16:00—17:30	1号楼教室 3号楼教室	相关教师	挂学科干部 教研组长
8.27 周四	上午	119. 各级部召开上学期期末备课组质量分析会，教师进行经验介绍。8:00—11:40	级部会议室	相关教师	挂级部校长 级部主任
	下午	120. 公布新学期教师人事安排。14:00—14:30	报告厅	全体教师	周娟
		121. 新级部召开教师会。14:50—15:50	级部会议室	相关教师	挂级部校长 级部主任
		122. 按级部、学科、处室调整好教师办公室。微机教师要到三个级部指导微机搬动，办公桌不要搬动。16:00—17:30	教师办公室	全体教师	董胜利 级部处室主任
8.28 周五	上午	123. 语文、数学教研组质量分析会，教研组长介绍中考阅卷反思。 语文6班、数学7班。8:00—9:40	1号楼教室	全体语文数学教师	挂学科干部 教研组长
		124. 全体教师按照级部安排的时间段进行集体备课，制作一周使用的教学课件。级部主任检查所有学科的集备，挂科干部参与中考会考学科的集备，教务处对集备情况进行检查，并全校通报情况。	教师办公室	全体教师	蔡紫燕 级部主任 挂科干部
	下午	125. 优秀教师经验交流会。14:00—16:00	报告厅	全体教师	华军、陈伟
		126. 全体教师会议，传达新学期第一个双周计划。4:20—5:30			李志钢
8.29 周六	上午	127. 初一班主任到学校会议室开会，现场抓阄，领取初一各班新生名单，给新生家长编发告知短信。8:30—10:30	致学楼	初一干部班主任	周娟 初一级部主任
		128. 打印张贴初一新生编班榜。10:40—11:40	指定地点	初一干部	初一挂级部校长 级部主任

续 表

时间		工作内容	地点	参加人员	负责人
8.30 周日	下午	129. 初一新生报到编班。15:00—17:00 初一管理人员 13:30 到校（13:30 前张贴好学生编班红榜）。初一班主任召开新生会议，布置军训、开学有关事项，发书、排位、领卫生工具，模拟站升旗位置。	初一各班	全体干部 初一班主任	周娟 新级部干部
	全天	130. 全体教师到校，初二初三学生返校报到：7:00—7:30 领取卫生工具，上午 7:50—11:30，14:00—16:50 按照级部安排进行作业反馈，16:50—17:30 召开主题班会。	教学楼	相关干部 相关教师	各楼楼长 董胜利 新级部主任
		131. 教师备课，准备好开学第一周的教案；8:00 教务处下发教学计划，教师撰写新学期教学计划，16:00 前以备课组为单位上交级部。	教师办公室	全体教师	级部处室主任
		132. 做好 8 月 31 日周一升旗的准备工作，训练升旗手和护旗班。下午 4:50—5:30	升旗台	相关干部 相关班级	华军、潘宁
8.31 周一		正式开学。全体师生举行升旗仪式。			

附18：即墨28中学期末家长会活动样本

办家长满意学校是我们二十八中孜孜以求的目标，争创"和谐教育"全国知名品牌学校，是我们二十八中坚持不懈的努力方向。

家长会是学校工作的大事，是沟通家庭和学校教育之间的重要渠道，是增进社会、学校、教师、家长、学生之间相互沟通和理解的有效途径，是学校教学质量提升的重要保证。

"金杯银杯不如家长的口碑"，学校的每一次家长会，更是展示大好时机。为此，全校教职员工要高度重视家长会的重要性，要做好"六有"文章：让家长有看的、有听的、有说的、有学的、有想的和有做的。

要精心准备，提升层次，内容丰富，开出特色，实现共赢，给全体家长留下美好深刻的印象，争取家长对我校各项工作的大力支持，全面促进家校共建和全国名校的创建。

一、严密组织

1.要坚持全校一盘棋的思想，做到资料发放、宣传展牌、课件、发言稿、创新举措等资源共享。

2.级部召开家长会期间，挂级部校长、级部主任、挂级部干部、级部长、班主任、任课教师等须在本级部及教室搞好热情接待工作。每班安排几位接待的同学，家长来时热情地向各位家长问好，并负责引领到相应班级其子女的座位上。

3.其他校级领导、中层干部和级部长由学校统筹安排，全面协调，分工做好组织参观、值日学生安排、引领学生培训、车辆停放指挥、门口秩序维持、家长交通车辆排放、家长出入引领及学校宣传介绍等工作。

4.家长会开始后，参与服务的所有学生一律回家或到指定区域集合（楼外服务由政教处组织、级部楼内学生由级部干部组织），不得在走廊中影响家长会召开。

二、营造氛围

1.政教处负责整理好校园卫生,插好彩旗,营造和谐环境氛围。美术组负责制作、政教处负责摆放校门口欢迎牌。各级部负责制作摆好级部宣传牌,整理好学校系列展牌。各级部要保持楼内外、室内外卫生,保证教室内务整洁、干净。

2.干部教师要着礼仪工作装,学生统一着校服,值日和宣传引领学生要穿校服披好绶带。

3.教室内前后黑板要充实:(1)前黑板要写有诸如"孩子的健康成长是你我共同的心愿;一切为了孩子,为了孩子一切;孩子的健康成长和未来发展高于一切;只要我们共同携手,不放弃每一个孩子,孩子明天会更美好;关心孩子成长,从我们的沟通合作开始"等欢迎激励家长的宣传口号或致谢语句。(2)前黑板右侧的"和谐互助公示栏"小黑板设计展示师友评价的相关内容。(3)后黑板要有设计好的优秀师友篇(优秀师傅、优秀学友、优秀师友)、班级成绩篇、班级好人好事篇等光荣榜的内容。

三、形式多样

各级部和班级要根据本级部和班级实际情况,参考下列形式,认真组织,精心设计,创新性地开好家长会。

1.邀请家长代表即兴发言或提前准备家教经验,约请在对孩子家庭教育、个性培养、学习指导等方面有成效的家长介绍经验,与其他家长共同交流,用家长中的典型引路,使家长中教育子女的成功经验得以宣传和共享。

2.班主任要有意识地把时间和空间让给家长或学生,让他们成为家长会的主角,这样家长们可以有机会的了解孩子的全面情况,转变对孩子关注的角度,有机会倾听其他家长的教子经验与困惑,还可以有机会与孩子面对面地交流,参与对学生的教育,评价班级的教育工作,有利于学生和家长的沟通,学校和家庭的配合,把家长会建成一座桥。

3.选取本班学生中的优秀典型介绍在家学习经验,或选取优秀典型学生和家长同台谈家庭学习,用典型引路,用榜样激励。

4.注重家长和班主任的交流互动,家长提出疑难或困惑,班主任或家长当场解答,引导家长参与讨论交流。

5.班级桌子排列形式可变化,可以仿照座谈会的形式进行。

四、主要人员工作准备及注意事项

（一）级部主任：

1.全面负责本级部家长会所有级部工作组织，重点安排好主会场人员、班级、教师和学生，做好主会场家长引领，维持好主会场秩序（主会场准备：和谐互助优秀班级或学生师友代表参加；注意板书设计、多媒体网络调试和环境营造）。

2.(1)提前召开班主任和任课教师会议，全面协调，强调注意事项，避免家长会内容重复；(2)安排好任课教师所到班级及讲话内容；(3)审核班主任讲话稿和课件。

3.讲话内容要做到：(1)宣传好学校整体工作亮点，介绍级部、教师和学生取得的优异成绩。讲话内容要符合本级部学生和家长特点；讲话时要用好课件，讲话内容要归类，课件展示图片要经典，实物资料要展示齐全（中国教育报等相关媒体的报道、学校宣传册、校报、学法指导、学生优秀作业、学生对父母的感恩信、学校致家长一封信和级部特色做法材料等）；(2)感谢家长对学校工作支持，禁止批评学生或家长；(3)讲解学校和级部开展的系列工作和打算；(4)讲解省规范办学方面的要求和学校工作要求（学校常规管理、作息时间、教辅材料、校服、收费和考试等），家长需要为学校、班级、教师、学生做怎样的配合工作，让家长感受到学校所做的一切均为学生着想，争取家长的认可和支持；(5)讲解学生学习方法培养，学习时间的安排等问题。进行家教方法及注意问题的指导，并向家长提出合理化建议；(6)向家长讲解日常和假期学生安全教育和管理要求以及需家长配合做好的相关工作；(7)学生青春期教育和本年级年龄段易出现的问题及应对办法技巧，恰当处理异性、同性交往问题；(8)公示出挂级部校长、级部主任、班主任等电话，便于家长及时联系学校共同解决问题；(9)讲解假期安排计划和假期学习生活指导；(10)本届学生面临的形势及有关升学考试的各类信息等等。

（二）级部干部和级部长：

配合级部主任分工做好本级部家长会的准备和组织工作，特别要整理好卫生（楼内外环境、走廊、教室、办公室、厕所、楼梯），组织好引领的学生和任课教师、调试好多媒体网络设备等，并负责家长会结束后的卫生整理、电水门窗关锁等。

（三）班主任：

1.班级学生课桌上的材料准备：(1)素质教育手册；(2)中国教育报等相关媒体的报道、学校宣传册、校报、教师撰写的学法指导、级部特色做法材料、学校致家长一封信等；(3)学生先进个人获奖奖状、证书；(4)学生写给父母的一封信（学生感恩感言、假期打算、新学期目标等）；(5)本班所有学科优秀学生学法经验材料；(6)学生优秀作业展；(7)学生各科试卷与优秀试卷展；(8)优秀手抄报展；(9)任课教师留言；(10)家长信息反馈单（分栏目：教师的话、班主任的话、家长的话或建议等）。

2.(1)前后黑板的布置；(2)教室文化的营造、内务卫生的整理，特别是窗帘、墙壁、风扇、灯棍、边角等的卫生；(3)导引学生的安排。

3.讲话内容要做到：(1)使用课件，发言稿要简洁，语言要浅显，普通话要标准；(2)对家长能百忙之中抽空到校表示感谢，如果新接班的班主任，还要作自我介绍，告诉家长自己的个人简历、专业特长、工作优势等，争取家长初步的信任感；(3)多介绍学校、级部、任课教师、学生的亮点；多表扬自己的班级的优势和典型；多鼓励学困生和家长；(4)介绍符合年级段特点的班级工作内容，对学生表现的发展点和发扬点都要适当展开阐述，对班级出现的普遍性问题不要避讳，可以直接讲出来，争取到家长的理解和支持；(5)说明班级工作打算和计划，坦诚说明自己目前的困难，以及详细说明自己需要家长配合做那些事情；(6)当家长们发言热情高涨或频频提问时，班主任要抓住共性问题，发挥自己的才智和教学经验，耐心细致地解答，个别的问题再作个别解答；(7)要尊重家长和学生。学校和级部统一讲话时间，要在教室陪同所有家长认真听讲，此时不要单独跟个别家长在教室外谈话，不要接听电话；要考虑到学生和家长的感受，避免将家长会开成"告状会"；(8)在和家长单独交流时，应该对学生有充分了解，不发牢骚，诚恳和蔼地与家长沟通。(9)要站在帮助学生全面发展，一切为了孩子的角度与家长谈学生问题；要从现实角度出发，让家长明确配合学校和老师共同教育自己孩子的责任，要让他们看到孩子的优点和进步，认识到配合学校、老师管理好、教育好子女的重要性和迫切性；(10)对各位家长已经做出的努力和辛苦要做充分的肯定，要让他们在今后给予学校更多的支持，和老师保持更多的联系，要让他们认识到，他们不但要做好子女学习的后勤保障，还要做督促和帮助子女学习的老师。

(四)任课教师：

1.任课教师须按照级部统一安排及时到相应班级与家长见面。

2.要充分准备好3—5分钟的发言，以表扬为主，禁止批评家长、批评学生。

3.要根据本学科特点，从任教班级的学生成绩、课堂听讲、作业等各方面有针对性讲解。

4.与家长单独交流时要认真耐心、态度诚恳，真正让家长感受到任课教师的辛勤付出完全是为了学生，争取家长的理解、配合和支持。